Lorenz Hölscher

Richtig einsteigen: Datenbanken entwickeln mit Access 2010

Lorenz Hölscher: Richtig einsteigen: Datenbanken entwickeln mit Access 2010
Copyright © 2011 O'Reilly Verlag GmbH & Co. KG

Das in diesem Buch enthaltene Programmmaterial ist mit keiner Verpflichtung oder Garantie irgendeiner Art verbunden. Autor, Übersetzer und der Verlag übernehmen folglich keine Verantwortung und werden keine daraus folgende oder sonstige Haftung übernehmen, die auf irgendeine Art aus der Benutzung dieses Programmmaterials oder Teilen davon entsteht. Die in diesem Buch erwähnten Software- und Hardwarebezeichnungen sind in den meisten Fällen auch eingetragene Marken und unterliegen als solche den gesetzlichen Bestimmungen. Der Verlag richtet sich im Wesentlichen nach den Schreibweisen der Hersteller.

Das Werk, einschließlich aller Teile, ist urheberrechtlich geschützt. Jede Verwertung außerhalb der engen Grenzen des Urheberrechtsgesetzes ist ohne Zustimmung des Verlags unzulässig und strafbar. Das gilt insbesondere für Vervielfältigungen, Übersetzungen, Mikroverfilmungen und die Einspeicherung und Verarbeitung in elektronischen Systemen.

15 14 13 12 11 10 9 8 7 6 5 4 3 2 1
13 12 11

ISBN 978-3-86645-217-6

© O'Reilly Verlag GmbH & Co. KG
Balthasarstraße 81, D-50670 Köln
Alle Rechte vorbehalten

Umschlaggestaltung: Hommer Design GmbH, Haar (www.HommerDesign.com)
Fachlektorat, Layout und Satz: Ingenieurbüro Fahnenstich, Aachen
Korrektorat: Ulla Otte-Fahnenstich, Aachen
Gesamtherstellung: Kösel, Krugzell (www.KoeselBuch.de)

Inhaltsverzeichnis

Teil I
Erste Schritte

1 Einleitung 11
   1.1 Die Themenschwerpunkte dieses Buches 11
        Datenmodellierung 11
        Oberflächengestaltung 12
        Programmierung 13
   1.2 Wie Sie am besten mit diesem Buch arbeiten 13
        Datenbankentwicklung verstehen lernen 14
        Aufbau des Buches 14
        Aufbau der einzelnen Kapitel 14
        Konventionen in diesem Buch 15
        Die Softlinks und die Website zu diesem Buch 16
        Unterstützung für dieses Buch 16
        Genug der Vorrede und hinein ins Vergnügen 16

2 Was kann Access? 17
   2.1 Datenbanken für jeden Anspruch 17
        Relationale Datenbank mit Tabellen 17
        Daten-Designer 18
        Grafischer Designer 18
        Programmierumgebung 19
   2.2 Ein erster Blick auf Access 19
   2.3 Übungen zu diesem Kapitel 22
   2.4 Zusammenfassung 23

Teil II
Datenbank-Design

3 Grundlagen des Datenbankdesigns 25

    3.1   Wie entwerfe ich eine Datenbank? 25
               Planungsphasen 26
               Zweite Normalform 28
               Erste Normalform 30
               Tabellen- und Feldnamen 30
               Namenskonventionen 31
               Tabelle anlegen 33
               Felddatentypen 34
               Primärschlüssel 37
               Daten eingeben 38
               Navigieren in den vorhandenen Datensätzen 40
    3.2   Daten mit Abfragen strukturieren 41
               Datensätze filtern 47
    3.3   Übungen zu diesem Kapitel 49
    3.4   Zusammenfassung 49

4 Datenbanken mit mehreren Tabellen 51

    4.1   Nachschlagetabellen 51
    4.2   Referentielle Integrität 56
    4.3   Kombinationsfelder für Nachschlagetabellen 58
    4.4   Viele Inhalte in einem Feld 63
               m:n-Beziehungen 63
               Mehrfelder-Index 65
               Referentielle Integrität nicht vergessen! 66
    4.5   Übungen zu diesem Kapitel 67
    4.6   Zusammenfassung 68

5 Filtern und Sortieren 69

    5.1   Erweiterte Abfragefähigkeiten 69
               Unfreiwilliges Kreuzprodukt 71
    5.2   Filtern und Sortieren 72
               SQL, die Sprache hinter Access 74
               Texte filtern 76
               Spitzenwerte ermitteln 78
               Datumswerte filtern 80

5.3	Berechnungen in Abfragen	82
	Sortieren nach Datumswerten	83
	Datumssortierung mit der Format-Funktion	86
5.4	Berechnungen mit Text	87
	Textlänge ermitteln	89
	Texte zerlegen	89
5.5	Übungen zu diesem Kapitel	95
5.6	Zusammenfassung	95

6 Größeres Datenmodell 97

6.1	Neues Datenmodell	97
	Kunden/Artikel-Datenbank	97
	Dritte Normalform	98
6.2	Alternative Datenspeicherung	99
	Verbesserungen am Datenmodell	100
6.3	Clevere Bedienelemente	103
	Mehrspaltige Kombinationsfelder	104
	Wertlisten	108
	Mehrwertige Felder	109
6.4	Tabellen einrichten	110
	Kundentabelle	110
	Verkaufstabelle	112
	Referentielle Integrität	115
	Mehrere Mitarbeiter je Firma	117
	Reflexiv-Verknüpfung	120
6.5	Übungen zu diesem Kapitel	122
6.6	Zusammenfassung	122

7 Erweiterte Abfragen 123

7.1	Verschiedene Abfragetypen	123
	Suchen und Ersetzen	125
7.2	Aktualisierungsabfragen	126
	Ergebnis der Aktualisierungsabfrage überprüfen	129
	Preiserhöhung vornehmen	130
	Preise für neue Verkäufe eintragen	132
	Gesamtpreis und Bruttopreis berechnen	133
	Bruttopreis formatieren	134
	Seitenansicht	135
7.3	Anfügeabfrage	136
	Aktualisierungsabfrage für Text	138
	Tabellenerstellungsabfrage	141

Inhaltsverzeichnis

	7.4	Löschabfragen	143
		Feldinhalte löschen	144
		Datenbank komprimieren	145
		Exklusiver Datenbankzugriff	147
	7.5	Weitere Auswahlabfragen	148
		Gruppierungsabfrage	148
		Auszuwertende Felder in einer Abfrage bereitstellen	151
		Abfragen übersichtlicher organisieren	151
		Objektabhängigkeiten	152
		Objektnamen-AutoKorrektur	153
		Verbesserte Gruppierungsabfragen	155
	7.6	Aggregatfunktionen	158
		Mittelwert	160
		Aggregatfunktionen ohne Gruppierung	162
		Gruppierung ohne Aggregatfunktionen	162
	7.7	Spezielle Abfragetypen	163
		Inner Join, Outer Join	164
		Union-Abfragen	166
		Kreuztabellenabfragen	170
		Parameterabfragen	177
	7.8	Übungen zu diesem Kapitel	179
	7.9	Zusammenfassung	180
8	Erweiterte Verknüpfungen und Datentypen		181
	8.1	Größeres Datenmodell	181
		Die Tabelle *tblPersonen*	186
		Die Tabelle *tblQualifikationen*	187
		1:1-Beziehung erstellen	188
		Umfangreiche Testdaten erzeugen	188
		Rückmeldungen	193
		Seminare	199
	8.2	Automatische Standardwerte	200
		Mehrfachindex	202
		Die Nachschlagetabellen *tblOrte* und *tblSeminarStandards*	203
		Daten als Datenquelle für Nachschlagefelder	206
	8.3	Übungen zu diesem Kapitel	209
	8.4	Zusammenfassung	209

Teil III
Oberflächen-Design

9 Formulare 211
    9.1 Daten ansprechend präsentieren 211
           AutoFormular.. 211
           Tastenkombination für Steuerelemente 216
           Einen oder mehrere Datensätze anzeigen 217
    9.2 Datensätze suchen.. 219
           Feld-Filter.. 220
           Formularbasierter Filter 221
    9.3 Haupt- und Unterformular 222
           Optimieren des Formulardesigns........................... 226
           Wertlistenbearbeitung.................................... 229
           Alternatives Haupt-/Unterformular......................... 233
           Mehrere Unterformulare.................................. 238
           Geteilte Formulare 241
    9.4 Berechnungen in Formularen 245
    9.5 Eigenes Design erstellen 250
           Logo einbinden 253
           Unterformulare für Grafiken 254
           Bedingte Formatierung 255
    9.6 Übungen zu diesem Kapitel................................ 261
    9.7 Zusammenfassung 261

10 Berichte 263
    10.1 Grundlagen... 263
            Vergrößerbare Steuerelemente 266
            Verkleinerbare Steuerelemente 266
    10.2 Gruppieren... 269
            Mehrfach gruppieren 275
            Mehrspaltige Berichte 277
            Etiketten-Assistent 280
            Laufende Summe 283
    10.3 Berichte exportieren 287
            Export nach Word 288
            Export in eine Textdatei 291
            Export in eine Access-Datenbank 293

	Export in eine XML-Datei	294
	Export als PDF/XPS	295
	Export in eine HTML-Datei	296
	Export in Word-Seriendruck	297
	Seriendruck mit Access	299
	Seitenkopf rechts/links	302
10.4	Übungen zu diesem Kapitel	303
10.5	Zusammenfassung	304

11 Navigation 305

11.1	Optimieren der Benutzeroberfläche	305
	Der Navigationsbereich	305
	Navigationsformular	310
	PopUp-Formular	312
11.2	Datenbank trennen	318
11.3	Übungen zu diesem Kapitel	321
11.4	Zusammenfassung	321

Teil IV
Programmierung

12 Makros 323

12.1	Einfache Programmierung	323
	Vorteile von Makros und VBA	324
	Makros vs. VBA	324
	Makros erstellen	326
	Makro per Schaltfläche aufrufen	329
	AutoExec – das Startmakro	332
12.2	Makro zum Aufräumen	333
	Mehrere Makros gemeinsam speichern	335
	Tastaturbelegung ändern	336
12.3	Datenmakros	337
	Daten nachschlagen für geänderte Datensätze	337
	Neue Datensätze melden	340
	Fehler in Datenmakros finden	342
12.4	Makros in VBA umwandeln	343
12.5	Übungen zu diesem Kapitel	344
12.6	Zusammenfassung	344

13 Visual Basic for Applications ... 345

13.1 Komfortable Programmierung ... 345
Das Fenster des VBA-Editors ... 346
Neue Prozeduren erstellen ... 347
Einfache Meldungsfenster programmieren ... 349
VBA-Code für Formulare ... 353

13.2 Startwerte für Listenfelder ... 356

13.3 Synchronisiertes Formular anzeigen ... 357
Formulare schließen ... 360
Kombinationsfelder dynamisch filtern ... 361

13.4 Prüfung auf maximale Teilnehmerzahl ... 367

13.5 Ähnliche Einträge live finden ... 377

13.6 Benutzeränderungen protokollieren ... 379
Protokoll schreiben ... 382

13.7 Übungen zu diesem Kapitel ... 385

13.8 Zusammenfassung ... 386

Stichwortverzeichnis ... 387

Kapitel 1
Einleitung

In diesem Kapitel lernen Sie

- welche Themenschwerpunkte in diesem Buch behandelt werden
- was Sie mit Access machen können
- wie dieses Buch aufgebaut ist und
- wie Sie es am besten nutzen

1.1 Die Themenschwerpunkte dieses Buches

Herzlich willkommen bei »Datenbanken entwickeln mit Access 2010«. Dieses Buch erläutert den Einsatz von Access 2010 und zeigt, wie Sie damit professionelle Datenbanken erstellen. Mit dieser Zielformulierung sind die drei Themenschwerpunkte beschrieben, die in diesem Buch besprochen und in den nächsten Abschnitten kurz vorgestellt werden.

Datenmodellierung

Access 2010 ist ein relationales Datenbank-Management-System, mit dem Sie eine komplette Datenbank von der Speicherung der Daten in Tabellen bis zur Ausgabe in Berichten erstellen können. Seine leicht verständliche und sehr übersichtliche Oberfläche mit dem Menüband erlaubt es Ihnen, fast ohne Vorkenntnisse Informationen aufzubereiten.

Trotzdem können Sie natürlich aus so einem mächtigen Programm noch viel mehr herausholen, wenn Sie auch die Feinheiten und Tricks kennen lernen. Access unterstützt Sie zudem mit einer verbesserten Oberfläche und vielen interaktiven Entwurfsmöglichkeiten. Ein paar der Highlights finden Sie in der folgenden Aufstellung:

- Der Navigationsbereich zeigt Ihre Datenbankobjekte in verschiedenen Gruppen zusammengefasst. Dabei können Sie zwischen einigen automatischen Sortierungen und Gruppierungen wählen oder die Objekte in Abhängigkeit von den zugrunde liegenden Tabellen anzeigen lassen. Außerdem lassen sich beliebige eigene Gruppen frei definieren.
- Tabellen können nicht nur in der Datenblattansicht durch Eingabe von Beispieldaten entwickelt, sondern auch aus fertigen Tabellenvorlagen übernommen werden. Für fortgeschrittene Benutzer lässt sich alternativ dazu jede Eigenschaft der Tabellenfelder detailliert festlegen, sodass Sie die volle Kontrolle über die Daten haben.

- Für die Erstellung von Abfragen stehen Ihnen neben einer interaktiven Entwurfsansicht auch spezielle Assistenten zur Verfügung. Diese führen Sie durch alle Entscheidungen bis zur fertigen Abfrage und helfen Ihnen damit, Abfragen noch schneller vorzubereiten.

Alle diese Bestandteile von Access werden Sie im Laufe dieses Buches kennen lernen. Der Schwerpunkt zum Thema Datenmodellierung liegt im Teil 2. Dabei werde ich Ihnen auch ausdrücklich mehrere verschiedene Datenmodelle vorstellen, damit Sie sehen, wie Sie aus Ihrer Aufgabe eine passende Datenbank erstellen können. Ich habe die Beispiele so gewählt, dass nach einer einfachen Datenbank am Anfang die Schwierigkeit zunimmt. Damit können Sie am Ende wirklich professionelle Lösungen erstellen, die allein mit ein wenig Klickerei in einem bunten Assistenten nicht machbar wären.

Die Informationen sind dabei selbstverständlich immer so aufbereitet, dass sie in einem konkreten Bezug zu dem jeweiligen Projekt oder der aktuellen Aufgabe stehen, um die Praxisnähe der vermittelten Kenntnisse zu gewährleisten.

Recht typisch ist es dabei für Access, dass zu einem Thema auch Techniken aus verschiedenen Bereichen eingesetzt werden müssen. Ich werde also immer wieder auf bereits besprochene Themen zurückgreifen, diese für eine neue Aufgabe noch einmal vertiefen und dabei so abwandeln, dass Sie wieder einen neuen Aspekt oder eine Verbesserung darin finden.

Oberflächengestaltung

Für den zukünftigen Benutzer Ihrer Datenbank – sei es, dass Sie das selber sind oder für viele andere Anwender eine Datenbank entwickeln – findet der Kontakt im Wesentlichen über Formulare und Berichte statt. Die Leistungsfähigkeit einer Access-Datenbank wird auch an der Benutzungsfreundlichkeit der Oberfläche gemessen. Hier ist es wie in der Werbung: Der schöne Schein zählt.

Das bedeutet natürlich nicht »außen hui, innen pfui!«, denn auch hinter den Kulissen bei den Tabellen und Abfragen muss alles stimmen. Wenn aber eine Datenbank umständlich zu bedienen ist oder das vorgegebene Corporate Design nicht einhält oder von üblichen Windows-Bedienungsregeln abweicht, dann sind die Benutzer unzufrieden.

Access 2010 unterstützt Sie mit vielen Möglichkeiten, damit Ihre Datenbank mit wenig Aufwand auch ein professionelles Erscheinungsbild abgibt:

- Die automatisch erstellten Formulare bieten ein neues, grafisch sehr ansprechendes Design. Zusätzlich können Sie unter 40 ebenfalls sehr attraktiven Designs wählen und passend zum Corporate Design Ihrer Firma eigene Designs speichern.

- Haupt- und Unterformulare, geteilte Formulare und die neuen Registerkartenformulare sind eine perfekte Möglichkeit, auch bei großen Datenmengen jederzeit den Überblick zu behalten und trotzdem auf die Daten in allen Details zugreifen zu können.

- Integrierte Suchmechanismen ersparen Ihnen das mühsame Programmieren eigener Suchwerkzeuge für Tabellen, Abfragen und Formulare.

- Verschiedene Ansichten für Formulare und Berichte unterstützen Sie bei den speziellen Entwurfsarbeiten. Sie können Eigenschaften einzelner Felder bearbeiten, deren Layout dynamisch anordnen lassen oder in einer Layoutvorschau die benötigte Datenbreite ermitteln.

- Die Gruppierungs- und Sortierungsfunktion von Berichten ist noch intuitiver gestaltet worden. Damit lassen sich Berichte noch leichter erstellen.

Auch hier zeige ich Ihnen, wie Sie mit den Fähigkeiten und Assistenten von Access 2010 Ihre konkreten Probleme lösen, denn all das ist ja nur ein Werkzeug, mit dem Sie Ihre Wünsche erfüllen. Wie Sie sehen werden, geht es manchmal nur darum, eine Technik kreativ für Gelegenheiten anzuwenden, für die sie ursprünglich gar nicht gedacht war.

Gerade das zeigt aber auch die Leistungsfähigkeit von Access, indem es für alle Aufgabenstellungen immer auch eine Lösung gibt, meistens sogar viel leichter als Sie denken. Dieses Buch wird Ihnen helfen, solche Lösungen zu finden.

Programmierung

Eine Programmiersprache in Microsoft Office-Programmen wird von erstaunlich vielen Benutzern für die ultimative Lösung aller Probleme gehalten. Sie werden aber mit diesem Buch erfreut feststellen, wie perfekt eine Access 2010-Datenbank schon sein kann, ohne dass Sie auch nur eine einzige Zeile programmieren müssen. Vieles, was nach großem Programmieraufwand aussieht, ist schon integriert oder durch die Änderung einer einzigen Eigenschaft gelungen.

Das spricht keineswegs gegen den Einsatz von Makros und VBA als Programmiersprachen, aber sie sind erst für ganz besondere Aufgaben notwendig. Wenn Sie nicht programmieren wollen, lassen Sie es einfach.

Nicht ganz zufällig gibt es für das Erlernen einer Programmiersprache wie VBA komplette Bücher, denn dazu braucht es mehr als ein paar Klicks in einem Assistenten. Im Rahmen dieses Buches möchte ich Ihnen aber vermitteln, wo und wie Sie mit wenig Programmieraufwand Ihre Datenbank noch effektiver, noch benutzerfreundlicher oder noch schneller machen können.

Sie werden ein paar Tipps und Tricks finden, die Ihnen zeigen, wo der Einsatz von Programmierung entweder unumgänglich ist oder wenigstens zur Verbesserung beiträgt:

- Öffnen Sie von einem Bestellformular aus ein Formular mit den Detaildaten genau des Kunden, den Sie gerade ausgewählt haben
- Aktivieren oder deaktivieren Sie Steuerelemente in Abhängigkeit von eingegebenen Daten
- Prüfen Sie mit komplexen Regeln, ob ein Datensatz gespeichert werden darf
- Fügen Sie beim Speichern das aktuelle Datum beziehungsweise die Uhrzeit automatisch hinzu oder vermerken Sie den Namen desjenigen, der die letzte Änderung am Datensatz vorgenommen hat
- Optimieren Sie die Bedienung für unerfahrene Benutzer, indem Sie alle zulässigen Aktionen über Schaltflächen von einem zentralen Formular aus anbieten

Sollte Ihnen jetzt der Kopf rauchen, dann machen Sie sich keine Sorgen. Trotz aller Komplexität bleibt Access 2010 auch für schwierigste Aufgaben ein sehr einfach und übersichtlich zu bedienendes Programm.

1.2 Wie Sie am besten mit diesem Buch arbeiten

Dieses Buch hat sich folgende Ziele gesetzt: Sie mit der Entwicklung einer Access 2010-Datenbank vertraut zu machen und zu zeigen, dass das gar nicht so schwer ist. Es möchte erreichen, dass Sie immer verstehen, was Sie gerade machen und warum Sie es machen.

Kapitel 1   Einleitung

Datenbankentwicklung verstehen lernen

Eine Datenbank versucht, einen Ausschnitt der Wirklichkeit abzubilden. Dabei muss sie natürlich vereinfachen und abstrahieren, aber genau das hilft oftmals, ein Problem klarer zu formulieren. Sobald Sie die Frage richtig stellen, liegt die Antwort meistens schon bereit, denn der schwierigste Teil besteht darin, die Frage, also das Problem zu präzisieren.

Im Laufe des Buches zeige ich Ihnen Methoden und Techniken, mit denen Sie die richtigen Fragen zu stellen lernen und damit die meisten Klippen einer Datenbankentwicklung schon umschifft haben. Das ist schließlich keine Geheimwissenschaft, sondern ein ganz solides Handwerk, welches sich mit ein wenig Unterstützung lernen lässt.

Diesem Ansatz folgend ist das Buch in vier Teile untergliedert, die Sie am besten von vorne nach hinten lesen und durcharbeiten, da die Informationen der einzelnen Kapitel aufeinander aufbauen.

Aufbau des Buches

Teil I *Access 2010-Datenbankentwicklung* enthält diese Einleitung und zeigt Ihnen vor allem, welche fantastischen Möglichkeiten das neue Access bietet.

Teil II *Datenbankdesign mit Tabellen und Abfragen* erläutert Ihnen die Grundlagen der Datenmodellierung und zeigt Ihnen anhand praktischer Beispiele, wie Sie die Wirklichkeit auf eine Datenbank abbilden können. Sie sehen direkt, welche praktischen Folgen es hat, wenn Sie Informationen so und nicht anders speichern. Die Analyse der Daten geschieht mit Hilfe von Abfragen, deren verschiedene Typen Sie im Zusammenhang mit dem Datenmodell ebenfalls kennen lernen.

Teil III *Oberflächendesign mit Formularen, Berichten und Navigationsbereich* beschäftigt sich damit, die Daten schöner zu präsentieren, sodass Ihre Datenbankbenutzer auch schnell finden, was sie suchen. Die Komplexität eines umfangreichen Datenmodells wird hinter der Einfachheit einer grafisch ausgereiften Oberfläche versteckt.

Teil IV *Programmierung mit Makros und VBA* zeigt Ihnen, wie Sie Ihre Datenbank mit Programmierung noch weiter optimieren können. Sie finden dort die typischen kleinen »Helferlein«, die eine Datenbank noch effektiver machen.

Alle Adressen oder Namen von Personen und Firmen sind selbstverständlich völlig frei erfunden.

Aufbau der einzelnen Kapitel

Die einzelnen Kapitel des Buches sind folgendermaßen aufgebaut:

- **Lernziele**   Am Kapitelanfang finden Sie eine Übersicht der behandelten Themen und Lernziele
- **Beispielprojekte**   Jedes Kapitel enthält ein oder mehrere Beispielprojekte, an denen die Lerninhalte des Kapitels praxisnah erläutert werden
- **Schrittfolgen**   Die Anleitungen für das Erstellen der Projekte sind in einzelnen Schritten mit begleitenden Bildern dargestellt, sodass Sie prüfen können, ob Sie zu dem gleichen Ergebnis kommen. Auch wenn Sie alle Beispielprojekte von der Website zum Buch herunterladen können, empfehle ich Ihnen, die Beispiele selbst zu erstellen und nachzuarbeiten. Sie werden auf diese Weise schneller

mit der Bedienung von Access 2010 vertraut und lernen so auch das Menüband und die Entwicklungsumgebung mit all ihren nützlichen Features rascher kennen.

- **Übungen**   Am Ende jedes Kapitels finden Sie einen Abschnitt mit Übungen zu dem jeweiligen Kapitel. Manchmal handelt es sich dabei um einfache Fragen, manchmal enthält eine Übung eine Aufgabe, um das im Kapitel vorgestellte Projekt weiter zu verbessern. Alle Antworten finden Sie auf der Website zu diesem Buch. Versuchen Sie, die Übungen selbstständig durchzuführen, und schauen Sie sich erst dann die Lösungen an. So werden Sie schneller in der Lage sein, eigene Datenbankanwendungen zu entwickeln.

Konventionen in diesem Buch

Dieses Buch verwendet einige wenige Konventionen. Wenn Sie mit ihnen vertraut sind, können Sie einfacher mit dem Buch arbeiten:

- **Fette Schrift**   Text, den Sie in Datenfelder, Dialogfelder oder Eigenschaften eintippen müssen, wird in fett gedruckten Buchstaben dargestellt. Auch in SQL- oder VBA-Listings werden Textstellen, die in einem Schritt verändert wurden, fett dargestellt.
- *Kursive Schrift*   Kursive Schrift wird für Dateinamen verwendet oder bezeichnet Elemente der Benutzeroberfläche (also die Namen der Registerkarten, Gruppen, Symbole oder Eigenschaften) und wird in seltenen Fällen auch für Hervorhebungen verwendet
- `Listingschrift`   Die Listingschrift wird verwendet, wenn SQL- oder VBA-Codefragmente in einem längeren Beispiel abgedruckt werden. Im Fließtext werden die Begriffe in Listingschrift abgedruckt, die einer SQL- oder VBA-Anweisung entstammen.

Zusätzlich finden Sie im ganzen Buch verteilt Absätze, die mit den folgenden Icons versehen sind und die auf bestimmte, hilfreiche Elemente hinweisen:

	Wichtig	Absätze mit diesem Icon enthalten wichtige Informationen, auf die Sie unbedingt achten sollten
	Hinweis	Absätze mit diesem Icon enthalten weiterführende Informationen, die man im Hinterkopf behalten sollte
	Tipp	In den Tipp-Absätzen finden Sie Informationen dazu, wie Sie Dinge besonders einfach und zeitsparend erledigen können
	Hintergrund	Absätze mit diesem Icon liefern wichtige Hintergrundinformationen. Die Informationen sind nicht erforderlich, um eine bestimmte Aktion durchzuführen, sie vertiefen jedoch Ihr Wissen über die Zusammenhänge, in denen das aktuelle Projekt steht.
	Link	Mit diesem Icon werden Links zu weiterführenden Kapiteln aus anderen Microsoft Press-Büchern gekennzeichnet, die Sie kostenlos herunterladen können und die Themen, die in diesem Buch nur angerissen werden können, vertiefen. Dieses Icon wird auch verwendet, um Sie auf Internetseiten hinzuweisen, auf denen Sie unterhaltsame und nützliche Informationen finden, die mit dem behandelten Thema in Zusammenhang stehen.

Kapitel 1   Einleitung

Natürlich freue ich mich über Leserinnen dieses Buches ebenso wie über Leser und kenne auch Frauen, die Datenbanken entwickeln und programmieren. Aber für die leichtere Lesbarkeit habe ich mich nur für die männliche Form der *Benutzer* und *Entwickler* entschieden. Die *Benutzerinnen* und *Entwicklerinnen* sind mir dabei selbstverständlich ebenso willkommen.

Die Softlinks und die Website zu diesem Buch

Neben den Beispieldateien finden Sie auf der Website zusätzliche Downloads, die in den jeweiligen Kapiteln beschrieben sind. Dies sind u.a. weitere Beispielprojekte und Probekapitel aus anderen Microsoft Press-Büchern, mit denen Themen, die in diesem Buch aus Platzgründen nur einführend erläutert werden können, vertieft werden.

Im Text des Buches finden Sie außerdem zahlreiche Softlinks, die Sie auf interessante, unterhaltsame oder lehrreiche Websites verweisen. Sie können die Softlinks entweder direkt auf der Startseite von *www.richtig-einsteigen.de* eingeben oder in Ihrem Browser die angegebene Adresse eintippen, um die jeweilige Website zu öffnen.

Um die Softlinks direkt in die Adressleiste Ihres Browsers einzugeben, verwenden Sie folgende Syntax: *http://go.richtig-einsteigen.de/?linkid=id*, wobei Sie dann **id** durch die angegebene Link-ID ersetzen.

Unterstützung für dieses Buch

Wir haben selbstverständlich alles unternommen, um die Richtigkeit des Buchinhalts und des Bonusmaterials sicherzustellen. Etwaige Korrekturen und Änderungen finden Sie unter folgender Adresse:

http://www.microsoft-press.de/support.asp

Wenn Sie Kommentare, Fragen oder Anregungen zum Inhalt dieses Buchs oder des Begleitmaterials beziehungsweise Fragen haben, die Sie auf den oben angegebenen Websites nicht klären konnten, senden Sie eine E-Mail an folgende Adresse bei Microsoft Press:

presscd@microsoft.com

oder per Post an

Microsoft Press
Konrad-Zuse-Str. 1
85716 Unterschleißheim

Beachten Sie, dass Microsoft unter diesen Adressen keinen Support für Softwareprodukte leistet.

Genug der Vorrede und hinein ins Vergnügen

Viel Spaß beim Entwickeln Ihrer Datenbanken wünscht Ihnen

Lorenz Hölscher

Kapitel 2

Was kann Access?

In diesem Kapitel lernen Sie

- was eine Datenbank ist
- welche verschiedenen Designer es in Access gibt
- die Unterschiede zwischen Tabellen und Abfragen kennen
- wofür es Formulare und Berichte gibt
- wie eine Beispieldatenbank mit Access aussieht

2.1 Datenbanken für jeden Anspruch

Access ist ein Datenbank-Management-System, also ein Programm, welches es Ihnen erlaubt, effektiv mit Datenbanken zu arbeiten. Obwohl Access eine Fülle von Funktionalitäten zur Verfügung stellt, ist es doch gleichzeitig ein sehr übersichtliches Programm.

Vermutlich erklärt diese Übersichtlichkeit auch den Erfolg des Programms: Access besitzt für viele Zwecke hilfreiche Assistenten, mit denen Sie schnell einfache Datenbanken zusammenklicken können. Es hat aber auch genug Reserven, um ebenso im professionellen Einsatz in High-End-Umgebungen bestehen zu können. Entsprechend will dieses Buch Sie dabei begleiten, von einfachen Anfängen hin zu komplexen Anwendungen auch zunehmende Schwierigkeitsstufen zu meistern.

Relationale Datenbank mit Tabellen

Das Grundprinzip einer relationalen Datenbank, wie Access sie verwaltet, ist die geschickte Verbindung mehrerer Tabellen. Alle Daten sind in Tabellen gespeichert, die mit so genannten Beziehungen (= Relationen) verknüpft sind.

Sie können sich eine Datenbank am besten als Kartei bzw. als System von Karteien vorstellen. Auf einer einzelnen Karteikarte stehen alle Informationen, die zu einem Objekt gehören, etwa Name, Adresse und Telefonnummer. Viele gleichartige Karteikarten zusammen bilden eine Kartei, welche meistens auch schon nach einem Ordnungsbegriff (z.B. einem Namen oder der Kundennummer) sortiert ist.

Für komplexere Aufgaben kommen Sie mit einer einzigen Kartei nicht aus, Sie brauchen beispielsweise

- eine Kundenkartei für die Kundennamen und -adressen
- eine Bestellkartei für die einzelnen Bestellungen und
- eine Artikelkartei für die Stammdaten zu den Artikeln

Dann können Sie in der Bestellkartei anhand der Kundennummer den Namen und die Adresse des Kunden und anhand der Artikelnummer den Namen und Preis des Artikels ermitteln.

Das Hauptziel beim Entwurf einer guten Datenbank besteht darin, doppelte Informationen (Redundanz) zu vermeiden. Diese verbrauchen nicht nur unnötigen Speicherplatz, sondern könnten vor allem unterschiedliche Werte enthalten. Deswegen sollte in der Bestellkartei nie die tatsächliche Adresse des Bestellers enthalten sein, sondern nur dessen eindeutige Kennung, um mit deren Hilfe in der Kundenkartei die Adresse nachschlagen zu können.

Diese Aufgabe des Heraussuchens zugehöriger Informationen übernimmt in einer relationalen Datenbank das Programm für Sie. Die Karteikarte heißt dort Datensatz, die Kartei wird als Tabelle bezeichnet.

Daten-Designer

Ein Arbeitsschwerpunkt in Access-Datenbanken liegt dementsprechend im Entwurf und der Bearbeitung tabellarisch angeordneter Daten. Da gibt es viele Ähnlichkeiten zu Excel, sodass Excel-Kenntnisse zwar hilfreich, hier aber selbstverständlich keine Voraussetzung sind.

Tabellen und Abfragen dienen dem direkten Zugriff auf Daten, wobei Tabellen primär Daten speichern und in Abfragen die Daten verändert werden. Wenn Sie sich schon ein wenig mit Access vertraut gemacht haben, werden Sie jetzt eventuell einwenden, dass auch in Tabellen das Symbol zum Sortieren zur Verfügung steht.

Eine Sortierung ist aber wenig sinnvoll, sobald eine (oder meistens sogar mehrere) darauf aufbauende Abfrage anders sortiert. Jedes überflüssige Sortieren macht den Datenzugriff dann unnötig langsam. Um es also überspitzt zu formulieren: Tabellen sind zum Speichern der Daten da und zu nichts anderem. Und: Daten können Sie nur in Tabellen speichern und sonst nirgends.

In Abfragen hingegen lassen sich Daten strukturieren, das heißt filtern, sortieren, neu berechnen und zusammenfassen. Daher heißen Abfragen in anderen Datenbanksystemen durchaus zutreffend auch *Views*, also *Ansichten*. Sie können mit Abfragen also Ihre Daten ansehen. Nur eines wird Ihnen nicht gelingen: Sie können in Abfragen keine Daten speichern, dafür braucht es Tabellen.

Diese Unterscheidung ist vor allem wichtig, wenn Sie bereits mit Excel gearbeitet haben. Dann sind Sie es gewohnt, in ein und derselben Tabelle Daten zu speichern, Formeln zu berechnen und sogar zu filtern. Das geht in Datenbanken nicht, weder mit Access noch in anderen Systemen. Hier gilt: Tabellen speichern Daten, Abfragen strukturieren sie.

Grafischer Designer

Damit Ihre Daten ansprechend ein- und ausgegeben werden können, stellt Access Ihnen Formulare, Berichte und Seiten zur Verfügung.

Sie werden im Laufe der Arbeit mit Access feststellen, dass Formulare und Berichte weitgehend identisch sind. Abgesehen von der grauen beziehungsweise weißen Hintergrundfarbe unterscheiden sie sich vor allem durch das Ausgabemedium.

Formulare werden am Bildschirm benutzt, sie bilden die eigentliche Oberfläche, die ein Benutzer bei der Arbeit mit einer Datenbank sieht. Sie sind interaktiv, das heißt, sie können alle in Windows üblichen Bedienelemente wie Schaltflächen oder Auswahllisten enthalten.

Obwohl es auch für Berichte eine Druckvorschau am Bildschirm gibt, sind sie doch klar für den Ausdruck konzipiert. Windows-Bedienelemente im Bericht sind nutzlos, weil sie ja auf dem Papier nicht funktionieren.

Dafür spielen Berichte ihre Stärke mit Gruppierungen aus: Sie können auf bereits ausgedruckte Datenzeilen zurückgreifen, da diese auf dem Papier unveränderlich sind. Das erlaubt im Gegensatz zu Formularen laufende Summen und mehrere Gruppierungsebenen mit Zwischensummen, Mittelwerten und Ähnlichem.

Programmierumgebung

Obwohl Sie mit all den bereits vorgestellten Datenbankobjekten schon sehr umfangreiche Datenbanken erstellen können, enthält Access noch eine komplette Programmierumgebung.

Wie auch in den anderen Office-Programmen von Microsoft ist als Programmiersprache VBA (Visual Basic for Applications) integriert. VBA ist eine komplette, moderne und sehr leistungsfähige Programmiersprache, die einen Kernbereich allgemeiner Funktionen enthält, welche denjenigen von Visual Basic (ohne *for Applications*) entsprechen. In jedem der Microsoft Office-Programme wird dieser dann um programmspezifische Funktionalitäten ergänzt, bei Word etwa zum Bearbeiten von Absätzen, bei Excel zum Zugriff auf Zellen und bei Access eben zur Datenverarbeitung.

Es handelt sich also um ein spezielles Access-VBA, mit dem sich alle Objekte und Daten Ihrer Datenbank beliebig verarbeiten lassen. Im Gegensatz zum *echten* Visual Basic erzeugt es aber keine *exe*-Dateien, sondern wird nur von Access innerhalb der Datenbank ausgeführt.

Zusätzlich gibt es noch Makros. Diese sind zwar keine richtige Programmiersprache, sondern nur kleine Aktionen, die Sie in einem übersichtlichen Aktionskatalog anklicken können. Die häufigsten Anlässe für Programmierung wie das Öffnen eines Formulars oder das Drucken eines Berichts sind damit schon abgedeckt. Außerdem bieten die neuen Datenmakros viele Möglichkeiten beim Ändern von Daten in Tabellen.

Nach diesem kurzen Überblick über die Bestandteile von Access werden Sie diese an einem ersten Beispiel kennen lernen.

2.2 Ein erster Blick auf Access

Um schon einmal einen Blick auf eine fertige Access-Datenbank zu werfen, können Sie die beigelegten lokalen Vorlagen nutzen.

1. Starten Sie dazu bitte Access und klicken Sie auf dem Startbildschirm in der Kategorie *Verfügbare Vorlagen* auf *Beispielvorlagen*.
2. Aus den Beispielvorlagen in der Mitte wählen Sie nun *Nordwind* (siehe Abbildung 2.1) und geben dann rechts den gewünschten Dateinamen, zum Beispiel **Nordwind.accdb**, ein. Nach einem Klick auf *Erstellen* kopiert Access alle benötigten Objekte in die neue Datenbank.

Kapitel 2   Was kann Access?

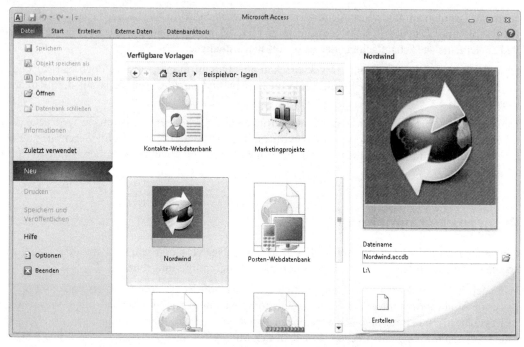

Abbildung 2.1: Das Startfenster von Access, um eine neue Datenbank anhand einer Vorlage zu erstellen

3. Beim automatischen Öffnen der Nordwind-Datenbank zeigt Access zuerst ein Startformular an, weil die Sicherheitswarnung wegen der enthaltenen Programmierung aktiv ist. Klicken Sie dann oben in der gelben Leiste auf die Schaltfläche *Inhalt aktivieren*.

4. Anschließend erscheint automatisch das Anmelde-Dialogfeld wie in Abbildung 2.2. Dabei handelt es sich in Wirklichkeit um ein einfaches Access-Formular, das Ihnen so schon eine Idee von den Möglichkeiten, die Sie mit Access haben, vermittelt.

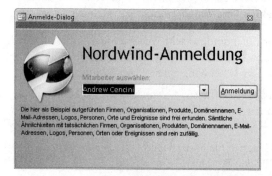

Abbildung 2.2: Das Anmelde-Dialogfeld der Nordwind-Datenbank

5. Belassen Sie es einfach bei dem voreingestellten Namen und klicken Sie auf die Schaltfläche *Anmeldung*. Sie gelangen dann auf die Hauptseite der fiktiven Firma *Northwind Traders*. Auch sie ist ein Access-Formular, allerdings mit drei Unterformularen für die Bereiche *Aktive Bestellungen*, *Nachzubestellender Bestand* und das Diagramm der *Gesamteinnahmen*.

Die *QuickLinks* am rechten Bildrand wirken zwar ebenfalls wie ein eingebettetes Unterformular, sind aber acht direkt auf dem Formular abgelegte Texte mit zugeordneten Makros. Von hier aus kann der Benutzer die häufigsten Aktionen beziehungsweise Formulare oder Berichte direkt anzeigen lassen.

Tipp: So minimieren Sie das Menüband

An vielen Stellen in diesem Buch werde ich aus Platzgründen auf die Anzeige des Menübands verzichten, wenn es inhaltlich nicht notwendig ist (wie beispielsweise in Abbildung 2.3). Sie können das Menüband jederzeit minimieren, indem Sie entweder den kleinen, nach unten zeigenden Winkel (neben der Hilfeschaltfläche ganz rechts) anklicken oder auf einen der Registerkartennamen doppelklicken.

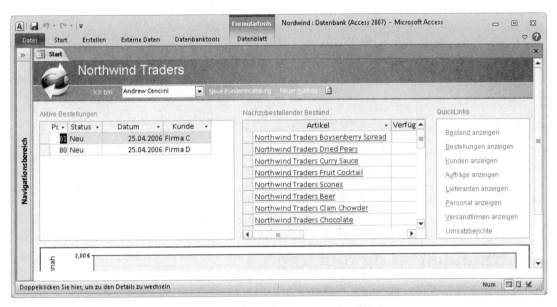

Abbildung 2.3: Das Hauptformular der Beispieldatenbank für die fiktive Firma *Northwind Traders*

So bequem die QuickLinks auf einem fertigen Formular sind, so sehr würden Sie diesen Komfort beim Entwurf eigener Datenbanken erst einmal vermissen. In der Abbildung 2.4 ist daher der Navigationsbereich am linken Rand eingeblendet, der in jeder Access-Datenbank generell zur Verfügung steht.

Dort werden die verschiedenen Objekte wie Tabellen, Abfragen, Formulare und Berichte von Access bereits automatisch inhaltlich gruppiert. Sie können solche Gruppen aber auch (wie hier geschehen) selbst definieren und benennen.

Durch das gezielte Ein- und Ausblenden solcher Gruppen bleibt der Überblick über die Datenbank nicht nur während des Entwurfs, sondern auch später für den Benutzer gewahrt. Gerade wenn Sie möglicherweise bisherige Versionen von Access kennen, werden Sie diese Leichtigkeit zu schätzen wissen, mit der der Zugriff auf alle Objekte der Datenbank gesteuert werden kann.

In Abbildung 2.2 ist am oberen Bildrand auch schon die Registerkarte als Verbesserung für die bisherigen Menüs und Symbolleisten zu sehen. Sie können dort alle Befehle direkter und schneller erreichen, als es bisher in den ausufernd vielen Symbolleisten und Untermenüs der Fall war.

Kapitel 2 Was kann Access?

Abbildung 2.4: Das Hauptformular mit zusätzlich eingeblendetem Navigationsbereich

Nach diesen ersten Blicken auf die Leistungsfähigkeit von Access möchte ich aber nicht die tausend Tricks und Kniffe einer solchen fertigen und damit unübersichtlichen Datenbank zeigen, sondern gemeinsam mit Ihnen alles von Anfang an aufbauen. Nur dann werden Sie sicher wissen, was wo wie eingestellt werden muss.

2.3 Übungen zu diesem Kapitel

In diesem Abschnitt finden Sie einige Übungen zu diesem Kapitel. Die richtigen Antworten finden Sie auf der Website *www.richtig-einsteigen.de*.

Übung 2.1

Erstellen Sie aus den *Beispielvorlagen* bitte die Datenbank *Aufgaben* und tragen Sie dort im automatisch erscheinenden Formular *Aufgabenliste* einige Datensätze ein.

Übung 2.2

Doppelklicken Sie im links angezeigten Navigationsbereich in der Kategorie *Aufgaben* auf den Bericht *Alle Aufgaben* und vergleichen Sie die Daten mit dem Formular.

2.4 Zusammenfassung

In diesem Kapitel haben Sie einen Überblick über die Fähigkeiten von Access erhalten, komplexe Daten einfach und übersichtlich zu präsentieren und zu bedienen.

- Access ist ein so genanntes relationales Datenbank-Managementprogramm, mit dem Sie viele Tabellen gemeinsam in einer Datenbankdatei verwalten können
- Verschiedene grafische Designer-Tools helfen Ihnen dabei, Tabellen und Abfragen, Formulare und Berichte sowie Makros zu entwerfen
- Eine eigene Programmierumgebung für VBA-Code erlaubt es, jede beliebige Aktion wie in anderen Programmiersprachen auch zu erstellen
- Die mitgelieferte Beispieldatenbank *Nordwind.accdb* hat Ihnen einen Eindruck von der Leistungsfähigkeit von Access 2010 vermittelt. Dabei haben Sie schon einige grundlegende Bedienelemente von Access kennen gelernt.

Kapitel 3

Grundlagen des Datenbankdesigns

In diesem Kapitel lernen Sie

- wie eine relationale Datenbank aufgebaut ist
- nach welchen Kriterien Sie Felder zu Tabellen zusammenfassen
- wie Sie Tabellen und Abfragen entwerfen
- nach welchen Regeln Datenbanken normalisiert werden
- welche Regeln für Namen gelten
- wie Sie Daten in Abfragen sortieren und filtern

3.1 Wie entwerfe ich eine Datenbank?

Wenn Sie eine Datenbank erstellen wollen, beginnt das eigentliche Problem schon lange vorher: Wie kann die vielschichtige Wirklichkeit in ein starres Tabellenkonzept gepresst werden? Wenn Sie sich hier allzu schnell an den Computer setzen und schon mal ein paar Daten eintippen, kommt das böse Erwachen meist sehr bald. Datenbanken verzeihen nichts.

In Word können Sie gerne in völliger Ahnungslosigkeit alle Absätze rechtsbündig *formatieren*, indem Sie sie manuell links mit Leerzeichen auffüllen und jedes Zeilenende per Eingabetaste bestimmen. Das lässt sich jederzeit leicht mit ein oder zwei Makros korrigieren, ohne dass etwas verloren geht.

In Access – genauso wie in anderen relationalen Datenbanken – verlieren Sie Informationen, wenn das Datenbankdesign nicht stimmt. Daher müssen Sie schon in dieser Phase sehr sorgfältig arbeiten, auch wenn ich gut verstehen kann, dass ein bunter Formular-Assistent am Anfang vielleicht mehr Spaß macht als das Planen eines Konzepts.

Aber es zahlt sich aus, obwohl Sie immerhin etwa 20 bis 30 % des Gesamtaufwands für eine Datenbank in die Vorüberlegungen stecken sollten. Ihr Konzept sollten Sie unbedingt auf Papier (am besten eignet sich querformatiges DIN-A3 oder größer) erstellen und nicht schon mit Access.

Zu diesem Zeitpunkt verführt ein Computer zu unnötiger Exaktheit und engt Sie ein. Machen Sie also in der Skizze lieber einen Kringel und schreiben Sie erst einmal **Kundendaten** hinein, das reicht völlig. Architekten haben zu diesem Zeitpunkt einen 6B-Bleistift in der Hand. Der ist so dick, dass man sich auf das Wesentliche konzentrieren muss und sich gar nicht in Details verlieren kann.

Sollten Sie jetzt in Access bereits im Tabellenentwurf einzelne Felder benannt haben, würden Sie wegen des Arbeitsaufwands schon viel länger zögern, sie alle zu verschieben, zu löschen oder umzubenennen.

Kapitel 3   Grundlagen des Datenbankdesigns

Auf dem Papier hingegen reicht ein flotter Strich oder ein erläuternder Pfeil, wenn Sie Ihr Konzept umstrukturieren müssen. Nehmen Sie also ein Papier und machen ein erstes Brainstorming:

- Welche Informationen muss ich speichern? (Aber nicht: Wo muss ich sie speichern? Das gehört in die nächste Phase!)
- Bleiben die Dateninhalte immer unverändert? Und wenn nicht: Benötige ich die bisherigen Daten noch?
- Was soll auf dem Bildschirm angezeigt werden? Was muss ausgedruckt werden?
- Woher kommen die Daten? Muss ich Importdaten berücksichtigen?
- Was erfolgt durch manuelle Eingabe? Gibt es Schnittstellen zu anderen Programmen?
- Wie viele Benutzer arbeiten an der Datenbank? Wie viele davon gleichzeitig?
- Welche Datenmengen sind wo zu erwarten?
- Wird die Datenbank lokal, zentral oder gar synchronisiert mit Laptops benutzt?
- Wer macht was in der Datenbank? Haben alle die gleichen Rechte und müssen alle die gleichen Daten sehen?

Beim Niederschreiben werden sich sowohl weitere Fragen als auch gelegentliche Widersprüche ergeben. Das ist nicht schlimm, vor allem nicht in dieser Phase. Aber es ist ein schmerzlicher Unterschied, ob Sie jetzt nur ein Konzeptpapier zerreißen oder kurz vor der endgültigen Fertigstellung die gesamte Datenbank löschen.

Tipp: Entwurfs-Werkzeug für Datenbanken

Ab Version 2003 ist Visio (nur die Professional-Version) ein sehr gutes Werkzeug, um Access- oder überhaupt relationale Datenbanken zu entwerfen. Mit der mitgelieferten Vorlage *Datenbank* lassen sich alle Tabellen mit Feldnamen, -typen und Verknüpfungen zeichnen.

Vor allem können Sie Änderungen sehr einfach und übersichtlich vornehmen. Wenn alles fertig ist, kann Visio daraus sogar automatisch eine lauffähige Access- oder Oracle-Datenbank mit allen Vorgaben erstellen.

Planungsphasen

Die Phasen zur Erstellung einer Datenbank werden im Englischen recht einprägsam als *Storming, Norming and Performing* benannt:

- **Storming** ist das *Brainstorming* am Anfang, bei dem Sie ziemlich unstrukturiert alles an Ideen notieren, was Ihnen so einfällt. Das können konkrete Feldinhalte ebenso sein wie Sonderwünsche zu Formularen oder spezielle Design-Vorgaben für einen Bericht.
- **Norming** fasst diese Ideen sinnvoll zusammen und sortiert dabei vor allem Felder zu ihren Tabellen
- **Performing** schließlich ist die Verbesserung, wenn alles funktioniert. Dann können Sie sich darum kümmern, ob es mit Optimierungen noch ein wenig schneller geht.

Schreiben Sie zuerst auf, was Sie alles speichern müssen. Wenn es Ihnen hilft, können Sie dazu farbige Papierzettel nehmen, die in so genannten Moderationskoffern angeboten werden. Einfache Notizzettel für je einen Feldnamen oder Beispieldaten tun es aber auch.

Fangen wir direkt einmal an: Sie möchten eine Adressenliste speichern. Welche Daten sollen darin gespeichert werden? Eine sinnvolle erste Auswahl könnte die in Abbildung 3.1 erstellte Liste sein.

Abbildung 3.1: Die vorläufige Liste der benötigten Informationen

In diesem Fall würde ich übrigens direkt noch eine *Priorität* als zu speichernde Information vorschlagen. Diese enthielte eine Angabe wie *aktuell*, *selten* oder *gelegentlich*. Anhand eines solchen Filters können Sie später beispielsweise nur aktuelle Adressen ausdrucken ohne den Ballast selten benötigter Adressen (etwa von alten Schulfreunden).

Daten inhaltlich trennen

Bevor Sie die Storming-Phase abschließen, sollten Sie noch einmal analysieren, wie viele Informationen im jeweiligen Feld stehen. Im *Name*-Feld steht beispielsweise *Maria Schmitz*, also der Vor- und Nachname.

Das aber ist mehr als lästig, wenn Sie irgendwann per Datenbank an *Frau Schmitz* schreiben wollen und daher den Nachnamen getrennt benötigen. Sie können schließlich nicht einfach voraussetzen, dass das zweite Wort im Feld der Nachname ist, wie das Beispiel *Johann Sebastian Bach* zeigt.

Da ist es besser, Vor- und Nachname direkt in zwei getrennten Feldern zu speichern und erst im Bedarfsfall zu verketten. Zur Not sehen Sie auch noch ein weiteres Feld für den zweiten Vornamen, einen Spitznamen oder die im Amerikanischen üblichen *junior/senior*-Zusätze vor.

Daten gemeinsam speichern

Für die Straße und Hausnummer gilt übrigens die entgegengesetzte Überlegung. Wenn Sie nicht gerade einen Routenplaner entwerfen, werden Sie Straße und Hausnummer immer gemeinsam benötigen. Natürlich könnten Sie auch diese zwei aus getrennten Feldern verketten. Aber sobald es etwa eine amerikanische Adresse ist, steht die Hausnummer vor der Straßenbezeichnung wie in *6253 Hollywood Blvd.* (siehe **Softlink db0301**).

In einem einzigen Feld kann die Adresse stattdessen direkt in der benötigten Reihenfolge notiert werden. Bei getrennten Feldern für Straße und Hausnummer müssten Sie beim Zusammensetzen eine Liste bestimmter Länder beachten.

Apropos Länder: Ist Ihnen aufgefallen, dass bisher gar kein Land zu speichern wäre? Manches fällt erst auf, wenn in Gedanken oder auf dem Papier mal ein paar Testdaten *eingegeben* werden. Es sollte also noch ein *Land*-Feld wie in Abbildung 3.2 ergänzt werden.

Kapitel 3 Grundlagen des Datenbankdesigns

Abbildung 3.2: Die endgültige Liste der benötigten Informationen

Felder in Tabellen gruppieren

Nach dem *Storming* kommt das *Norming*, also die Entscheidung, welche Felder in welche Tabellen gehören. Hier wird sicherlich eine Tabelle *Personen* einzurichten sein. Dann müssen Sie nur noch für jeden zu speichernden Datenwert entscheiden, ob er zu einem Feld dieser Tabelle wird. Das können Sie dann bejahen, wenn der Datenwert eine Eigenschaft des Tabellenobjekts ist.

Beim Vornamen ist das sicherlich uneingeschränkt zu bestätigen, denn der Vorname kann als untrennbare Eigenschaft einer Person bezeichnet werden. Auch den Nachnamen könnte man als direkt mit der Person verbunden sehen. Aber so fest nun auch wieder nicht, denn der Nachname kann sich ja durch Heirat oder Scheidung ändern.

Es ist nun eher eine *politische* als eine datenbanktechnische Entscheidung, ob Sie den Nachnamen als Eigenschaft der Person betrachten. Solange Sie nur der jeweils aktuelle Nachname interessiert, können Sie das Tabellendesign nämlich so belassen.

Erst wenn diese Tabelle wie beispielsweise für das Einwohnermeldeamt auch vorherige Nachnamen speichern muss, dürfte dieses Feld nicht direkt in der *Personen*-Tabelle gespeichert werden. Mit diesem Historienproblem werden wir uns noch ausführlicher befassen. Daher bleibt es erst einmal dabei, dass alle genannten Felder in einer einzigen Tabelle enthalten sind.

Zweite Normalform

Leider haben Sie damit schon eine der Grundregeln für die Erstellung relationaler Datenbanken verletzt. Damit keine Werte mehrfach vorhanden sind oder sich widersprechen können, gibt es Regeln, die als *Normalformen* (**Softlink: db0302**) einer Datenbank bezeichnet werden. Sie wurden in den 1960er Jahren von Frank Edgar Codd (**Softlink: db0303**), einem Mathematiker am IBM Almaden Research Center in Kalifornien, entwickelt.

Die gleichzeitige Speicherung von PLZ und Ort in einer Tabelle bedeutet, dass der Benutzer später nach Belieben voneinander unabhängige Daten eintragen darf. Stellen Sie sich vor, die Daten würden wie in Tabelle 3.1 ausgefüllt.

Abgesehen davon, dass es sich sowieso um fiktive Adressen handelt, ist in Aachen die Postleitzahl 52077 durchaus möglich. In München jedoch beginnen alle Postleitzahlen mit *80...*, daher kann *52088* nicht stimmen.

Tabelle 3.1: Die Beispieldaten für die Personentabelle

Feld	Adresse 1	Adresse 2
Vorname	Maria	Hans
Nachname	Schmitz	Meier
Land	D	D
PLZ	52077	52088
Ort	Aachen	München
Straße	Hauptstraße 1	Stachus 99
Telefon	0241/998877	089/123456
Priorität	aktuell	alt

Die zweite (ja, die erste wird noch nachgereicht!) Normalform besagt: Daten, die voneinander abhängig sind, dürfen nicht in der gleichen Tabelle stehen. Natürlich ist das im Original sehr mathematisch und vielfach komplizierter formuliert, aber für unsere Zwecke reicht es so. Das Stichwort heißt an dieser Stelle *Redundanz*.

Haben Sie die Verletzung gesehen? Der Ort ist in Wirklichkeit von der PLZ abhängig! Sobald Sie die PLZ hinschreiben, ist der Ort eindeutig vorgegeben, daher dürfen Sie diesen nicht mehr frei eintragen. Vielmehr müssten Sie ihn aus einer so genannten Nachschlagetabelle heraussuchen.

Entscheidung zwischen Theorie und Praxis

Nach der Theorie kommen wir nun zum praktischen Teil. Denn leider müssen Sie sich häufig zwischen einer datenbanktheoretisch korrekt normalisierten Tabelle und einer guten Performance entscheiden.

In diesem Fall etwa bräuchte es eine mehrere MByte große Hilfstabelle aller deutschen Postleitzahlen und der zugehörigen Ortsbezeichnungen. Dem stehen geschätzte 100 bis 200 Adressen entgegen, die kaum 400 KByte groß sind. Außerdem sind auch andere Länder möglich, deren weltweite Postleitzahlen also ebenfalls nachgeschlagen werden müssten. Das würde die vermutliche Größe der PLZ-Nachschlagetabellen explosionsartig ansteigen lassen.

Daher gibt es auch hier wieder eine eher *politische* und weniger datenbanktechnische Betrachtung: Was würde passieren, wenn eine solche falsche Adresse eingetragen wird? Angenommen, mit dieser Adresse würde eine Rechnung versandt, könnte sie vom Postboten mit dem Vermerk *Adresse nicht gefunden* zurückgeschickt werden.

Dann wäre eigentlich alles in Ordnung, denn das ist ein Hinweis darauf, dass dieser Datensatz überprüft werden muss. Abgesehen davon, dass Sie dadurch immer noch keine richtige Adresse kennen, gibt es damit einen Mechanismus, der diesen Fehler kennzeichnet.

Wenn der Postbote jedoch sehr engagiert ist, stellt er vielleicht die ungültige PLZ/Ort-Kombination fest, streicht das Wort *München* und ersetzt es durch *Aachen*. Dann wird der Brief neu verteilt und landet in Aachen beim gemeinten Empfänger. Auch dann wäre alles in Ordnung, die Rechnung ist ja trotz des Fehlers angekommen.

Angesichts des geringen Risikos und der gigantisch großen PLZ-Nachschlagetabellen im Vergleich zu den Adressen werde ich an dieser Stelle ausdrücklich den Bruch mit der zweiten Normalform hinnehmen. PLZ und Ort sind redundant, aber das ist hier sinnvoll.

Erste Normalform

Damit komme ich auf die erste Normalform zurück. Diese besagt sinngemäß: Mehrere Dateninhalte in einem Feld sind nicht zulässig. Das Stichwort hier heißt *Atomisierung*.

Natürlich haben Sie Recht, dass in den Beispieldatensätzen keine mehrfachen Daten in einem Feld enthalten sind. Aber was machen Sie, wenn jemand mehrere Telefonnummern hat? Da das durchaus nicht ungewöhnlich ist, müssen Sie Handy, Festnetz, Fax irgendwo speichern können.

Es hilft nichts, wenn Sie schnell die Felder *Handy* und *Fax* hinzunehmen. Schließlich haben viele auch mehrere Handy- oder Faxnummern. Bitte machen Sie jetzt auch nicht den weit verbreiteten Fehler, einfach ein paar Felder *Handy1*, *Handy2*, *Handy3*, *Fax1* und *Fax2* bereitzustellen. Das ist garantiert immer ein Feld zu wenig.

Auch dieses Feld müsste in eine separate Tabelle mit Abhängigkeit von dieser Personentabelle. In einer solchen Telefontabelle kann dann pro Zeile eine Telefonnummer angegeben werden, also beliebig viele je Person.

Nur zur Vereinfachung wird unsere erste Tabelle nur eine Telefonnummer je Person speichern können, die Atomisierung von Daten wird selbstverständlich später an einem anderen Beispiel durchgeführt.

Tabellen- und Feldnamen

Sobald es konkret wird und die Tabellen/Felder festgelegt sind, sollten Sie sich auch Gedanken über die wirklichen Namen machen. Access lässt Ihnen da sehr viele Freiheiten, denn Namen dürfen bis zu 64 Zeichen lang sein.

Namen dürfen allerdings keine eckigen Klammern ([]), kein Ausrufezeichen und keinen Punkt enthalten. Ausrufezeichen und Punkt sind reserviert als Trennzeichen zwischen Objekt und Unterobjekt wie in `Me.Controls.Count` oder `Tabelle1!Name`. Die Klammern werden benötigt, wenn die Namen Leerzeichen enthalten, um den kompletten Namen einzufassen, beispielsweise als `[Stammdaten Kunden]!ID`.

Daraus folgt schon, dass alle Zeichen außer *[].!* erlaubt sind, wie bereits gesehen auch das Leerzeichen. Trotzdem würde ich von vier weiteren Zeichen abraten:

- Vermeiden Sie Leerzeichen in Namen. Sie müssten sonst solche Namen immer mit eckigen Klammern einschließen, was den Arbeitsaufwand unnötig erhöhen würde.

- Vermeiden Sie das Minuszeichen (-). Das, was die meisten für einen Bindestrich (Divis, **Softlink db0304**) halten, ist in Wirklichkeit ein Minuszeichen. In Abfrageformeln wird etwa ein Feld namens *Kauf-Datum* automatisch mit Feldklammern versehen: `[Kauf]-[Datum]`. Dann sucht die Abfrage anschließend nach den beiden Feldern *Kauf* und *Datum*, um sie voneinander abzuziehen. Gemeint war aber `[Kauf-Datum]`, was Sie bei jeder neuen Abfrage manuell korrigieren müssten.

- Das gleiche gilt für den Schrägstrich (/), der ebenfalls missverständlich ist. So wird aus dem Feld *Ein/Ausgabe* in Abfragen automatisch `[Ein]/[Ausgabe]` und damit der aussichtslose Versuch, das Feld *Ein* durch das Feld *Ausgabe* zu teilen.

Der Unterstrich (_) hingegen ist ein normales Zeichen, das manchmal zur optischen Unterteilung langer Worte hilfreich ist. In diesem Buch wird die so genannte Kamelschreibweise benutzt, bei der Großbuchstaben mitten im Wort die Lesbarkeit verbessern. Das ist kürzer als die Konstruktion mit dem Unterstrich.

3.1 Wie entwerfe ich eine Datenbank?

Wichtig: Namenskonventionen

Namen dürfen bis zu 64 Zeichen lang sein, aber keine eckigen Klammern, Ausrufezeichen oder Punkte enthalten. Das gilt sowohl für Feldnamen als auch für alle anderen Namen von Tabellen, Abfragen, Formularen, Berichten, Makros und Modulen.

Außerdem ist zu empfehlen, auf andere Sonderzeichen wie Leerzeichen, Minuszeichen oder Schrägstrich möglichst zu verzichten, weil deren Sonderbehandlung mindestens lästig ist.

Wenn Sie an weiterführenden Informationen zum Thema Namenskonventionen interessiert sind, steht Ihnen Kapitel 4, »Variablen, Datentypen und Operatoren« aus dem Microsoft Press-Buch »Richtig einsteigen: Programmieren lernen mit Visual Basic 2010« von Klaus Fahnenstich und Rainer G. Haselier zum Download zur Verfügung.

*Um die Datei herunterzuladen, geben Sie folgenden Link in die Adressleiste Ihres Browsers ein: **go.vsxpress.de/?linkid=a0305** oder tippen Sie die Link-ID **db0305** auf der Startseite von www.richtig-einsteigen.de ein und klicken Sie dann auf Link öffnen. Weitere Informationen zu diesem Buch finden Sie über den Softlink **a0306**.*

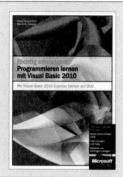

Namenskonventionen

Die hier benutzten Namen für Datenbankobjekte basieren auf der von Stan Leszynski und Gregory Reddick entwickelten Namenskonvention (**Softlink db0306**), die wiederum die Ideen der Ungarischen Notation für den Einsatz in heutigen Programmen aufgegriffen hat. Die Ungarische Notation (**Softlink db0307**) des ungarischen ehemaligen Microsoft-Programmierer Charles Simonyi ist ursprünglich als eine Methode gedacht gewesen, Variablen möglichst eindeutig und vor allem einheitlich zu benennen.

Beiden gemeinsam ist die Tatsache, dass jedem Namen der Typ des benannten Objekts vorangestellt wird; bei Variablen zusätzlich noch die öffentliche oder private Sichtbarkeit. Der Typ wird dabei als meist dreibuchstabige Abkürzung der englischen Bezeichnung gewählt. Tabellennamen beginnen also mit *tbl* für *table*, Abfragen mit *qry* für *query*.

Tabelle 3.2 zeigt den jeweiligen Namensanfang (Präfix) für die in Access vorkommenden Objekte.

Tabelle 3.2: Mögliche Präfixe für Access-Objekte

Präfix	Objekt
tbl	Tabelle (engl.: table)
qry	Abfrage (engl.: query)
frm	Formular (engl.: form)
rpt	Bericht (engl.: report)
mac	Makro (engl.: macro)
mod	Modul (engl.: module)

Kapitel 3   Grundlagen des Datenbankdesigns

> **Hintergrund: Charles Simonyi**
>
> Wenn Sie das Gefühl haben, dass Sie den Namen Charles Simonyi schon mal gehört haben: Ja, er ist derjenige, der im April 2007 und im März 2009 als einziger Weltraumtourist bereits zwei Mal zur Internationalen Raumstation ISS mitgeflogen ist. Als einer der 400 reichsten US-Bürger konnte er sich das leisten.

Damit wird der Name unserer vorhin entwickelten Kundentabelle *tblPersonen* sein. Hier empfehle ich übrigens eine weitere Vereinheitlichung, die nicht als Access-Vorgabe zwingend notwendig, aber sehr hilfreich ist: Tabellennamen nennen das beschriebene Objekt immer im Plural, weil darin viele Daten enthalten sind. Es heißt also dann nicht *tblBestellung*, sondern *tblBestellungen*.

Feldnamen hingegen wähle ich immer im Singular, weil darin jeweils nur ein Datenwert enthalten ist. Das gilt sogar für die mehrwertigen Felder, bei denen im Feld scheinbar mehrere Inhalte gespeichert werden. (In Wirklichkeit handelt es sich nur um eine verkappte m:n-Beziehung.)

Letzten Endes ist es egal, an welches Schema Sie sich halten, Sie können selbstverständlich auch alle Objekte im Singular benennen. Hauptsache, es ist einheitlich, denn Sie werden gelegentlich die Namen aus dem Gedächtnis heraus (oder von Ihrem Konzeptpapier!) wissen müssen. Da ist es am einfachsten, sich nicht auch noch mit solchen Kleinigkeiten herumzuschlagen.

Die Feldnamen führen jedoch ausnahmsweise als Präfix nicht ihren Typ, sondern eine Abkürzung des Tabellennamens. Damit sind sie datenbankweit eindeutig. Das ist zwar in Access ebenfalls nicht technisch notwendig, aber bedeutend übersichtlicher.

Alle Felder in *tblPersonen* beginnen also mit *per*, sodass es in dieser gesamten Datenbank kein gleichnamiges Feld mehr geben kann. Das lohnt sich, sobald in mehreren Tabellen ein Namensfeld benötigt wird. Wenn Sie dann nämlich mehrere Tabellen in Abfragen miteinander verknüpfen, heißt es bei gleichnamigen Feldern:

... WHERE tblArtikel.Name = "xyz" OR tblPersonen.Name = "abc"

Eindeutige Felder ermöglichen das Weglassen der Tabellenbezeichnungen:

... WHERE artName = "xyz" OR perName = "abc"

Auch in den angezeigten Überschriften von Tabellen- oder Abfragespalten lässt sich ein Feld mit dem Namenspräfix eindeutiger zuordnen.

Die bisher festgelegten Felder werden also wie in Abbildung 3.3 benannt, wobei ich aufgrund schlechter Erfahrungen mit früheren Access-Versionen und dem Einsatz von Umlauten oder ß auch auf diese Zeichen in Namen grundsätzlich verzichte.

tblPersonen
perVorname
perNachname
perLand
perPLZ
perOrt
perStrasse
perTelefon
perPrioritaet

Abbildung 3.3: Die endgültigen Feldnamen für die Personentabelle

3.1 Wie entwerfe ich eine Datenbank?

Tabelle anlegen

Nach diesen Vorüberlegungen ist es endlich an der Zeit, die Tabelle anzulegen. Das soll natürlich nicht in der Nordwind-Datenbank geschehen, die möglicherweise noch geöffnet ist.

1. Die zentralen Tätigkeiten wie Speichern, Schließen und Öffnen sind bei Access 2010 in der neuen Backstage-Ansicht untergebracht. Klicken Sie daher bitte in der linken oberen Ecke auf die Registerkarte *Datei*. Dort erscheint die Backstage-Ansicht wie in Abbildung 3.4, von der aus Sie sowohl die aktuelle Datenbank schließen als auch eine neue anlegen können.

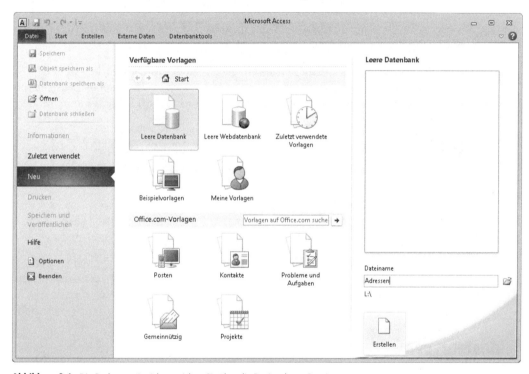

Abbildung 3.4: Die Backstage-Ansicht erreichen Sie über die Registerkarte *Datei*

2. Wählen Sie dort *Neu* und im mittleren Teil des Bildschirms die Vorlage *Leere Datenbank*.
3. Geben Sie dann als Dateinamen im Eingabefeld rechts unten **Adressen** ein und wählen Sie mit einem Klick auf das daneben sichtbare Verzeichnissymbol ein geeignetes Verzeichnis aus. Mit anschließendem Klick auf die Schaltfläche *Erstellen* wird die Datenbank angelegt und direkt eine neue Tabelle in der Datenblattansicht geöffnet.
4. Da wir die Tabelle viel detaillierter vorgeben wollen als die Datenblattansicht das könnte, wechseln Sie bitte wie in Abbildung 3.5 gezeigt per Rechtsklick auf die Registerkarte *Tabelle1* und die Auswahl des Befehls *Entwurfsansicht* in die Entwurfsansicht.

Kapitel 3 Grundlagen des Datenbankdesigns

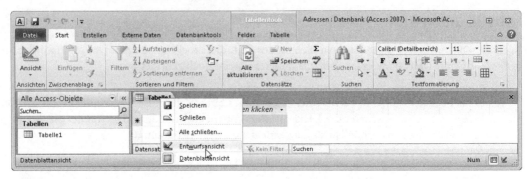

Abbildung 3.5: Wechsel in die Entwurfsansicht

5. Da Sie nun die Tabelle direkt speichern müssen, geben Sie ihr wie besprochen bitte den Namen *tblPersonen*. Darin finden Sie noch das von Access automatisch in der Datenblattansicht vorgegebene Feld *ID,* das Sie auf dem Zeilenkopf (mit dem Schlüsselsymbol) anklicken und mit der Entf-Taste löschen können.

Abbildung 3.6: Bestätigen Sie das Löschen des Primärschlüssels

Die Rückfrage, dass dazu auch der Primärschlüssel gelöscht werden muss, können Sie mit *Ja* bestätigen, denn wir werden gleich sowieso einen neuen einfügen. Jetzt ist der Tabellenentwurf leer und Sie können die Felder eingeben, wie sie auf Seite 32 in Abbildung 3.3 aufgelistet sind.

Felddatentypen

Es beginnt mit dem ersten Feld *perVorname*, das erwartungsgemäß den Felddatentyp *Text* erhält. Die Anzahl der zulässigen Zeichen kann unten in den Feldeigenschaften als *Feldgröße* angegeben werden, maximal zulässig sind *255*. Da dies für die meisten Vornamen viel zu lang sein dürfte, schlage ich hier *30* als *Feldgröße* vor.

 Tipp: So markieren Sie schneller

Um solche Werte in diesem und anderen Eigenschaften-Fenstern zu ändern, klicken Sie am besten genau nicht in das eigentliche Eingabefeld, sondern in die links davon stehende Überschrift. Dann wird der komplette Wert markiert und Sie können ihn überschreiben. Das ist natürlich in diesem Fall ein unnötiger Aufwand, weil sich die kurze Zahl auch leicht direkt mit der Maus markieren lässt.

Es gibt aber viele Eigenschaften, wo ein solcher Wert sehr lang ist und damit nicht komplett angezeigt werden kann. Das ist beispielsweise bei SQL-Anweisungen der Fall. Dann ist trotzdem durch Klick auf die Beschriftung direkt alles markiert.

3.1 Wie entwerfe ich eine Datenbank?

Eine solche Feldgröße beim Felddatentyp *Text* bedeutet, dass der Benutzer später 30 Zeichen eingeben kann. Beim 31. Zeichen reagiert Access mit einem Piepsen. Es werden also erst gar keine überzähligen Zeichen angenommen, die beim Speichern verworfen werden müssten.

Sie können ein solches Feld jederzeit vergrößern und mehr Zeichen zulassen, falls Sie oder die Benutzer feststellen, dass es zu knapp bemessen war. Selbstverständlich können Sie es auch verkleinern. Aber dann wird Access Sie bloß eher allgemein warnen, dass dabei möglicherweise Daten gelöscht werden, ohne detailliert zu sagen, ob und welche Datensätze betroffen sind. Sie müssten dann zuerst (mit später noch zu zeigenden Abfragen) die betroffenen Datensätze herausfiltern und prüfen, welche Buchstaben denn tatsächlich gelöscht würden. Das ist einfach mehr Aufwand. Deshalb empfehle ich, die Zeichenanzahl bei Texten durchaus knapp zu kalkulieren, vor allem, weil der Text-Datentyp gemessen an Zahlen-Datentypen sehr viel Platz benötigt.

Abbildung 3.7 zeigt die Tabelle mit dem ersten Feld. Auch *perNachname* können Sie nach dem gleichen Muster eintragen, wegen der häufigen Doppelnamen würde ich hier aber eher *50* als *Feldgröße* nehmen.

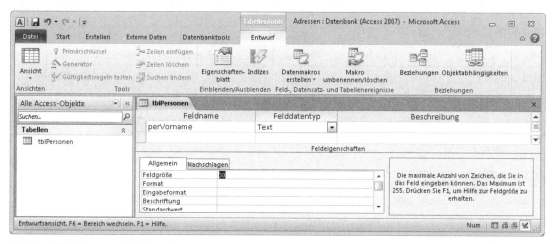

Abbildung 3.7: Die Eigenschaften des ersten Feldes *perVorname*

Das Feld *perLand* mit ebenfalls dem Felddatentyp *Text* sollte mit drei Zeichen ausreichend dimensioniert sein, da hier nur die postalischen Abkürzungen wie *D*, *NL* oder *CH* gespeichert werden.

Geben Sie dort für die Eigenschaft *Standardwert* am besten D ein, weil die meisten Adressen voraussichtlich aus Deutschland sind. Access wird diese uneindeutige Angabe direkt als "D" korrigieren, denn es ist die Zeichenkette *D* gemeint. Tabelle 3.3 zeigt die verschiedenen Möglichkeiten, in Standardwerten oder auch in SQL-Befehlen die gemeinten Datentypen zu kennzeichnen.

Tabelle 3.3: Die möglichen Eingabekennzeichnungen

Eingabe	Bedeutung
"Datum"	Eine Zeichenkette mit den Buchstaben "Datum"
=Datum()	Eine Funktion namens *Datum* ohne Parameter, daher sind die runden Klammern dahinter leer. Die Klammern sind trotzdem notwendig.
[Datum]	Ein Feld namens *Datum*, dessen aktueller Inhalt an dieser Stelle benutzt wird
#24.12.2010#	Ein Datum (nämlich Weihnachten 2010) in der ländertypischen Reihenfolge, wie sie in der Windows-Systemsteuerung festgelegt wird

Kapitel 3 Grundlagen des Datenbankdesigns

Da Sie während des Entwurfs – und wir befinden uns ja gerade in einem Tabellenentwurf – für das Speichern zuständig sind, sollten Sie zwischendurch immer mal Strg+S drücken oder das Diskettensymbol ganz oben links anklicken.

Das nächste Feld wäre *perPLZ*, also die Postleitzahl. Da es sich hier vermutlich nicht um ein Textfeld, sondern um viel platzsparender zu speichernde Zahlen handelt, möchte ich Ihnen in Tabelle 3.4 kurz die möglichen (Zahlen-)Datentypen zeigen.

Tabelle 3.4: Die Felddatentypen und ihre Größen

Felddatentypen	Zahlenbereich	Speicherbedarf	Bemerkungen
Ganzzahlige Datentypen			
Ja/Nein (Bit)	0 -1	1 Byte = 8 Bit	Der Ausdruck wird entweder als Wahr (= -1) oder Falsch (= 0) gewertet. Die erstaunliche Größe (8 Bit statt eigentlich 1 Bit) liegt an der Kompatibilität zu anderen Datenbanken und dem möglichen Null-Zustand.
Byte	0-255	1 Byte = 8 Bit	Datentyp für kleine positive Ganzzahlen
Integer	-32.768 .. +32.767	2 Byte = 16 Bit	Datentyp für mittelgroße Ganzzahlen
Long (Integer)	-2,1 Milliarden .. +2,1 Milliarden	4 Bytes = 32 Bit	Datentyp für große Ganzzahlen, der standardmäßig auch für AutoWerte benutzt wird
Währung	-922 Billionen .. + 922 Billionen	8 Bytes = 64 Bit	Eigentlich intern eine Ganzzahl, denn der Wert wird mit 10.000 multipliziert und gespeichert, was faktisch jedoch eine Festkommazahl mit 15 Vorkomma- und 4 Nachkommastellen ergibt
Nachkomma-Datentypen			
Datum/Zeit	01.01.100 .. 31.12.9999	8 Bytes = 64 Bit	Speicherbar sind nur gültige Datums- oder Zeitwerte. Der Wert 1 entspricht überraschenderweise Sylvester 1899, die 2 dem Neujahrstag 1900, usw. Nach dem Komma werden Prozente von 24 Stunden angegeben, also 0,5 = 12 Uhr mittags und 0,33 = 7:55:12 Uhr.
Single	Etwa -10^{38} .. $+10^{38}$	4 Bytes = 32 Bit	Gleitkommazahl mit einfacher Genauigkeit
Double	Etwa -10^{308} .. $+10^{308}$	8 Bytes = 64 Bit	Gleitkommazahl mit doppelter Genauigkeit
Dezimal	Etwa -10^{29} .. $+10^{29}$	12 Bytes = 96 Bit	Variable Gleitkommazahl mit wechselnder Genauigkeit
Sonstige Datentypen			
Text	maximal 255 Zeichen	1 Byte (ANSII) 2 Bytes (Unicode)	Datentyp für Texte, sowohl im ANSII-Format als auch in Unicode
Memo	maximal 64.000 Zeichen		Wie Text
Replikations-ID		16 Bytes = 128 Bit	Weltweit eindeutige Zeichenkombination
Anlage		variabel	Kann mehrere Dateien enthalten
Berechnet		variabel	Formel, um kompatibel zu SharePoint-Tabellen zu sein

3.1 Wie entwerfe ich eine Datenbank?

Die Felder sind in der Reihenfolge ihres Platzbedarfs angegeben. Um eine Postleitzahl möglichst sparsam zu speichern, sollte also der kleinste Zahlen-Datentyp gewählt werden.

Leider erliegen hier viele der Versuchung, nur die Anzahl der Ziffern zu zählen und sich für *Integer* zu entscheiden. Das klappt nur nördlich von Bielefeld, weil dort die Postleitzahlen tatsächlich kleiner als 32.767 sind. In Sennestadt, einem Stadtteil von Bielefeld, hat die dortige PLZ 33689 aber schon die Obergrenze für Integer-Zahlen überschritten.

Wenn es also wirklich nur um deutsche PLZ-Werte ginge, die bis maximal 100.000 gehen könnten, wäre der Felddatentyp *Long* (den Zusatz *Integer* lässt man üblicherweise weg) der kleinstmögliche.

Tatsächlich aber gibt das Feld *perLand* bereits einen Hinweis darauf, dass auch nicht-deutsche Postleitzahlen vorkommen werden. Diese heißen beispielsweise in anglo-amerikanischen Ländern ZIP-Code, weil sie dort gar nicht nur aus Ziffern bestehen. In Swindon etwa, einem Ort im Südwesten Englands, lautet der ZIP-Code *SN5 6NX*, enthält also nicht nur ein Leerzeichen, sondern vor allem auch Buchstaben. Entsprechendes gilt für andere britische Orte und für Kanada.

Damit hat sich jede Überlegung bezüglich eines Zahlen-Datentyps erledigt, es muss für *perPLZ* der Felddatentyp *Text* sein, als Textlänge sind mindestens 7 Zeichen notwendig. Trotzdem war der Exkurs nicht umsonst, denn wir werden auf die Datentypen wieder zurückkommen.

Alle übrigen Felder können Sie nun ergänzen, sodass sich der Tabellenentwurf wie in Abbildung 3.8 präsentiert.

Feldname	Felddatentyp	Beschreibung
perVorname	Text	30 Zeichen
perNachname	Text	50 Zeichen
perLand	Text	3 Zeichen
perPLZ	Text	7 Zeichen
perOrt	Text	100 Zeichen
perStrasse	Text	100 Zeichen
perTelefon	Text	30 Zeichen
perPrioritaet	Text	10 Zeichen

Abbildung 3.8: Die Felder im Entwurf der Personentabelle

Primärschlüssel

Sie erinnern sich vielleicht noch, dass beim Löschen des Feldes *ID* eine Rückfrage zum so genannten *Primärschlüssel* kam. Der Primärschlüssel ist für jede Tabelle das Feld (oder die Felder, denn es können auch mehrere sein), das jeden beliebigen Datensatz eindeutig identifiziert. Daher ist es mehr als sinnvoll, eigentlich fast zwingend, wieder einen Primärschlüssel anzugeben.

Welches Feld oder welche Felder wären bei Adressen dazu geeignet, in jedem Datensatz eindeutig zu sein? Der Vorname alleine ebenso wenig wie nur der Nachname. Selbst beide zusammen sind bei häufigen Namen wie *Michael Müller* oder *Gaby Meier* nicht ausreichend, in großen Städten wie etwa Berlin nicht einmal in Kombination mit einer Ortsbezeichnung.

Wenn Sie Pech haben, ist erst die gleichzeitige Berücksichtigung aller Feldinhalte eindeutig, wenn nämlich zwei gleichnamige Personen im gleichen Haus wohnen und nur unterschiedliche Telefonnummern haben. Das ist natürlich kaum praktikabel, sieben Felder gleichzeitig zu indizieren.

Kapitel 3   Grundlagen des Datenbankdesigns

Also vergeben Sie einfach für jeden Datensatz eine eindeutige Nummer in einem zusätzlichen Feld. Genau genommen vergeben nicht Sie diese Nummer manuell, was durchaus möglich wäre, sondern Access macht das automatisch.

Die passende Einstellung *AutoWert* als *Felddatentyp* ist eigentlich nicht korrekt bezeichnet, denn der tatsächliche Datentyp ist ein *Long*-Wert, der standardmäßig bei 1 beginnt und für jeden neuen Datensatz um 1 erhöht wird. Der *AutoWert* ist also eine *Long*-Zahl mit automatischer Erhöhung.

Wenn Sie noch einmal in Tabelle 3.4 auf Seite 36 sehen, werden Sie feststellen, dass der Zahlenbereich für *Long* eigentlich bei -2,1 Milliarden beginnt. AutoWerte beginnen trotzdem immer bei *1* und haben daher schon die Hälfte der Möglichkeiten verschenkt. Es bleiben also nur noch 2,1 Milliarden mögliche Datensätze beziehungsweise Adressen übrig, das wäre ein Drittel der Weltbevölkerung. Das reicht, sagen Sie? In diesem Fall sicherlich.

Es ist aber trotzdem eine Überlegung wert, ob das genug ist, denn AutoWerte werden Sie regelmäßig einsetzen. Vielleicht brauchen Sie später mal Tabellen, bei denen zu Abrechnungszwecken Handy-Gesprächseinheiten mitprotokolliert werden. Wenn Sie Pech haben, sind die 2,1 Milliarden Einheiten da in einer halben Woche voll! Für diesen Fall könnten Sie deren *Feldgröße* noch auf *Replikations-ID* umstellen, die mit $3,4*10^{38}$ Möglichkeiten ausreichend Reserve bieten wird.

1. Um ein neues Feld vor den bereits vorhandenen einzufügen, können Sie den Zeilenkopf der ersten Zeile, also von *perVorname*, anklicken und die Einfg-Taste drücken.

2. Dann geben Sie in der entstandenen Leerzeile **perID** als neues Feld ein und wählen *AutoWert* als Felddatentyp.

3. Wenn Sie nun in der Registerkarte *Entwurf* das Primärschlüssel-Symbol anklicken, erscheint im Zeilenkopf wieder der kleine Schlüssel. Dadurch ändert sich unten in den Feldeigenschaften der Wert der Eigenschaft *Indiziert* von *Nein* auf *Ja (Ohne Duplikate)*. Access wird dadurch selbstständig verhindern, dass jemals doppelte Werte auftreten.

Jetzt sollte die Tabelle wie in Abbildung 3.9 vollständig sein und kann mit Daten gefüllt werden.

```
                tblPersonen
PK  | perID (Autowert/Primärschlüssel)
    | perVorname (T30)
    | perNachname (T50)
    | perLand (T3)
    | perPLZ (T7)
    | perOrt (T100)
    | perStrasse (T100)
    | perTelefon (T30)
    | perPrioritaet (T10)
```

Abbildung 3.9: Die endgültigen Feldnamen und -größen für die Tabelle *tblPersonen* (T30 = Text mit 30 Zeichen)

Daten eingeben

Damit Sie Daten in die neue Tabelle eingeben können, müssen Sie von der Entwurfsansicht wieder in die Datenblattansicht wechseln. Dazu gibt es, wie in Abbildung 3.10 zu sehen ist, drei Möglichkeiten:

3.1 Wie entwerfe ich eine Datenbank?

- per Rechtsklick auf die Registerkarte *tblPersonen* und den Menübefehl *Datenblattansicht* oder
- durch Anklicken des *Ansicht*-Symbols ganz links in der *Entwurf*-Registerkarte, das sich dabei jeweils automatisch umstellt und direkt als Umschalter zwischen den Ansichten nutzbar ist, oder
- mit einem Klick auf eines der Ansichtsymbole ganz unten rechts in der Statuszeile

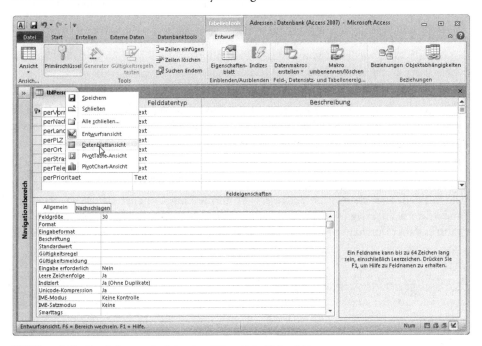

Abbildung 3.10: Umschalten von der Entwurfsansicht zur Datenblattansicht

Um für die Dateneingabe von einer Zelle zur nächsten zu gelangen, können Sie sowohl die Eingabetaste als auch die Tabulatortaste benutzen.

Wenn Sie nun in der Datenblattansicht Beispieldaten für die Adressen eingeben, werden Sie feststellen, dass sich das erste Feld *perID* zwar anklicken, aber nicht mit Werten füllen lässt. Das ist korrekt, denn es handelt sich dabei um das AutoWert-Feld, das seine Daten selbst erzeugt. Dabei fügt bereits der Beginn eines neuen Datensatzes die nächste AutoWert-Nummer ein, wie Sie in Abbildung 3.11 sehen können.

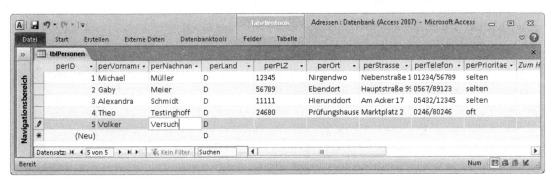

Abbildung 3.11: Erfassen des fünften Beispieldatensatzes

Kapitel 3   Grundlagen des Datenbankdesigns

Es ist auch egal, ob Sie diesen Datensatz für *Volker Versuch* gar nicht mit Speichern beenden, indem Sie zweimal die Esc-Taste drücken. Dann wird er zwar nicht gespeichert, aber der nächste Datensatz erhält nur die nächsthöhere Nummer 6. Die Nummer 5 ist verfallen.

Das hat etwas damit zu tun, dass Access immer mit zulässigen Mehrbenutzerzugriffen auf diese Tabelle rechnet. Wenn also – während Sie den Datensatz mit *Volker Versuch* gerade bearbeiten – jemand anderes auch einen neuen Datensatz beginnt, muss Access trotzdem eindeutige *perID*-Werte sicherstellen.

Vielleicht ist Ihnen bei der Eingabe der Daten noch etwas aufgefallen? Es gab keine Aufforderungen zum Speichern! Anders als Sie es vielleicht von anderen Programmen gewohnt sind, kümmert sich Access um das Speichern jeden Datensatzes, sobald Sie ihn verlassen haben.

Das geschieht also sowohl dann, wenn Sie per Eingabetaste vom letzten Feld *perPrioritaet* zum ersten Feld *perID* des folgenden Datensatzes wechseln, als auch beim Schließen des Tabellenfensters mit dem X am rechten Rand. Sie können also bei einem Computerabsturz maximal den einen Datensatz verlieren, den Sie in diesem Fenster noch nicht gespeichert haben, alle anderen wurden schon gesichert.

Einen noch ungespeicherten Datensatz erkennen Sie daran, dass er links im Zeilenkopf noch den Schreibstift anzeigt. Bereits gesicherte Datensätze zeigen dort gar kein Symbol.

Die letzte Zeile mit dem Sternchen ist immer reserviert für die Eingabe neuer Datensätze. Hier werden schon die Standardwerte angezeigt, wie für *perLand* in Abbildung 3.11 zu sehen ist. Bei sehr vielen Standardwerten kann es daher durchaus passieren, dass diese Zeile wie ein vorhandener Datensatz wirkt.

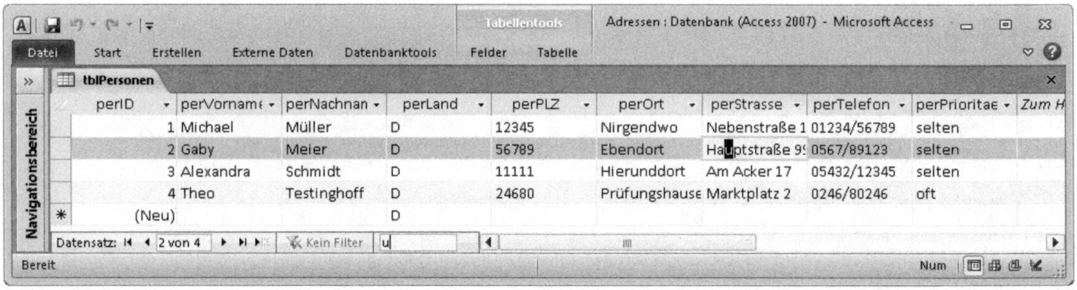

Abbildung 3.12: Die Navigationsschaltflächen und das Suchfeld (unten) für eine Tabelle

Navigieren in den vorhandenen Datensätzen

Die tatsächliche Anzahl der Datensätze hingegen lässt sich ganz unten ablesen, in Abbildung 3.12 steht der Cursor also offensichtlich im zweiten von insgesamt vier Datensätzen. Die höchste *perID* mag anfangs noch ungefähr mit der Datensatzanzahl übereinstimmen, aber gelöschte oder nicht gespeicherte Datensätze hinterlassen Lücken innerhalb der Nummern. Eine zuverlässige Angabe liefert also nur die Angabe in den Navigationsschaltflächen unten.

Um einen Datensatz schnell zu finden, gibt es bei den Navigationsschaltflächen das *Suchen*-Feld. Probieren Sie einmal aus, was passiert, wenn Sie dort nacheinander die Buchstaben **ung** eingeben:

1. Mit **u** wird der erste Inhalt eines beliebigen Feldes gesucht, der ein *u* enthält. Das ist in diesem Fall die *Hauptstraße 99*, die direkt markiert wird.
2. Mit **un** wird anschließend zum fiktiven Ort *Hierunddort* gesprungen.
3. Bei **ung** muss dann *Prüfungshausen* angezeigt werden.

Damit haben Sie schon den wichtigsten Umgang mit einer Tabelle kennen gelernt. Bevor Sie weitere Details sehen, möchte ich Ihnen ein paar Fähigkeiten von Abfragen vorstellen. Schließlich sind Tabellen ja vor allem zum Speichern von Daten da, während erst in Abfragen die Daten strukturiert werden.

3.2 Daten mit Abfragen strukturieren

Um die Daten von Tabellen gefiltert, sortiert oder anders berechnet anzuzeigen, braucht es in Access Abfragen, genauer gesagt Auswahlabfragen. Diese bilden die Gruppe der Abfragen, bei denen salopp gesagt kein Schaden entstehen kann, denn sie zeigen nur Ergebnisse.

Das Gegenstück dazu sind Aktionsabfragen, die auch Daten schreiben. Mit ihnen werden wir uns jedoch erst später befassen. Wenn also im Moment von Abfragen die Rede ist, dann sind nur Auswahlabfragen gemeint.

1. Schließen Sie bitte die Tabelle und aktivieren die Registerkarte *Erstellen*.
2. Dort finden Sie in der Gruppe *Abfragen* den Befehl *Abfrageentwurf*. Beim Anklicken öffnet sich direkt ein neues Fenster für die Abfrage und das in Abbildung 3.13 sichtbare Dialogfeld zum Hinzufügen der Tabellen.

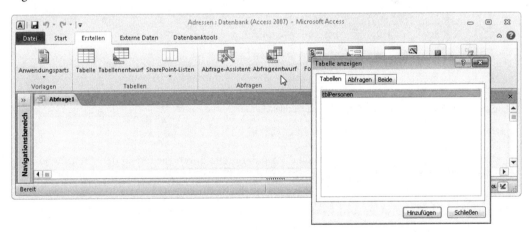

Abbildung 3.13: Erstellen einer neuen Abfrage

3. Darin ist die einzige Tabelle *tblPersonen* bereits markiert, die Sie bitte mit *Hinzufügen* in die Abfrage übernehmen. Dann können Sie das Dialogfeld schließen.

Die Methode des Abfragenentwurfs in Access heißt *QBE* oder *Query by example*, also Abfrage durch Beispiel. Dabei sehen Sie im oberen Teil des Abfrageentwurfs alle Datenquellen, welche sowohl Tabellen als auch andere Auswahlabfragen sein können. Deren Felder können Sie durch Ziehen des Feldnamens oder durch Doppelklick darauf in den unteren Teil, nämlich das Beispiel für das Ergebnis, übernehmen.

Kapitel 3 Grundlagen des Datenbankdesigns

4. Doppelklicken Sie nacheinander auf die Felder *perVorname*, *perNachname*, *perPLZ* und *perOrt* wie in Abbildung 3.14 sichtbar.

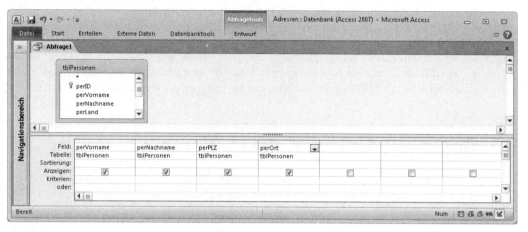

Abbildung 3.14: Anzeige der Felder für die neue Abfrage

5. Um die Abfrage auszuführen und so deren Ergebnisse zu zeigen, muss sie nicht gespeichert werden. Klicken Sie einfach auf das Symbol *Ansicht* in der automatisch angezeigten *Entwurf*-Registerkarte, um wie in Abbildung 3.15 die Datenblattansicht zu sehen.

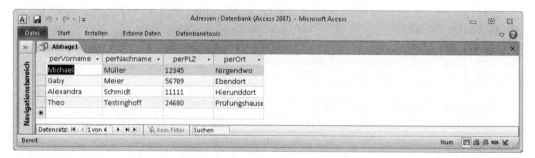

Abbildung 3.15: Anzeige der Ergebnisse für die neue Abfrage

6. Sie können dabei wie in Tabellen auch die Spaltenbreite durch Ziehen an den Trennlinien zwischen den Spaltenköpfen mit den Feldnamen ändern. Falls Sie von Excel her den Doppelklick an dieser Stelle kennen, optimiert dieser hier ebenfalls die Spaltenbreite.

Allerdings berücksichtigt Access nicht wie in Excel alle Zeilen, sondern nur die auf dem Bildschirm gerade sichtbaren. Schließlich könnten ja noch einige Millionen Zeilen aus einer Datenquelle im langsamen Netzwerk folgen, was viel zu lange dauern würde.

Daten ändern in Abfragen

Was passiert eigentlich, wenn Sie hier den Namen *Müller* in *Müller-Lüdenscheid* ändern? Können und dürfen Sie das? Probieren Sie es einfach mal aus!

3.2 Daten mit Abfragen strukturieren

Sobald Sie hinter *Müller* klicken und losschreiben, erscheint außer den Buchstaben auch der Schreibstift links im Zeilenkopf. Das ist schon mal ein gutes Zeichen, wirklich gespeichert sind die Daten aber erst, wenn Sie die Zeile ohne Fehlermeldung verlassen konnten. Das klappt auch.

Steht das nicht im Widerspruch zu meiner anfänglichen Behauptung, dass in Tabellen und nur dort Daten gespeichert werden können? Nein, überhaupt nicht. Solange die Abfrage einen Wert genau einem Datensatz in einer Tabelle zuordnen kann, reicht sie alle Änderungen an die passende Tabelle weiter.

Andernfalls – und das betrifft beispielsweise Gruppierungsabfragen, die Summen für mehrere Datensätze zeigen – könnten Sie nicht einmal zu schreiben anfangen. Sobald Access Ihnen also Schreibzugriff auf einen Datensatz gibt, können Sie davon ausgehen, dass Sie ihn auch speichern dürfen.

Hilft es dann vielleicht, die Abfrage ungespeichert zu schließen? Probieren Sie es mit dem *X* am rechten Rand aus und verneinen Sie die Sicherheitsfrage, ob Sie die am Entwurf von *Abfrage1* vorgenommenen Änderungen speichern möchten.

Klappen Sie den Navigationsbereich links aus und doppelklicken Sie dort auf den Tabellennamen *tblPersonen*, um die Daten der Tabelle anzuzeigen. Dort steht jetzt *Müller-Lüdenscheid* im ersten Datensatz. Es hilft also auch nichts, die Abfrage ungespeichert zu verlassen.

Das ist wohl auch nicht wirklich überraschend, denn die Abfrage ist ja eine Ansicht der Daten, ein *View*, wie sie in englischsprachigen Datenbanken auch genannt wird. Wenn Sie durch ein Fenster sehen, dass Sie von innen mit dem Lichtschalter das Terrassenlicht eingeschaltet haben, verschwindet das Licht auch nicht mit der Zerstörung des Fensters.

Das ist durchaus sowohl ein Vorteil als auch ein Nachteil. Als Entwickler können Sie sehr bequem mal eben ein paar Daten filtern und schnell korrigieren. Sie müssen aber auch daran denken, dass Ihre zukünftigen Benutzer mit der gleichen Leichtigkeit versehentlich Daten zerstören können, weil sie vielleicht denken, das sei ja *nur* eine Abfrage und nicht die Tabelle mit den *echten* Daten.

Da es zudem – wie Sie gemerkt haben – Access-typisch keine Aufforderung zum Speichern gibt, fällt die unfreiwillige Datenänderung vermutlich nicht einmal auf. Wer in Access einen geänderten Datensatz nicht speichern will, muss ausdrücklich die Esc-Taste benutzen. Ansonsten speichert Access alles, was nicht gegen Datenintegritätsregeln verstößt.

Eigentlich unterscheiden sich Auswahlabfragen von Aktionsabfragen dadurch, dass sie keine Daten schreiben. Wie Sie gerade gesehen haben, gibt es aber trotzdem die einfache Möglichkeit, als Benutzer Daten per Tastatur zu verändern. Es ist nur eben nicht vollautomatisch und in Bruchteilen von Sekunden für riesige Datenbestände durchgeführt, wie Aktionsabfragen das machen.

Daten sortieren

Im Grunde soll die Auswahlabfrage in unserem Fall ja Daten strukturieren, deswegen erstellen Sie bitte den gleichen Entwurf von eben noch einmal. Es ist sinnvoll, dazu die Tabelle zu schließen, damit nicht unnötig viele Fenster Ihre Rechnerressourcen belasten.

1. Um eine neue Abfrage zu erstellen, müssen Sie zuerst wieder auf der Registerkarte *Erstellen* in der Gruppe *Abfragen* auf *Abfrageentwurf* klicken. Übernehmen Sie im Dialogfeld ebenfalls die Tabelle *tblPersonen*.

2. Dieses Mal sollen die Daten nach Orten sortiert sein, daher können Sie in der Spalte *perOrt* in der Zeile *Sortierung* den Eintrag *Aufsteigend* wie in Abbildung 3.16 auswählen.

Kapitel 3   Grundlagen des Datenbankdesigns

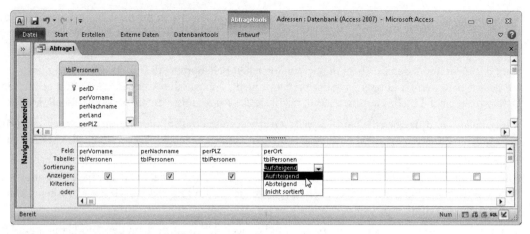

Abbildung 3.16: Aufsteigende Sortierung für den Ort im Entwurf

3. Wechseln Sie nun in die Datenblattansicht (siehe Abbildung 3.17), um das Ergebnis zu überprüfen.

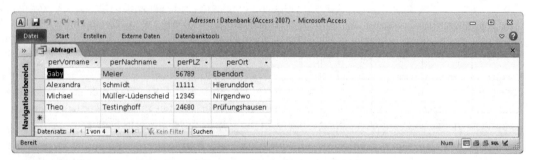

Abbildung 3.17: Aufsteigende Sortierung für den Ort im Ergebnis

Nach mehreren Kriterien sortieren

Im nächsten Schritt soll eine mehrstufige Sortierung durchgeführt werden, das heißt, zuerst soll nach Ort und dann innerhalb eines Ortes nach Nachname sortiert werden.

1. Bitte tragen Sie daher noch ein paar Adressen aus bereits vorhandenen Orten ein wie in Abbildung 3.18. Sie können das direkt in dieser Abfrage machen, denn die Daten werden ja an die Tabelle weitergegeben.

> **Tipp: So tragen Sie wiederholte Werte ein**
>
> Wenn in einem Feld eines Datensatzes der Wert aus dem direkt davor stehenden Datensatz noch einmal benötigt wird, können Sie diesen mit Strg+# übernehmen lassen. Dabei muss er nicht physikalisch in der Tabelle direkt davor stehen, sondern kann auch in Abfragen durch Filtern oder Sortieren dahin gelangt sein.

2. Speichern Sie die Abfrage bitte durch einen Klick auf die Diskette oben links unter dem Namen *qryNamenSortiert*.

3.2 Daten mit Abfragen strukturieren

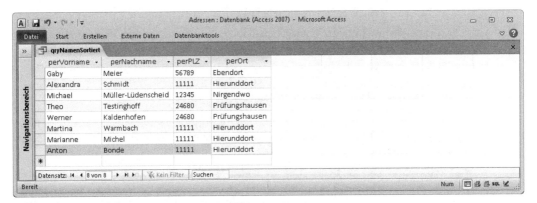

Abbildung 3.18: Zusätzliche Datenzeilen für eine mehrstufige Sortierung

3. Um die mehrstufige Sortierung einzurichten, müssen Sie mit dem Symbol *Ansicht* ganz links in der Registerkarte *Start* wieder in die Entwurfsansicht wechseln. Tragen Sie für das Feld *perNachname* wie in Abbildung 3.19 ebenfalls eine aufsteigende Sortierung ein.

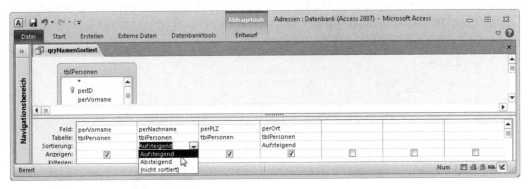

Abbildung 3.19: Eine mehrstufige Sortierung im Entwurf

Wenn Sie nun allerdings im Datenblatt das Ergebnis prüfen, werden Sie feststellen, dass keineswegs innerhalb des Ortes nach Nachname sortiert worden ist, wie Abbildung 3.20 zeigt.

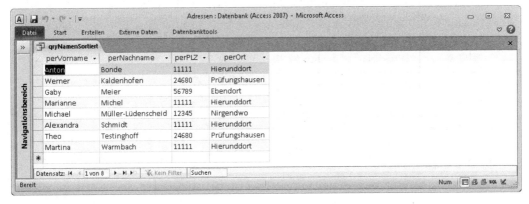

Abbildung 3.20: Die Datensätze sind nicht wie erwartet zuerst nach Ort und dann nach Nachname sortiert

Kapitel 3 Grundlagen des Datenbankdesigns

Das liegt daran, dass Access natürlich nicht die zeitliche Reihenfolge berücksichtigen kann, in der Sie die Sortierungen im Entwurf eingegeben haben. Vielmehr werden Sortierungen immer von links aus berücksichtigt. Das Feld *perOrt* muss also weiter links als *perNachname* stehen, wenn es vorrangig sortiert werden soll.

Hinweis: Felder im Abfrageentwurf verschieben

Um ein Feld im Abfrageentwurf an eine andere Position zu schieben, müssen Sie es zuerst markieren. Der Spaltenkopf oberhalb des Feldnamens ist leider besonders klein und daher schwer zu markieren.

Der Mauszeiger wird im Spaltenkopf als schwarzer Südpfeil dargestellt. Sobald Sie diesen sehen, klicken Sie. Dann wird die ganze Spalte schwarz markiert. Jetzt müssen Sie die Maus wieder loslassen und mit dem nun angezeigten weißen NordWest-Pfeil-Mauszeiger den Spaltenkopf erneut nehmen und gedrückt an die neue Position ziehen.

Während Sie den Spaltenkopf bewegen, springt eine senkrechte schwarze Linie an die zukünftige Position zwischen zwei anderen Spalten. An der richtigen Stelle lassen Sie dann los.

4. Damit der inhaltliche Zusammenhang nicht gestört wird und Vor- und Nachname weiter nebeneinander stehen, wird der Nachname einfach ein zweites Mal per Doppelklick in den unteren Bereich übernommen und steht nun am Ende hinter *perOrt*.

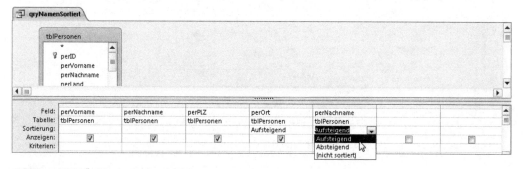

Abbildung 3.21: Ändern der Sortierreihenfolge

5. Abbildung 3.21 zeigt die neue Sortierung. Vergessen Sie nicht, die bisherige Sortierung vom ersten *perNachname*-Feld wieder auf *(Nicht sortiert)* zu stellen, sonst würde diese ja vorrangig behandelt.

perVorname	Expr1001	perPLZ	perOrt	perNachname
Gaby	Meier	56789	Ebendort	Meier
Anton	Bonde	11111	Hierunddort	Bonde
Marianne	Michel	11111	Hierunddort	Michel
Alexandra	Schmidt	11111	Hierunddort	Schmidt
Martina	Warmbach	11111	Hierunddort	Warmbach
Michael	Müller-Lüdenscheid	12345	Nirgendwo	Müller-Lüdenscheid
Werner	Kaldenhofen	24680	Prüfungshausen	Kaldenhofen
Theo	Testinghoff	24680	Prüfungshausen	Testinghoff

Abbildung 3.22: Diesmal ist die Sortierung korrekt: zuerst nach Ort, dann nach Nachname

3.2 Daten mit Abfragen strukturieren

Sortierung und Anzeige unterscheiden

Wenn Sie Abbildung 3.22 betrachten, werden Sie feststellen, dass zwar inhaltlich alles korrekt ist, denn es wird tatsächlich zuerst nach Ort und erst anschließend nach Nachname sortiert. Allerdings darf es nicht zwei gleichnamige Felder in einem Datenblatt geben, deswegen hat Access sozusagen die Notbremse gezogen und das erste *perNachname*-Feld in *Expr1001* umbenannt. Außerdem ist der doppelte Nachname am Ende der Tabelle mindestens überflüssig.

Die Lösung besteht darin, im Abfrageentwurf zwischen Feldern zur Anzeige und solchen zur Sortierung zu unterscheiden. Wechseln Sie dazu wieder zurück in die Entwurfsansicht und entfernen Sie im letzten *perNachname*-Feld das Häkchen in der *Anzeigen*-Zeile. Jetzt ist auch optisch alles in Ordnung, das *perNachname*-Feld wird im Datenblatt nur einmal angezeigt, aber trotzdem nachrangig nach *perOrt* sortiert.

Datensätze filtern

Als Nächstes sollen nur die gefilterten Daten für einen einzigen Ort dargestellt werden.

1. Speichern Sie die Abfrage daher unter dem Namen *qryNamenGefiltert*. Während das Speichern direkt ganz oben mit dem Diskettensymbol möglich ist, finden Sie den Befehl *Speichern unter* in der Backstage-Ansicht, die Sie über die Registerkarte *Datei* öffnen. Wählen Sie dort *Objekt speichern als*, um eine Kopie der Abfrage unter einem neuen Namen zu speichern.

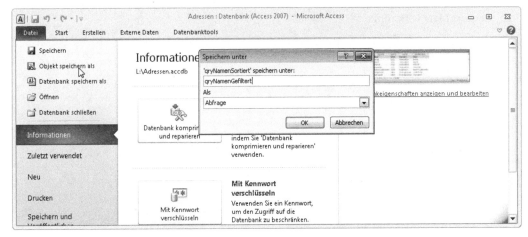

Abbildung 3.23: Menü zum Speichern einer Abfrage unter einem neuen Namen

2. Entfernen Sie in dieser Abfrage im Entwurf nun das letzte *perNachname*-Feld, indem Sie dessen Spaltenkopf anklicken und anschließend die Entf-Taste drücken.
3. Stellen Sie außerdem bitte die Sortierung von *perOrt* wieder auf *(Nicht sortiert)*.

Kapitel 3 Grundlagen des Datenbankdesigns

Logische Verknüpfung

Damit nur die Datensätze angezeigt werden, die Adressen aus *Hierunddort* enthalten, tragen Sie diesen Ort in der *perOrt*-Spalte in der *Kriterien*-Zeile ein. Die Groß-/Kleinschreibung wird dabei nicht berücksichtigt.

Sobald Sie diese Eingabe mit der Eingabetaste bestätigen, ergänzt Access die fehlenden Gänsefüßchen, denn es ist ein Text-Datentyp. Jetzt können Sie die Abfrage in der Datenblattansicht ausführen lassen und sehen wie gewünscht nur die vier Datensätze aus *Hierunddort*.

Natürlich können Sie auch Adressen aus *Hierunddort* und *Prüfungshausen* gemeinsam anzeigen lassen. Da führt Sie aber die deutsche Sprache ein wenig in die Irre. Wenn Sie beispielsweise behaupten, dass Sie morgens mit Bus und Bahn zur Arbeit gekommen seien, dann mag das ökologisch richtig sein. Aber logisch richtig ist es nicht, denn das *und* würde die Gleichzeitigkeit beider Nutzungen verlangen. Der Bus müsste also in der Bahn gefahren sein.

Tatsächlich sind Sie entweder mit dem Bus oder mit der Bahn gefahren. Unser sprachliches *und* meint also häufig ein logisches *oder*. Deswegen brauchen Sie auch hier ausdrücklich nicht die Adressen aus *Hierunddort* **und** *Prüfungshausen*, sondern diejenigen aus *Hierunddort* **oder** *Prüfungshausen*.

Dazu geben Sie im Entwurf unterhalb von *Hierunddort* in der nächsten Zeile *Prüfungshausen* ein. Wie Sie in der Datenblattansicht sehen, werden korrekt alle sechs Datensätze aus den beiden Orten angezeigt.

Es hätte übrigens noch eine zweite Art gegeben, das *oder* im Entwurf zu schreiben. Das werden Sie sehen, wenn Sie diese Abfrage speichern, schließen und erneut öffnen. Anstatt beide Orte untereinander in zwei Kriterien-Zeilen zu schreiben, hat Access diese wie in Abbildung 3.24 im gleichen Feld durch das Schlüsselwort *Oder* verknüpft.

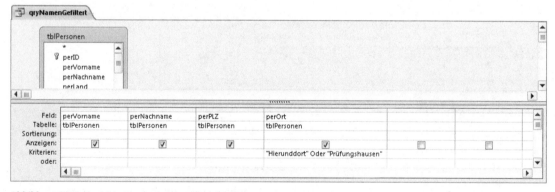

Abbildung 3.24: Zwei Kriterien durch *Oder* verbunden

Damit haben Sie auch schon die Lösung, wenn Sie tatsächlich einmal ein logisches *Und* benötigen. Auch das ist ein Schlüsselwort und kann statt *Oder* eingesetzt werden.

In diesem Fall würden Sie allerdings feststellen, dass für das Kriterium "Hierunddort" Und "Prüfungshausen" gar kein Datensatz als Ergebnis erscheint. Das ist auch korrekt, denn kein Datensatz würde die Bedingung erfüllen, dass der Ort gleichzeitig *Hierunddort* und *Prüfungshausen* ist.

Damit haben Sie alle wesentlichen Elemente für die Daten einer Access-Datenbank kennen gelernt: Sie können eine Tabelle erstellen und mit einer Abfrage sortieren und filtern.

3.3 Übungen zu diesem Kapitel

In diesem Abschnitt finden Sie einige Übungen zu diesem Kapitel. Die richtigen Antworten finden Sie wie immer auf der Website *www.richtig-einsteigen.de*.

Übung 3.1

Entwerfen Sie bitte eine Datenbank mit einer Tabelle, in der Einnahmen und Ausgaben für eine kleine Firma verwaltet werden können. Zu der Angabe, was gekauft wurde, soll auch vermerkt werden können, wer es gekauft hat. Außerdem ist eine Datumsangabe wünschenswert.

Übung 3.2

Sortieren Sie alle Eintragungen der Tabelle so, dass zuerst nach Datum und (für gleiche Datumswerte) nach Person aufsteigend sortiert wird.

Übung 3.3

Filtern Sie nur die Datensätze für eine bestimmte Person heraus. Wenn das klappt, filtern Sie nach zwei Personen (beachten Sie den Unterschied zwischen *Und* und *Oder!*).

3.4 Zusammenfassung

In diesem Kapitel haben Sie erfahren, nach welchen Regeln relationale Datenbanken erstellt werden. Sie haben dabei die Normalisierung als wichtiges Hilfsmittel bei der Aufteilung der Felder in Tabellen kennen gelernt.

- In einer *Storming* genannten Planungsphase sammeln Sie zuerst unstrukturiert alle Informationen, die in der Datenbank typischerweise gespeichert werden sollen
- Darauf folgt die *Norming* genannte Phase, bei der daraus Felder und Tabellen ermittelt werden
- Anhand der nun schon sichtbaren Struktur der Datenbank lassen sich mit der *Performing*-Phase mögliche Verbesserungen und vor allem Beschleunigungspotential finden
- Diese Vorarbeiten sollten entweder auf einem großen Papier oder mit geeigneter Software wie beispielsweise Visio stattfinden, damit Änderungen noch leicht möglich sind und nicht alles schon zu früh in der Datenbank fixiert ist
- Eine einheitliche Benennung anhand etwa der Ungarischen Notation oder der Leszynski/Reddick-Namenskonvention sorgt dafür, dass alle Namen als Präfix ihren Datentyp zeigen. Das sorgt nicht nur für eine eindeutige Benennung innerhalb der gesamten Datenbank, sondern vermeidet auch viele Fehler, die aus Datentyp-Verletzungen resultieren.

- Passend dazu ist es empfehlenswert – wenn auch technisch nicht notwendig – alle Felder datenbankweit eindeutig zu benennen, indem diese eine Kennung ihres Tabellennamens als Präfix tragen. Zwingend notwendig von Access her ist nur das Verbot der vier Zeichen *[]!.* in allen Namen.
- Primärschlüssel mit automatischer Erzeugung einer Zahl als AutoWert sorgen dafür, dass jeder Datensatz eindeutig identifizierbar ist
- Geeignete Datentypen vor allem für Zahlen minimieren den Platzbedarf eines Feldes, sodass die Datenbankdatei nicht unnötig groß wird
- Die Analyse, das heißt vor allem das Sortieren und Filtern der Daten erfolgt immer in Abfragen. Diese speichern immer nur die SQL-Anweisung und nicht das Datenergebnis, das bei der Ausführung der Abfrage immer aktuell ermittelt wird.
- Die Sortierung der Daten erfolgt immer von links nach rechts, das vorrangig zu sortierende Feld muss also links von der darin enthaltenen Untersortierung stehen. Damit das Ergebnis trotzdem gut aussieht, können Sie zwischen sortierten und angezeigten Feldern unterscheiden.

Kapitel 4

Datenbanken mit mehreren Tabellen

In diesem Kapitel lernen Sie

- woran Sie redundante Daten in Tabellen erkennen
- wie Sie diese in Nachschlagetabellen auslagern
- warum Referentielle Integrität so wichtig ist und wie sie aktiviert wird
- wie Sie Werte aus Nachschlagetabellen in Kombinationsfeldern anzeigen
- wie Sie die Fehlermeldung bei ungültigen Nachschlagewerten verbessern
- wie Unterdatenblätter bei verknüpften Tabellen die Übersicht erleichtern
- wie m:n-Beziehungen in zwei 1:n-Beziehungen verwirklicht werden
- wie ein Index über mehrere Felder doppelte Datenkombinationen verhindert

4.1 Nachschlagetabellen

Natürlich zeigt eine relationale Datenbank ihre Stärken erst in den Beziehungen (=Relationen) zwischen mehreren Tabellen. Bis hierhin hätten Sie alles eigentlich auch noch in Excel machen können. Warum sollten Sie aber mehrere Tabellen benutzen?

Betrachten Sie dazu einmal das Feld *perPrioritaet*. Es ist ein Textfeld mit maximal 10 Zeichen, von denen von einem Eintrag wie *manchmal* schon 8 Zeichen belegt werden. Gleichzeitig wiederholen sich in diesem Feld wenige Einträge ganz oft.

Das ist ein Hinweis darauf, dass es ein Nachschlagefeld sein sollte. Anstatt immer wieder das gleiche lange Wort zu schreiben, wird dort eine kurze Zahl gespeichert. Zu dieser Zahl lässt sich in einer anderen Tabelle dieses Wort bei Bedarf nachschlagen.

Wenn Sie beispielsweise weniger als 255 verschiedene Prioritäten haben – wovon wir hier sicher ausgehen können –, dann könnte die Referenzzahl vom Datentyp *Byte* sein. In Tabelle 3.4 auf Seite 36 können Sie nachlesen, dass dieser einen Platzbedarf von 1 Byte hat. Eine Priorität mit einer durchschnittlichen Textlänge von 6 bis 8 Zeichen verbraucht im Gegensatz dazu bis zu 8 Bytes, nämlich 1 Byte je Buchstabe.

Durch die Umstellung vom Datentyp *Text* zu *Byte* reduziert sich also je nach Textlänge der Platzbedarf pro Datensatz erheblich.

Es gibt noch einen zweiten, nicht zu unterschätzenden Vorteil: Solange Texte gespeichert werden, kann es Schreibfehler geben. Sobald ein Datensatz aber statt der Priorität *gelegentlich* eine solche wie

Kapitel 4 Datenbanken mit mehreren Tabellen

gelgentlich erhält, wird diese falsch geschriebene Priorität in allen gefilterten Abfragen vergessen. Es gibt auch keine Warnung, dass im Ergebnis vielleicht Daten fehlen, denn falsch geschriebene Worte werden einfach wie neue Prioritäten behandelt.

Dieses Risiko ist für eine Datenbank eigentlich untragbar. Es kann nicht sein, dass unfreiwillig neue Prioritäten erfunden werden, wenn Sie als Datenbankdesigner davon ausgehen, dass es eine vorhersehbare Liste von Werten gibt. Auch dieses Problem ist mit der Nachschlagetabelle lösbar, denn Access lässt sich so einstellen, dass nur die Zahlen der Nachschlagetabelle akzeptiert werden.

> **Wichtig: Möglichst keine späten Änderungen am Konzept**
>
> Für diese Änderung muss das Konzept der Datenbank erweitert werden. Deswegen möchte ich hier noch einmal ganz deutlich darauf hinweisen, dass das bei einer echten Datenbank jetzt eigentlich zu spät wäre. Diese Entscheidung hätten wir besser noch auf dem Papier gefällt, denn es werden sich Feldnamen ändern.
>
> Bei großen Datenbanken müssen Sie nach einer solchen Erweiterung wirklich alle Abfragen, Formulare, Berichte Makros und VBA-Prozeduren einzeln daraufhin prüfen, ob sie noch funktionieren.

Die neue Nachschlagetabelle mit dem Namen *tblPrioritaeten* wird also zwei Felder benötigen: *priNr* für die eindeutige Zahl und *priName* für den Text.

Sie mögen sich an dieser Stelle wundern, dass ich die eindeutige Zahl in *tblPersonen* als *ID* und hier in *tblPrioritaeten* als *Nr* benannt habe. Während aber bei den Personen ein AutoWert mit einer automatisch erzeugten Zahl eingesetzt wird, können hier die Werte für die Priorität manuell vergeben werden. Zum einen sind es nur wenige Datensätze, zum anderen sind AutoWerte mindestens *Long*-Zahlen und damit viel zu groß.

Diese Unterscheidung in automatischen AutoWert und manuell zu vergebende Zahl halte ich auch im Feldnamen fest, damit ich beispielsweise in Aktionsabfragen später weiß, dass ich in ein Feld *perID* keinen Wert hineinschreiben dürfte, in *priNr* hingegen schon.

Nutzen Sie jetzt bitte die Registerkarte *Erstellen* und gehen von dort in den Tabellenentwurf, um die Tabelle *tblPrioritaeten* gemäß Abbildung 4.1 anzulegen.

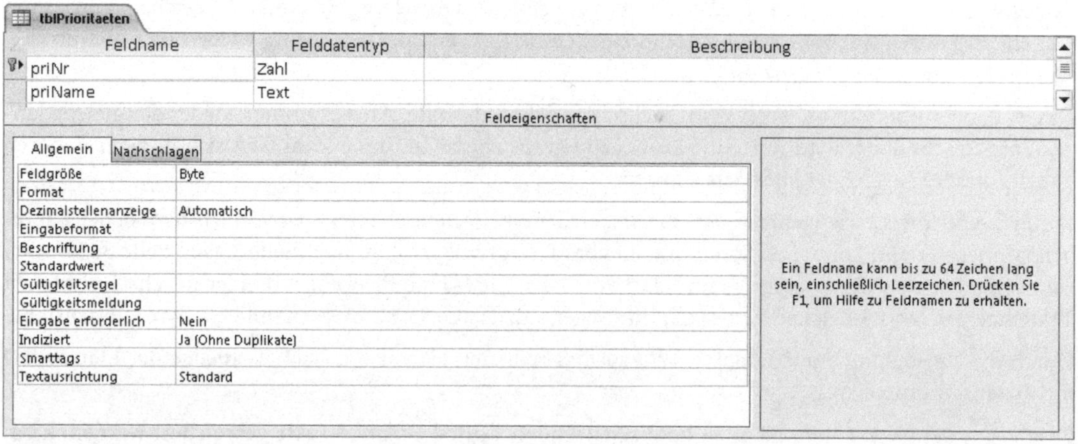

Abbildung 4.1: Entwurf der Tabelle *tblPrioritaeten*

4.1 Nachschlagetabellen

Der *Felddatentyp* für *priNr* steht auf *Zahl* und die *Feldgröße* auf *Byte*. Sobald Sie für diese Zeile den Primärschlüssel in der Registerkarte anklicken, wechselt auch hier *Indiziert* auf *Ja (Ohne Duplikate)*. Damit ist es trotz manueller Eingabe nicht mehr möglich, mehrfach dieselbe Nummer zu vergeben.

Die *Feldgröße* für das *Text*-Feld *priName* können Sie gerne großzügig auf 20 Zeichen stellen. Dadurch, dass jedes Wort genau einmal vorkommt, ist seine tatsächliche Länge wegen des Platzbedarfs völlig unerheblich. 500 Adressen mit durchschnittlich 7 Buchstaben für die Priorität verbrauchen 3.500 Bytes, aber diese Adressen mit einer *Byte*-großen Nachschlagezahl plus vielleicht drei Prioritäten zu je 20 Buchstaben verbrauchen 560 Bytes (500 * 1 Byte + 3 * 20 Byte). Das ist knapp ein Siebtel des bisher notwendigen Platzbedarfs.

Damit die Tabelle gleich sinnvoll benutzt werden kann, sollten Sie schon ein paar Daten eintragen wie in Abbildung 4.2.

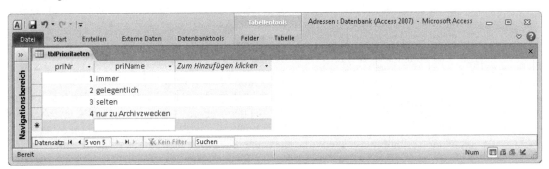

Abbildung 4.2: Daten für die Tabelle *tblPrioritaeten*

Probieren Sie ruhig auch einmal aus, was passiert, wenn Sie versehentlich eine schon vergebene *priNr*-Zahl ein zweites Mal eintragen wollen. Beim Versuch, diesen Datensatz zu verlassen und damit zu speichern, erhalten Sie die Warnmeldung aus Abbildung 4.3. Sie können diesen fehlerhaften Datensatz nur mit der Esc-Taste verlassen, damit er nicht gespeichert wird.

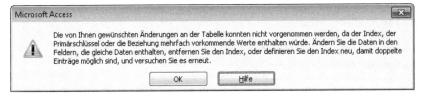

Abbildung 4.3: Warnung bei doppelten Inhalten in indizierten Feldern

Damit ist auf dieser Seite alles in Ordnung. Passend dazu muss in der Tabelle *tblPersonen* jetzt das bisherige *Text*-Feld *perPrioritaeten* gelöscht und durch ein *Zahl*-Feld ersetzt werden. Tatsächlich könnten Sie mit Aktionsabfragen auch dafür sorgen, dass zu den bisherigen Texten die passende *priNr* gefunden und dann direkt eingetragen wird. Der Aufwand steht aber für die wenigen Testdatensätze in gar keinem Verhältnis zum Erfolg.

Öffnen Sie also bitte die Tabelle *tblPersonen* in der Entwurfsansicht. Das geht am schnellsten mit einem Rechtsklick auf den Namen im Navigationsbereich am linken Rand und der Auswahl *Entwurfsansicht* wie in Abbildung 4.4.

Kapitel 4 Datenbanken mit mehreren Tabellen

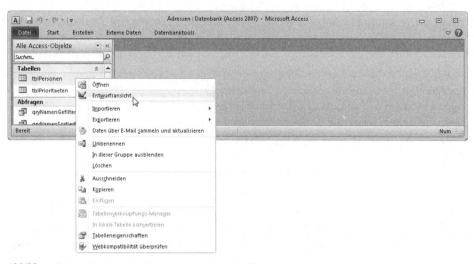

Abbildung 4.4: Vorhandene Tabelle in der Entwurfsansicht öffnen

Natürlich können Sie die Tabelle auch erst per Doppelklick in der Datenblattansicht öffnen und dann von dort aus in die Entwurfsansicht zurückwechseln. Bei den wenigen Daten in einer lokalen Tabelle ist der Unterschied unwesentlich. Wenn aber mal wirklich viele Datensätze enthalten sind und diese vielleicht sogar aus einer verknüpften Tabelle im Netzwerk kommen, warten Sie völlig unnötig auf die Daten, um dann doch nur in den Entwurf zu wechseln.

Klicken Sie in der Zeile *perPrioritaet* auf den Zeilenkopf und löschen die Zeile mit der Entf-Taste. Da mit dem Feld auch die Daten gelöscht werden, warnt Access Sie mit folgender Fehlermeldung. Sie können diese Warnung bestätigen und anschließend den neuen Feldnamen eingeben.

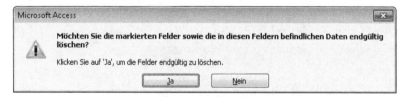

Abbildung 4.5: Warnung beim Löschen eines Feldes im Tabellenentwurf

Üblicherweise würde jetzt auch dieses Feld *prioNr* genannt, weil es zu dem entsprechenden Feld in der Tabelle *tblPrioritaeten* gehört. Als zusätzlicher Grund für die Namenswahl wird oft noch erwähnt, dass Access gleichnamige Felder in Abfragen mit mehreren Tabellen automatisch miteinander verbinden kann.

> **Tipp: Deaktivieren Sie die Autoverknüpfung**
>
> Wenn in einer Abfrage zwei Tabellen aufgenommen werden, die gleichnamige Felder enthalten, kann Access diese automatisch miteinander verknüpfen. Damit dies tatsächlich geschieht, müssen beide Tabellen ein Feld mit gleichem Namen und Datentyp enthalten. Außerdem muss eines der beiden Felder ein Primärschlüssel sein.
>
> Um dieses Verhalten auszuschalten, müssen Sie in der Backstage-Ansicht (Registerkarte *Datei*) den Befehl *Optionen* anklicken. Dort wählen Sie dann links die Kategorie *Objekt-Designer* aus und entfernen das Häkchen vor *AutoVerknüpfung aktivieren*.

4.1 Nachschlagetabellen

Das sind aber im Grunde schon zwei Designfehler: Gleichnamige Felder darf es nach unseren bisherigen Überlegungen innerhalb dieser Datenbank schon gar nicht mehr geben, weil jedes Feld als Präfix seinen Tabellennamen enthält.

Der zweite Designfehler wiegt viel schwerer, wie Sie gleich noch ausführlich sehen werden: Feldverknüpfungen werden lange vor dem Abfrageentwurf zentral bestimmt. Eine Abfrage übernimmt diese sinnvollerweise von dort und muss sie nicht lokal immer wieder neu erraten.

Entsprechend unseren Namenskonventionen (siehe Seite 29) muss dieser Feldname mit *per* beginnen, weil er in der Tabelle *tblPersonen* enthalten ist. Dann folgt der Name des Feldes aus der Nachschlagetabelle, also *priNr*.

Da mir meine Erfahrung aus vielen Schulungen zeigt, dass oftmals unklar ist, welches Feld welche Aufgabe hat, hänge ich immer noch ein *Ref* an, sodass der tatsächliche Name *perpriNrRef* ist. Es ist in der *per...*-Tabelle eine Referenz auf das *priNr*-Feld. Der Feldname ist vielleicht nicht besonders schön, aber er zeigt klar an, dass das Feld nur Zahlen referenzieren darf, die in der Nachschlagetabelle *tblPrioritaeten* vorhanden sind. Auf keinen Fall darf hier eine Zahl neu vergeben werden. Also: *priNr* führt, *perpriNrRef* folgt.

Damit das technisch funktioniert, muss *perpriNrRef* auch den gleichen Datentyp besitzen wie *priNr*, also eine *Zahl* mit der Feldgröße *Byte*. Speichern Sie anschließend diesen Entwurf und geben in der Datenblattansicht testweise Zahlen ein.

Derzeit müssen Sie auf Seite 53 nachblättern, welche Zahlen welche Bedeutung als Priorität haben. Das ist mehr als umständlich und wird natürlich bei Gelegenheit noch verbessert. Wenn Sie aber mal ein paar Beispielwerte für *perpriNrRef* in Abbildung 4.6 ansehen, werden Sie hoffentlich überrascht sein.

perID	perVorname	perNachname	perLand	perPLZ	perOrt	perStrasse	perTelefon	perpriNrRef
1	Michael	Müller-Lüdenscheid	D	12345	Nirgendwo	Nebenstraße 1	01234/56789	1
2	Gaby	Meier	D	56789	Ebendort	Hauptstraße 99	0567/89123	2
3	Alexandra	Schmidt	D	11111	Hierunddort	Am Acker 17	05432/12345	1
4	Theo	Testinghoff	D	24680	Prüfungshausen	Marktplatz 2	0246/80246	3
6	Werner	Kaldenhofen	D	24680	Prüfungshausen			1
7	Martina	Warmbach	D	11111	Hierunddort			5
8	Marianne	Michel	D	11111	Hierunddort			99
9	Anton	Bonde	D	11111	Hierunddort			1
(Neu)			D					

Abbildung 4.6: Mögliche und unmögliche Werte in *perpriNrRef*

Schon der Wert *5*, aber noch viel deutlicher der ebenfalls in der Nachschlagetabelle nicht vorhandene Wert *99* als *perpriNrRef* wird von Access offensichtlich akzeptiert. Sie können also Werte *nachschlagen*, die in der Nachschlagetabelle gar nicht vorkommen.

Eine Datenbank, die in diesem Zustand bleibt, können Sie getrost löschen. Sie können nicht nur vermuten, dass solche *Datensatzleichen* eventuell vorkommen, sondern nach meiner Erfahrung geradezu sicher sein, dass sie existieren. Das wäre eine Katastrophe, denn Sie wüssten nie, ob Ihre Benutzer möglicherweise ungültige Daten eintragen.

Das mag hier für die Prioritäten noch als lästige Kleinigkeit abgetan werden, aber stellen Sie sich einmal eine Datenbank vor, bei der für die Verkäufe die Referenz-ID des Kunden und des Artikels notiert wird. Das ist im Sinne der Normalformen völlig in Ordnung. Wenn es diese Kunden-ID oder die Artikel-ID nun aber gar nicht gibt? Was haben Sie dann wem eigentlich verkauft?

Kapitel 4　　Datenbanken mit mehreren Tabellen

Daher müssen wir sicherstellen, dass nie und nimmer falsche *perpriNrRef*-Werte eingetragen werden können. Damit das funktioniert, müssen Sie zuerst diese bereits enthaltenen falschen Werte korrigieren. Machen Sie also bitte aus 5 und 99 jeweils eine 1. Inhaltlich ist der Wert im Moment ohne Bedeutung, aber er muss gültig sein. Andernfalls wäre Access nicht bereit, zukünftige Werte auf Gültigkeit zu überprüfen.

4.2 Referentielle Integrität

Das Stichwort für diese Überprüfung heißt *Referentielle Integrität*, das heißt, die Referenzen zu den Nachschlagetabellen werden auf ihre Integrität hin geprüft. Das ist eine Prüfung, die mehrere Tabellen betrifft. Es ist keine Einstellung in nur einer Tabelle. Schließen Sie jetzt also alle Tabellen.

1. Klicken Sie auf der Registerkarte *Datenbanktools* in der Gruppe *Beziehungen* auf das Symbol *Beziehungen*.
2. Beim Öffnen erscheint direkt das Dialogfeld zur Anzeige der neu aufzunehmenden Tabellen, die Sie bitte beide per Doppelklick hinzufügen. Dann können Sie das Dialogfeld schließen.
3. Bei beiden Tabellen können Sie nun durch Ziehen am Fensterrand die Größe ändern, um alle Felder lesen zu können.

Ich achte zudem darauf, dass Nachschlagetabellen wie die Tabelle *tblPrioritaeten* höher als die abhängigen Tabellen wie *tblPersonen* stehen. Je weiter eine Tabelle unten steht, desto mehr Daten enthält sie und desto mehr muss man sich um Optimierung hinsichtlich Geschwindigkeit und Größe kümmern. Die Tabelle *tblPrioritaeten* beispielsweise enthält nur vier Datensätze und ist daher zu vernachlässigen, fast egal, wie viele Personen in *tblPersonen* aufgenommen werden.

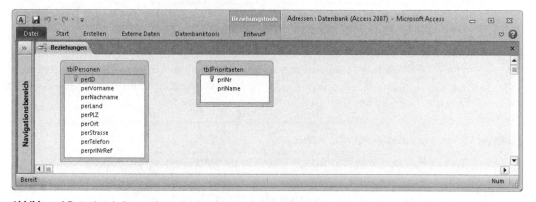

Abbildung 4.7: Beide Tabellen wurden in das Beziehungen-Fenster aufgenommen

4. Wenn die Tabellen wie in Abbildung 4.7 in das Fenster *Beziehungen* aufgenommen sind, müssen Sie die eigentliche Referentielle Integrität einrichten. Dazu ziehen Sie den Primärschlüssel, hier also *priNr*, mit gedrückter linker Maustaste auf den so genannten *Fremdschlüssel*, hier *perpriNrRef*.
5. Wenn der Mauszeiger mit seiner Spitze exakt auf den Feldnamen zeigt, lassen Sie los. Damit erscheint automatisch das Dialogfeld aus Abbildung 4.8.

4.2 Referentielle Integrität

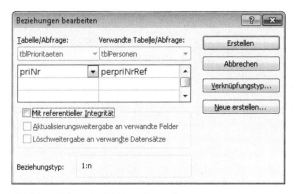

Abbildung 4.8: Dialogfeld für Referentielle Integrität

6. Wenn Sie dieses Dialogfeld einfach so mit *Erstellen* bestätigten, wäre das unverbindlich. Erst durch das Ankreuzen der Option *Mit referentieller Integrität* wird eine sichere Überprüfung eingeschaltet. Der Beziehungstyp zwischen dem Primärschlüssel *priNr* und dem Fremdschlüssel *perpriNrRef* ist *1:n* (sprich *eins zu n*), das heißt, ein Wert von *priNr* kann n-mal in *perpriNrRef* benutzt werden.

Sobald Sie die referentielle Integrität aktivieren, werden auch zwei weitere Kontrollkästchen freigeschaltet:

- *Aktualisierungsweitergabe an verwandte Felder* bedeutet, dass Sie in *priNr* eine Zahl ändern dürfen, beispielsweise, wenn eine Priorität in der Reihenfolge dazwischensortiert werden soll. Solange die Option nicht eingeschaltet ist, dürften Sie bereits von *perpriNrRef* benutzte Feldwerte nicht ändern, denn dann hätten diese *perpriNrRef*-Werte (wenigstens vorübergehend) keine gültigen Daten. Mit aktivierter Aktualisierungsweitergabe passt Access die zugehörigen *perpriNrRef*-Daten sofort und automatisch an die *priNr*-Änderung an.

- Die Option *Löschweitergabe an verwandte Datensätze* folgt einem ähnlichen Prinzip: Um eine Priorität zu löschen, müssen zuerst alle Datensätze aus der Tabelle *tblPersonen* gelöscht werden, die diese Priorität benutzen. Das kann schon ein wenig lästig sein. Sobald die Löschweitergabe aktiviert ist, kümmert sich Access darum, alle abhängigen Daten zu löschen. Das ist natürlich mit ahnungslosen Benutzern ziemlich riskant, denn wenn sie eine Priorität löschen, erhalten sie nur die unauffällige Warnung aus Abbildung 4.9.

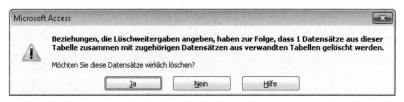

Abbildung 4.9: Warnung, falls mit aktivierter Löschweitergabe Daten der Mastertabelle gelöscht werden

Es gibt keinen Hinweis darauf, wie viele Datensätze oder gar wie viele weitere Tabellen betroffen sind, die ebenfalls mitgelöscht werden! Mit dieser Warnung im Hinterkopf können Sie die Option aktivieren.

Kapitel 4   Datenbanken mit mehreren Tabellen

7. Wenn Sie dieses Dialogfeld nun mit *Erstellen* bestätigen, präsentiert sich die referentielle Integrität durch eine Verbindungslinie zwischen den Tabellen sowie die Kennzeichnungen *1* und ∞ wie in Abbildung 4.10. Das meint das Gleiche wie die Angabe *1:n* im Dialogfeld.

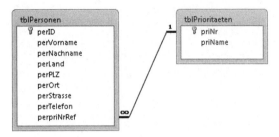

Abbildung 4.10: Die referentielle Integrität ist aktiviert

8. Jetzt können Sie das Fenster *Beziehungen* schließen. Die Rückfrage „Sollen die am Layout von 'Beziehungen' vorgenommenen Änderungen gespeichert werden?" bezieht sich nur auf die Anordnung der Tabellen, die referentielle Integrität selber ist mit Erscheinen der Verbindungslinie bereits gesichert.

   Zu diesem Zeitpunkt hat Access auch bereits geprüft, dass weder Datensatzleichen (also *perpriNrRef*-Werte, die kein Gegenstück in *priNr* besitzen) noch Datentypverletzungen (*perpriNrRef* ist *Byte*, aber *priNr* wäre *Long*) vorliegen. Erst wenn alles korrekt ist, wird die Linie angezeigt.

9. Sicherheitshalber sollten Sie nun nochmals versuchen, eine ungültige *perpriNrRef* einzugeben. Öffnen Sie also bitte per Doppelklick die Tabelle *tblPersonen* und ändern einen *perpriNrRef*-Wert auf *99*. Sobald Sie versuchen, diesen Datensatz zu verlassen und damit zu speichern, erscheint folgende Meldung.

Abbildung 4.11: Warnung bei ungültigen *perpriNrRef*-Werten

Diese Meldung ist zwar inhaltlich korrekt, wäre aber für einen *normalen* Benutzer sicherlich keine große Hilfe. Das wird daher später noch verbessert.

10. Um weiterarbeiten zu können, müssen Sie die fehlerhafte Eingabe jetzt mit der Esc-Taste abbrechen.

4.3 Kombinationsfelder für Nachschlagetabellen

Nachdem wir gewährleistet haben, dass die Datenbank nur gültige Daten akzeptiert, wollen wir uns etwas um die Bequemlichkeit der Benutzung kümmern.

4.3 Kombinationsfelder für Nachschlagetabellen

1. Wechseln Sie bitte nochmals in den Entwurf von *tblPersonen* und klicken dort das Feld *perpriNrRef* an. Die Feldeigenschaften unten bieten eine zweite Registerkarte *Nachschlagen*, welche auf den ersten Blick eher langweilig wirkt.
2. Sie zeigt ihr Potential erst, wenn Sie die Eigenschaft *Steuerelement anzeigen* auf *Kombinationsfeld* einstellen. Damit eröffnet sich die Möglichkeit, bei der Dateneingabe direkt eine Liste gültiger *priNr*-Werte anzuzeigen.
3. Der *Herkunftstyp* steht bereits auf *Tabelle/Abfrage*, sodass Sie bei *Datensatzherkunft* lediglich aus der angebotenen Liste die passende Datenquelle *tblPrioritaeten* angeben müssen.

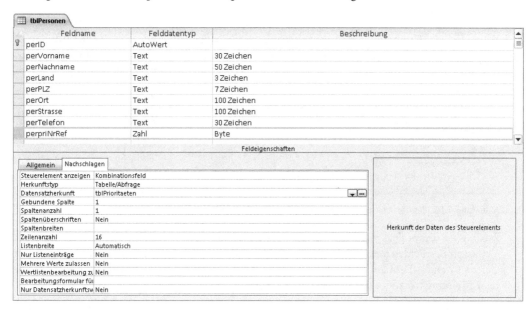

Abbildung 4.12: Erste Eigenschaften für die Nachschlagetabelle

4. Nachdem Sie die Tabelle mit den Einstellungen wie in Abbildung 4.12 gespeichert haben, können Sie in der Datenblattansicht testen, was sich geändert hat. Auf den ersten Blick nichts. Erst, wenn Sie in eine *perpriNrRef*-Zelle klicken, erscheint der DropDown-Pfeil für die Kombinationsfeldliste.

Abbildung 4.13: DropDown-Liste im Datenfeld

Das ist schon ganz nett, wie Sie in Abbildung 4.13 sehen, denn nun haben Sie – bzw. die späteren Benutzer – eine Auswahl aller gültigen *priNr*-Werte. Es gibt aber noch einiges zu verbessern:

- Die Fehlermeldung, die beim Eingeben eines nicht in der Liste enthaltenen Eintrags erscheint, lässt sich benutzerfreundlicher gestalten
- Die Bezeichnungen der Prioritäten fehlen
- Sobald diese erscheinen, werden Sie feststellen, dass die Listenbreite nicht mehr passt

Fangen wir mit der besseren Fehlermeldung an, denn bisher sehen Sie bei einer ungültigen Nummer die Meldung aus Abbildung 4.11.

5. Wechseln Sie wieder in den Tabellenentwurf zum Feld *perpriNrRef* und stellen den Wert für *Nur Listeneinträge* auf *Ja*.

> **Tipp: So ändern Sie Eigenschaften am bequemsten**
>
> Viele Eigenschaften (nicht nur der Felder hier, sondern später vor allem in Formularen und Berichten) bieten eine Auswahl möglicher Werte in einer Liste. In diesen Fällen können Sie per Doppelklick auf den Eigenschaftsnamen zum jeweils nächsten Eintrag der Liste weiterschalten.

Wenn Sie jetzt einen ungültigen Wert für *perpriNrRef* eingeben, wird nicht erst beim Verlassen der ganzen Zeile (und damit beim Speichern des Datensatzes) die unschöne Fehlermeldung angezeigt. Stattdessen erscheint direkt beim Verlassen des Feldes folgende Fehlermeldung. Da weiß ein Benutzer doch gleich, was zu tun ist!

Abbildung 4.14: Bessere Fehlermeldung für ungültige Nachschlagewerte

Zufällig ist dieses Feld auch das letzte in der Zeile, sodass das Verlassen des Datensatzes und das Verlassen des Feldes meistens identisch sind. Sie können den Unterschied testen, indem Sie in der gleichen Zeile auf ein anderes Feld klicken, dann ist der Datensatz noch nicht gespeichert, aber die neue Meldung trotzdem schon ausgelöst.

Damit kommen wir zum zweiten Änderungswunsch, der Anzeige der Prioritäten-Bezeichnungen. Sie sehen in der ausgeklappten Liste nur die erste Spalte der Datenquelle, weil das in den Feldeigenschaften so eingestellt ist.

6. Ändern Sie dort die *Spaltenanzahl* von *1* auf *2* und die Namen sind sichtbar!

Abbildung 4.15: Verbesserte DropDown-Liste im Datenfeld

Die Abbildung 4.15 zeigt aber das schon angekündigte nächste Problem: Die Listenspalten sind sichtbar, aber schlecht zu lesen. Müssen Sie jetzt die *perpriNrRef*-Spalte so breit machen, dass die komplette DropDown-Liste hineinpasst? Nein, das müssen Sie nicht.

4.3 Kombinationsfelder für Nachschlagetabellen

Für die *Spaltenbreiten* der ausgeklappten Liste gibt es eine Eigenschaft, die derzeit noch leer ist. Daher erhält jede der Listenspalten die Standardbreite von 1 Zoll (=1 Inch). Sie können passend zur Schriftgröße eigene Daten eingeben, im deutschen Access in der Einheit *cm* und durch Semikolon getrennt.

7. Wenn Sie beispielsweise **1;4** eintragen, wird dies beim Verlassen in *1cm;4cm* korrigiert. Das dürfte aber noch zu breit sein, vor allem für die erste Spalte.
8. Ändern Sie den ersten Wert nun auf **0,5cm**. Er wird beim Verlassen (durch einen Rundungsfehler beim internen Speichern als Inch-Zahl) als *0,501cm* angezeigt.

Bei der nächsten Änderung an irgendeiner Zahl dieses Feldes wird er übrigens auf *0,503cm* verschlimmbessert. Das ist schon seit den Anfängen von Access so und im Wesentlichen nur lästig.

Dafür wird die Liste ausgeklappt ein bisschen lesefreundlicher, denn die erste Spalte benötigt nicht so viel Platz. Allerdings ist die ausgeklappte Liste insgesamt nur so breit wie die Spalte. Obwohl im Ergebnis nur eine schmale Zahl angezeigt wird, müsste die Spalte nun die Breite der Liste haben.

9. Das ändert sich, sobald Sie die *Listenbreite* von *Automatisch* auf die Summe der Spaltenbreiten stellen. In diesem Fall ergibt 0,5 cm + 4 cm etwa 4,5 cm, aber wegen der Rundungsprobleme sollten Sie direkt **5cm** eintragen. Jetzt sieht die DropDown-Liste so benutzerfreundlich aus wie in Abbildung 4.16.

Abbildung 4.16: Optimale DropDown-Liste für Nachschlagewerte

Tipp: So machen Sie DropDown-Listen noch schöner

Bei DropDown-Listen wird immer der Wert der ersten sichtbaren Spalte angezeigt, wenn sie wieder einklappt, in diesem Beispiel also die *priNr*. Die Betonung liegt dabei auf *sichtbar*.

Probieren Sie mal, was passiert, wenn die Spaltenbreiten auf **0cm;4cm** geändert werden. Die Liste zeigt auch im eingeklappten Zustand die Bezeichnungen der Prioritäten:

Abbildung 4.17: Liste mit versteckter erster Spalte

Das ist sehr praktisch für Formulare, dort können Sie sogar noch die Ausrichtung linksbündig einstellen. Hier in Tabellen sollten Sie darauf noch verzichten, weil Sie ansonsten wenig Chancen haben, die nun versteckte *priNr* tatsächlich mal zu sehen und überprüfen zu können.

Kapitel 4 Datenbanken mit mehreren Tabellen

Bei der Einrichtung der referentiellen Integrität hat sich übrigens noch mehr geändert, nämlich die Ansicht der Tabelle *tblPrioritaeten*. Vor allen Datenzeilen wird jetzt eine Spalte mit +-Zeichen angezeigt. Wenn Sie diese wie in Abbildung 4.18 durch Anklicken expandieren, zeigt Access die jeweils zugehörigen Daten in einer eingeschobenen Personentabelle an.

priNr	priName							
1	immer							
	perID	perVorname	perNachname	perLand	perPLZ	perOrt	perStrasse	perTelefon
	1	Michael	Müller-Lüdenscheid	D	12345	Nirgendwo	Nebenstraße 1	01234/56789
	3	Alexandra	Schmidt	D	11111	Hierunddort	Am Acker 17	05432/12345
	6	Werner	Kaldenhofen	D	24680	Prüfungshausen		
	7	Martina	Warmbach	D	11111	Hierunddort		
	8	Marianne	Michel	D	11111	Hierunddort		
	9	Anton	Bonde	D	11111	Hierunddort		
	(Neu)			D				
2	gelegentlich							
	perID	perVorname	perNachname	perLand	perPLZ	perOrt	perStrasse	perTelefon
	2	Gaby	Meier	D	56789	Ebendort	Hauptstraße 99	0567/89123
	(Neu)			D				
3	selten							
4	nur zu Archivzwecken							

Abbildung 4.18: Darstellung der Tabelle *tblPrioritaeten* mit verknüpften Daten

Wie Sie sehen, gilt das sogar für mehrere Datenzeilen gleichzeitig. Solange eine Tabelle lediglich eine einzige 1:n-Beziehung zu einer untergeordneten anderen Tabelle hat, reicht im Entwurf die Tabelleneigenschaft *Unterdatenblattname* mit dem Wert *Automatisch* wie in Abbildung 4.19.

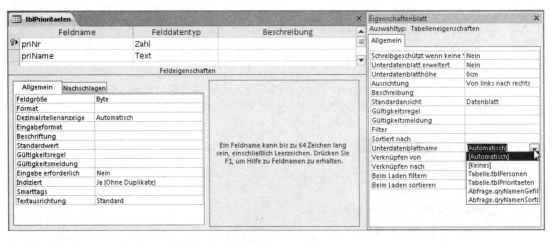

Abbildung 4.19: Die Eigenschaft *Unterdatenblattname* der Tabelle

Falls das Eigenschaftenblatt im Moment noch nicht sichtbar ist, können Sie es mit dem Befehl *Tabellentools/Entwurf/Einblenden/Ausblenden/Eigenschaftenblatt* anzeigen lassen.

4.4 Viele Inhalte in einem Feld

Im Laufe der Arbeit mit dieser Datenbank stellen Sie möglicherweise fest, dass es ganz praktisch wäre, die Adressen in Gruppen zusammenzufassen. Da gibt es etwa alle Adressen von Schul- oder Kindergarteneltern, berufliche Adressen oder solche aus Sportverein und Kegelclub. Also könnten Sie wiederum eine Nachschlagetabelle anlegen, wo jeder Gruppenname mit einer Nummer codiert wird, die dann im Referenzfeld benutzt wird. Genauso haben wir es ja für die Prioritäten gemacht.

Hier dürfte das aber ein schwerer Designfehler werden, denn das geht nur so lange gut, wie jede Adresse einer einzigen Gruppe zuzuordnen ist. Sobald jemand im Sportverein und im Kegelclub und vielleicht sogar noch Ihr beruflicher Kollege ist, haben Sie datenbanktechnisch verloren.

m:n-Beziehungen

Bei einer 1:n-Beziehung können Sie zwangsläufig nur einen einzigen Wert auswählen. Hier liegt hingegen eine so genannte *m:n-* oder *many-to-many-Beziehung* vor, da viele Adressen in vielen Gruppen einsortiert werden sollen.

Die nahe liegende Lösung wäre diejenige, die auch Outlook für seine Kategorien verwendet: Sie legen ein großes Textfeld an und schreiben – durch ein Trennzeichen auseinander gehalten – alle Gruppennamen hintereinander. Diese Lösung wäre nicht nur eine Schande für ein anständiges Datenbankdesign, sondern hat auch ganz banale technische Probleme, denn bestimmte Abfragen wie Gruppierungsabfragen lassen sich auf solche Sammeltextfelder nicht anwenden!

Im Übrigen verstößt so ein Feld bereits gegen die erste Normalform (siehe Seite 28), denn die Inhalte sind nicht *atomisiert*. Also muss es eine andere Lösung geben. Dazu wird die m:n-Beziehung in zwei 1:n-Beziehungen aufgelöst. Es gibt eine dritte Tabelle als Verbindung zwischen Personen und Gruppen wie in Abbildung 4.20.

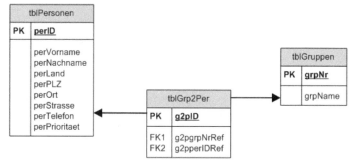

Abbildung 4.20: Die Konstruktion für eine m:n-Beziehung über eine Hilfstabelle (PK = Primary Key bzw. Primärschlüssel, FK = Foreign Key bzw. Fremdschlüssel)

1. Erstellen Sie also bitte die Tabelle *tblGruppen* mit den in Abbildung 4.20 sichtbaren Feldern mit dem Datentyp *Byte* für den Primärschlüssel *grpNr* und *Text* für *grpName*. Geben Sie dann ein paar Beispieldaten ein wie in Abbildung 4.21.

Kapitel 4 Datenbanken mit mehreren Tabellen

Abbildung 4.21: Die Beispieldaten für die Tabelle *tblGruppen*

2. Außerdem benötigen Sie die Tabelle *tblGrp2Per* (Gruppen-zu-Personen) mit dem *AutoWert*-Feld *g2pID* als Primärschlüssel sowie dem *Long*-Feld *g2pperIDRef*. Letzteres muss ein *Long*-Feld sein, weil es auf den AutoWert *perID* Bezug nimmt, der ja auch ein *Long*-Datentyp ist.

3. Schließlich erhält die Tabelle das Feld *g2pgrpNrRef*, das wie *grpNr* ein *Byte*-Datentyp ist. In der nächsten Abbildung sehen Sie seine Einstellungen auf der Registerkarte *Nachschlagen*. Bis auf die Datenquelle *tblPersonen* sind die Eigenschaften mit denen des Feldes *g2pperIDRef* identisch.

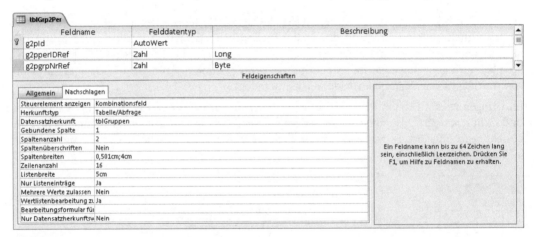

Abbildung 4.22: Die Feldeigenschaften für das Feld *g2pgrpNrRef*

4. Sie können jetzt in *tblGrp2Per* alle Kombinationen aus Personen und Gruppen eintragen, die Ihnen sinnvoll erscheinen, wie es in Abbildung 4.23 zu sehen ist.

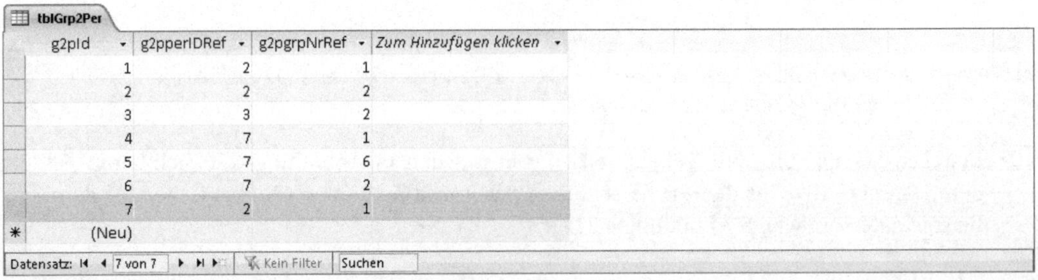

Abbildung 4.23: Die Beispieldaten für die Tabelle *tblGrp2Per*

4.4 Viele Inhalte in einem Feld

Die Person mit der ID *2* ist beispielsweise Mitglied in den Gruppen mit der Nummer *1* und *2*. Umgekehrt hat die Gruppe *2* mehrere Mitglieder, nämlich die Personen mit der ID *2*, *3* und *7*. Oder anders gesagt: *Gaby Meier* kenne ich sowohl *beruflich* als auch über den *Kegelclub*, und im *Kegelclub* sind *Gaby Meier*, *Alexandra Schmidt* und *Martina Warmbach*.

Das ist in dieser Darstellung vielleicht noch nicht besonders lesefreundlich, erfüllt aber alle Anforderungen an eine m:n-Beziehung. Im nächsten Kapitel werden Sie dafür eine bessere Darstellung mit einer Abfrage sehen.

Mehrfelder-Index

Ist Ihnen das Problem in Abbildung 4.23 aufgefallen? In der Tabelle taucht die Kombination *g2pperIDRef = 2* und *g2pgrpNrRef = 1* zweimal auf, was natürlich vermieden werden sollte. Sonst könnte es passieren, dass ein Mitglied vielleicht zweimal einen Mitgliedsbeitrag zahlen muss.

Es ist dazu nicht möglich, einfach auf eines der beiden Felder einen Index *Ja (keine Duplikate)* zu setzen, denn selbstverständlich muss jedes der Felder mehrfach die gleichen Inhalte haben dürfen. Nur eben nicht beide zusammen.

Also benötigen Sie einen so genannten *Mehrfelder-Index*. Dieser ist im Tabellenentwurf eher unauffällig einzurichten.

1. Klicken Sie bei den *Tabellentools* in der Registerkarte *Entwurf* in der Gruppe *Einblenden/Ausblenden* bitte auf *Indizes*, sodass ein Fenster wie in Abbildung 4.24 mit den schon vorhandenen Indizes erscheint.

Abbildung 4.24: Die vorhandenen Indizes für die Tabelle *tblGrp2Per*

Eigentlich ist dessen erste Zeile überflüssig, denn der *PrimaryKey* (= Primärschlüssel) hat die gleiche Sortierreihenfolge und außerdem noch die Eigenschaft *Eindeutig* auf *Ja* stehen.

2. Unabhängig davon können Sie in diesem Fenster aber neue Indizes eintragen. Dazu erfinden Sie einen neuen Indexnamen beliebigen Inhalts, der hier *NixDoppelt* heißen wird. Dahinter wählen Sie den ersten beteiligten Feldnamen *g2pperIDRef* aus.

3. In der zweiten Zeile – aber ohne erneuten Indexnamen in der ersten Spalte – wählen Sie das zweite beteiligte Feld *g2pgrpNrRef* aus. An dem fehlenden Eintrag in der ersten Spalte erkennt Access, dass dieses Feld ebenfalls zum Index *NixDoppelt* gehört.

4. Allerdings verlangt der Index noch keine Eindeutigkeit. Dazu müssen Sie wieder seine erste Zeile mit dem Namen *NixDoppelt* markieren und dafür wie in der folgenden Abbildung die Eigenschaft *Eindeutig* auf *Ja* stellen.

Kapitel 4   Datenbanken mit mehreren Tabellen

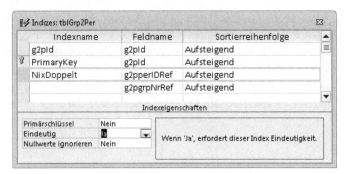

Abbildung 4.25: Der neue Mehrfach-Index für die Tabelle *tblGrp2Per*

5. Wenn Sie jetzt versuchen, den Tabellenentwurf zu speichern, wird Access das verweigern, weil der letzte Datensatz ein Duplikat des ersten war. Sie müssen also die Eindeutigkeit des Index vorübergehend ausschalten, damit Sie die Tabelle speichern können.

6. Dann ändern Sie den letzten Datensatz, sodass er kein Duplikat eines anderen ist, und stellen die *Eindeutig*-Eigenschaft für diesen Index erst jetzt endgültig auf *Ja*.

7. Das *Indizes*-Fenster können Sie nun schließen. Ab jetzt ist es wie gewünscht nicht mehr möglich, die gleiche Kombination aus Person und Gruppe mehrfach aufzunehmen. Sobald Sie das versuchen, erscheint beim Speichern des Datensatzes die Meldung aus Abbildung 4.26.

Abbildung 4.26: Neue Datensätze dürfen kein Duplikat eines vorhandenen sein

Referentielle Integrität nicht vergessen!

Das mag so im Moment schon fertig erscheinen, weil nur Listeneinträge erlaubt und keine Duplikate mehr möglich sind. Die Listeneinträge werden allerdings nur geprüft, wenn Sie Daten manuell eingeben.

Per VBA-Programmierung wäre es hingegen problemlos möglich, Werte einzugeben, die in der Nachschlagetabelle nicht enthalten sind. Trotzdem würde dann der Mehrfach-Index greifen, d.h. Duplikate werden auch hier nicht zugelassen. Um diese Schwachstelle noch zu beseitigen, dürfen Sie nie vergessen, auch die Referentielle Integrität für alle Nachschlagetabellen einzurichten. Und aus Sicht der Tabelle *tblGrp2Per* gibt es zwei Nachschlagetabellen: *tblPersonen* und *tblGruppen*!

1. Klicken Sie daher bitte in der Registerkarte *Datenbanktools* auf das Symbol *Beziehungen*, um diese beiden Einstellungen nachzuholen.

2. Im Fenster *Beziehungen* können Sie in der Registerkarte *Entwurf* mit *Tabelle anzeigen* die noch fehlenden Tabellen *tblGruppen* und *tblGrp2Per* hinzufügen.

3. Ziehen Sie dann das Primärschlüsselfeld *perID* mit gedrückter Maustaste auf *g2pperIDRef*, um dort eine 1:n-Beziehung mit Löschweitergabe einzurichten. Die Löschweitergabe ist hier eher unbedenklich, weil die Tabelle *tblGrp2Per* sozusagen nur Mitgliedschaften enthält. Da ist es nur konsequent, dass mit dem Löschen einer Adresse auch deren Mitgliedschaft in einer der Gruppen endet. Es wird ja nicht die Gruppe selber gelöscht.
4. Auch von *grpNr* zu *g2pperNrRef* muss eine 1:n-Beziehung eingerichtet werden, hier ist außer der Löschweitergabe auch die Aktualisierungsweitergabe sinnvoll, denn die *grpNr* könnte im Gegensatz zu einem AutoWert ja manuell geändert werden.

Abbildung 4.27 zeigt den aktuellen Stand der Beziehungen mit den neu hinzugefügten Tabellen. Jetzt wäre es auch per VBA-Programmierung nicht mehr möglich, ungültige Daten einzugeben.

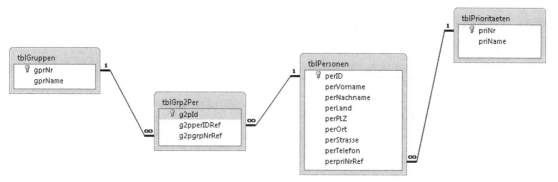

Abbildung 4.27: Erweiterte Beziehungen mit allen Tabellen

4.5 Übungen zu diesem Kapitel

In diesem Abschnitt finden Sie einige Übungen zu diesem Kapitel. Die richtigen Antworten finden Sie wie immer auf der Website *www.richtig-einsteigen.de*.

Übung 4.1

Entwerfen Sie bitte eine Datenbank für eine Bücherei, bei der beliebig viele Benutzer (Vor- und Nachname reicht als Anschrift) Bücher ausleihen können. Achten Sie darauf, dass auch gleichnamige Benutzer unterschieden werden können.

Übung 4.2

Ändern Sie die vorherige Datenbank so ab, dass die Buchautoren sinnvoll und nicht redundant gespeichert werden. Bedenken Sie dabei, dass ein Buch von beliebig vielen Autoren geschrieben werden kann.

Übung 4.3

Sortieren Sie in einer Abfrage die Rückgabetermine und Benutzer, um herauszufinden, wer demnächst seine Bücher abgeben muss.

Übung 4.4

Zeigen Sie in einer Abfrage alle Bücher und Benutzer an, deren Rückgabetermin überschritten ist.

4.6 Zusammenfassung

In diesem Kapitel haben Sie die Details für die Verknüpfung mehrerer Tabellen miteinander kennen gelernt. Dabei unterstützt Access Sie mit verschiedenen Techniken, die sicherstellen, dass es keine ungültigen Daten geben kann:

- Treten in mehreren Datensätzen einer Tabelle gleichartige Einträge in einem Feld auf, spricht vieles dafür, dass dessen Daten in eine so genannte Nachschlagetabelle ausgelagert werden sollten. Dann kann sowohl die Größe des Feldes (meistens von *Text*-Datentyp auf *Long*-Zahl) deutlich verkleinert werden als auch die Auswahl auf nur noch vorgegebene Werte reduziert werden.

- Die Aktivierung der Referentiellen Integrität stellt sicher, dass für die Detailtabelle auch nur Werte akzeptiert werden, die tatsächlich in der Master-/Nachschlagetabelle enthalten sind. Ebenso können in der Mastertabelle keine Datensätze gelöscht werden, solange noch davon abhängige Datensätze in einer Detailtabelle enthalten sind.

- Damit der Benutzer die nachzuschlagenden Werte nicht auswendig wissen muss, stellen Kombinationsfelder diese übersichtlich dar. Dabei kann sogar die eindeutige Referenzzahl so ausgeblendet werden, dass wieder die ursprünglichen Texte sichtbar werden und der Benutzer davon nichts merkt, aber einen deutlichen Komfortgewinn hat.

- Durch einen Index über mehrere Felder hinweg können Sie dafür sorgen, dass auch Kombinationen mehrerer Datenfelder untereinander nicht doppelt gespeichert werden dürfen.

Kapitel 5

Filtern und Sortieren

In diesem Kapitel lernen Sie

- wie Sie mit Abfragen Daten aus mehreren Tabellen analysieren
- wodurch das Kreuzprodukt entsteht
- welche Schlüsselworte SQL einsetzt
- welche Operatoren in Abfragen zulässig sind
- wie identische und ähnliche Zeichenketten gefunden werden können
- wie Zeichenketten mit größer/kleiner-Vergleich funktionieren
- wie Sie die Abfrageergebnisse auf einige Spitzenwerte reduzieren
- warum Sie Datumswerte am sichersten mit Tagesdaten vergleichen
- wie neue Felder in Abfragen berechnet werden können
- welche integrierten Funktionen Sie häufig benötigen

5.1 Erweiterte Abfragefähigkeiten

Die Hauptaufgabe einer Datenbank besteht natürlich darin, die Daten nicht nur zu speichern, sondern vor allem strukturiert aufzuarbeiten. Je größer die Datenmenge ist, desto wichtiger ist es, sie übersichtlich und verständlich zu präsentieren.

In Access sind dabei Abfragen der Dreh- und Angelpunkt, sie leisten die Hauptarbeit. Sie haben im Kapitel 2 schon Abfragen zum einfachen Sortieren oder Filtern kennen gelernt. Sie werden jetzt sehen, wie viel leistungsfähiger Abfragen sein können, vor allem im Zusammenspiel mit mehreren Tabellen.

Sie erinnern sich sicherlich noch an die Anmerkung, die Tabelle *tblGrp2Per*, die ja Gruppen und Adressen in einer m:n-Beziehung miteinander verbindet, sei zwar richtig, aber wenig lesefreundlich. Sie sehen nämlich immer nur die *perID* statt des Namens und die *grpNr* statt der Bezeichnung.

1. Klicken Sie bitte in der Registerkarte *Erstellen* in der Gruppe *Abfragen* auf das Symbol *Abfrageentwurf*, um eine neue Abfrage vorzubereiten. Im erscheinenden Dialogfeld *Tabelle anzeigen* können Sie nun die drei Tabellen *tblGrp2Per*, *tblGruppen* und *tblPersonen* auf zwei Arten bequem einfügen:
    - Sie markieren wie im Windows-Explorer die erste Tabelle (das ist bereits geschehen) und klicken dann bei gedrückter Umschalttaste die letzte gewünschte Tabelle an. Jetzt sind alle zwischen diesen beiden in einem blauen Block markiert, sodass Sie mit der Schaltfläche *Hinzufügen* alle gleichzeitig aufnehmen können.
    - Sie doppelklicken jede einzeln an, sodass sie direkt in das Abfragefenster übernommen wird

Kapitel 5 Filtern und Sortieren

2. Anschließend beenden Sie das Dialogfeld mit der Schaltfläche *Schließen*.

   Es ist technisch unerheblich, aber bedeutend übersichtlicher, wenn Sie die Tabellen immer möglichst so wie in den Beziehungen anordnen. Die Verbindungslinien für die Referentielle Integrität werden automatisch übernommen und angezeigt, daher ist – wie bereits erwähnt – die Option zur AutoVerknüpfung eigentlich ein Designfehler, weil Tabellen typischerweise bereits über zentrale Beziehungen miteinander verknüpft sind.

   Von diesen Datenquellen sollen nun als Übersicht die (vereinfachten) Adressen und die zugehörige Gruppe angezeigt werden.

3. Doppelklicken Sie bitte auf die Felder *grpName*, *perVorname*, *perNachname* und *perOrt*, um sie im Ergebnis anzeigen zu lassen. Der Abfrageentwurf sollte jetzt so aussehen wie in Abbildung 5.1.

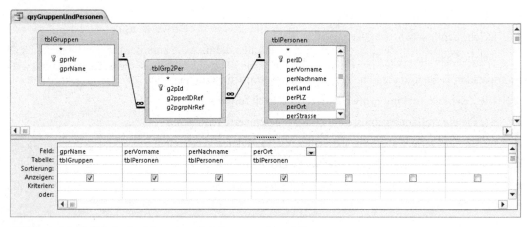

Abbildung 5.1: Die Tabellen im Abfrageentwurf mit den ausgewählten Feldern

4. Speichern Sie die Abfrage bitte als *qryGruppenUndPersonen*.

   Wenn Sie diese Abfrage als Datenblattansicht ausführen, sollten Sie immer in der Registerkarte *Entwurf* in der Gruppe *Ergebnisse* das Symbol *Ansicht* benutzen. Das danebenstehende Symbol *Ausführen* zeigt für Auswahlabfragen wie diese tatsächlich ebenfalls nur das Datenblattfenster. Bei Aktionsabfragen bewirkt ein Klick auf das Symbol eine sofortige Änderung der betroffenen Daten. Daher ist es sicherer, sich die Verwendung dieses Symbols gar nicht erst anzugewöhnen.

gprName	perVorname	perNachname	perOrt
beruflich	Gaby	Meier	Ebendort
Kegelclub	Gaby	Meier	Ebendort
Kegelclub	Alexandra	Schmidt	Hierunddort
beruflich	Martina	Warmbach	Hierunddort
Nachbarn	Martina	Warmbach	Hierunddort
Kegelclub	Martina	Warmbach	Hierunddort
beruflich	Anton	Bonde	Hierunddort

Abbildung 5.2: Das Ergebnis der Abfrage

5.1 Erweiterte Abfragefähigkeiten

Wie in Abbildung 5.2 sehen Sie jetzt im Grunde die Tabelle *tblGrp2Per* in lesefreundlicher Form; statt der Nachschlagezahlen werden die Namen und Bezeichnungen angezeigt. Das ist die wesentliche Leistung einer relationalen Datenbank wie Access: Daten werden aus verschiedenen Tabellen anhand ihrer Beziehungen sinnvoll zusammengeführt.

Wenn Sie die Beziehungen am Anfang korrekt beschrieben haben, wird jede neue Abfrage fast automatisch richtige Daten liefern. Trotzdem werden Sie bei Gelegenheit sehen, dass es auch sinnvoll sein kann, diese zentralen Beziehungen lokal in einer Abfrage zu ändern.

Unfreiwilliges Kreuzprodukt

Im letzten Beispiel ist aus der Tabelle *tblGrp2Per* übrigens gar kein Feld benutzt worden, da liegt es auf der Hand, diese einfach mal wegzulassen. Kehren Sie dazu in die Entwurfsansicht zurück.

Um eine Datenquelle in der Entwurfsansicht zu löschen, können Sie zum Beispiel per Rechtsklick darauf den Menüeintrag *Tabelle entfernen* anklicken. Alternativ dazu können Sie diese Tabelle auch anklicken und die Entf-Taste benutzen.

gprName	perVorname	perNachname	perOrt
beruflich	Michael	Müller-Lüdenscheid	Nirgendwo
Kegelclub	Michael	Müller-Lüdenscheid	Nirgendwo
Skatclub	Michael	Müller-Lüdenscheid	Nirgendwo
Kindergarten	Michael	Müller-Lüdenscheid	Nirgendwo
Schule	Michael	Müller-Lüdenscheid	Nirgendwo
Nachbarn	Michael	Müller-Lüdenscheid	Nirgendwo
Gemeinde	Michael	Müller-Lüdenscheid	Nirgendwo
Musikschule	Michael	Müller-Lüdenscheid	Nirgendwo
beruflich	Gaby	Meier	Ebendort
Kegelclub	Gaby	Meier	Ebendort
Skatclub	Gaby	Meier	Ebendort
Kindergarten	Gaby	Meier	Ebendort
Schule	Gaby	Meier	Ebendort
Nachbarn	Gaby	Meier	Ebendort
Gemeinde	Gaby	Meier	Ebendort
Musikschule	Gaby	Meier	Ebendort
beruflich	Alexandra	Schmidt	Hierunddort
Kegelclub	Alexandra	Schmidt	Hierunddort
Skatclub	Alexandra	Schmidt	Hierunddort

Abbildung 5.3: Das Ergebnis der Abfrage ohne Tabelle *tblGrp2Per*

Haben Sie noch im Kopf, welche Tabellen wie viele Datensätze enthalten? Die Frage mag Ihnen im Moment merkwürdig vorkommen, aber es ist hilfreich, wenigstens die Größenordnung zu kennen:

- *tblPersonen* hat acht Datensätze
- tblGruppen hat ebenfalls acht Datensätze
- tblGrp2Per hat sieben Datensätze

Dabei reicht es im Grunde, wenn Sie wissen, dass alle bisherigen Tabellen weniger als 10 Datensätze enthalten. Jetzt schauen Sie sich mal die Datenblattansicht an (Abbildung 5.3): erstaunliche 64 Datensätze! So viele haben Sie in der ganzen Datenbank nicht, also muss etwas schief gegangen sein.

Kapitel 5 **Filtern und Sortieren**

Sie haben gerade ein so genanntes *Kreuzprodukt* (auch *Kartesisches Produkt* genannt) erzeugt. Mangels einer Beziehung zwischen den beiden Tabellen verknüpft Access jeden Datensatz der einen Tabelle mit jedem der anderen Tabelle. 8 Datensätze aus *tblGruppen* mal 8 Datensätzen aus *tblPersonen* ergeben 64 fiktive Datensätze im Ergebnis.

Obwohl also die mittlere Tabelle *tblGrp2Per* gar nicht explizit im Ergebnis vorkam, muss sie als Vermittler zwischen den beiden äußeren Tabellen in der Datenquelle enthalten sein, weil Access sonst keine Beziehung zwischen diesen herstellen kann.

Tabellen in einer Abfragen-Datenquelle ohne Verbindungslinie zu wenigstens einer anderen Tabelle darin können faktisch als unbrauchbar betrachtet werden, sie erzeugen ein Kreuzprodukt. Dabei wird die Anzahl der jeweiligen Datensätze miteinander multipliziert, die Menge der Datensätze im Ergebnis liegt typischerweise 10.000- oder 100.000-fach über der tatsächlich zu erwartenden Anzahl. Wenn Sie also *im Gefühl haben,* wie viele Datensätze ungefähr in welcher Tabelle stehen, werden Sie den Fehler sofort bemerken.

5.2 Filtern und Sortieren

Eine typische Aufgabe für Abfragen ist das Filtern bestimmter Inhalte. Damit nicht nur *Text*-Datentypen berücksichtigt werden, möchte ich, wie in Abbildung 5.4 zu sehen, die Tabelle *tblPersonen* um zwei neue Felder *perGeburtstag* und *perGroesse* erweitern, die einen *Datum/Zeit*- und einen *Zahl*-Datentyp haben.

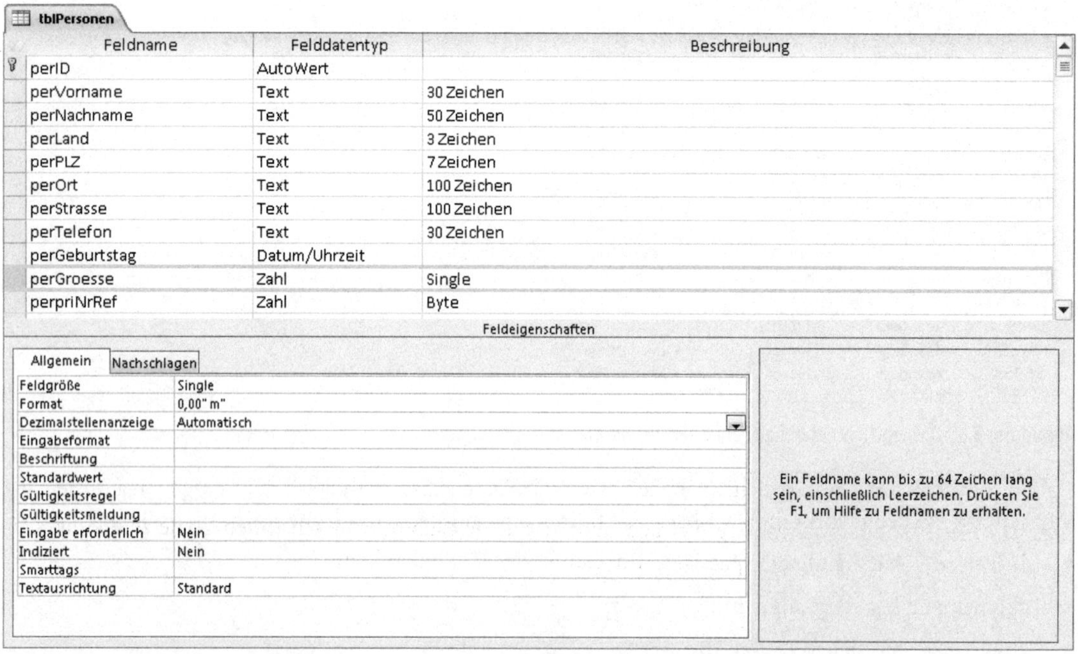

Feldname	Felddatentyp	Beschreibung
perID	AutoWert	
perVorname	Text	30 Zeichen
perNachname	Text	50 Zeichen
perLand	Text	3 Zeichen
perPLZ	Text	7 Zeichen
perOrt	Text	100 Zeichen
perStrasse	Text	100 Zeichen
perTelefon	Text	30 Zeichen
perGeburtstag	Datum/Uhrzeit	
perGroesse	Zahl	Single
perpriNrRef	Zahl	Byte

Feldeigenschaften

Allgemein	Nachschlagen	
Feldgröße	Single	
Format	0,00" m"	
Dezimalstellenanzeige	Automatisch	
Eingabeformat		
Beschriftung		
Standardwert		
Gültigkeitsregel		
Gültigkeitsmeldung		
Eingabe erforderlich	Nein	
Indiziert	Nein	
Smarttags		
Textausrichtung	Standard	

Ein Feldname kann bis zu 64 Zeichen lang sein, einschließlich Leerzeichen. Drücken Sie F1, um Hilfe zu Feldnamen zu erhalten.

Abbildung 5.4: Zwei neue Felder *perGeburtstag* und *perGroesse* in der Tabelle *tblPersonen*

5.2 Filtern und Sortieren

Das Feld *perGroesse* muss wenigstens die *Feldgröße Single* besitzen, damit auch Nachkommawerte einzutragen sind. Das Format können Sie direkt auf *0,00" m"* stellen, damit die Anzeige mit zwei Nachkommastellen übersichtlich wird. Bei solchem benutzerdefinierten Format wird die Eigenschaft *Dezimalstellenanzeige* ignoriert, denn das Format *0,00* gibt ja schon zwei Nachkommastellen vor.

per	perVorname	perNachna	p(	perPLZ	perOrt	perStrasse	perTelefon	perGeburtst	perGroesse	perp	Zum H
1	Michael	Müller-Lüder	D	12345	Nirgendwo	Nebenstraße 1	01234/56789	12.08.1979	1,80 m	1	
2	Gaby	Meier	D	56789	Ebendort	Hauptstraße 99	0567/89123	03.04.1956	1,45 m	2	
3	Alexandra	Schmidt	D	11111	Hierunddort	Am Acker 17	05432/12345	22.11.1970	1,59 m	1	
4	Theo	Testinghoff	D	24680	Prüfungshau	Marktplatz 2	0246/80246	22.04.1960	2,01 m	3	
6	Werner	Kaldenhofen	D	24680	Prüfungshau			01.01.1978	1,75 m	1	
7	Martina	Warmbach	D	11111	Hierunddort			16.09.1978	1,60 m	1	
8	Marianne	Michel	D	11111	Hierunddort			24.07.2002	1,79 m	1	
9	Anton	Bonde	D	11111	Hierunddort			05.09.1966	1,75 m	1	
(Neu)			D								

Abbildung 5.5: Aktuelle Datensätze in der Tabelle *tblPersonen*

Damit die Datensätze sich brauchbar filtern lassen, sind die noch leeren Felder wie in Abbildung 5.5 inhaltlich ergänzt worden.

Zuerst sollen alle Personen nach ihrer Größe sortiert und dazu jeweils ihr Vor- und Nachname angezeigt werden. Erstellen Sie also bitte eine neue Abfrage wie in Abbildung 5.6 und speichern Sie sie unter dem Namen *qryPersonenNachGroesseSortiert*.

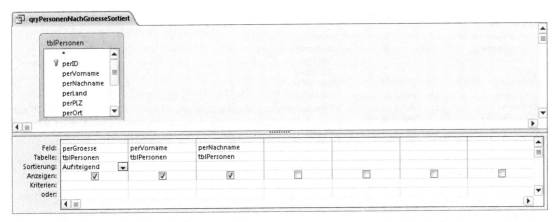

Abbildung 5.6: Abfrage mit Personen, sortiert nach Größe

Das ist keine besonders schwierige Abfrage, aber gerade deshalb möchte ich Ihnen gerne zeigen, was eigentlich hinter den Kulissen passiert. Im Laufe der Datenbankentwicklung werden viele solcher Abfragen erstellt werden. Daher sollten wir wenigstens kurz einmal darüber nachdenken, ob das Platz sparend genug ist.

Kapitel 5   Filtern und Sortieren

SQL, die Sprache hinter Access

Die erste Überlegung, die in diesem Zusammenhang auftaucht, lautet: Was speichert eine Abfrage eigentlich? Denn davon ist ja abhängig, wie viel Platz sie verbraucht. Ganz klare Regel: Die Abfrage speichert die Frage, nicht die Antwort.

Wenn Sie z.B. 30 Millionen Datensätze sortieren lassen und das als Abfrage speichern, werden die Datensätze keineswegs ein zweites Mal gespeichert. Vielmehr wird nur die Sortieranweisung gespeichert und jedes Mal, wenn die Abfrage ausgeführt wird, dynamisch und mit aktuellen Daten ausgeführt. Die (Ab-)Frage wird also jedes Mal neu gestellt und mit den momentan vorhandenen Daten beantwortet.

Am besten werfen Sie einen kurzen Blick auf das, was da wirklich gespeichert wird. Es ist nämlich nicht der grafische Entwurf, in dem wir bisher die Abfragen geschrieben oder eher gezeichnet haben. Wechseln Sie bitte durch einen Klick auf den Pfeil unter dem *Ansicht*-Symbol (siehe Abbildung 5.7) in die andere Entwurfsansicht, nämlich die SQL-Ansicht.

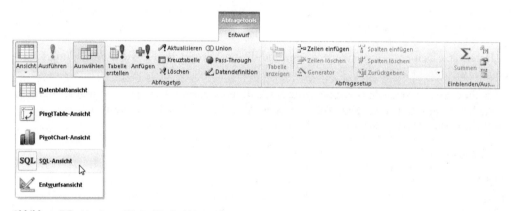

Abbildung 5.7: Menü zum Wechsel in die SQL-Ansicht

Jetzt wird der Abfrageentwurf in einem Textfenster dargestellt und dieser Text beschreibt tatsächlich die komplette Abfrage! Access bietet mit dem grafischen Abfrageentwurf eigentlich nur eine hübsche Oberfläche für das, was in Wirklichkeit im Hintergrund passiert: die textliche Anweisung für die Abfrage.

Dabei hat der grafische Entwurf natürlich eine Menge Vorteile bezogen auf die Geschwindigkeit, Übersichtlichkeit und Fehlerfreiheit beim Erstellen einer Abfrage. Aber manche Abfragetypen wie Union-Abfragen lassen sich gar nicht mit der grafischen Oberfläche erstellen. Und manchmal ist es auch sinnvoller, direkt eine SQL-Anweisung einzutippen, statt auf eine fertige Abfrage zurückzugreifen.

Daher möchte ich Ihnen kurz die wichtigsten SQL-Befehle vorstellen, vor allem, weil sie (für den normalen Einsatz) erfreulich einfach sind und im Grunde mit fünf Vokabeln auskommen. Das klingt doch gut, oder?

Die Minimalanforderung an einen kompletten SQL-Befehl heißt:

```
SELECT <Feldnamen>
FROM <Tabellennamen>;
```

Hinter dem Schlüsselwort SELECT folgen ein oder mehrere Feldnamen durch Kommata getrennt und dann hinter FROM alle benötigten Tabellennamen. Dabei ist die Großschreibung der Schlüsselworte üblich, aber nicht zwingend. Auch der Umbruch hinter den jeweiligen Zeilen wird vom SQL-Interpreter überlesen, er macht den Code jedoch übersichtlicher.

Konkret für dieses Beispiel der Tabelle *tblPersonen* wäre die ausführliche Schreibweise:

```
SELECT tblPersonen.perGroesse, tblPersonen.perVorname, tblPersonen.perNachname
FROM tblPersonen;
```

Tatsächlich darf der Tabellenname vor dem Feldnamen, wenn er eindeutig ist, auch entfallen. Das ist in unserem Datenbankentwurf absichtlich so, damit es unter anderem auch in dieser SQL-Syntax viel kürzer werden kann:

```
SELECT perGroesse, perVorname, perNachname
FROM tblPersonen;
```

Zu diesen beiden obligatorischen Zeilen mit SELECT und FROM gibt es drei optionale Ergänzungen:

- Eine Sortierung mit dem Schlüsselwort ORDER BY
- Eine Filterung anhand von WHERE
- Eine Gruppierung mit GROUP BY

Daher lautet der wirkliche SQL-Befehl für die eben erstellte Abfrage im grafischen Abfrageentwurf:

```
SELECT perGroesse, perVorname, perNachname
FROM tblPersonen
ORDER BY perGroesse;
```

Wenn die Sortierung absteigend ist, ändert sich die letzte Zeile in ORDER BY perGroesse DESC (*descending*, engl.: absteigend). Die aufsteigende Sortierung (ASC als Abkürzung von *ascending*, engl.: aufsteigend) gilt als Standard und muss nicht mehr explizit angegeben werden.

Um Daten zu filtern, steht hinter dem Schlüsselwort WHERE eine Bedingung, die wiederum aus mehreren Teilen bestehen kann. Alle Personen mit einer Größe über 1,70 cm wären etwa so zu ermitteln:

```
SELECT perGroesse, perVorname, perNachname
FROM tblPersonen
WHERE (((perGroesse)>1.7));
```

Sie haben Recht: Hier wird ein bisschen viel automatisch eingeklammert, die Variante WHERE perGroesse>1.7 hätte es auch getan. Beachten Sie bitte, dass SQL immer die amerikanische Syntax vorschreibt, hier also den Dezimalpunkt, völlig unabhängig von irgendwelchen Ländereinstellungen in der Systemsteuerung. Das ist vor allem beim Datumsformat immer wieder lästig.

Wenn Sie die gleiche Abfrage im grafischen Entwurf ansehen, werden dort jedoch im deutschen Access automatisch die deutschen Einstellungen mit Tausenderpunkt, Dezimalkomma und deutscher Datumsschreibweise benutzt, wie Sie in Abbildung 5.8 sehen können.

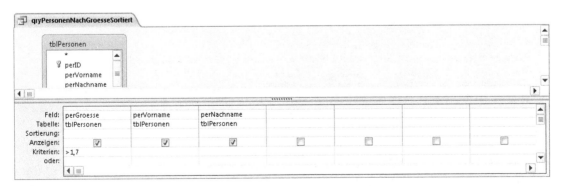

Abbildung 5.8: Deutsches Dezimalkomma im grafischen Abfrageentwurf trotz amerikanischer SQL-Syntax

Kapitel 5 Filtern und Sortieren

Zum Vergleich zweier Werte sind die Operatoren aus Tabelle 5.1 möglich.

Tabelle 5.1: Die Vergleichsoperatoren

Operator	Bedeutung
=	gleich
>	größer
<	kleiner
>=	größer oder gleich
<=	kleiner oder gleich
<>	ungleich
Wie (Like)	Ähnlichkeit von Zeichenketten (nur Text, nicht für Zahlenwerte!)

Hintergrund: Woher kommt SQL?

SQL ist die Verkürzung der ursprünglichen Bezeichnung *SEQUEL* (Softlink **db0501**), unter der sie in den Siebziger Jahren von IBM entwickelt wurde. Heutzutage wird SQL meistens als Abkürzung von *Structured Query Language*, also strukturierte Abfragesprache, verstanden. Anders als typische Programmiersprachen – wie z.B. Visual Basic oder C – beschreibt SQL nicht den Weg, sondern das Ziel.

Der Abfrageentwurf gibt das Ergebnis vor und es bleibt Aufgabe des Datenbankprogramms, diese Vorgabe umzusetzen. Natürlich gibt es dafür grundsätzliche mathematische Regeln, aber die müssen Sie nicht kennen.

Texte filtern

Die WHERE-Klausel kann auch mehrere, logisch miteinander verknüpfte Bedingungen enthalten wie im Beispiel aus Abbildung 5.9.

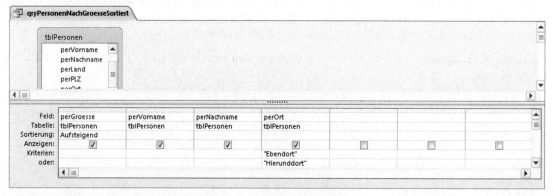

Abbildung 5.9: Zwei Orte mit logischem *Oder* verbunden im grafischen Abfrageentwurf

5.2 Filtern und Sortieren

Das wird in der SQL-Syntax entsprechend durch ein OR abgebildet, wobei im Folgenden die überflüssigen Klammern der Übersichtlichkeit halber schon weggelassen wurden:

```
SELECT perGroesse, perVorname, perNachname, perOrt
FROM tblPersonen
WHERE ((perOrt="Ebendort") OR (perOrt="Hierunddort"))
ORDER BY perGroesse;
```

Eigentlich dürften hier sogar alle Klammern entfallen, weil es noch eindeutig ist. Bei solchen zusammengesetzten Bedingungen empfehle ich jedoch die Verwendung von Klammern, da dann die einzelnen Bedingungen leichter zu erkennen sind.

In diesem Fall hätten die Orte auch an ihrer Gemeinsamkeit, dem Wortende »...dort«, herausgefiltert werden können. Im grafischen Editor hätten Sie dazu als Kriterium *dort eingegeben, was von Access beim Verlassen der Zelle automatisch in die vollständige Syntax Wie "*dort" korrigiert worden wäre.

In der Datenblattansicht sehen Sie, dass damit auch *Ebendort* und *Hierunddort* als Ergebnis angezeigt werden. Das Sternchen (»*«, Asterisk, siehe Softlink **db0502**) steht dabei als so genanntes Wildcard- oder Jokerzeichen für beliebig viele Buchstaben oder Ziffern an dieser Stelle. Vor dem Wortteil *dort* können also Zeichen stehen, müssen aber nicht. Auch gar kein Zeichen ist zulässig für die Position des Sternchens.

Dahinter darf jedoch kein Zeichen mehr folgen. Denn da am Ende kein Jokerzeichen steht, ist damit gleichzeitig das Ende des Feldinhalts gekennzeichnet. Dadurch wird etwa *Dortmund* herausgefiltert, weil *dort* nicht am Ende steht.

Hintergrund: Das Sternchen dürfte eigentlich gar keins sein!

SQL mag eine normierte Sprache sein, die aber trotzdem verschiedene Dialekte kennt. Access verwendet ein so genanntes Microsoft-Access-SQL, welches sich vom offiziellen ANSI-SQL am deutlichsten in diesen beiden Jokerzeichen unterscheidet.

In ANSI-SQL steht der Unterstrich (_) für exakt ein einzelnes, beliebiges Zeichen und das Prozentzeichen (%) für 0 oder mehr Zeichen. Microsoft-Access-SQL hingegen verwendet – vermutlich aus alter Gewohnheit der Jokerzeichen in MS-DOS-Dateinamen – dafür Sternchen (*) und Fragezeichen (?).

Wenn Sie eine exakte Anzahl von Buchstaben oder Ziffern erwarten, geben Sie stattdessen für jeden ein Fragezeichen (?) vor. An dieser Position muss dann genau ein Zeichen stehen, kein oder mehrere Zeichen wie beim Sternchen sind nicht zulässig.

Damit können Sie beispielsweise *Müller* und *Meier* in den verschiedenen Schreibweisen voneinander unterscheiden:

Tabelle 5.2: Die verschiedenen Filterergebnisse in Abhängigkeit von der Einstellung

Filter	erscheint im Ergebnis	wird herausgefiltert
M*er	Meier, Mayer, Miltenberger, Möller, Müller, Mer, Mahler, Maler	Mayr, Müller-Lüdenscheid
M??er	Meier, Mayer, Maier, Maler	Mahler, Müller, Mer, Miltenberger, Mayr, Müller-Lüdenscheid
M???er	Müller, Möller, Mahler	Maler, Meier, Mayer, Mayr, Miltenberger, Mer, Müller-Lüdenscheid

Kapitel 5   Filtern und Sortieren

Diese beiden Jokerzeichen lassen sich selbstverständlich auch miteinander kombinieren. Damit könnten Sie alle Nachnamen filtern, deren vorletzter Buchstabe ein »e« ist, auch wenn das sicherlich ein eher theoretisches Beispiel ist. Das SQL-Gegenstück zum deutschen Wie ist ein Like, sodass sich dieser Sachverhalt in SQL so darstellen würde:

```
SELECT perVorname, perNachname
FORM tblPersonen
WHERE perNachname Like "*e?";
```

Ein wenig überraschend mag in diesem Zusammenhang sein, dass auch Zeichenketten mit größer- und kleiner-Vergleich funktionieren. Angenommen, Sie wollen zu zweit alle Personen von dieser Adressliste anrufen, dann sollten die Daten irgendwie halbiert werden.

Auch wenn das statistisch nicht besonders sauber ist, können wir der Einfachheit halber behaupten, dass alle Namen, die mit *N* oder später im Alphabet beginnen, zur zweiten Hälfte des Alphabets gehören. Dann suchen sie als Filterkriterium entsprechend alle Nachnamen mit >="N". Das Gegenstück, das die erste Hälfte des Alphabets liefert, lautet entsprechend <"N".

Natürlich sind die für die erste Abfrage angezeigten drei von ursprünglich acht Datensätzen nur eine sehr ungefähre Teilung. Bei so wenigen Daten könnten zufällig sieben von acht mit *M...* wie *Meier, Müller* oder ähnlich anfangen.

Spitzenwerte ermitteln

Wenn Sie die Personenliste wirklich korrekt halbiert haben wollen, brauchen Sie eine Abfrage-Eigenschaft namens *Spitzenwerte*. Diese gibt Ihnen vom Ergebnis der Abfrage tatsächlich die erste Hälfte der Datensätze zurück. Dabei ist es inhaltlich egal, wie die Nachnamen im Alphabet verteilt sind, es wird einfach nach der Hälfte der gefundenen Datensätze abgeschnitten.

1. Erstellen Sie dazu bitte eine neue Abfrage namens *qryEchteErsteHaelfte*, welche die Felder *perVorname* und *perNachname* anzeigt, letzteres dabei aufsteigend sortiert.
2. Klicken Sie in den Abfragehintergrund, sodass keine Feldspalte im unteren Bereich markiert ist.
3. In der Registerkarte *Entwurf* gibt es in der Gruppe *Einblenden/Ausblenden* das Symbol *Eigenschaftenblatt*, das das zugehörige Fenster wie in Abbildung 5.10 am rechten Rand einblendet. (Alternativ können Sie Alt+Eingabetaste drücken.)

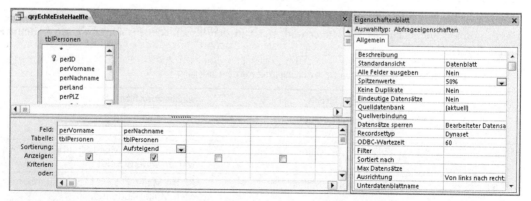

Abbildung 5.10: So finden Sie die erste Hälfte der tatsächlich insgesamt vorhandenen Datensätze

5.2 Filtern und Sortieren

4. Dort tragen Sie für die Eigenschaft *Spitzenwerte* nun *50%* ein, damit die erste Hälfte der gefundenen Datensätze angezeigt wird. Abbildung 5.11 zeigt, dass exakt vier von acht Datensätzen ausgegeben werden.

Abbildung 5.11: Als Ergebnis erscheinen korrekt die ersten vier von acht Datensätzen

In SQL wird diese Eigenschaft durch einen Zusatz hinter SELECT abgebildet:

```
SELECT TOP 50 PERCENT perVorname, perNachname
FROM tblPersonen
ORDER BY perNachname;
```

Die Einschränkung muss nicht in Prozent angegeben werden, auch eine direkte Angabe zur Anzahl der gewünschten Datensätze ist möglich. Mit der Abfrage aus Abbildung 5.12 lassen sich zum Beispiel die ersten drei *Gewinner* des Wettbewerbs um die Körpergröße finden.

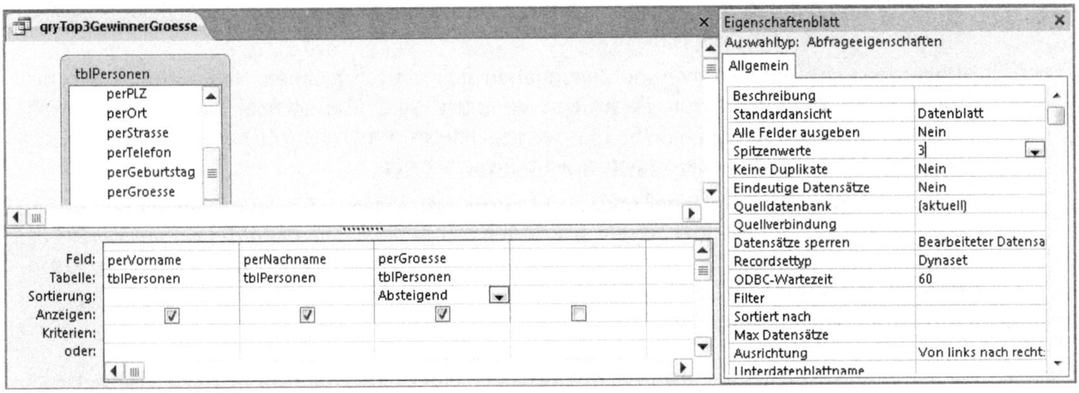

Abbildung 5.12: Abfrageentwurf zur Ermittlung der drei größten Personen

Das Feld *perGroesse* muss absteigend sortiert werden, damit die größten Personen am Anfang der Datensätze stehen. Durch Eingabe einer **3** für die Eigenschaft *Spitzenwerte* wird die Ausgabe anschließend wie in Abbildung 5.13 auf die ersten drei Datensätze eingeschränkt.

Abbildung 5.13: Die drei größten Personen der Adressliste

Kapitel 5   Filtern und Sortieren

In SQL beginnt die Abfrage dann mit SELECT TOP 3 anstatt SELECT TOP 50%. In beiden Fällen muss jedoch immer die komplette Abfrage ausgeführt werden, damit die ersten Datensätze übrig bleiben können.

Es ist also nicht grundsätzlich eine Beschleunigung wegen der geringen Anzahl der anzuzeigenden Datensätze zu erwarten. Das wäre nur der Fall, wenn Sie bei SELECT TOP <n> gar kein Feld sortieren lassen oder wenigstens eines, welches in der Tabelle bereits einen Index aktiviert hat.

Datumswerte filtern

Bei den vielen Details zum Filtern von Texten sollten wir aber nicht die Datumswerte vergessen. Obwohl es sich eigentlich um ganz banale Nachkommazahlen handelt, haben sie doch ein paar Besonderheiten.

> **Hintergrund: Serielles Datum**
>
> Obwohl Sie bei einem Feld im *Datum/Zeit*-Datentyp immer ein Datum und/oder eine Zeitangabe sehen, ist darin keines von beiden so gespeichert. Ein Datum besteht aus einer Nachkommazahl, welche im ganzzahligen Teil die Anzahl der Tage seit Silvester 1899 speichert. Das ist der Tag *1*, Neujahr 1900 ist der Tag *2*, der 2.1.1900 der Tag *3* und so weiter bis heute. Der 24.12.2010 hat entsprechend die Nummer *40.536*.
>
> Nach dem Komma steht der Anteil an den laufenden 24 Stunden. Der Wert *0,5* meint daher 12:00:00 Uhr mittags, *0,1234* lässt sich in *2:57:42 Uhr* morgens umrechnen. Beide Angaben zusammen bilden die gespeicherte Zahl.
>
> Daher lässt sich mit Datums- und Zeitangaben sehr einfach rechnen: Heute in zwei Wochen funktioniert als Addition von 14 auf den aktuellen Wert. Also ist zwei Wochen nach Weihnachten der Tag *40.550* (40.536+14), der im Datumsformat als *07.01.2011* angezeigt wird. Monatswechsel werden ebenso berücksichtigt wie Schaltjahre.
>
> Während ein halber Tag länger noch recht einfach ist, indem *0,5* hinzugezählt wird, scheinen Stundenangaben schwieriger zu sein. Sie dürfen nicht *1* addieren, denn das wäre ja bereits ein ganzer Tag. Betrachten Sie die Stunden als dezimalen Teil des Tages, indem Sie nicht *1*, sondern *1/24* addieren: 0,1234 + (1/24) = 0,165066667. Damit wird aus den ursprünglichen *2:57:42 Uhr* erwartungsgemäß *3:57:42 Uhr*.

Die Anzeige der Zahl in einem speziellen Format verführt leider dazu, die Datumswerte als Text zu behandeln. Suchen Sie alle Geburtstage aus dem Jahr 1978, könnte der Abfrageentwurf wie folgt aussehen.

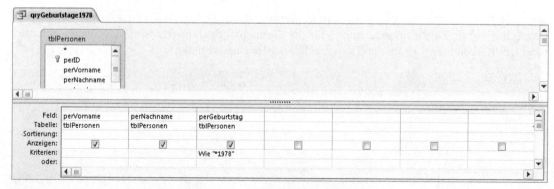

Abbildung 5.14: Falscher Abfrageentwurf für die Ermittlung aller Geburtstage im Jahr 1978

Das würde in diesem Fall sogar funktionieren, die beiden Datensätze *Werner Kaldenhofen* und *Martina Warmbach* werden angezeigt. In Wirklichkeit haben Sie das Datumsfeld aber wie ein Textfeld behandelt und haben vor allem Glück, dass Access in dieser Version noch einmal eine Menge Software-Intelligenz mehr als früher investiert, um auch falsche Datumsformate abzufangen.

Die einzig sichere Methode, die nebenbei sogar noch flexibler ist, ist aber der Vergleich mit einem Tagesdatum, in diesem Fall also wie in Abbildung 5.15 mit dem Kriterium >=#01.01.1978# und <#01.01.1979#.

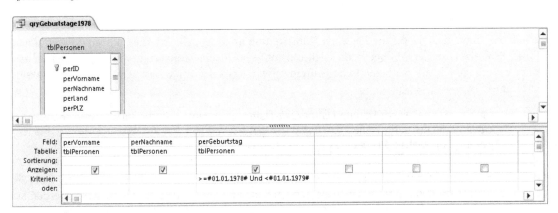

Abbildung 5.15: Richtiger Abfrageentwurf für alle Geburtstage im Jahr 1978

Bitte beachten Sie dabei, dass Neujahr 1978 zum gesuchten Jahr gehört und deswegen mit >= geprüft wird. Neujahr 1979 hingegen bleibt ausgeschlossen und steht daher nur hinter < als Vergleich. Sie werden einwenden, dass doch dann besser Silvester 1978 als Endtermin angegeben werden könnte.

In Abbildung 5.16 sehen Sie, dass es sogar eigene Schlüsselworte Zwischen ... Und für diesen Vergleich eines Zahlenbereichs gibt. Statt der eher mathematischen Angabe von eben lässt sich das sprachlich leichter als *Zwischen Untergrenze und Obergrenze* formulieren.

Abbildung 5.16: Alternativer Abfrageentwurf für alle Geburtstage im Jahr 1978

Wenn Sie das Ergebnis prüfen, finden Sie wie erwartet wieder die beiden Datensätze. Moment mal, haben Sie das wirklich erwartet? Welche ganzen Zahlen befinden sich zwischen (!) 1 und 4? Es sind nur 2 und 3, denn der übliche sprachliche Umgang mit dem Wort *zwischen* schließt die angegebenen Gren-

Kapitel 5 Filtern und Sortieren

zen ausdrücklich aus. Beim SQL-*Zwischen* ist das anders, beide Grenzen sind inklusive, wie der gefundene Datensatz *Werner Kaldenhofen* zeigt.

Das mag sehr pingelig wirken, aber bei einer Datenbank muss das manchmal sein. Das Hauptproblem mit dem Schlüsselwort Zwischen liegt aus meiner Sicht noch woanders. Dies wird deutlich, wenn Sie versuchen, alle Februar-Werte für 1978 zu ermitteln:

Zwischen #01.02.1978# und #28.02.1978#

Oder war 1978 ein Schaltjahr? Dann wäre es nämlich

Zwischen #01.02.1978# und #29.02.1978#

Sie merken schon, dass Sie für die *Zwischen*-Konstruktion unnötig mehr externes Wissen (kurzer/langer Monat, Schaltjahr) in der Abfrage berücksichtigen müssen. Jedem Monat folgt aber ein Monatserster. Daher bevorzuge ich die mathematische Schreibweise >= ErsterTag und < TagNachLetztemTag. Sie funktioniert immer.

5.3 Berechnungen in Abfragen

Eines der wichtigsten Themen in jeder Adressdatenbank ist die so genannte Geburtstagsliste. Falls Sie gerade versuchen, die Tabelle *tblPersonen* einfach nach dem Feld *perGeburtstag* zu sortieren, werden Sie schnell feststellen, dass das nicht klappen kann.

perVorname	perNachname	perGeburtstag
Gaby	Meier	03.04.1956
Theo	Testinghoff	22.04.1960
Anton	Bonde	05.09.1966
Alexandra	Schmidt	22.11.1970
Werner	Kaldenhofen	01.01.1978
Martina	Warmbach	16.09.1978
Michael	Müller-Lüdenscheid	12.08.1979
Marianne	Michel	24.07.2002

Abbildung 5.17: Alle Personen mit aufsteigend sortierten Geburtstagen

In Abbildung 5.17 finden Sie im Ergebnis dieser Abfrage beispielsweise, dass *Werner Kaldenhofen* im Jahreszyklus als erster Geburtstag hätte, aber wegen seines späten Geburtsjahres nach einem November-Geburtstag einsortiert wird.

Sie müssen für eine Geburtstagsliste die Jahreszahl ignorieren und irgendwie vom Rest des Datums abtrennen. Da es sich intern ja um eine Nachkommazahl handelt, dürfen Sie nicht einfach die letzten vier Ziffern wie bei einer Zeichenkette nehmen. Vor allem können Sie nie sicher sein, dass im benutzten Datumsformat das Jahr auch wirklich aus vier Ziffern besteht!

Es gibt für diese Datumszerlegung einige häufig benutzte Funktionen, die in Tabelle 5.3 aufgelistet sind. Der Parameter *Datum* kann dabei sowohl als echtes Datum (z.B. =Tag(#24.12.2010#)) oder als Feldname mit den eckigen Klammern (z.B. =Tag([perGeburtstag])) angegeben werden.

5.3 Berechnungen in Abfragen

Tabelle 5.3: Die Funktionen zur Zerlegung eines Datums

Funktion	englischer Name	Beschreibung
=Tag(*Datum*)	=Day(...)	Ermittelt eine Zahl zwischen 1 und 31 als Tag des Monats
=Monat(*Datum*)	=Month(...)	Ermittelt eine Zahl zwischen 1 und 12 für den jeweiligen Monat
=Jahr(*Datum*)	=Year(...)	Ermittelt eine ganze Zahl, die das Jahr darstellt
=Format(*Zahl; Format*)	=Format(...)	Ergibt einen formatierten Text. Die *Zahl* kann ein Datum sein, die Funktion gilt aber auch allgemein für Zahlen. Der Parameter *Format* entspricht der Feldeigenschaft *Format*, weitere Beispiele für benutzerdefinierte Formate finden sich dazu in der Hilfe.

In der Access-Hilfe werden alle Erläuterungen zu Funktionen leider nur anhand ihrer englischen Bezeichnungen (wie sie auch in Access-VBA benutzt werden müssen) beschrieben, daher sind diese in der Tabelle direkt mit angegeben.

Syntax für Berechnungen in Abfragen

Eine Berechnung in einer Abfrage hat die allgemeine Syntax:

`NeuerFeldname: Formel`

Dabei ist ein `NeuerFeldname` jeder, der weder links von diesem Feld noch oberhalb in der Datenquelle schon genannt ist. Außerdem gelten natürlich die üblichen Regeln für die Namensvergabe, die die Zeichen »[]!.« verbieten und von » /-« abraten.

Typische Berechnungen in einer Abfrage sehen beispielsweise so aus:

```
Zahlungsfrist: [Zahldatum] + 14
AktuellesJahr: Jahr([Verkaufsdatum])
GesamtPreis: [Einzelpreis] * [Verkaufsmenge]
```

Sortieren nach Datumswerten

Im nächsten Beispiel wollen wir die Funktion *Tag()* verwenden, um ein Abfrage zu erstellen, die eine korrekt sortierte Geburtstagsliste liefert.

1. Erstellen Sie bitte eine neue Abfrage *qryPersonenGeburtstagsliste* wie in Abbildung 5.18.

Abbildung 5.18: Abfrageentwurf für die Geburtstagsliste

Kapitel 5 Filtern und Sortieren

2. Um ein Feld berechnen zu lassen, klicken Sie in die nächste freie Spalte, wo sonst die Feldnamen angezeigt werden.

3. Die benötigte Formel lässt sich zwar in dieser Zelle eingeben, aber das wird schnell unübersichtlich. Sie können, wenn der Cursor darin steht, mit Umschalt+F2 ein Zoom-Fenster aufrufen, welches den Inhalt breiter und bei Bedarf auch in einer größeren Schriftart darstellt (Abbildung 5.19).

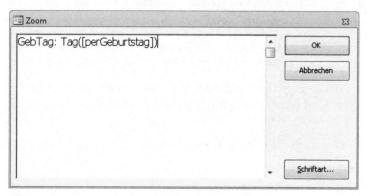

Abbildung 5.19: Zoom-Fenster mit Zellinhalt

Das Zoom-Fenster können Sie in Access überall dort aufrufen, wo der Wert einer Eigenschaft geschrieben werden kann, vor allem also in den vielen Feld-, Formular- oder Berichts-Eigenschaften. Um gegebenenfalls einen Zeilenumbruch im Inhalt zu erzeugen, müssen Sie Strg+Eingabetaste benutzen, denn ein einfaches Drücken der Eingabetaste schließt das Dialogfeld.

4. Die Berechnung für den Geburtstag erfolgt nun mit der Formel `GebTag: Tag([perGeburtstag])`, wobei Sie die eckigen Klammern nicht mit angeben müssen, da Access sie anschließend automatisch setzt.

   Es ist zu empfehlen, als neuen Feldnamen nicht einen Namen wie *Tag* zu wählen, der namensgleich mit einer internen Funktion ist. Ebenso würde ich den Feldnamen explizit ohne Präfixe wie *per...* wählen, damit er als berechnetes und nicht in einer Tabelle gespeichertes Feld erkennbar bleibt.

5. Geben Sie in die nächste Spalte die Formel für den Geburtsmonat ein (siehe Abbildung 5.20).

Abbildung 5.20: Vorläufiger Abfrageentwurf für die Geburtstagsliste

Die Abbildung 5.21 zeigt die Ergebnisse dieses Abfrageentwurfs, die Tages- und Monats-Werte sind korrekt aus dem seriellen Datum extrahiert worden. Diese Funktionen interpretieren die tat-

5.3 Berechnungen in Abfragen

sächlich gespeicherte Nachkommazahl, sind also unempfindlich gegen irgendwelche Formatierungen oder Ländereinstellungen.

Abbildung 5.21: Vorläufiges Ergebnis der Geburtstagsliste

Jetzt stimmt nur die Reihenfolge noch nicht, denn zuerst muss der Monat berücksichtigt werden und erst danach der Tag.

6. Ändern Sie also bitte die Reihenfolge von *GebTag* und *GebMonat*, sortieren Sie beide berechneten Felder aufsteigend und machen Sie sie unsichtbar wie in Abbildung 5.22.

Abbildung 5.22: Richtig sortierter Abfrageentwurf für die Geburtstagsliste

In der Datenblattansicht dieses Abfrageentwurfs erscheinen nun alle Personen in der Reihenfolge ihrer Geburtstage, allerdings ohne Berücksichtigung ihres Geburtsjahres.

Abbildung 5.23: Endgültiges Ergebnis der Geburtstagsliste

Damit ist die Geburtstagsliste richtig fertig gestellt, wie Abbildung 5.23 zeigt.

Datumssortierung mit der Format-Funktion

Während in diesem Beispiel zwei getrennte Felder für die Sortierung nötig waren, hätte die *Format*-Funktion das auch in einem einzigen geschafft. Die Tabelle 5.4 zeigt die wichtigsten Format-Anweisungen für Datum und Zeit.

Tabelle 5.4: Benutzerdefinierte Datums- und Zeitformate

Format	Ergebnis
t	Einziffriger Tag des Monats, ab 10. zweiziffrig (1 bis 31)
tt	Immer der zweiziffrige Tag des Monats (01 bis 31)
ttt	Die ersten drei Buchstaben des Wochentags (Son bis Sam)
tttt	Der vollständige Name des Wochentags (Sonntag bis Samstag)
m	Die einziffrige Zahl des Monats, ab Oktober zweiziffrig (1 bis 12)
mm	Immer die zweiziffrige Zahl des Monats (01 bis 12)
mmm	Die ersten drei Buchstaben des Monats (Jan bis Dez)
mmmm	Der vollständige Name des Monats (Januar bis Dezember)
j	Die Zahl des Kalendertags (1 bis 366)
jj	Die letzten zwei Ziffern des Jahres (01 bis 99)
jjjj	Das vollständige Jahr mit vier Ziffern (0100 bis 9999)
q	Die Ziffer des Quartals (1 bis 4)
w	Die Nummer des Wochentags (1 = So bis 7 = Sa)
ww	Die Nummer der Kalenderwoche (1 bis 53)
h	Die einziffrige Stunde des Tages, ab 10:00 Uhr zweiziffrig (1 bis 23)
hh	Immer die zweiziffrige Stunde des Tages (01 bis 23)
n	Die einziffrige Minute, ab 10 Minuten zweiziffrig (1 bis 59)
nn	Immer die zweiziffrige Minute (01 bis 59)
s	Die einziffrige Sekunde, ab 10 Sekunden zweiziffrig (1 bis 59)
ss	Immer die zweiziffrige Sekunde (01 bis 59)

Sie können die angegebenen Formatanweisungen fast beliebig kombinieren, wie etwa mit dem Format tttt", der "tt.mm.jjjj, welches als Ergebnis *Freitag, der 24.12.2010* ergibt. Insbesondere beim Einsatz der Zeitformate muss in der zugrunde liegenden Zahl natürlich auch ein Zeitanteil, das heißt ein Nachkommawert, gespeichert worden sein.

Im Beispiel der Geburtstagsliste müssen die Datumswerte zuerst nach Monat und anschließend nach Tag sortiert werden. Die *Format*-Funktion erzeugt als Ergebnis je nach Formatanweisung allerdings nicht nur eine Zahl, sondern eventuell auch einen Text wie in diesem Fall.

Daher müssen sowohl Monat als auch Tag zweiziffrig formatiert werden, damit die Reihenfolge in der Sortierung (nämlich von Zeichenketten!) nicht *1, 10, 11, 12, 2, ...*, sondern *01, 02, ...09, 10, 11, 12* ist. Das benötigte Format lautet also wie in Abbildung 5.24 "mm_tt".

5.4 Berechnungen mit Text

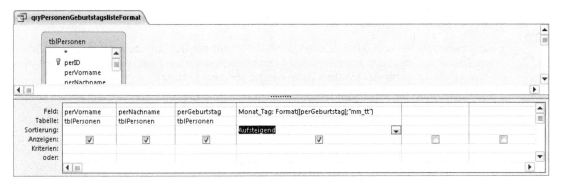

Abbildung 5.24: Richtig sortierter Abfrageentwurf für die Geburtstagsliste

Die Abbildung 5.25 zeigt die ebenfalls richtige Sortierung mittels *Format*-Funktion (mit der Formel Monat_Tag: Format([perGeburtstag];"mm_tt")). Das Sortierfeld *Monat_Tag* blieb in diesem Fall auch sichtbar, damit Sie den berechneten Feldinhalt sehen.

perVorname	perNachna	perGeburtstag	Monat_Tag
Werner	Kaldenhofen	01.01.1978	01_01
Gaby	Meier	03.04.1956	04_03
Theo	Testinghoff	22.04.1960	04_22
Marianne	Michel	24.07.2002	07_24
Michael	Müller-Lüder	12.08.1979	08_12
Anton	Bonde	05.09.1966	09_05
Martina	Warmbach	16.09.1978	09_16
Alexandra	Schmidt	22.11.1970	11_22

Abbildung 5.25: Mit der *Format*-Funktion sortiertes Ergebnis der Geburtstagsliste

Da in Abfragen keine horizontale Ausrichtung der Zellinhalte möglich ist, können Sie schon an der Linksbündigkeit der *Monat_Tag*-Werte sehen, dass es sich dabei um Textformate handelt. Zahlen, zu denen aus technischer Sicht auch das Datum gehört, werden in Abfragen immer rechtsbündig dargestellt.

5.4 Berechnungen mit Text

Berechnungen mit Text? Geht das denn? Ja, auch mit Text kann Access *rechnen«* allerdings in einem etwas erweiterten Sinne. Texte lassen sich trennen und zusammenfassen, ihre Länge kann ermittelt oder beispielsweise das Vorkommen eines Buchstaben gefunden werden.

Wenn Sie die Personentabelle etwas kompakter anzeigen wollen, kann das in der Form *Nachname, Vorname* geschehen. Dann gleichen sich lange und kurze Namensteile aus, weil ansonsten jede Spalte immer ihre Breite nach dem längsten Eintrag richten muss.

Um zwei Feldinhalte miteinander zu verketten, benutzen Sie am besten folgende Syntax:

```
NeuerFeldname: [Feld1] & [Feld2]
```

Dabei ist das Kaufmanns-Und (&) der Operator zum Aneinanderhängen zweier Zeichenketten.

Kapitel 5   Filtern und Sortieren

Tipp: So gehen Sie auf Nummer sicher

Bitte benutzen Sie nicht das +-Zeichen, denn das ist nur der Operator zum Addieren von Zahlen. Das wird zwar in den meisten Fällen funktionieren, sogar bei zwei Textfeldern mit den Inhalten *1* und *2*, wobei das Ergebnis dann nicht *3*, sondern *12* lautet.

Falls aber eines der beteiligten Felder den Datentyp *Zahl* hat, wird der +-Operator eine Summe errechnen und nicht die Inhalte aneinanderhängen. Das ist ein völlig unnötiges Risiko.

Das Ergebnis des neu berechneten Feldes `GanzerName: [perNachname] & [perVorname]` erscheint wie in Abbildung 5.26.

Abbildung 5.26: Die verketteten Vor- und Nachnamen

Das ist natürlich noch nicht besonders schön, denn ein Leerzeichen fügt Access nicht automatisch ein. Damit Nach- und Vorname voneinander getrennt sind, muss explizit ein Leerzeichen als dritter Bestandteil angegeben werden.

Insbesondere Leerzeichen müssen wie alle Texte in Gänsefüßchen eingefasst werden, sonst könnten sie als syntaktisch notwendiger Teil überlesen werden. Die Formel ändert sich damit zu

`GanzerName: [perNachname] & " " & [perVorname]`

Damit die Schreibweise derjenigen des Telefonbuchs angepasst ist, sollte noch ein Komma hinzugefügt werden

`GanzerName: [perNachname] & ", " & [perVorname]`

Jetzt erhalten Sie das schönere Ergebnis aus Abbildung 5.27.

Abbildung 5.27: Die schöner verketteten Vor- und Nachnamen

Textlänge ermitteln

Am Anfang des Tabellenentwurfs haben wir überlegt, wie viele Zeichen solche Felder wie *perVorname* und *perNachname* eigentlich benötigen. Jetzt können Sie wenigstens herausfinden, wie viele Zeichen davon tatsächlich belegt wurden und ob das Feld also kürzer sein dürfte.

Die *Länge*-Funktion (engl.: *Len*-Funktion) kann dazu die Anzahl der Zeichen ermitteln (nicht die gedruckte Breite des Textes in Zentimetern, dafür gibt es keine Funktion). Erstellen Sie bitte eine neue Abfrage namens *qryFeldlaengen* und geben Sie die Felder wie in Abbildung 5.28 ein.

Abbildung 5.28: Abfrageentwurf zur Ermittlung der Textlängen von Vor- und Nachname

Das Ergebnis zeigt wie in Abbildung 5.29 die jeweilige Anzahl der Buchstaben in Vor- und Nachnamen. Wenn Sie diese nun jeweils noch absteigend sortieren ließen, stünde der längste Vor- beziehungsweise Nachname ganz oben und gäbe Ihnen einen Hinweis auf die maximal benötigte Feldgröße.

perVorname	LaengeVorname	perNachname	LaengeNachname
Michael	7	Müller-Lüdenscheid	18
Gaby	4	Meier	5
Alexandra	9	Schmidt	7
Theo	4	Testinghoff	11
Werner	6	Kaldenhofen	11
Martina	7	Warmbach	8
Marianne	8	Michel	6
Anton	5	Bonde	5

Abbildung 5.29: Die Anzahl der Zeichen in Vor- und Nachnamen

Texte zerlegen

Im nächsten Beispiel möchte ich Ihnen zeigen, wie Sie mit diesen (und einigen weiteren) Funktionen auch vorhandene Texte in sinnvolle Bestandteile zerlegen können. Stellen Sie sich vor, Sie können viele Adressen aus einer anderen Datenquelle importieren, aus dem Internet, einer Excel- oder Textdatei.

Leider sind dort oftmals Vor- und Nachname gemeinsam in einem Feld gespeichert. Bei den sieben Beispieldatensätzen aus Abbildung 5.30 könnten Sie das natürlich manuell trennen. Aber es soll eben auch für größere Datenmengen funktionieren.

Kapitel 5 Filtern und Sortieren

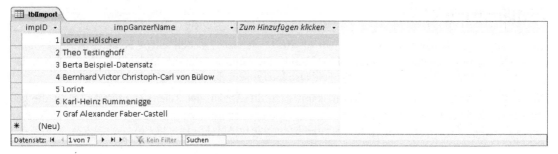

Abbildung 5.30: Die Testdatensätze für die Namenszerlegung

1. Erstellen Sie nun also bitte eine neue Tabelle *tblImport* mit dem AutoWert- und Primärschlüssel-Feld *impID* sowie dem Textfeld *impGanzerName*.
2. Tragen Sie darin die in Abbildung 5.30 gezeigten Datensätze ein. Diese stehen beispielhaft für die importierten Daten.
3. Dann erstellen Sie eine neue Abfrage *qryNamenszerlegung*, in der das Feld *impGanzerName* zum Vergleich angezeigt wird.

Wenn der ganze Name nun in Vor- und Nachname aufgeteilt werden soll, stellt sich als erste Frage: Woran erkennt Access die Grenze zwischen den beiden?

Typischerweise bildet der Vorname das erste Wort, dessen Ende durch ein Leerzeichen markiert wird. In den meisten Fällen wird das korrekt sein, aber schon die Testdatensätze enthalten Gegenbeispiele wie den Namen *von Bülow*, wo das nicht stimmt. Aber fürs Erste soll diese Annahme genügen.

Um Zeichenketten analysieren oder bearbeiten zu können, kennt Access die Funktionen aus Tabelle 5.5.

Tabelle 5.5: Die wichtigsten Funktionen zur Bearbeitung von Zeichenketten

Funktion	englischer Name	Beschreibung
=Links(*Zeichenkette*; *n*)	=Left(...)	Gibt die ersten *n* Zeichen der *Zeichenkette* zurück
=Rechts(*Zeichenkette*; *n*)	=Right(...)	Gibt die letzten *n* Zeichen der *Zeichenkette* zurück
=Teil(*Zeichenkette*; *n*; *m*)	=Mid(...)	Gibt ab Position n die *m* Zeichen der *Zeichenkette* zurück, wenn *m* fehlt, automatisch bis zum Ende der *Zeichenkette*
=Länge(*Zeichenkette*)	=Len(...)	Gibt die Anzahl der Zeichen zurück (nicht die Breite in cm!)
=InStr(*Zeichenkette*; *Suche*)	=InStr(...)	Gibt die Position des ersten Zeichens der *Suche* in *Zeichenkette* zurück oder *0*, wenn es nicht enthalten ist
=Glätten(*Zeichenkette*)	=Trim(...)	Gibt die Zeichenkette ohne *führende* und *endende* Leerzeichen zurück

Zuerst müssen wir also herausfinden, wo jeweils das Leerzeichen zu finden ist. Dann gilt alles davor als Vorname, alles danach als Nachname.

1. Die Formel für das neue Feld *WoLeer*, um die Position des Leerzeichens in *impGanzerName* anzuzeigen, lautet `WoLeer: InStr([impGanzerName]; " ")`. Die Funktion *InStr* ermittelt immer nur die erste Position der gesuchten Zeichenkette, für deren letztes Auftreten gibt es bei Bedarf *InStrRev*.

5.4 Berechnungen mit Text

impGanzerName	WoLeer
Lorenz Hölscher	7
Theo Testinghoff	5
Berta Beispiel-Datensatz	6
Bernhard Victor Christoph-Carl von Bülow	9
Loriot	0
Karl-Heinz Rummenigge	11
Graf Alexander Faber-Castell	5

Abbildung 5.31: Die Ermittlung der Position des Leerzeichens

Sie können etwa im ersten Datensatz nachzählen: *Lorenz* ist sechs Buchstaben lang, das Leerzeichen steht also an Position 7. Eine Besonderheit ist *Loriot*, denn dort ist das gesuchte Leerzeichen gar nicht enthalten, daher wird korrekt 0 errechnet.

Mit dieser Information können Sie nun im nächsten freien Feld mit der *Links*-Funktion alle Zeichen links bis zu dieser Position anzeigen lassen. Dabei dürfen Sie auf das bereits berechnete Feld *WoLeer* zurückgreifen, denn es gilt ja sozusagen als *altes* Feld, weil es links davon steht.

2. Ergänzen Sie bitte die Formel `Vorname: Links([impGanzerName];[WoLeer])` im Abfrageentwurf, wie in Abbildung 5.32 zu sehen ist.

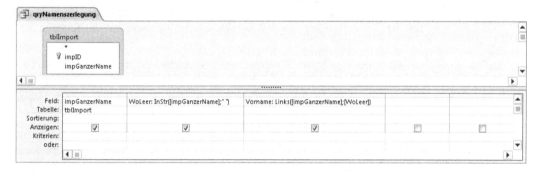

Abbildung 5.32: Die Berechnung des Vornamens

Das Ergebnis in Abbildung 5.33 sieht auf den ersten Blick schon sehr erfolgreich aus. Erst wenn Sie ganz pingelig markieren, werden Sie hinter allen Vornamen ein überflüssiges Leerzeichen finden. Dies ist in Abbildung 5.33 hinter *Lorenz* zu erkennen.

impGanzerName	WoLeer	Vorname
Lorenz Hölscher	7	Lorenz
Theo Testinghoff	5	Theo
Berta Beispiel-Datensatz	6	Berta
Bernhard Victor Christoph-Carl von Bülow	9	Bernhard
Loriot	0	
Karl-Heinz Rummenigge	11	Karl-Heinz
Graf Alexander Faber-Castell	5	Graf

Abbildung 5.33: Die berechneten Vornamen im Ergebnis

Wenn Sie bedenken, dass in *WoLeer* eine Zahl steht, nämlich die Position des Leerzeichens, können Sie davon einfach *1* abziehen. Wenn das Leerzeichen an Position *7* steht, wollen Sie eben nicht die ersten sieben Zeichen errechnen, sondern nur die sechs Zeichen davor ohne das Leerzeichen.

3. Also korrigieren Sie die Formel in Vorname: Links([impGanzerName];[WoLeer]-1). Das überflüssige Leerzeichen ist nun weg, Sie finden aber leider im Ergebnis für *Loriot* ein neues Problem, wie Abbildung 5.34 zeigt.

impGanzerName	WoLeer	Vorname
Lorenz Hölscher	7	Lorenz
Theo Testinghoff	5	Theo
Berta Beispiel-Datensatz	6	Berta
Bernhard Victor Christoph-Carl von Bülow	9	Bernhard
Loriot	0	#Funktion!
Karl-Heinz Rummenigge	11	Karl-Heinz
Graf Alexander Faber-Castell	5	Graf

Abbildung 5.34: Die fehlerhaft berechneten Vornamen im Ergebnis

Wenn kein Leerzeichen vorhanden ist, ziehen Sie von WoLeer = 0 noch *1* ab. Dadurch soll die *Links*-Funktion jetzt -1 Zeichen zurückgeben, was nun wirklich nicht mehr geht. Wenn wir uns darauf einigen können, dass ein Künstlername wie *Loriot* (der ja im wirklichen Leben *Vicco von Bülow* heißt, Softlink **db0503**) als Vorname behandelt werden soll, fehlt diesem nur das folgende Leerzeichen.

Sie können gerne versuchen, den Inhalt *Loriot* um ein Leerzeichen zu ergänzen, aber Access speichert manuell eingegebene Leerzeichen am Ende nicht. Das ist also nicht nur aussichtslos, sondern zudem wenig sinnvoll, wenn Sie an die möglicherweise 100.000 weiteren betroffenen Datensätze denken.

4. Sie können der Funktion dieses Leerzeichen aber vorgaukeln! Dazu verändern Sie die Formel für *WoLeer* so, dass dort an den untersuchten Inhalt von *impGanzerName* immer ein Leerzeichen angehängt wird: WoLeer: InStr([impGanzerName] & " ";" ")

Solange bereits im Inhalt von *impGanzerName* ein Leerzeichen enthalten ist, findet *InStr* dieses, weil es das erste ist. Nur wenn gar keins vorkommt, ist das angehängte Leerzeichen das erste. Auf jeden Fall aber findet *InStr* immer ein Leerzeichen, sodass die darauf basierende *Links*-Funktion auch keine Fehlermeldung mehr erzeugt.

impGanzerName	WoLeer	Vorname
Lorenz Hölscher	7	Lorenz
Theo Testinghoff	5	Theo
Berta Beispiel-Datensatz	6	Berta
Bernhard Victor Christoph-Carl von Bülow	9	Bernhard
Loriot	7	Loriot
Karl-Heinz Rummenigge	11	Karl-Heinz
Graf Alexander Faber-Castell	5	Graf

Abbildung 5.35: Die besser berechneten Vornamen, mit fiktivem Leerzeichen für *Loriot*

Beachten Sie in Abbildung 5.35 auch, dass das Leerzeichen für *Loriot* nunmehr statt an Position 0 an siebter Stelle gefunden wird, also *nach* dem Wort, obwohl dort im Feldinhalt ja gar keines steht.

Die folgende Ermittlung des Nachnamens ist nun sehr einfach. Wenn alles nach dem ersten Leerzeichen als ein Nachname behandelt wird, können Sie wiederum auf die bekannte Position des Leerzeichens zurückgreifen.

Falls Sie jetzt die *Rechts*-Funktion als geeignet vermuten, täuscht das: Sie zählt die Anzahl der Zeichen von rechts, die Position des Leerzeichens ist aber vom Anfang des Textes, also von links gezählt. Sie müssten dann zuerst die gesamte Länge bestimmen (nämlich mit der *Länge*-Funktion!) und dann die Differenz errechnen.

Viel einfacher ist die *Teil*-Funktion, die den Mittelteil eines Textes zurückgeben kann, aber von links aus zählt. Wenn das optionale dritte Argument fehlt, wird einfach alles bis zum Ende der Zeichenkette zurückgegeben, sonst die dort genannte Anzahl Zeichen.

5. Ergänzen Sie den Abfrageentwurf daher um `Nachname: Teil([impGanzerName];[WoLeer]+1)` zur Berechnung des noch fehlenden Nachnamens. Der Zusatz +1 ist wiederum notwendig, damit der Nachname nicht auch mit einem Leerzeichen beginnt.

qryNamenszerlegung			
impGanzerName	WoLeer	Vorname	Nachname
Lorenz Hölscher	7	Lorenz	Hölscher
Theo Testinghoff	5	Theo	Testinghoff
Berta Beispiel-Datensatz	6	Berta	Beispiel-Datensatz
Bernhard Victor Christoph-Carl von Bülow	9	Bernhard	Victor Christoph-Carl von Bülow
Loriot	7	Loriot	
Karl-Heinz Rummenigge	11	Karl-Heinz	Rummenigge
Graf Alexander Faber-Castell	5	Graf	Alexander Faber-Castell

Abbildung 5.36: Die berechneten Nachnamen

Sie sehen in Abbildung 5.36, dass technisch alles in Ordnung ist. Wenn, wie im Falle von *Loriot*, ab der gewünschten Position kein weiterer Text mehr folgt, gibt die *Teil*-Funktion eben einen so genannten Leerstring, eine leere Zeichenkette zurück.

Inhaltlich ist jedoch noch nicht alles zufriedenstellend. Es gibt Namen mit mehreren Vornamen wie *von Bülow* und solche mit einem Adelstitel ganz am Anfang, die falsch zerlegt wurden. Um ehrlich zu sein: Das ist nicht mit vernünftigem Aufwand zu lösen. Betrachten Sie ein paar Beispiele, wie viele Sonderfälle es allein mit Titeln in deutschen Namen gibt:

- *Prof. Joschka Fischer*
- *Prof. Dr. Hellmuth Karasek*
- *Dr.-Ing. h. c. Ferdinand Porsche*
- *Dr. rer. nat. Fresenius* (Softlink **db0504**)
- *Monsignore Don Camillo* (Softlink **db0505**)
- *Karl der Große*
- *Freiherr Wernher v. Braun* oder später *Wernher Freiherr von Braun*

Kapitel 5   Filtern und Sortieren

Sie müssten alle Inhalte von *impGanzerName* daraufhin untersuchen, ob sie einen der Titel enthalten und diesen zuerst abtrennen. Das ist schon bei den deutschen Varianten kaum abschließend zu ermitteln, bei nicht-deutschen Namenszusätzen aber vollends aussichtslos.

Sie können aber – wenn Ihre Adressliste nicht gerade Adelskreisen entstammt – davon ausgehen, dass weit über 90 % der Namen dem Schema *Vorname-Leerzeichen-Nachname* entsprechen. Daher geht es anschließend eigentlich vor allem darum, die wenigen Namen mit möglichen Sonderfällen herauszufiltern und dann manuell zu bearbeiten.

Woran erkennen Sie aber solche problematischen Namen? Ganz einfach: Es sind noch mehrere Worte im Nachnamen enthalten oder, anders formuliert, es gibt noch wenigstens ein Leerzeichen.

1. Das lässt sich mit einer neuen Abfrage *qryNamenZumPruefen* ermitteln, die auf der vorherigen Abfrage *qryNamenszerlegung* basiert. Dazu müssen Sie bei der Auswahl der Datenquelle im Dialogfeld *Tabelle anzeigen* wie in Abbildung 5.37 die mittlere Registerkarte *Abfragen* wählen.

Abbildung 5.37: Eine Abfrage als Datenquelle einer anderen Abfrage

2. Alle Nachnamen mit immer noch verbliebenen Leerzeichen finden Sie am leichtesten über ein Kriterium Wie "* *" (mit Leerzeichen zwischen den Sternchen) im Feld *Nachname*.

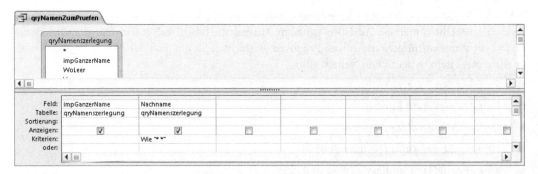

Abbildung 5.38: Eine Abfrage als Datenquelle einer anderen Abfrage

Die hier im Ergebnis angezeigten Namen sind nicht alle grundsätzlich falsch, sondern müssten nur inhaltlich einzeln überprüft werden. *Herbert von Karajan* etwa wäre korrekt beim ersten Leerzeichen getrennt, würde hier aber trotzdem als überprüfenswert mit angezeigt.

5.5 Übungen zu diesem Kapitel

In diesem Abschnitt finden Sie einige Übungen zu diesem Kapitel. Die richtigen Antworten finden Sie wie immer auf der Website *www.richtig-einsteigen.de*.

Übung 5.1

Beschreiben Sie bitte, was sich mit der folgenden SQL-Anweisung ermitteln lässt:
SELECT TOP 1 Len([perVorname]) AS Test FROM tblPersonen ORDER BY Len([perVorname]) DESC;

Übung 5.2

Wofür steht die Abkürzung DESC bei der Sortierung eines Feldes in einer SQL-Anweisung?

Übung 5.3

Was ist falsch an der folgenden SQL-Anweisung?
SELECT * FROM tblPersonen WHERE [perNachname] = "*Müller*";

Übung 5.4

Filtern Sie in einer Abfrage alle Personen aus *tblPersonen*, die nicht (!) aus »Nirgendwo« oder »Ebendort« kommen.

Übung 5.5

Finden Sie bitte heraus, ob 1978 ein Schaltjahr war, denn das ist wesentlich für den Filter mit dem *Zwischen*-Schlüsselwort, wie auf Seite 82 zu sehen war.

5.6 Zusammenfassung

In diesem Kapitel haben Sie verschiedene Techniken kennen gelernt, mit denen Sie in Abfragen die Daten noch besser filtern können.

- Es ist wichtig, dass alle Tabellen oder Abfragen, die als Datenquelle einer Abfrage eingesetzt werden, auch im Entwurfsfenster miteinander verknüpft sind. Sonst erhalten Sie als Ergebnis unfreiwillig ein Kreuzprodukt mit einem Vielfachen der Ausgangsdaten.

Kapitel 5   Filtern und Sortieren

- Die Sprache SQL ist eine sehr kompakte Möglichkeit, den grafischen Abfrageentwurf zu speichern, daher können Sie praktisch beliebig viele Abfragen speichern. Zudem lassen sich einige Abfragetypen wie Union-Abfragen gar nicht grafisch erstellen.

- Durch den SQL-Befehl TOP oder die Eigenschaft *Spitzenwerte* können Sie die Anzeige auf die ersten von vielen Datensätzen einschränken

- Wegen der internen Speicherung als so genanntes *Serielles Datum* ist es länderunabhängig und damit am sichersten, *Datum/Zeit*-Werte auch immer nur mit einem Tagesdatum oder einer Uhrzeit zu vergleichen. Ein Textvergleich, vor allem mit dem *Wie*-Operator, birgt immer das Risiko, dass die Werte anders formatiert sind, als Sie es erwarten.

- Berechnete Felder in Abfragen haben immer die Syntax *NeuesFeld: Formel*, wobei die *Formel* sowohl ein vorhandenes Feld, eine integrierte oder benutzerdefinierte Funktion oder eine Mischung aus allem sein darf. Der zukünftige Feldname muss auch angegeben werden, wenn er (wie bei Anfügeabfragen) gar nicht berücksichtigt wird.

- Berechnung können auch mit Text-Feldern vorgenommen werden, wobei dann häufig Textteile ausgeschnitten oder deren Länge berechnet wird

- Abfragen dürfen als Datenquelle auch andere Abfragen haben. Das ist sogar ziemlich häufig, vor allem, wenn darin berechnete Felder vorbereitet sind.

Kapitel 6

Größeres Datenmodell

In diesem Kapitel lernen Sie

- ein anderes Datenmodell für eine umfangreichere Datenbank kennen
- wie Sie das Historien-Problem mit der Änderung von Mastertabellen-Daten lösen
- wie Sie Kombinationsfelder weiter optimieren können
- wie Sie Abfragen nutzen können, ohne diese im Navigationsbereich anzuzeigen
- wie Sie in Kombinationsfeldern auch Wertlisten nutzen
- wie die neuen mehrwertigen Felder den Entwurf vereinfachen
- wie Sie Tabellendaten aus anderen Datenbanken importieren
- wie sich Daten korrekt von einer Master- in eine Detailtabelle übertragen lassen
- wobei Reflexiv-Verknüpfungen sinnvoll sind

6.1 Neues Datenmodell

Die bisherige Datenbank bietet nun keine wirklich überzeugenden Möglichkeiten für eine Analyse mehr, vor allem hinsichtlich der rechnerischen Fähigkeiten und der Aktionsabfragen. Bisher haben wir es ja nur mit Auswahlabfragen zu tun gehabt, die keine Daten verändern. Das wird jetzt anders werden.

Vor allem soll es helfen, den Blick nicht auf ein einziges Datenmodell festzuheften, denn das scheint meiner Erfahrung nach das Hauptproblem bei Datenbanken zu sein: aus der Wirklichkeit ein Tabellendesign zu machen. Auch wenn das eigentliche Thema dieses Kapitels die Aktionsabfragen sind, möchte ich mit Ihnen schnell noch ein neues Datenmodell entwickeln.

Kunden/Artikel-Datenbank

Stellen Sie sich also vor, Sie wollen ein Geschäft eröffnen. Dann müssen Sie Daten Ihrer Kunden und Ihrer Artikel speichern können. Da die beiden Tabellen *tblKunden* und *tblArtikel* eine typische m:n-Beziehung haben, nämlich »viele Kunden kaufen viele Artikel«, müssen Sie diese in zwei 1:n-Beziehungen mit einer Verbindungstabelle auflösen.

Die Verbindung zwischen Kunden und Artikel liegt im Verkauf, sodass also eine Tabelle *tblVerkaeufe* die Referenzen auf die beiden anderen Tabellen speichert.

Kapitel 6   Größeres Datenmodell

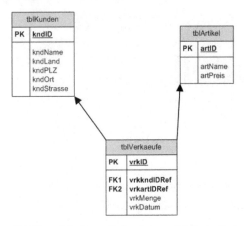

Abbildung 6.1: Das vorläufige Datenmodell für den Verkauf

Abbildung 6.1 zeigt einen ersten Entwurf für das Datenmodell. Die Tabelle *tblKunden* entspricht weitgehend der bereits besprochenen *tblPersonen*-Tabelle, nur mit anderem Präfix. Bitte denken Sie daran, dass darin die zweite Normalform verletzt wird, weil der Ort von der PLZ abhängig ist. Wir nehmen das hin, weil der Nutzen wieder größer ist als der Schaden.

Außerdem gibt es eine *tblArtikel*-Tabelle, die zu einem AutoWert/Primärschlüssel-Feld *artID* einen Namen und den Preis des Artikels speichert. Beide sind so genannte Mastertabellen zur Detailtabelle *tblVerkaeufe*, deren beide Fremdschlüssel (FK = Foreign Key) sich auf die jeweiligen Primärschlüssel (PK = Primary Key) beziehen. Zusätzlich speichert jeder Verkauf die Menge und das Datum.

So weit, so harmlos, denn das Datenmodell sieht korrekt aus. Ist es aber nicht. Haben Sie gemerkt, welche Normalform Sie wo verletzt haben und auf welche Katastrophe Sie zusteuern?

Nehmen Sie einmal an, Sie haben den Artikel »Gummibärchen« zum Preis von 0,99 Euro in *tblArtikel* eingetragen. Sie verkaufen ihn beliebig oft, sodass seine Artikel-ID in *vrkartIDRef* vorkommt. Wann immer Sie wissen müssen, wie viel Geld Sie dadurch eingenommen haben, können Sie es ja in *tblArtikel* als Nachschlagetabelle herausfinden.

Im Lauf des Jahres machen Sie die Gummibärchen billiger, sie kosten nur noch 0,87 Euro. Wenn Sie am Jahresende dann den Überblick erstellen, welchen Preis schlägt eine Abfrage dann in der Nachschlagetabelle *tblArtikel* nach? Genau: 0,87 Euro. Und zwar auch für die anfangs verkauften Gummibärchen, die ja tatsächlich noch 0,99 Euro gekostet haben.

Dritte Normalform

Das ist ein klassisches Problem im Datenbankdesign, welches ich der Einfachheit halber *Historien-Problem* taufe. Eigentlich müssten Sie den alten Preis auch noch irgendwo speichern. Wenn Sie das im Feld *artPreis* tun würden, würden Sie die Erste Normalform (»Mehrere Dateninhalte in einem Feld sind nicht zulässig«, Atomisierung von Daten) verletzen.

Die Alternative wäre, eine neue Zeile mit neuer *artID*, gleichem *artName*-Inhalt und eben dem neuen Preis in *artPreis* anzulegen. Der Artikel könnte wie in Abbildung 6.2 bei gleichem Namen eine neue *artID* und den aktuellen Preis erhalten, alte Verkäufe würden sich eben auf alte *artID*-Werte beziehen und alles schiene in Ordnung.

6.2 Alternative Datenspeicherung

artID	artName	artPreis	Zum Hinzufügen klicken
1	Gummibärchen	0,99 €	
2	Bleistift	1,29 €	
3	Gummibärchen	0,78 €	
4	Hochseeyacht	123.456,78 €	
5	Gummibärchen	0,91 €	
(Neu)			

Abbildung 6.2: Die Artikeltabelle mit Mehrfacheintragungen

Leider haben Sie damit gegen die noch nicht vorgestellte Dritte Normalform verstoßen, die vereinfacht formuliert lautet: »Daten sind vom Primärschlüssel abhängig und nur von diesem«. Solange Sie Tabellen finden, in denen ein Feld mehrfach gleiche Inhalte hat, wie hier *Gummibärchen*, sind diese Tabellen höchstwahrscheinlich nicht normalisiert.

In diesem Fall ist der Preis nämlich von einem weiteren, gar nicht explizit genannten Datenwert abhängig: Eigentlich gibt es immer ein Datum, ab dem der neue Preis gilt.

Abbildung 6.3 zeigt, wie das Datenmodell für die Artikelpreise aussehen muss. In einer 1:n-Beziehung zwischen den Artikeln und den Preisen gibt es zu jedem Artikel einen Preis samt Startdatum, ab dem dieser Preis gilt.

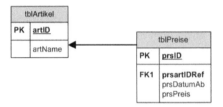

Abbildung 6.3: Das datenbanktheoretisch perfekte Datenmodell für die Preise der Artikel

Um also den jeweils korrekten Preis zu ermitteln, müssen Sie in einer Abfrage anhand des Verkaufsdatums die zuletzt stattgefundene Preisfestlegung ermitteln. Das hört sich nicht nur kompliziert an, sondern ist zwangsläufig auch langsam. Schließlich muss die Datenbank die Preise sortieren und für jede einzelne Verkaufszeile den nächstkleineren Datumswert sowie dessen Preis finden.

Einmal ganz abgesehen davon, dass ich Ihnen feste die Daumen drücke, dass die Datenbank dort überhaupt einen Preis findet. Sie müssen nämlich zuerst einmal sicherstellen, dass jeder Artikel überhaupt einen Preis eingetragen hat. Bei referentieller Integrität in 1:n-Beziehungen (Master:Detail) stellt Access zwar sicher, dass zur Detailseite immer ein Master-Eintrag existiert. Hier brauchen Sie es aber anders herum: Zur Master-Seite soll immer wenigstens ein Detail-Eintrag vorhanden sein.

6.2 Alternative Datenspeicherung

Daher gibt es hier wie anfangs bereits versprochen eine praxisnahe Lösung, die schneller und übersichtlicher ist. Natürlich verletzt sie dabei eine Normalform, aber auch hier geht es ja darum, den Schaden gegen den Nutzen abzuwägen.

Kapitel 6 Größeres Datenmodell

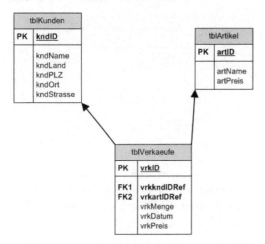

Abbildung 6.4: Das optimierte Datenmodell für die Artikelpreise

Die Lösung wie in Abbildung 6.4 besteht darin, die Preise sowohl mit dem Artikel als auch mit dem Verkauf zu speichern. Wann immer ein neuer Datensatz im Verkauf eingetragen wird, muss der gerade aktuelle *artPreis* aus *tblArtikel* in *tblVerkaeufe* in *vrkPreis* eingetragen werden. Für den Vorteil der Übersichtlichkeit und Geschwindigkeit zahlen Sie also mit dem Nachteil der doppelten Daten.

Jeder genannte Artikel in *tblVerkaeufe* (beziehungsweise dessen *vrkartIDRef*) speichert den Preis und das auch noch mehrfach, obwohl er in *tblArtikel* nachzuschlagen wäre. Aber er wäre eben nur so lange nachzuschlagen, wie in *artPreis* keine Änderung stattfindet. Die Historie der Artikelpreise wird also in jedem Verkauf gespeichert.

Vielleicht ist Ihnen gerade schon ein zweiter Nachteil aufgefallen: Ihre Datenbank muss irgendwie sicherstellen, dass der *artPreis* bei Bedarf überhaupt in *vrkPreis* übernommen wird. Das geht nur mit Makro/VBA, sodass wir später darauf zurückkommen werden.

Verbesserungen am Datenmodell

Wenn wir uns das Datenmodell noch einmal genau angucken, gibt es für die Artikel noch ein paar Verbesserungsmöglichkeiten:

- Wer ist der Lieferant?
- Welcher Mehrwertsteuersatz gilt?
- In welcher Farbe oder welchem Geschmack wird der Artikel verkauft?

Die Datenbankdesign-Frage hinter jedem der drei Punkte lautet: 1:n, m:n oder n:1? Ist es ein Lieferant für viele Artikel? Kann ein Artikel von mehreren Lieferanten kommen? Liefern viele Lieferanten auch mehrere Artikel? Um es einfach zu halten, soll hier jeder Artikel genau einen Lieferanten haben, jeder Lieferant aber mehrere Artikel, also eine typische 1:n-Beziehung (Lieferanten:Artikel).

Ebenso lässt sich jeder Artikel genau einem Mehrwertsteuersatz zuordnen, das ergibt eine 1:n-Beziehung (MWSt:Artikel).

Bei der Beschreibung hingegen sind mehrere Varianten möglich, jeder Artikel kann in mehreren Farben oder Geschmacksrichtungen angeboten werden. Es ist eigentlich eine m:n-Beziehung zwischen Artikeln

6.2 Alternative Datenspeicherung

und Beschreibungen. Sie werden gleich sehen, dass Access dafür ein eigenes, als *mehrwertig* bezeichnetes Feld bereitstellt.

Doch zuerst zu den 1:n-Beziehungen, für die es verschiedene Lösungen gibt, die ich Ihnen vorstellen möchte. Das erweiterte Datenmodell für die Datenbank sieht nun so aus wie in Abbildung 6.5.

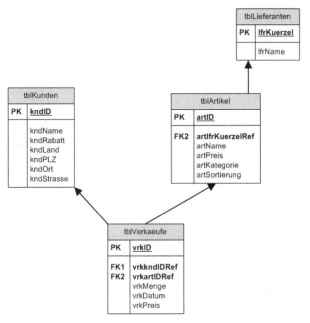

Abbildung 6.5: Das erweiterte Datenmodell mit den Artikellieferanten

Die Informationen über die Lieferanten sind bewusst auf den Namen beschränkt geblieben, weil hier sonst unnötige Schreibarbeit anfallen würde. Es ist also im Grunde die gleiche Konstruktion wie anfangs bei den Prioritäten der Tabelle *tblPersonen*.

1. Erstellen Sie dazu bitte die Tabelle *tblLieferanten* mit dem AutoWert-Feld *lfrKuerzel* als *Text*-Datentyp mit einer *Feldgröße* von 10 Zeichen sowie dem *Text*-Feld *lfrName* mit 50 Zeichen. Als Testdaten können Sie schon diejenigen aus Abbildung 6.6 eingeben.

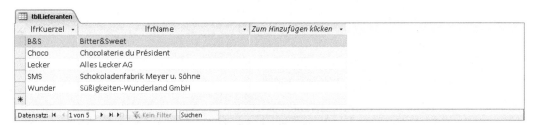

Abbildung 6.6: Die Beispiellieferanten für die Verkaufsdatenbank

2. Im Entwurf der Artikeltabelle müssen Sie nun den Verweis auf die Lieferantentabelle wie in Abbildung 6.7 einbauen. Es ist zwingend notwendig, dass es nicht nur den gleichen Datentyp *Text* hat, wie das Feld *lfrKuerzel*, sondern sogar die gleiche *Feldgröße* von 10 Zeichen. Andernfalls können Sie die referentielle Integrität nicht einstellen.

Kapitel 6 Größeres Datenmodell

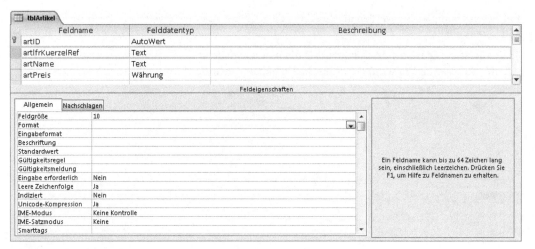

Abbildung 6.7: Das Nachschlagefeld für die Lieferanten in der Artikeltabelle

3. Am besten stellen Sie diese Integrität direkt sicher, indem Sie auf der Registerkarte *Datenbanktools* das Symbol *Beziehungen* anklicken.

4. Fügen Sie im automatisch erscheinenden Dialogfeld *Tabelle anzeigen* die Tabellen *tblArtikel* und *tblLieferanten* hinzu und ziehen Sie dort den Feldnamen *lfrKuerzel* auf *artlfrKuerzelRef*, sodass das Dialogfeld aus Abbildung 6.8 erscheint.

5. Aktivieren Sie die Option *Mit referentieller Integrität*. Hier ist es sinnvoll, die Aktualisierungsweitergabe zu erlauben, denn der Primärschlüssel ist ein manuell eingegebenes *Text*-Feld. Anders als bei *AutoWert*-Feldern kann sich dessen Inhalt ändern.

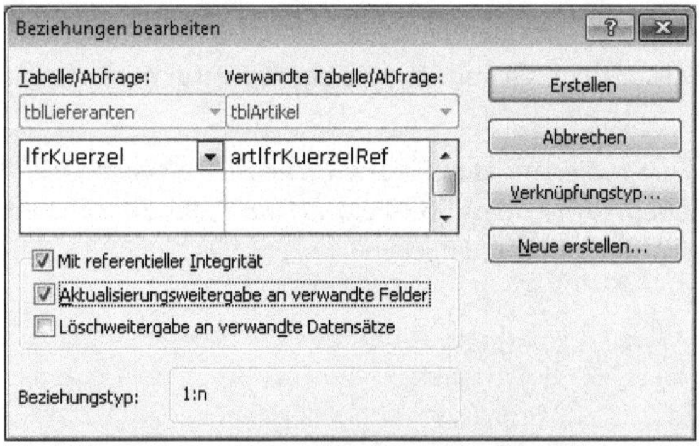

Abbildung 6.8: Die referentielle Integrität für die Lieferanten

Sobald ein Artikel von diesem Lieferanten abhängig ist, wäre eine Änderung des Primärschlüssels normalerweise unmöglich, weil bereits ein Fremdschlüssel darauf zugreift. Mit eingeschalteter Aktualisierungsweitergabe sorgt Access selbständig dafür, dass bei einer Änderung des Primärschlüssels *lfrKuerzel* alle passenden Fremdschlüssel-Inhalte in *artlfrKuerzelRef* ebenfalls geändert werden.

6.3 Clevere Bedienelemente

Jetzt könnten Sie in der Tabelle *tblArtikel* die noch leere Spalte für die Lieferanten mit Daten füllen. Hier müssen Sie allerdings nicht nur kleine ganzzahlige IDs im Kopf haben, wie bei den Prioritäten der Tabelle *tblPersonen*, sondern ärgerlicherweise sogar inhaltlich fast beliebige Lieferantenkürzel. Sinnvoll und deutlich benutzerfreundlicher wäre hier eine Auswahl vorhandener Kürzel aus einer Liste.

1. Um diese bereitzustellen, wechseln Sie bitte in die Entwurfsansicht der Tabelle *tblArtikel* und markieren dort das Feld *artlfrKuerzelRef*.
2. Unten in den *Feldeigenschaften* finden Sie neben der Registerkarte *Allgemein* eine zweite Registerkarte *Nachschlagen*, die fast leer ist. Das ändert sich erst, wenn Sie die Eigenschaft *Steuerelement anzeigen* wie in Abbildung 6.9 auf *Kombinationsfeld* stellen.

Abbildung 6.9: Die Registerkarte *Nachschlagen* für *artlfrKuerzelRef*

3. Jetzt würde zwar schon ein Kombinationsfeld für diese Spalte angezeigt, aber es wäre mangels Datenquelle noch leer. Da Sie als *Herkunftstyp* tatsächlich eine *Tabelle/Abfrage* besitzen, aus der diese Daten kommen, können Sie in die Feldeigenschaft *Datensatzherkunft* klicken. Dort erscheint der Pfeil für eine Auswahlliste aller Tabellen und Abfragen dieser Datenbank.
4. Wählen Sie hier *tblLieferanten* aus. Auswahllisten wie diese sind übrigens auch ein weiteres Argument für die Namenskonvention, denn anders als im Navigationsbereich werden hier Tabellen und Abfragen ohne Erkennungssymbole angezeigt. Sie sind nur am Namen unterscheidbar, was mit dem *tbl*- bzw. *qry*-Präfix einfach ist.
5. Nachdem Sie den Entwurf gespeichert haben, sehen Sie in der Datenblattansicht wie in Abbildung 6.10 ein Kombinationsfeld mit den Inhalten aller Lieferanten. Jetzt müssen Sie oder Ihre Benutzer sich keine Kürzel mehr merken, sie stehen alle in der Liste.

Kapitel 6 Größeres Datenmodell

Abbildung 6.10: Kombinationsfeld zur Auswahl der Lieferanten

6. Außerdem sollten Sie für *artlfrKuerzelRef* die Eigenschaft *Nur Listeneinträge* auf *Ja* stellen. Denn dann liest sich die Fehlermeldung für ungültige Daten wie in Abbildung 6.11 schon gleich viel verständlicher. Vor allem erscheint die Meldung schon sofort beim Verlassen des Feldes und nicht erst beim Speichern des ganzen Datensatzes nach dem letzten Feld.

Abbildung 6.11: Prüfung auf gültigen Listeneintrag

> **Wichtig: Die Eigenschaft *Nur Listeneinträge* ist kein Ersatz für die Referentielle Integrität**
>
> Bitte denken Sie aber daran, dass diese Eigenschaft nur nett und unverbindlich ist. Die mit ihr verbundene Prüfung greift nur bei manueller Eingabe in die Liste, per Makro/VBA könnten Sie weiterhin falsche Daten darin speichern. Wirklich sicher ist alleine die Referentielle Integrität, die Eigenschaft *Nur Listeneinträge* ist also kein Ersatz dafür.

Mehrspaltige Kombinationsfelder

Da manche der Lieferantenkürzel vielleicht nicht so gut zu erkennen sind, wäre auch der volle Name des Lieferanten hilfreich.

1. Dazu blenden Sie einfach die zweite Spalte ein, indem Sie im Entwurf für *artlfrKuerzelRef* die Eigenschaft *Spaltenanzahl* auf *2* stellen. Entsprechend wird wie in Abbildung 6.12 ein zweispaltiges Kombinationsfeld angezeigt.

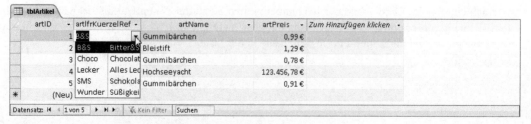

Abbildung 6.12: Zweispaltiges Kombinationsfeld zur Auswahl der Lieferanten

6.3 Clevere Bedienelemente

2. Allerdings ist die Gesamtbreite des Kombinationsfeldes noch abhängig von der Spaltenbreite des Feldes *artlfrKuerzelRef*, der lange Lieferantenname wird kaum vollständig lesbar sein. Stellen Sie also die Eigenschaft *Spaltenbreiten* beispielsweise auf *1,5cm;6cm* und die *Listenbreite* auf die Summe der Spaltenbreiten plus Rundungszuschlag, also *8cm*. Das Kombinationsfeld sieht nun aus wie in Abbildung 6.13.

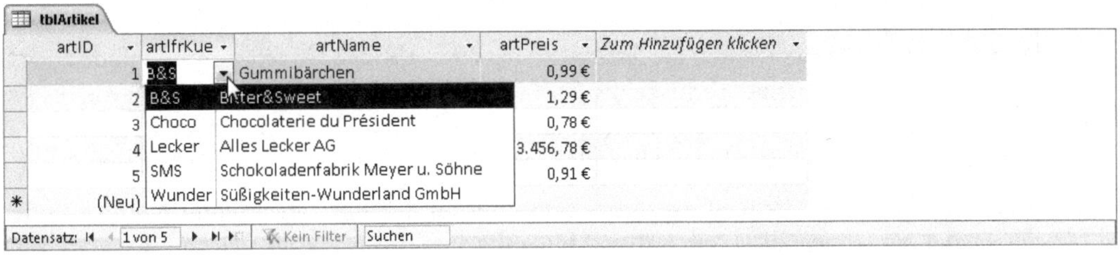

Abbildung 6.13: Zweispaltiges Kombinationsfeld mit verbesserten Spaltenbreiten

Erste Spalte *verstecken*

Sie erinnern sich sicher, dass die erste Spaltenbreite auf *0cm* gestellt werden kann und dann scheinbar nur noch die zweite Spalte vorhanden ist. Es gibt einen Kompromiss zwischen dem völligen Ausblenden der ersten Spalte und den hier viel zu langen Namen, die dann ja auch eingeklappt angezeigt würden.

3. Stellen Sie dazu die erste Spaltenbreite auf den kleinstmöglichen Wert, das ist *0,011cm*. Rein technisch gibt es dann noch eine sichtbare erste Spalte, aber optisch ist sie nicht mehr wahrzunehmen. Wie in Abbildung 6.14 wählen Sie daher in der Liste die langen Namen aus, in der Tabelle sind aber weiterhin die Kürzel zu sehen.

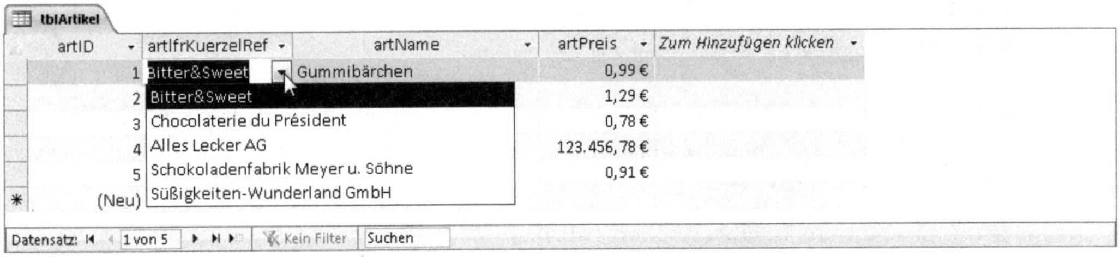

Abbildung 6.14: Scheinbar einspaltiges Kombinationsfeld mit verbesserten Spaltenbreiten

Auswahlliste sortieren

Es wäre allerdings hilfreich, wenn die langen Namen nun sortiert wären. Das Sortieren an sich ist kein Problem, wenn Sie nochmals in den Entwurf auf die Registerkarte *Nachschlagen* zurückwechseln. Die Eigenschaft *Datensatzherkunft* bezieht sich noch auf die unsortierte Tabelle *tblLieferanten*. Sie könnten eine Auswahlabfrage mit Sortierung speichern und diese dann als *Datensatzherkunft* angeben.

4. Klicken Sie dazu bitte auf die Schaltfläche mit den drei Punkten am Ende der Eigenschaft *Datensatzherkunft*. Access möchte von Ihnen wie in Abbildung 6.15 bestätigt bekommen, dass Sie wirklich den Abfrage-Generator aufrufen wollten.

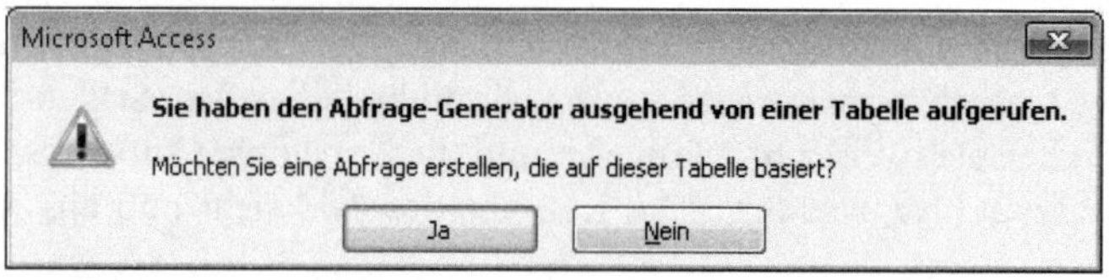

Kapitel 6   Größeres Datenmodell

Abbildung 6.15: Bestätigung beim Aufruf des Abfrage-Generators

Wenn Sie das bestätigen, werden Sie feststellen, dass der Abfrage-Generator im Grunde auch nichts anderes ist als der bisherige Abfrageentwurf. Er hat ein paar Einschränkungen, davon als wesentlichste, dass er sich modal verhält. Sie können also nicht in andere Fenster wechseln (siehe Abbildung 6.16), sondern müssen ihn erst beenden, bevor Sie wieder weiterarbeiten können.

5. Erstellen Sie nun im Abfrage-Generator die Sortierung für die Tabelle *tblLieferanten*, indem Sie beide Felder per Doppelklick dem Entwurf hinzufügen und *lfrName* aufsteigend sortieren lassen.

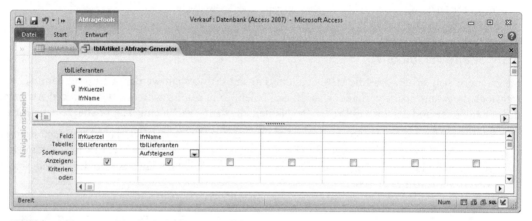

Abbildung 6.16: Die sortierte Tabelle *tblLieferanten* im Abfrage-Generator

6. Nachdem der Entwurf für die sortierte Abfrage fertig gestellt ist, wird er aber ausdrücklich nicht gespeichert. Vielmehr schließen Sie ihn mit dem *X* am rechten Rand und werden von Access wie in Abbildung 6.17 automatisch gefragt, ob Sie die SQL-Anweisung übernehmen wollen.

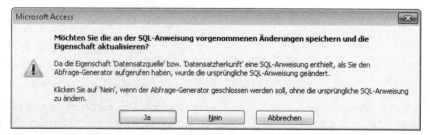

Abbildung 6.17: Schließen des Abfrage-Generators mit Übernahme der SQL-Syntax

7. Wenn Sie diese Nachfrage mit *Ja* bestätigen, wird in der Eigenschaft *Datensatzherkunft* nicht wie bisher der Name einer Tabelle oder Abfrage gespeichert, sondern direkt deren Inhalt.

6.3 Clevere Bedienelemente

Abbildung 6.18: Die generierte SQL-Anweisung für das Nachschlagefeld

So lange Sie diese Sortierung nur einmal innerhalb der Datenbank benötigen, erspart Ihnen das viele Abfragenamen im Navigationsbereich, der dadurch ansonsten nur unübersichtlich werden würde. Sie können fast überall, wo der Name einer Abfrage erwartet wird, direkt deren SQL-Anweisung eingeben.

Um diese SQL-Syntax später eventuell zu ändern, können Sie jederzeit wieder auf die Schaltfläche mit den drei Punkten klicken, sodass der Abfrage-Generator für den grafischen Entwurf erneut aufgerufen wird. Alternativ zu der Schaltfläche funktioniert auch das Tastenkürzel Strg+F2. Dieses Kombinationsfeld kann als funktionsfähig und benutzerfreundlich betrachtet werden und ist damit fertig.

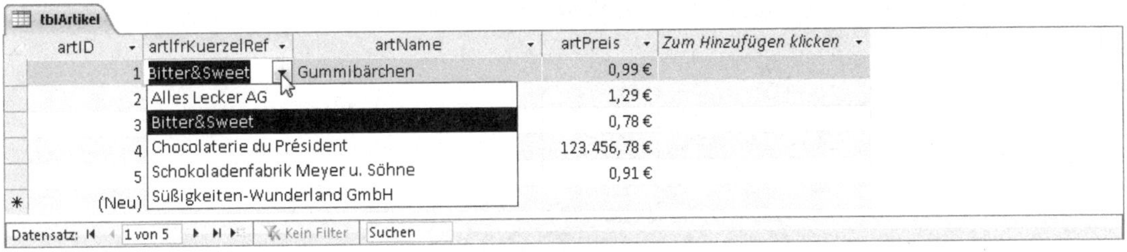

Abbildung 6.19: Das fertige Kombinationsfeld mit sortierten Einträgen

Damit anschließend geeignete Daten zur Verfügung stehen, tragen Sie bitte die Daten aus Abbildung 6.20 ein. Sie können die vorherigen Inhalte überschreiben, um die *artID*-Werte zu erhalten. Im Grunde ist deren Nummerierung aber egal, solange sie eindeutig bleibt.

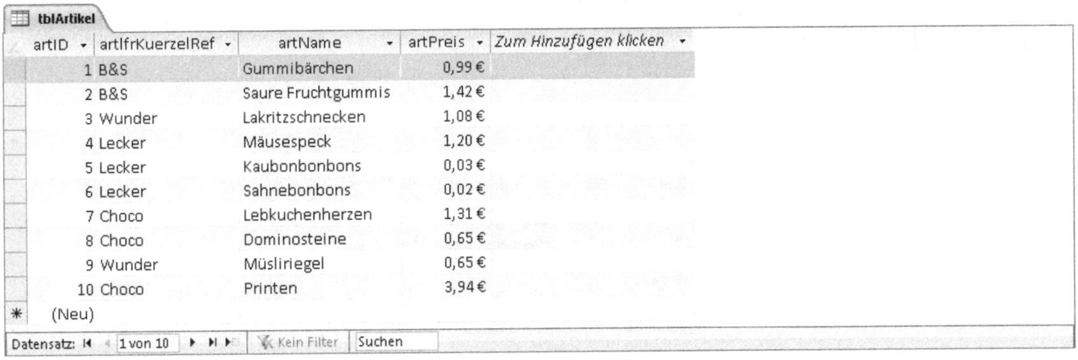

Abbildung 6.20: Diese Daten dienen anschließend als Grundlage für die weitere Arbeit

Kapitel 6   Größeres Datenmodell

Wertlisten

Das eben gezeigte Verfahren ist immer dann sinnvoll, wenn entweder in der Datenquelle

- viele Zeilen vorhanden sind oder
- diese Daten von Benutzern oft geändert werden müssen

Für Nachschlagetabellen mit nur wenigen, selten geänderten Eintragungen, können Sie sogar ganz auf die Tabelle verzichten. Das bietet sich für die Kategorien an, die nicht allzu oft geändert werden.

1. Schreiben Sie statt einer Datenquelle direkt die Daten in die Eigenschaft. Ergänzen Sie bitte die Tabelle *tblArtikel* um das Feld *artKategorie* mit dem Datentyp *Zahl* und der *Feldgröße Byte*.
2. Auf der Registerkarte *Nachschlagen* stellen Sie die Eigenschaft *Steuerelement anzeigen* wiederum auf den Wert *Kombinationsfeld*.
3. Als *Herkunftstyp* wählen Sie diesmal den Eintrag *Wertliste*, damit der Inhalt von *Datensatzherkunft* nicht als Tabellen- oder Abfragename missverstanden wird.
4. Geben Sie für die Eigenschaft *Datensatzherkunft* die Wertliste **1;Fruchtgummi;2;Lebkuchen; 3;Bonbons;4;Sonstige** ein und speichern Sie die Tabelle.
5. Wenn Sie nun in der Datenblattansicht im Feld *artKategorie* das Kombinationsfeld ausklappen, wird tatsächlich die eingegebene Liste angezeigt. Allerdings stehen wie in Abbildung 6.21 immer abwechselnd Zahl und Beschreibung untereinander.

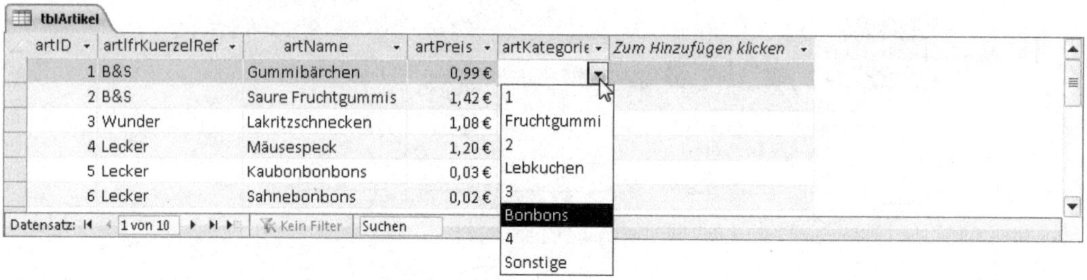

Abbildung 6.21: Kombinationsfeld mit Wertliste als Datensatzherkunft

6. Um das zu verbessern, müssen Sie die *Spaltenanzahl* auf *2* erhöhen, damit Access immer jeden zweiten Eintrag in der zweiten Spalte darstellt. Anschließend präsentiert sich das Listenfeld wie in Abbildung 6.22 in gewohnter Form. Dort sind bereits die *Spaltenbreiten* und die *Listenbreite* korrigiert, wie Sie es im vorigen Beispiel gesehen haben.

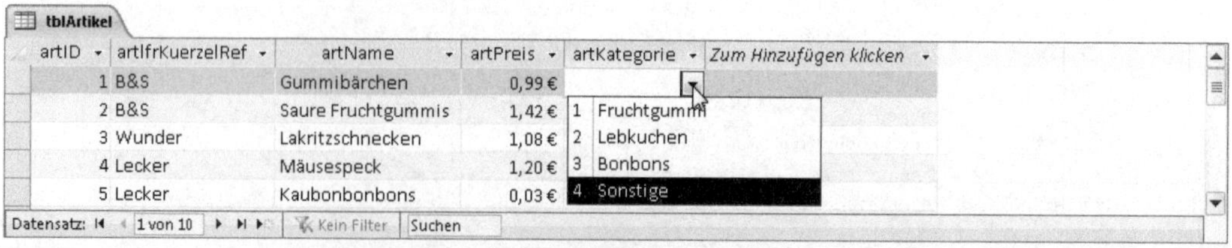

Abbildung 6.22: Kombinationsfeld mit zweispaltiger Wertliste als Datensatzherkunft

Eine Sortierung ist übrigens bei Wertlisten nicht möglich, denn es handelt sich ja um reinen Text. Sie müssen also selber die Daten in der gewünschten Reihenfolge eingeben.

Mehrwertige Felder

Nun bleibt noch das letzte Feld der Tabelle *tblArtikel* übrig, die Beschreibung für einen Artikel. Dieser kann beispielsweise verschiedene Farben, Geschmacksrichtungen, Härtegrade oder Größen haben. Da es sich dabei um eine klassische m:n-Beziehung handelt, müssten wir nun eigentlich zwei neue Tabellen einfügen:

- eine Tabelle *tblAttribute* mit der Auflistung aller möglichen Farben, Härtegrade oder Größen
- eine Verbindungstabelle *tblAtt2Art*, in der die Fremdschlüssel aus Artikel und Attribut gespeichert werden können

Access 2010 bietet für solche m:n-Beziehungen ein mehrwertiges Nachschlagefeld an. In Wirklichkeit werden dabei die benötigten Hilfstabellen nur versteckt angelegt, aber das könnte Ihre Datenbank übersichtlicher machen.

1. Ergänzen Sie also bitte die Tabelle *tblArtikel* um das neue *Text*-Feld *artBeschreibung* und stellen Sie auf der Registerkarte *Nachschlagen* die Eigenschaft *Steuerelement anzeigen* auf *Kombinationsfeld*.
2. Der *Herkunftstyp* wird eine *Wertliste*, sodass Sie anschließend bei der *Datensatzherkunft* direkt *rot;gelb;grün;weich;hart;klein;mittel;groß* eingeben können.
3. So weit verhält sich das Feld noch wie *artKategorie*. Sobald Sie aber die Eigenschaft *Mehrere Werte zulassen* auf *Ja* stellen, erscheint die Rückfrage von Access wie in Abbildung 6.23. (Manchmal erscheint die Rückfrage erst, wenn Sie vorher den Entwurf gespeichert hatten.)

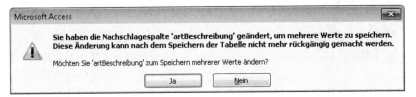

Abbildung 6.23: Änderung eines Textfeldes in ein mehrwertiges Feld

In der Datenblattansicht erscheint nun nicht mehr das herkömmliche Kombinationsfeld, sondern eine Auswahlliste mit Kontrollkästchen, sodass Sie mehrere Inhalte auswählen können.

Abbildung 6.24: Mehrwertige Auswahlliste

Die Daten werden komplett im Feld angezeigt, lassen sich aber nicht editieren. Da das aus Benutzersicht einer der häufigsten Wünsche bei solchen Auswahllisten ist, bietet Access 2010 direkt eine Technik zur Ergänzung einer solchen Liste an. In Abbildung 6.25 sehen Sie, dass unterhalb der eigentlichen Auswahlliste relativ hell eine Editier-Schaltfläche angeboten wird. Sobald Sie mit der Maus darauf zeigen, wird sie deutlicher sichtbar.

Abbildung 6.25: Auswahlliste mit Editier-Schaltfläche

Per Klick auf diese Editier-Schaltfläche öffnen Sie ein Dialogfeld, in dem Sie die Daten der Auswahlliste ergänzen können. Sie können diese Möglichkeit der Datenänderung deaktivieren, indem Sie die Eigenschaft *Wertlistenbearbeitung zulassen* des Feldes *artBeschreibung* auf *Nein* stellen.

Abbildung 6.26: Editier-Dialogfeld für mehrwertige Felder

6.4 Tabellen einrichten

Jetzt ist es an der Zeit, sich mit den enthaltenen Tabellen auch inhaltlich zu beschäftigen. Ein paar Beispieldaten zeigen uns, ob das Konzept auch wirklich funktioniert.

Kundentabelle

Da die Tabelle *tblKunden* sich von *tblPersonen* aus dem ersten Beispiel eigentlich nur durch das Präfix unterscheidet, können wir die Tabellendefinition samt Daten einfach importieren.

6.4 Tabellen einrichten

1. Klicken Sie dazu bitte auf der Registerkarte *Externe Daten* in der Gruppe *Importieren und Verknüpfen* auf das *Access*-Symbol, sodass der *Externe Daten*-Assistent angezeigt wird.

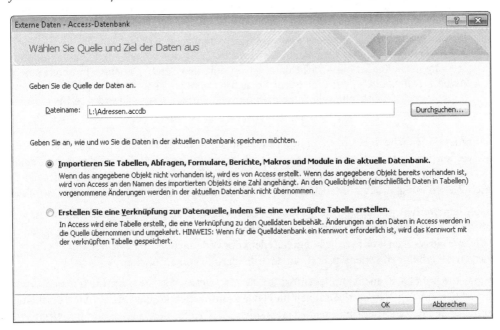

Abbildung 6.27: Import einer Tabelle aus einer anderen Access-Datenbank

2. Wählen Sie über die Schaltfläche *Durchsuchen* den Pfad und Dateinamen aus und klicken Sie auf *OK*. Daraufhin erscheint der zweite Schritt des Import-Assistenten, in dem Sie die in der anderen Datenbank enthaltenen Tabellen oder anderen Objekte markieren können.

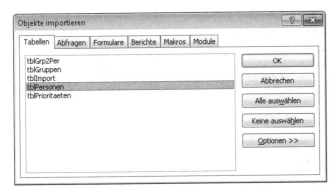

Abbildung 6.28: Objekte aus einer anderen Access-Datenbank importieren (Dialogfeld ist hier verkürzt)

3. Markieren Sie dort bitte die Tabelle *tblPersonen* wie in Abbildung 6.28 und bestätigen Sie mit *OK*. Dann wird die Tabelle komplett kopiert und hat keine Verbindung mehr zu ihren Ursprungsdaten. Änderungen hier in dieser Datenbank wirken nicht zurück auf das Original.

4. Den danach angezeigten dritten Schritt zum Speichern der Importschritte können Sie ignorieren, da wir die Tabelle nie wieder importieren wollen.

Kapitel 6   Größeres Datenmodell

> **Tipp: Diese Objekte werden angezeigt**
>
> Im zweiten Schritt des Import-Assistenten sehen Sie die Objekte, die auch im Navigationsbereich sichtbar sind. Das betrifft vor allem die ausgeblendeten und die Systemtabellen.
>
> Sollten dort Tabellen mit dem Präfix »*MSys...*« angezeigt werden, können Sie dies in den Access-Optionen wieder ausschalten. Dazu wechseln Sie durch einen Klick auf die Registerkarte *Datei* in die Backstage-Ansicht und wählen dort den Befehl *Optionen*. In deren Kategorie *Aktuelle Datenbank* (links) gibt es im Bereich *Navigation* (rechts) eine Schaltfläche *Navigationsoptionen...* Diese zeigt ein Dialogfeld mit den Optionen *Ausgeblendete Objekte anzeigen* und *Systemobjekte anzeigen* an, die Sie gegebenenfalls wieder deaktivieren müssen.

5. Jetzt muss die Tabelle *tblPersonen* an unsere Planungen in dieser Datenbank angepasst werden, daher werden in deren Entwurfsansicht zuerst die überflüssigen Felder *perTelefon*, *perGeburtstag*, *perGroesse* und *perpriNrRef* gelöscht. Markieren Sie dazu in der Entwurfsansicht die vier Felder durch Ziehen mit gedrückter Maustaste über ihre Zeilenköpfe und drücken dann die Entf-Taste.

6. Außerdem werden bei den verbleibenden Feldern alle Präfixe *per...* durch *knd...* ersetzt, weil die Tabelle anschließend auch in *tblKunden* umbenannt wird. Um an zweiter Position ein neues Feld *kndName* einzufügen, können Sie auf den Zeilenkopf von *kndVorname* klicken und die Einfg-Taste drücken. Es erhält den Datentyp *Text* mit einer Feldgröße von 50 Zeichen.

7. Da Sie die Tabelle so nicht umbenennen können, schließen Sie diese Entwurfsansicht bitte. Mit Rechtsklick auf den Namen *tblPersonen* im Navigationsbereich können Sie im dann erscheinenden Kontextmenü den Eintrag *Umbenennen* auswählen. Ändern Sie den Namen nun in *tblKunden*.

8. Wie Sie in der Datenblattansicht der Tabelle *tblKunden* leicht feststellen können, sind die alten Daten erhalten geblieben, soweit Sie nicht die Felder gelöscht haben. Diese Namen stellen Ihre bisherigen Ansprechpartner dar, zu denen Sie jetzt auch die zugehörige Firma speichern wollen. Dazu können Sie die Daten in der Spalte *kndName* um die Inhalte aus Abbildung 6.29 ergänzen.

knd ▾	kndName ▾	kndVorname ▾	kndNachna ▾	kr ▾	kndPLZ ▾	kndOrt ▾	kndStrasse ▾	Zum Hinzufügen kli
1	Müller & Söhne	Michael	Müller-Lüder	D	12345	Nirgendwo	Nebenstraße 1	
2	Wald-Markt	Gaby	Meier	D	56789	Ebendort	Hauptstraße 99	
3	Einkaufsgenossenschaft Kaufgut	Alexandra	Schmidt	D	11111	Hierunddort	Am Acker 17	
4	Theo's Lädchen	Theo	Testinghoff	D	24680	Prüfungshausen	Marktplatz 2	
6	Café Kiosk	Werner	Kaldenhofen	D	24680	Prüfungshausen		
7	Kneipe "Bei Martina"	Martina	Warmbach	D	11111	Hierunddort		
8	Imbissbude "Hau rein!"	Marianne	Michel	D	11111	Hierunddort		
9	Café zur schönen Aussicht	Anton	Bonde	D	11111	Hierunddort		
* (Neu)				D				

Abbildung 6.29: Die Tabelle *tblKunden* mit den ergänzten Daten

Verkaufstabelle

Außerdem wollen wir den Kunden ja etwas verkaufen, dazu fehlt noch die Verbindung zwischen den Kunden und den Artikeln, nämlich die Tabelle *tblVerkaeufe*. In deren neuem Entwurf legen Sie zuerst wieder das AutoWert/Primärschlüssel-Feld *vrkID* an. Dann kommen die beiden Fremdschlüssel auf Kunden und Artikel, die Felder *vrkkndIDRef* und *vrkartIDRef*, jeweils als *Zahl*-Datentyp mit der *Feldgröße Long*, damit es zum referenzierten AutoWert-Feld passt.

6.4 Tabellen einrichten

Als *Standardwert* für diese beiden Felder empfehle ich die Zahl 0. Das bedeutet, dass bei jedem Verkauf grundsätzlich der Kunde mit der *kndID 0* und der Artikel mit der *artID 0* vorgeschlagen werden, wenn es nicht manuell geändert wird. Ist Ihnen etwas aufgefallen? Genau: Diese IDs gibt es gar nicht.

AutoWert-Felder beginnen bei *1* und zählen dann hoch, der erste Eintrag (Kunde oder Artikel) hat also mindestens die ID *1*. Der Standardwert *0* ist also garantiert ungültig und zwar mit Absicht. Denn nach Einrichtung der referentiellen Integrität lässt Access einen solchen Datensatz nicht zu. Sie beziehungsweise der spätere Benutzer werden damit immer gezwungen, einen gültigen Kunden auszuwählen.

Alternativ dazu können Sie auch den *Standardwert* leer lassen und dafür die Eigenschaft *Eingabe erforderlich* auf *Ja* stellen.

Danach kommt noch das *Zahl*-Feld *vrkMenge*. Welche Feldgröße Sie hier wählen, ist mehr eine *politische* als eine datenbanktechnische Entscheidung. Wenn Sie hoffen, dass Sie je Verkauf-Datensatz mehr als beispielsweise 32.000 Gummibärchen verkaufen, sollten Sie eine Feldgröße ab *Long* aufwärts wählen.

Ich schlage für unser Beispiel den Datentyp *Integer* vor, das ist bereits ziemlich großzügig, denn die dann mögliche Maximalmenge an Gummibärchen wiegt schon knapp 70 kg (**Softlink db0601**). Als Standardwert sollten Sie *1* nehmen, denn wenn Sie nicht wenigstens ein Stück verkaufen, brauchen Sie gar keinen Eintrag in *tblVerkaeufe* vorzunehmen.

Für die spätere Auswertung soll noch ein Feld *vrkDatum* mit dem Datentyp *Datum/Uhrzeit* aufgenommen werden. Sinnvollerweise erhält es als Standardwert das heutige Datum (und eventuell die aktuelle Uhrzeit). Sie benötigen also eine Funktion, die jeweils das Tagesdatum liefert. In Tabelle 6.1 finden Sie die gebräuchlichsten Funktionen von Access 2010 für Datum und Zeit.

Tabelle 6.1: Verschiedene Funktionen für Datum und Zeit

Funktion	englischer Name	Beschreibung
=Datum()	=Date()	Gibt das aktuelle Systemdatum ohne Uhrzeit zurück
=Zeit()	=Time()	Gibt die aktuelle Systemuhrzeit ohne Datum zurück
=Jetzt()	=Now()	Gibt das aktuelle Systemdatum einschließlich Uhrzeit zurück
=DatDiff(*Intervall*; *Datum1*; *Datum2*;...)	=DateDiff(...)	Berechnet die Differenz von *Datum1* und *Datum2* in der bei *Intervall* genannten Einheit (z.B. "q" für Quartal oder "ww" für Woche)
=DatAdd(*Intervall*; *Zahl*; *Datum*)	=DateAdd(...)	Berechnet ein neues Enddatum aus *Datum* und *Zahl* mal *Intervall* (z.B. "h" für Stunde oder "w" für Wochentag)

1. Access 2010 stellt Ihnen einen neuen Ausdrucks-Generator zur Verfügung, den Sie entweder über die Schaltfläche mit den drei Punkten oder mit Strg+F2 vom Feld *Standardwert* aus aufrufen können.
2. Die Größe des Ausdrucks-Generators lässt sich an der rechten unteren Ecke einstellen, damit die teilweise recht langen Listen gut zu lesen sind. Um die integrierten Funktionen anzuzeigen, klicken Sie bitte doppelt auf das +-Zeichen vor *Funktionen*.

> **Hinweis: Einfach- und Doppelklick**
>
> Die folgenden Markierungen dürfen nur noch mit einfachem Klick erfolgen, weil sonst direkt Werte in das obere Textfeld übernommen werden.

3. Markieren Sie bitte in der linken Liste *Integrierte Funktionen*, in der mittleren Liste die Kategorie *Datum/Uhrzeit* und schließlich rechts die Funktion *Datum*.

Kapitel 6 Größeres Datenmodell

4. Wenn Sie das Dialogfeld bereits jetzt mit *OK* verlassen, wird übrigens nichts übernommen, was sich ein wenig entgegen der üblichen Erwartung verhält. Erst mit einem Doppelklick auf den Eintrag in der rechten Liste oder einem Klick auf die Schaltfläche *Einfügen* wird die Auswahl in das obere Textfeld eingetragen. Nur dessen Inhalt (siehe Abbildung 6.30) wird mit *OK* übernommen.

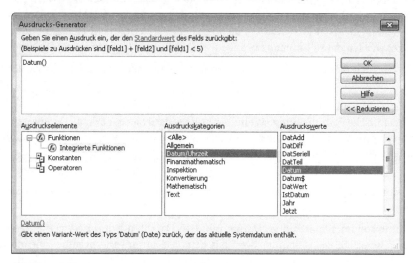

Abbildung 6.30: Der Ausdrucks-Generator mit Funktion *Datum*

Der Ausdrucks-Generator ist auf jeden Fall eine sehr große Hilfe, um – wie hier – integrierte Funktionen zu ermitteln oder später Objekte in der Datenbank einfach zu benutzen. Die Erläuterung zur angezeigten Funktion wird unten eingeblendet, ein Klick auf den Hyperlink des Funktionsnamens führt direkt in die kontextsensitive Hilfe. Da die Funktionen in der Hilfe immer noch mit ihren englischen (VBA-)Namen stehen, ist die Funktion *Datum* deswegen unter *Date-Funktion* zu finden.

Hintergrund: Funktionen mit $-Zeichen

Die Programmiersprache VBA (Visual Basic for Applications) ist die Weiterentwicklung der 1964 in New Hampshire erfundenen Programmiersprache BASIC (Beginner's All-purpose Symbolic Instruction Code, etwa: symbolische Allzweck-Programmiersprache für Anfänger).

Diese einfache Sprache unterschied nur zwischen den Datentypen Text und Zahl. Funktionen und Variablen mit einem Textergebnis waren durch ein Dollarzeichen am Ende des Namens gekennzeichnet, alle anderen gaben eine Zahl zurück. Damit uralte Programmteile noch laufen, ist diese Schreibweise bis heute zusätzlich beibehalten worden. Sie können die Funktionen mit $-Zeichen einfach ignorieren.

Wenn Sie wie oben beschrieben die *Datum*-Funktion als *Standardwert* für *vrkDatum* übernommen haben, wird jeder neue Datensatz zukünftig das aktuelle Datum als Wert in *vrkDatum* erhalten. Anders als bei Excel werden Funktionen hier nicht bei jedem Öffnen neu berechnet, sondern nur genau einmal beim Neuerstellen des Datensatzes, danach verhält sich das Datum wie manuell geschrieben.

Als Letztes ist noch das Feld *vrkPreis* vorzubereiten. Es soll ja bei jedem Verkauf den aktuellen Listenpreis aus der Tabelle *tblArtikel* übernehmen und muss daher den gleichen Datentyp *Währung* haben. Der *Standardwert* bleibt ausdrücklich leer. Nur so lassen sich bei Bedarf Verkäufe unterscheiden, bei denen versehentlich noch der Preis fehlt oder die absichtlich gratis waren.

6.4 Tabellen einrichten

Referentielle Integrität

Jetzt wird es mal wieder Zeit, sich um die Datensicherheit zu kümmern, das heißt vor allem, die Referentielle Integrität einzurichten. Klicken Sie daher in der Registerkarte *Datenbanktools* auf die Schaltfläche *Beziehungen*, um diese auch für die neuen Tabellen einzupflegen.

Sie werden dabei feststellen, dass in der bereits sichtbaren Tabelle *tblArtikel* das mehrwertige Feld *artBeschreibung* anders als die *normalen* Felder angezeigt wird. Dadurch lassen sich diese auch in Entwurfsansichten identifizieren – was vorteilhaft ist, da sie sich gelegentlich anders verhalten.

Mit einem Klick auf die Schaltfläche *Tabelle anzeigen* fügen Sie nun noch die beiden Tabellen *tblKunden* und *tblVerkaeufe* ein. Verbinden Sie dann die Primärschlüssel *kndID* und *artID* mit den jeweils passenden Fremdschlüsseln *vrkkndIDRef* und *vrkartIDRef* und aktivieren Sie die referentielle Integrität.

Am besten ordnen Sie die Mastertabellen mit dem Primärschlüssel höher an als die Detailtabellen mit dem Fremdschlüssel. Dadurch lassen sich auf einen Blick kritische Datenmengen identifizieren: Je weiter unten eine Tabelle in den Beziehungen dargestellt wird, desto mehr Daten enthält sie.

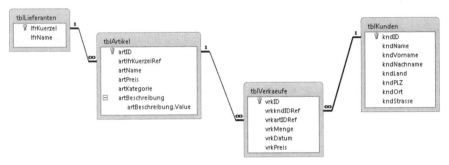

Abbildung 6.31: Ergänzte Beziehungen mit allen Tabellen

Wie Abbildung 6.31 zeigt, gibt es (wenige) Lieferanten, die (einige) Artikel anbieten, welche wiederum (oft) verkauft werden. Die Menge an Datensätzen nimmt also nach unten hin zu. Andersherum bedeutet das, dass der Platzbedarf eines Datensatzes beziehungsweise die Feldgröße der enthaltenen Felder für die eher wenigen Lieferanten von geringem Interesse ist. Für angenommene 100.000 Verkäufe pro Jahr ist es aber ein spürbarer Unterschied, ob Sie etwa die *vrkMenge* in einem *Integer-* (2 Bytes) oder einem *Long-*Feld (4 Bytes) speichern. Das sind 200.000 Bytes oder 200 KByte Differenz.

Mit den ergänzten Beziehungen können Sie nun den Entwurf der Tabelle *tblVerkaeufe* weiter verbessern. Um die Kunden und die Artikel besser auswählen zu können, sollten Sie auch hier Kombinationsfelder auf der *Nachschlagen*-Registerkarte vorsehen.

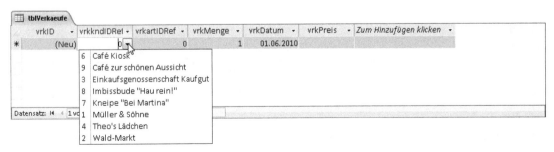

Abbildung 6.32: Kombinationsfeld für die Auswahl der Kunden

Kapitel 6   Größeres Datenmodell

Selbst wenn Sie *nur* Entwickler der Datenbank sind und sicherlich manche Unbequemlichkeit bei der Eingabe ertragen können, sollten Sie dennoch immer überlegen, was ein Benutzer hier erwarten würde. Wenn schon eine Eingabeliste angeboten wird, sollte sie eigentlich auch direkt alphabetisch sortiert sein und die Spaltenbreiten richtig eingestellt haben, wie die Abbildungen 6.32 und 6.33 zeigen.

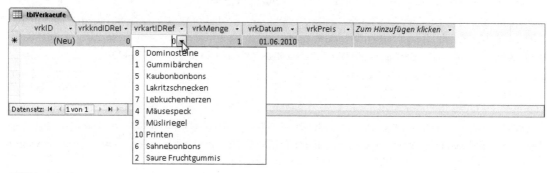

Abbildung 6.33: Kombinationsfeld für die Auswahl der Artikel

Damit können Sie nun die Beispieldatensätze für den Verkauf wie in Abbildung 6.34 eingeben. Diese sind absichtlich auch über mehrere Jahre hinweg verteilt, damit die Tests anschließend möglichst authentisch sind und nicht zufällig alle *vrkDatum*-Werte das heutige Datum enthalten.

vrkID	vrkkndIDRef	vrkartIDRef	vrkMenge	vrkDatum	vrkPreis	Zum Hinzufügen klicken
1	7	2	1000	06.03.2010		
2	6	8	100	01.08.2008		
3	2	3	150	12.11.2009		
4	9	1	75	05.05.2010		
5	3	3	250	12.03.2008		
6	2	2	400	04.12.2009		
7	4	2	1200	05.02.2010		
8	9	9	375	15.04.2010		
9	2	2	550	04.04.2010		
10	1	8	100	05.09.2010		
11	3	2	800	03.01.2010		
12	9	10	2500	20.12.2009		
13	1	10	2000	18.12.2009		
14	7	10	100	19.12.2009		
15	4	5	500	22.02.2010		
16	8	8	120	06.03.2010		
17	4	1	2000	01.05.2010		
18	9	6	450	12.05.2010		
19	6	4	175	12.03.2007		
20	8	9	25	15.04.2010		
21	8	9	25	20.06.2010		
22	3	5	1500	17.04.2010		
23	3	9	250	17.04.2010		
24	3	10	100	17.04.2010		
25	8	4	10	17.04.2010		
26	4	5	275	24.11.2010		
(Neu)	0	0	1	01.06.2010		

Abbildung 6.34: Beispieldatensätze in der Tabelle *tblVerkaeufe*

6.4 Tabellen einrichten

Mehrere Mitarbeiter je Firma

So weit sieht das Datenmodell ganz ordentlich aus und auch die Eingabe der Beispieldaten hat noch keine Schwachstellen gezeigt. Jetzt stellen Sie aber fest, dass der *Wald-Markt* so groß ist, dass dort zwei Einkäufer mit Ihnen zusammenarbeiten. Wo tragen Sie den zweiten Namen ein?

Auf gar keinen Fall in einem neuen Datensatz der Tabelle *tblKunden*, denn es ist ja kein neuer Kunde. Sonst gäbe es zwei Datensätze namens *Wald-Markt* mit unterschiedlicher *kndID*, die aber eigentlich der gleiche Kunde sind. Ich habe tatsächlich schon solche Datenbanken im Echtbetrieb gesehen, bei denen nachher manuell die Umsätze von drei Kunden-IDs addiert werden, weil dahinter eigentlich die gleiche Firma steht. So etwas ist kein ernsthaftes Datenbankdesign.

Die nächste Alternative wären durchnummerierte Felder à la *kndNachname1*, *kndNachname2* und so weiter. Das ist Platzverschwendung für die Kunden, bei denen es nur einen Mitarbeiter gibt. Und es ist garantiert immer ein Feld zu wenig, wenn bei großen Kunden der dritte Ansprechpartner eingetragen werden soll. Auch das ist keine datenbankgerechte Lösung.

Sie haben es sicherlich schon herausgefunden: Die Mitarbeiter haben zu ihren Firmen eine 1:n-Beziehung, denn jeder Kunde beziehungsweise jede Firma kann viele davon haben. Wegen Verletzung der zweiten Normalform (»Daten, die voneinander abhängig sind, dürfen nicht in der gleichen Tabelle stehen«), müssen die Mitarbeiter in einer eigenen Detailtabelle gespeichert werden.

Da dies allerdings erst auffällt, während schon Daten eingetragen sind, müssen wir eine Lösung finden, diese Daten dorthin zu übertragen, ohne Informationen zu verlieren. Das ist im Moment noch sehr einfach, da jeder Kunde genau einen Mitarbeiter hat. Die bisherige *kndID* wird in der zukünftigen Tabelle *tblMitarbeiter* den *mitkdnIDRef*-Wert darstellen.

1. Kopieren Sie bitte im Navigationsbereich, indem Sie die Tabelle *tblKunden* markieren und mit Strg+C und Strg+V als Tabelle *tblMitarbeiter* samt Struktur und Daten kopieren.

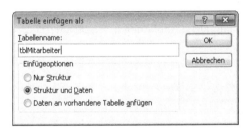

Abbildung 6.35: Dialogfeld zum Kopieren der Tabelle *tblKunden* in *tblMitarbeiter*

2. In der Entwurfsansicht von *tblMitarbeiter* löschen Sie anschließend die Felder *kndName* sowie *kndLand* bis *kndStrasse*, die weiterhin an den Kunden gebunden bleiben.
3. Die beiden Felder *kndVorname* und *kndNachname* werden in *mitVorname* und *mitNachname* umbenannt, damit das Präfix stimmt.
4. Die wichtigste Änderung findet für das bisherige Feld *kndID* statt, dessen Datentyp vom (automatisch weiterzählenden) *AutoWert* auf *Zahl* mit der Feldgröße *Long* umgestellt werden muss. Dabei bleiben seine bisherigen Werte erhalten, sodass jeder Mitarbeiterdatensatz schon die richtige Referenz auf seine Firma besitzt. Außerdem ändert sich sein Name in *mitkndIDRef*.
5. Speichern Sie jetzt den Tabellenentwurf, weil Access sonst gleich einen Fehler wegen zu vieler Änderungen meldet.

Kapitel 6   Größeres Datenmodell

Nachschlagefeld für die Auswahl des Mitarbeiters

Für die spätere bequemere Auswahl sollten Sie in der Registerkarte *Nachschlagen* von *mitkndIDRef* direkt ein Kombinationsfeld mit sortierten Kundendaten als Auswahl einrichten. Die Einstellungen dafür sind identisch mit denjenigen von *vrkkndIDRef*.

1. Damit jeder Mitarbeiterdatensatz eindeutig identifizierbar ist, klicken Sie auf der Registerkarte *Entwurf* auf das Symbol *Zeilen einfügen* oder nutzen die Einfg-Taste. Ergänzen Sie in der entstehenden Leerzeile den neuen Feldnamen *mitID*, der sowohl *AutoWert* als auch neuer *Primärschlüssel* wird.

Abbildung 6.36: Entwurf der Tabelle *tblMitarbeiter*

2. Der fertige Tabellenentwurf sieht dann so aus wie in Abbildung 6.36 und kann jetzt gespeichert werden. Überprüfen Sie auch in der Datenblattansicht (siehe Abbildung 6.37), ob alle Daten erhalten geblieben sind.

mitID	mitkndIDRef	mitVorname	mitNachname	Zum Hinzufügen klicken
1	1	Michael	Müller-Lüdenscheid	
2	2	Gaby	Meier	
3	3	Alexandra	Schmidt	
4	4	Theo	Testinghoff	
5	6	Werner	Kaldenhofen	
6	7	Martina	Warmbach	
7	8	Marianne	Michel	
8	9	Anton	Bonde	
(Neu)				

Abbildung 6.37: Daten der Tabelle *tblMitarbeiter*

3. Jetzt können Sie im Entwurf der Tabelle *tblKunden* die beiden überflüssigen Felder *kndVorname* und *kndNachname* einschließlich ihrer Daten löschen, denn diese sind ja in der Tabelle *tblMitarbeiter* enthalten.

4. Auch die Tabelle *tblMitarbeiter* muss noch in den Beziehungen berücksichtigt werden und mit referentieller Integrität versehen werden. Sie ist in Bezug auf ihre Mastertabelle *tblKunden* eine De-

tailtabelle mit 1:n-Beziehung und sollte daher niedriger angeordnet werden, in gleicher Höhe mit der ebenfalls untergeordneten Detailtabelle *tblVerkaeufe*. Die aktuellen Beziehungen in der Verkauf-Datenbank sollten dann wie in Abbildung 6.38 aussehen.

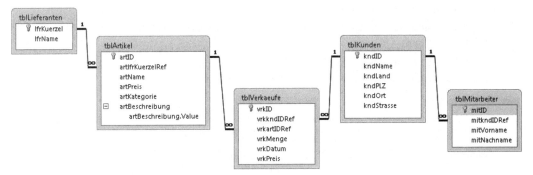

Abbildung 6.38: Beziehungen einschließlich der Tabelle *tblMitarbeiter*

Mehrere Detailtabellen an einer einzigen Mastertabelle sind ein durchaus häufiger Bestandteil von Datenbankmodellen. Hier könnten beispielsweise noch Rechnungen, verschiedene Adressen (Liefer-, Büro-, Rechnungsadresse) oder ähnliches von den Kundendaten abhängig werden. Das Datenmodell wird gleich noch um eine solche Tabelle erweitert, sodass die Tabelle *tblKunden* zunehmend zum Mittelpunkt Ihrer Daten wird.

Notizen zu jedem Mitarbeiter speichern

Damit Sie in der Kundenpflege noch den Überblick behalten, wollen Sie sich alle Besprechungen, Anfragen und Absprachen ebenfalls als kurze Notiz in der Datenbank speichern. Das ist ganz klar eine 1:n-Beziehung, aber zu wem?

Wenn sich die Notizen auf einen konkreten Mitarbeiter beziehen sollen, wäre *tblMitarbeiter* die Mastertabelle und der Kunde könnte über die Beziehung zwischen *tblMitarbeiter* und *tblKunden* immer eindeutig ermittelt werden. Es wird aber auch allgemeine Absprachen geben, die sich nicht einem Mitarbeiter zuordnen lassen. Daher sollen die Notizen direkt mit der Tabelle *tblKunden* verknüpft werden.

Wichtig: Keine redundanten Daten speichern

Hier läge die Versuchung nahe, in der zukünftigen Tabelle *tblNotizen* außer einer Verknüpfung von *ntzkndIDRef* mit der Kundentabelle zusätzlich noch ein Feld *ntzmitIDRef* anzulegen. Für allgemeine Notizen zur Firma bliebe es leer, nur für spezielle Absprachen mit einem Mitarbeiter wäre darin dessen ID gespeichert.

Das wäre aber nicht nur eine Verletzung der zweiten Normalform (»Daten, die voneinander abhängig sind, dürfen nicht in der gleichen Tabelle stehen«), sondern ein nicht unerhebliches Risiko bei Auswertungen. Wie wollen Sie garantieren, dass nur Mitarbeiter in *ntzmitIDRef* ausgewählt wurden, die auch zu der Firma in *ntzkndIDRef* gehören? So lange das nicht gewährleistet ist, können Sie direkt über *ntzkndIDRef* eine andere *kndID* ermitteln als über den Weg *ntzmitIDRef – mitkndIDRef*. Welche Firma gilt dann?

Das Bedenkliche an solchen redundanten Informationen ist nicht der überflüssig verbrauchte Speicherplatz, sondern dass unklar bleibt, welches der abweichenden Ergebnisse richtig ist.

Kapitel 6 **Größeres Datenmodell**

1. Im Entwurf der Tabelle *tblNotizen* legen Sie daher bitte außer dem *AutoWert*/Primärschlüssel-Feld *ntzID* noch ein *Zahl*/*Long*-Feld *ntzkndIDRef* (mit Kombinationsfeld zum Nachschlagen in der Kundentabelle), ein *Text*-Feld *ntzBetreff* sowie ein *Datum/Uhrzeit*-Feld *ntzDatum* an.

   Hilfreich wäre auch eine Kategorisierung nach E-Mail, Brief, Telefonat oder Ähnlichem. Weil es pflegefreundlicher ist, verzichte ich direkt auf eine Wertliste und bereite eine Nachschlagetabelle *tblKategorien* vor.

2. Speichern und schließen Sie dazu bitte vorübergehend die Tabelle *tblNotizen* und erstellen Sie eine neue Tabelle *tblKategorien*.

3. Wie immer erhält die Tabelle ein *AutoWert*-Feld *katID*. Dazu kommt ein *Text*-Feld *katName*, dessen *Feldgröße 50* Zeichen beträgt, aber da es sich um eine Mastertabelle mit extrem wenigen Datensätzen handelt, ist dessen Platzbedarf im Grunde völlig unwichtig.

4. Tragen Sie bitte direkt die Beispieldaten aus Abbildung 6.39 ein, damit zu Testzwecken für das zukünftige Kombinationsfeld in *tblNotizen* sinnvolle Daten vorhanden sind.

katID	katName	Zum Hinzufügen klicken
1	Telefon	
2	Brief	
3	E-Mail	
4	persönliches Gespräch	
5	Fax	
6	SMS	
(Neu)		

Abbildung 6.39: Beispieldatensätze in der Nachschlagetabelle *tblKategorien*

5. Jetzt können Sie zum Entwurf von *tblNotizen* zurückkehren und das *Long*-Feld *ntzkatIDRef* wie bei allen anderen Nachschlagefeldern mit einem Kombinationsfeld und der sortierten Datenquelle aus den Kategorien versehen. Die Tabelle *tblNotizen* sollte jetzt so wie in Abbildung 6.40 aussehen.

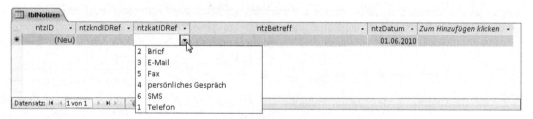

Abbildung 6.40: Kombinationsfeld für Kategorien in der Tabelle *tblNotizen*

Reflexiv-Verknüpfung

Bis hierhin verhält sich diese Tabelle nur wie noch eine weitere mit den bereits bekannten Fähigkeiten. Viele Notizen haben aber Vorgänger, auf deren Inhalt sie sich sinnvoll beziehen. Das kennen Sie vielleicht aus Newsgroups, wo eine Diskussion baumartig dargestellt wird und jeder Beitrag an seinem direkten Vorgängerbeitrag hängt.

6.4 Tabellen einrichten

Auch wenn Access ein TreeView-Kontrollelement zur Darstellung einer solchen Baumstruktur ohnehin nicht bereitstellt, können Sie doch in jedem Beitrag wenigstens die ID seines Vorgängers speichern. Dann gibt es genug andere Methoden – wie eine Schaltfläche in einem zukünftigen Anzeigeformular –, um zu diesem Vorgängerdatensatz zu springen.

Dieses Feld zum Speichern der *ntzID* muss nach unseren Namenskonventionen folgerichtig *ntzntzIDRef* heißen, denn es steht in *ntz...* und speichert eine *Re*ferenz auf *ntzID*. Während sich alle anderen Verknüpfungen immer auf eine andere Tabelle bezogen haben, handelt es sich hier um eine so genannte *Reflexiv-Verknüpfung*, also eine Verknüpfung von einer Tabelle mit ihren eigenen Daten.

Das ist unvermeidlich, denn Sie können ja schlecht eine Tabelle *tblNotizenNachfolger1* anlegen, sobald die erste Notiz einen Folgebeitrag hat. Und dann vielleicht noch *tblNotizenNachfolger2*, wenn diese wiederum eine Antwort speichern soll. Da hätten Sie schnell mehr Tabellen als Datensätze.

Ergänzen Sie also bitte das Feld *ntzntzIDRef* um die üblichen Einstellungen für ein Kombinationsfeld, dessen Datensatzherkunft die eigene Tabelle *tblNotizen* ist und dessen drei Felder *ntzID*, *ntzBetreff* und *ntzDatum* darin nach Datum absteigend sortiert sind (siehe Abbildung 6.41).

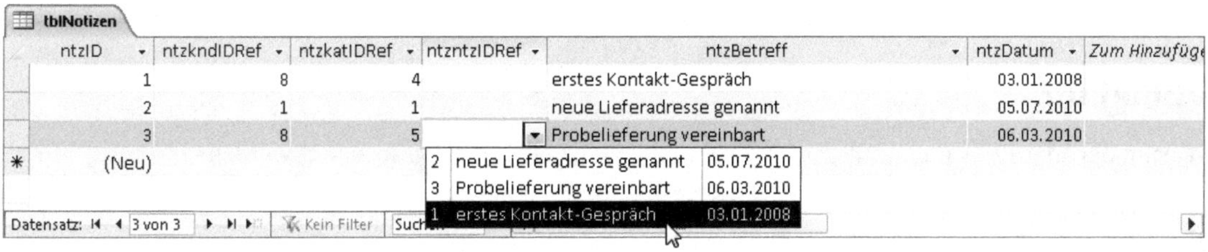

Abbildung 6.41: Kombinationsfeld für Vorgängernotizen in der Tabelle *tblNotizen*

Wie Sie sehen, darf das Feld *ntzntzIDRef* wahlweise leer bleiben oder einen Vorgängerdatensatz speichern. Wir werden an dieser Stelle allerdings noch ein paar Einschränkungen zur Qualität des Kombinationsfeldes machen müssen:

- Die aktuell bearbeitete Notiz darf in Wirklichkeit nicht ihr eigener Vorgänger werden, sie steht aber trotzdem im Kombinationsfeld
- Eine Vorgängernotiz kann sich sinnvollerweise nur auf die gleiche *kndID* beziehen, das Kombinationsfeld lässt sich in einer Tabelle bisher aber nicht bezogen auf die *ntzkndIDRef* filtern
- Vorgängernotizen müssen älteren Datums sein, auch dieser Filter lässt sich nicht dynamisch setzen
- Neue Datensätze werden im Kombinationsfeld nicht sofort angezeigt, während die Tabelle geöffnet ist. Die Liste muss entweder mit Umschalt+F9 aktualisiert oder die Tabelle erneut geöffnet werden.

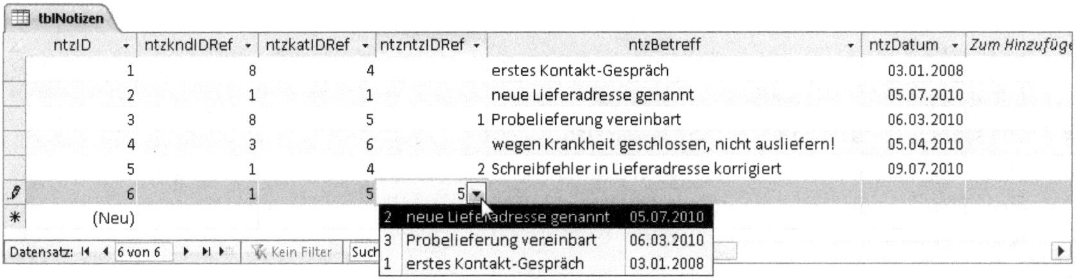

Abbildung 6.42: Das Kombinationsfeld zeigt noch nicht den Datensatz *5* an

Alle diese Probleme lassen sich in einem Eingabeformular beseitigen, weil dort programmierbare Ereignisse zur Verfügung stehen, mit denen sich bei jedem Aufklappen des Kombinationsfeldes dynamisch dessen Filter setzen lässt. Für ein paar Beispieldaten reicht aber der bisherige Komfort.

6.5 Übungen zu diesem Kapitel

In diesem Abschnitt finden Sie einige Übungen zu diesem Kapitel. Die richtigen Antworten finden Sie wie immer auf der Website *www.richtig-einsteigen.de*.

Übung 6.1

Wo und mit welcher Eigenschaft erzeugen Sie ein mehrwertiges Feld? Wie können Sie für den Benutzer die Datenpflege in einem solchen mehrwertigen Feld vereinfachen?

Übung 6.2

Warum darf der Preis nicht mit dem Artikel in der gleichen Tabelle gespeichert werden?

Übung 6.3

Was ist eine Reflexiv-Verknüpfung?

6.6 Zusammenfassung

In diesem Kapitel haben Sie gesehen, wie ein anderes Datenmodell für eine deutlich komplexere Datenbank aussehen kann. Dabei sind manche Elemente der ersten Datenbank selbstverständlich wieder vorhanden gewesen, aber manches auch erweitert worden. Hier ging es vor allem darum, auch noch eine größere Datenbank mit mehr Tabellen im Griff zu haben.

- Kombinationsfelder zur Auswahl der Nachschlagewerte aus einer anderen Tabelle mit 1:n-Verknüpfung werden zunehmend wichtiger und müssen daher immer weiter optimiert werden. Dabei helfen sowohl eine Sortierung und das Ausblenden uninteressanter Spalten als auch der Verzicht auf zu viele Abfragen, die unnötig im Navigationsbereich sichtbar sind.
- Mehrwertige Felder vereinfachen den sichtbaren Teil des Datenmodells, auch wenn sich dahinter nur verdeckte m:n-Beziehungen verbergen
- Um schnell Testdaten zu erzeugen, lassen sich Tabellen aus vorhandenen Datenbanken importieren
- Daten, die fälschlicherweise in einer Mastertabelle gespeichert sind, aber mit einer 1:n-Beziehung in einer Detailtabelle enthalten sein sollten, lassen sich unter Beibehaltung aller Zusammenhänge mit relativ einfachen Mitteln umkopieren
- Reflexiv-Verknüpfungen stellen einen Zusammenhang zwischen verschiedenen Datensätzen der gleichen Tabelle her. Das ist ein qualitativer Unterschied zu den anderen Verknüpfungen.

Kapitel 7

Erweiterte Abfragen

In diesem Kapitel lernen Sie

- wie Sie mit Aktualisierungsabfragen Daten korrigieren und ergänzen
- wie Sie die Ergebnisse der Aktualisierung überprüfen können
- wie Sie die Formatierung berechneter Felder verbessern können
- wie Sie mit einer Anfügeabfrage neue Datensätze erzeugen
- wie Sie nur Teile von Datenfeldern ändern
- wie Sie mittels Tabellenerstellungsabfragen ein Archiv pflegen
- wie Sie überflüssige Datensätze effektiv mit Löschabfragen entfernen
- warum es sinnvoll ist, die Datenbank zu komprimieren
- wie Sie Daten mit Gruppierungsabfragen zusammenfassen
- welche Aggregatfunktionen Ihnen zur Verfügung stehen
- wie Sie Ihre Datenbankabfragen übersichtlicher organisieren
- wie Objektabhängigkeiten dargestellt und geändert werden
- was Inner Join und Outer Join bedeuten
- wozu Union-Abfragen geeignet sind
- wie Sie Kreuztabellenabfragen mit und ohne Assistenten erstellen
- wie Sie Parameterabfragen erstellen

7.1 Verschiedene Abfragetypen

Wie schon erwähnt, kennt Access verschiedene Typen von Abfragen, um Daten zu strukturieren oder zu verändern. In Kapitel 4 haben Sie bereits verschiedene Techniken für einfache Auswahlabfragen kennen gelernt, bei denen es vor allem ums Filtern und Sortieren ging. Diese Möglichkeiten sollen hier nun vertieft werden.

Die Abfragetypen von Access lassen sich folgendermaßen aufteilen:

- **Auswahlabfragen** zeigen die Daten nur an, verändern sie aber nicht schreibend. Sie filtern, sortieren und berechnen
- **Parameterabfragen** machen dasselbe wie Auswahlabfragen, jedoch mit variablen Parametern
- **Gruppierungsabfragen** fassen Daten zeilenweise zusammen

Kapitel 7   Erweiterte Abfragen

- **Union-Abfragen**   fassen Daten aus mehreren Datenquellen zusammen
- **Aktionsabfragen**   schreiben die von ihnen ermittelten Ergebnisse in Tabellen
- **Aktualisierungsabfragen**   ändern bestehende Datensätze
- **Anfügeabfragen**   erzeugen neue Datensätze
- **Tabellenerstellungsabfragen**   erzeugen neue Tabellen mit neuen Datensätzen
- **Löschabfragen**   löschen ganze Datensätze

Den Einsatz dieser verschiedenen Abfragetypen möchte ich Ihnen nun am Beispiel der bereits vorhandenen Datenbank *Verkauf.accdb* zeigen.

Die Tabelle *tblVerkaeufe* speichert zwar alle wesentlichen Informationen, ist jedoch nicht besonders lesefreundlich, weil die Namen der Kunden und Artikel nicht sichtbar sind. Mit einer neuen Abfrage *qryVerkaeufeMitNamen* wie in Abbildung 7.1 lässt sich das leicht verbessern.

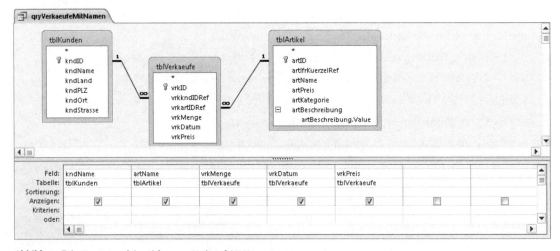

Abbildung 7.1: Der Entwurf der Abfrage *qryVerkaeufeMitNamen*

Die Beziehungen zwischen den Tabellen *tblKunden*, *tblVerkaeufe* und *tblArtikel* sind bereits zentral geregelt und werden hier automatisch übernommen. Daher können Sie auf die Angabe der Primär- oder Fremdschlüsselfelder verzichten und direkt die gewünschten übrigen Felder anzeigen lassen.

Da in solchen 1:n-Beziehungen fast immer die Detailtabelle die meisten Datensätze hat, gibt deren Datensatzanzahl die angezeigte Datenmenge vor. Wenn Sie ungefähr im Kopf haben, dass *tblKunden* 8 Datensätze, *tblArtikel* 10 Datensätze und *tblVerkaeufe* 26 Datensätze enthält, können Sie vorhersehen, dass die Datenblattansicht dieser Abfrage *qryVerkaeufeMitNamen* entsprechend 26 Datensätze anzeigen wird (siehe Abbildung 7.2).

Anstatt der Felder *vrkkndIDRef* und *vrkartIDRef* wird nun der lesefreundliche Name angezeigt. Allerdings fehlt noch der Preis in *vrkPreis*. Das Datenmodell sah ja an dieser Stelle eine Verletzung der ersten Normalform vor, sodass die Artikelpreise bei jedem Verkauf gespeichert werden sollen, damit historische Daten erhalten bleiben können. Nur, wie kommen sie dahin?

7.1 Verschiedene Abfragetypen

kndName	artName	vrkMenge	vrkDatum	vrkPreis
Kneipe "Bei Martina"	Saure Fruchtgummis	1000	06.03.2010	
Café Kiosk	Dominosteine	100	01.08.2008	
Wald-Markt	Lakritzschnecken	150	12.11.2009	
Café zur schönen Aussicht	Gummibärchen	75	05.05.2010	
Einkaufsgenossenschaft Kaufgut	Lakritzschnecken	250	12.03.2008	
Wald-Markt	Saure Fruchtgummis	400	04.12.2009	
Theo's Lädchen	Saure Fruchtgummis	1200	05.02.2010	
Café zur schönen Aussicht	Müsliriegel	375	15.04.2010	
Wald-Markt	Saure Fruchtgummis	550	04.04.2010	
Müller & Söhne	Dominosteine	100	05.09.2010	
Einkaufsgenossenschaft Kaufgut	Saure Fruchtgummis	800	03.01.2010	
Café zur schönen Aussicht	Printen	2500	20.12.2009	
Müller & Söhne	Printen	2000	18.12.2009	
Kneipe "Bei Martina"	Printen	100	19.12.2009	
Theo's Lädchen	Kaubonbonbons	500	22.02.2010	
Imbissbude "Hau rein!"	Dominosteine	120	06.03.2010	
Theo's Lädchen	Gummibärchen	2000	01.05.2010	
Café zur schönen Aussicht	Sahnebonbons	450	12.05.2010	
Café Kiosk	Mäusespeck	175	12.03.2007	
Imbissbude "Hau rein!"	Müsliriegel	25	15.04.2010	
Imbissbude "Hau rein!"	Müsliriegel	25	20.06.2010	
Einkaufsgenossenschaft Kaufgut	Kaubonbonbons	1500	17.04.2010	
Einkaufsgenossenschaft Kaufgut	Müsliriegel	250	17.04.2010	
Einkaufsgenossenschaft Kaufgut	Printen	100	17.04.2010	
Imbissbude "Hau rein!"	Mäusespeck	10	17.04.2010	
Theo's Lädchen	Kaubonbonbons	275	24.11.2010	

Abbildung 7.2: Die Datenblattansicht der Abfrage *qryVerkaeufeMitNamen*

Dazu gibt es zwei Möglichkeiten:

- Eine Aktualisierungsabfrage wird ausgelöst, die fehlende Preise von *artPreis* nach *vrkPreis* schreibt
- Ein Makro oder eine VBA-Prozedur holt für jeden neuen Verkauf nur den einen benötigten Preis

Für den Anfang ist eine Aktualisierungsabfrage geeigneter, weil sie viele Daten gleichzeitig verändern kann und hier in unseren Beispieldaten ja noch einige Lücken sind. Später wäre das wie mit Kanonen auf Spatzen zu schießen, denn dabei müssten 100.000 alte Datensätze überlesen werden, nur um den Preis eines einzigen (nämlich des aktuellen) Datensatzes zu aktualisieren.

Dafür kann besser automatisch ein Makro oder eine VBA-Prozedur in einem Formular ausgelöst werden, denn der Benutzer soll ja nicht daran denken müssen. Diese Variante werden Sie in Kapitel 13 kennenlernen, wenn wir uns mit VBA-Programmierung beschäftigen.

Suchen und Ersetzen

Eine Aktualisierungsabfrage verändert Feldinhalte in bestehenden Datensätzen. Auf den ersten Blick mag es so scheinen, als ob das auch mit dem Dialogfeld *Suchen und Ersetzen* möglich wäre. Sie erreichen dieses Dialogfeld über das *Suchen*-Symbol der Registerkarte *Start* (in der Gruppe *Suchen*).

Abbildung 7.3 auf der nächsten Seite zeigt das entsprechende Dialogfeld am Beispiel der Tabelle *tblNotizen*. Damit das dort zu ändernde aktuelle Feld *ntzBetreff* bei *Suchen in* überhaupt auswählbar ist, muss es vorher bereits markiert worden sein!

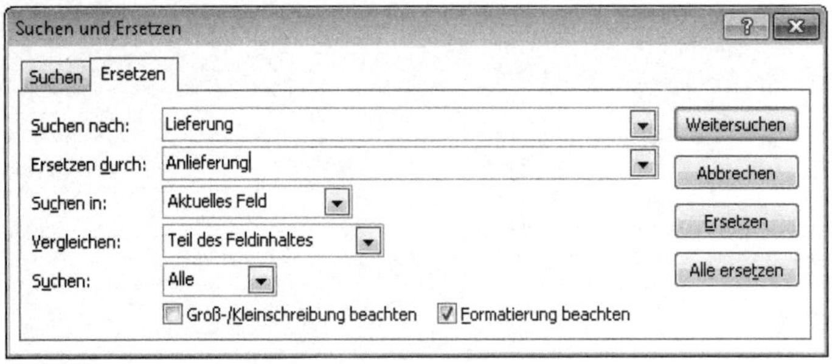

Kapitel 7 Erweiterte Abfragen

Abbildung 7.3: Das Dialogfeld *Suchen und Ersetzen*

Das Dialogfeld *Suchen und Ersetzen* ist durchaus geeignet, um gelegentlich ein paar Textteile gegen neue Inhalte auszutauschen. Aber er ist nicht gedacht für so komplexe Aufgaben, wie sie von Aktualisierungsabfragen durchgeführt werden können.

7.2 Aktualisierungsabfragen

Damit die Feldinhalte von *artPreis* nach *vrkPreis* geschrieben werden können, müssen beide Tabellen gleichzeitig in einer Abfrage als Datenquellen aufgenommen werden.

1. Erstellen Sie also bitte den Entwurf der neuen Abfrage *qryPreiseHolen* mit den Tabellen *tblVerkaeufe* und *tblArtikel* wie in Abbildung 7.4.

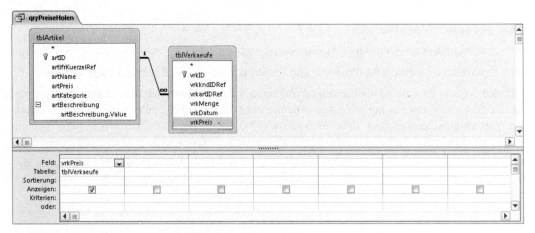

Abbildung 7.4: Der anfängliche Entwurf der Auswahlabfrage *qryPreiseHolen*

2. Bis jetzt handelt es sich um eine normale Auswahlabfrage. Den Typ können Sie in der Registerkarte *Entwurf* in der Gruppe *Abfragetyp* ändern, hier also auf *Aktualisieren*. Dadurch verändern sich die in der unteren Hälfte angezeigten Eingabezeilen, die Angaben *Sortierung* und *Anzeigen* werden durch *Aktualisieren* ersetzt.

7.2 Aktualisierungsabfragen

Wichtig: Datentyp in Aktualisierungsabfragen prüfen

Wenn Sie in einer Aktualisierungsabfrage bei *Aktualisieren* den Namen des Feldes eingeben und mit der Eingabetaste bestätigen, wird dieser völlig überraschend nicht mit eckigen Klammern, sondern mit Anführungszeichen eingefasst! Das ist immer noch die einzige Stelle in Access, wo Access Ihre unvollständige Eingabe nicht sinnvoll ergänzt.

Bei Feldern mit *Text*-Datentyp würde mit "Zielwert" statt [Zielwert] nicht der Inhalt des Feldes *Zielwert* in die Tabelle geschrieben, sondern die Buchstaben Zielwert, und zwar in jeden betroffenen Datensatz gleichermaßen. Da Sie diese Aktion nicht rückgängig machen können, ist die Tabelle anschließend unbrauchbar! Bei Feldern mit anderen Datentypen scheitert die Ausführung der Aktualisierungsabfrage immerhin aufgrund der Datentyp-Verletzung.

Es ist daher sinnvoll, vor allem vor der Ausführung von Aktionsabfragen immer eine Kopie der gesamten Datenbank an einem sicheren Ort zu speichern, damit Sie bei solchen Fehlern die Originaldaten wiederherstellen können.

Tipp: So kopieren Sie Ihre Access-Datenbank zwischendurch

Obwohl die Datenbank in Access offen ist, können Sie im Windows-Explorer den Dateinamen bei gedrückter Strg-Taste und linker Maustaste auf die weiße Fläche im gleichen Verzeichnis kopieren. Wie in Abbildung 7.5 zu sehen ist, zeigt das QuickInfo dabei an, dass die Datei nicht verschoben, sondern kopiert wird.

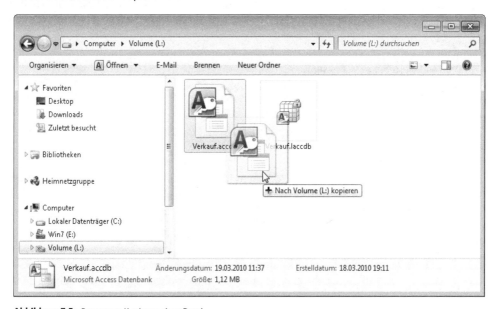

Abbildung 7.5: Bequemes Kopieren einer Datei

Es ist wichtig, dass Sie am Ziel zuerst die Maus und erst dann die Strg-Taste loslassen. Sie können die Datei beliebig oft kopieren, sie wird automatisch mit einer fortlaufenden Nummerierung versehen. Beachten Sie auch den Hinweis auf Seite 147.

Kapitel 7 Erweiterte Abfragen

3. Um den Wert von *artPreis* nach *vrkPreis* zu übertragen, geben Sie in der Zeile *Aktualisieren* den Namen des Quellfeldes *artPreis* in eckigen Klammern ein, wie in Abbildung 7.6 zu sehen ist.

Abbildung 7.6: Der veränderte Teil des Entwurfs der Aktualisierungsabfrage *qryPreiseHolen*

Anders als bei Auswahlabfragen gibt es bei Aktionsabfragen zwei Möglichkeiten des Startens:

- die Vorschau mit dem *Ansicht*-Symbol auf die bisherigen Daten und
- die tatsächliche Ausführung mit dem *Ausführen*-Symbol.

Die Vorschau ist dabei oft nur von begrenztem Wert, weil Sie lediglich die bisherigen Daten vor ihrer möglichen Änderung sehen. Eine Vorschau auf die zukünftige Änderung gibt es nämlich nicht, die müssten Sie selber als Auswahlabfrage vorbereiten, was aber bei einem späteren Beispiel durchaus sinnvoll sein wird.

Wenn Sie sicherheitshalber eine Kopie der gesamten Datenbank im Windows-Explorer angelegt haben, können Sie die Abfrage *qryPreiseHolen* ausführen lassen. Auch dabei ist es hilfreich, sich vorher zu überlegen, wie viele Datensätze betroffen sein könnten, denn Access wird Ihnen diese Zahl wie in Abbildung 7.7 vorher noch einmal nennen.

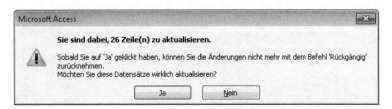

Abbildung 7.7: Die Warnmeldung Ausführung der Aktualisierungsabfrage *qryPreiseHolen*

Da in der Tabelle *tblVerkaeufe* ebenfalls 26 Datensätze enthalten sind, ist diese Angabe plausibel und Sie können sie mit *Ja* bestätigen. Erst jetzt werden die Daten wirklich geändert, aber nun auch unwiderruflich. Die *Rückgängig*-Funktion (ganz oben in der Symbolleiste für den Schnellzugriff) kann aktiv sein, sie macht aber keine Ergebnisse von Aktionsabfragen rückgängig, sondern nur die letzten Änderungen beim Entwurf dieser Aktionsabfrage.

Das ist auch nachvollziehbar, denn Sie könnten ja soeben mehrere Millionen Datensätze aktualisiert haben. Wo sollte Access schließlich solche gigantischen Datenmengen zum Rückgängigmachen zwischenspeichern?

In diesem Fall könnten Sie sich zwar das Ergebnis Ihrer Aktualisierungsabfrage auch über das *Ansicht*-Symbol ansehen, grundsätzlich würde ich aber davon abraten. Sie werden nämlich die Daten vor dem Aktualisieren sehr häufig filtern. Das aber verfälscht oft die Anzeige, weil genau die Daten weggefiltert werden, die Sie gerade verändert haben. Sie werden so einen Fall gleich sehen.

Die einzig zuverlässige Methode, das Ergebnis der Aktualisierungsabfrage zu prüfen, ist die Kontrolle der Originaltabelle, hier also den Anfang der Tabelle *tblVerkaeufe* wie in Abbildung 7.8.

tblVerkaeufe

vrkID	vrkkndIDRef	vrkartIDRef	vrkMenge	vrkDatum	vrkPreis	Zum Hinzufügen klicken
1	7	2	1000	06.03.2010	1,42 €	
2	6	8	100	01.08.2008	0,65 €	
3	2	3	150	12.11.2009	1,08 €	
4	9	1	75	05.05.2010	0,99 €	
5	3	3	250	12.03.2008	1,08 €	
6	2	2	400	04.12.2009	1,42 €	
7	4	2	1200	05.02.2010	1,42 €	
8	9	9	375	15.04.2010	0,65 €	
9	7	2	550	04.04.2010	1,42 €	

Datensatz: 1 von 26 Kein Filter Suchen

Abbildung 7.8: Die ergänzten Preise in *tblVerkaeufe*

Ergebnis der Aktualisierungsabfrage überprüfen

Sie können die Korrektheit der Preise entweder selber stichpunktartig überprüfen – oder Sie lassen diese Arbeit von Access übernehmen!

1. Erstellen Sie dazu eine neue Auswahlabfrage *qryPreisAbweichungenZeigen* wie in Abbildung 7.9.

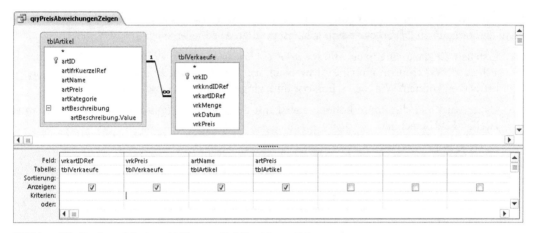

Abbildung 7.9: Der Entwurf der Auswahlabfrage *qryPreisAbweichungenZeigen*

Diese Abfrage zeigt in der Datenblattansicht dann parallel die *vrkPreis*- und die *artPreis*-Inhalte, wie es in Abbildung 7.10 zu sehen ist.

qryPreisAbweichungenZeigen

vrkartIDRef	vrkPreis	artName	artPreis
1	0,99 €	Gummibärchen	0,99 €
1	0,99 €	Gummibärchen	0,99 €
2	1,42 €	Saure Fruchtgummis	1,42 €
2	1,42 €	Saure Fruchtgummis	1,42 €
2	1,42 €	Saure Fruchtgummis	1,42 €
2	1,42 €	Saure Fruchtgummis	1,42 €
2	1,42 €	Saure Fruchtgummis	1,42 €
3	1,08 €	Lakritzschnecken	1,08 €

Datensatz: 1 von 26 Kein Filter Suchen

Abbildung 7.10: Der Entwurf der Auswahlabfrage *qryPreisAbweichungenZeigen*

Kapitel 7 Erweiterte Abfragen

2. Für viele Datensätze ist es natürlich mehr als mühsam, jetzt einzelne Abweichungen zu finden. Daher können Sie diese Abfrage um ein berechnetes Feld ergänzen, welches die beiden Preise jeweils mit der Formel Korrekt: [artPreis] = [vrkPreis] vergleicht.

3. Das Ergebnis dieses Vergleichs ist entweder *Wahr* (= -1) oder *Falsch* (= 0). Nun müssen Sie nur noch das entsprechende Filterkriterium eintragen wie in Abbildung 7.11.

Feld:	vrkartIDRef	vrkPreis	artName	artPreis	Korrekt: [ArtPreis]= [vrkPreis]		
Tabelle:	tblVerkaeufe	tblVerkaeufe	tblArtikel	tblArtikel			
Sortierung:							
Anzeigen:	✓	✓	✓	✓	✓	☐	☐
Kriterien:					0		
oder:							

Abbildung 7.11: Der verbesserte Entwurf von *qryPreisAbweichungenZeigen*

In der Datenblattansicht werden keine Ergebnisse angezeigt, d.h. es gibt derzeit keine Abweichungen zwischen *vrkPreis* und *artPreis*. Damit sind alle Daten korrekt.

Preiserhöhung vornehmen

Jetzt steht eine Preiserhöhung an, und zwar natürlich nur für die Listenpreise aus der Tabelle *tblArtikel*, denn die Verkäufe in *tblVerkaeufe* sind ja längst getätigt. Alle Preise sollen um 10 % steigen.

1. Erstellen Sie dazu eine neue Abfrage *qryPreiseErhoehen* wie in Abbildung 7.12. Dabei handelt es sich ausdrücklich noch um eine Auswahlabfrage, damit wir das Ergebnis der Veränderung vorher betrachten können. Wie eben schon erwähnt, ginge das mit einer Aktionsabfrage nicht.

2. Daher wird hier die Preiserhöhung zuerst mit der Formel *artPreisNeu: [artPreis] * 1,1* in einem zweiten Feld berechnet.

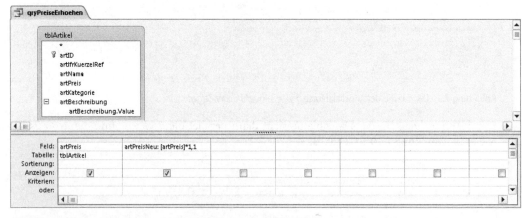

Abbildung 7.12: Der Entwurf der (noch) Auswahlabfrage *qryPreiseErhoehen*

Die Datenblattansicht zeigt wie in Abbildung 7.13 die alten und die zukünftigen Preise. Das heißt, dass sowohl die Syntax als auch die Berechnung in Ordnung sind. Das fehlende Euro-Format ist unerheblich, weil die Ergebnisse ja später in ein Feld mit dem Datentyp *Währung* geschrieben werden.

7.2 Aktualisierungsabfragen

artPreis	artPreisNeu
0,99 €	1,089
1,42 €	1,562
1,08 €	1,188
1,20 €	1,32
0,03 €	0,033
0,02 €	0,022
1,31 €	1,441
0,65 €	0,715
0,65 €	0,715
3,94 €	4,334

Abbildung 7.13: Das Ergebnis der Auswahlabfrage *qryPreiseErhoehen*

3. Erst nach diesem Funktionstest wird jetzt die Auswahlabfrage in eine Aktualisierungsabfrage umgewandelt. Kopieren Sie dazu im Abfrageentwurf den Teil der Formel nach dem Doppelpunkt in die Zeile *Aktualisieren* für das Feld *artPreis*.

Feld:	artPreis
Tabelle:	tblArtikel
Aktualisieren:	[artPreis]*1,1
Kriterien:	
oder:	

Abbildung 7.14: Die Änderung für die Aktionsabfrage *qryPreiseErhoehen*

4. Wenn Sie diesen Entwurf sicherheitshalber erneut gespeichert haben, können Sie die Abfrage ausführen lassen. Dabei werden zehn Zeilen aktualisiert, weil die Tabelle *tblArtikel* zehn Datensätze hat. Ein mehrmaliges Ausführen dieser Aktualisierungsabfrage führt selbstverständlich dazu, dass *jedes* (!) Mal die Preise um 10 % erhöht werden.

5. Schließen Sie die Abfrage und prüfen Sie, ob in *tblArtikel* alle Preise korrekt erhöht wurden.

In Zukunft müssen Sie mit den Unterschieden zwischen *vrkPreis* und *artPreis* aufpassen. Ein erneuter Aufruf der Abfrage *qryPreisAbweichungenZeigen* zeigt richtigerweise an, dass nun alle Preise abweichen.

> **Hinweis: Aktionsabfragen nicht unbedacht ausführen**
>
> Wenn Sie diese Aktualisierungsabfrage durch einen Doppelklick auf ihren Namen im Navigationsbereich öffnen wollen, wird sie stattdessen ausgeführt. Access warnt Sie bei allen Aktionsabfragen durch eine Meldung wie in Abbildung 7.15, dass gleich Daten verändert werden.

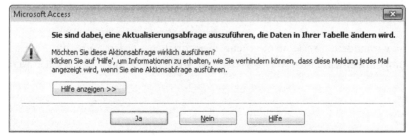

Abbildung 7.15: Warnung bei der Ausführung einer Aktionsabfrage

Kapitel 7   Erweiterte Abfragen

Preise für neue Verkäufe eintragen

Natürlich sollen weiterhin Verkäufe möglich sein, die dann natürlich die aktuellen Preise übernehmen.

1. Öffnen Sie bitte die Tabelle *tblVerkaeufe* und fügen Sie eine neue Zeile wie in Abbildung 7.16 hinzu.

vrkID	vrkkndIDRef	vrkartIDRef	vrkMenge	vrkDatum	vrkPreis	Zum Hinzufügen klicken
24	3	10	100	17.04.2010	3,94 €	
25	8	4	10	17.04.2010	1,20 €	
26	4	5	275	24.11.2010	0,03 €	
27	4	5	500	01.06.2010		
(Neu)	0	0	1	01.06.2010		

Abbildung 7.16: Der neue Datensatz in der Tabelle *tblVerkaeufe*

2. Da dieser neue Datensatz nicht automatisch einen neuen Preis ermittelt, müssen Sie wieder die vorhandene Abfrage *qryPreiseHolen* starten.

Deren Ausführung meldet, dass Sie 27 Datensätze verändern werden. Halt! 27 Datensätze?? Sie haben 26 Datensätze mit korrekten alten Preisen und einen Datensatz ohne Preis. Nur dieser darf einen neuen Preis erhalten, alle anderen müssen zwingend unverändert bleiben! Sie müssen also ein Kriterium finden, anhand dessen Sie alte und neue Datensätze unterscheiden können. Sie erinnern sich vielleicht an meinen anfänglichen Vorschlag, den Standardwert für das Feld *vrkPreis* ausdrücklich leer zu lassen? Auf diese Weise lassen sich neue Verkäufe gut von alten unterscheiden. Gratisartikel haben in diesem Feld den Wert *0* stehen, sind also nicht leer.

Hintergrund: Leer und ganz leer

In einem Datenbankfeld vom Datentyp *Text* können drei verschiedene Inhalte stehen:

- "Obst" als Beispiel für einen gefüllten Text-Inhalt, also eine Zeichenkette mit Inhalt
- "" als Beispiel für einen so genannten Leerstring, also eine Zeichenkette ohne Inhalt
- NULL als Kennzeichnung dafür, dass in dem Feld nicht einmal ein Leerstring enthalten ist

"Obst" können Sie mit einer Obstschale voller Äpfel und Birnen vergleichen, "" repräsentiert dann die leere Obstschale. Die Anführungszeichen stellen klar, dass hier nur eine Zeichenkette gespeichert werden kann, ebenso wie die Obstschale auf den möglichen Inhalt, sprich Datentyp, hinweist.

Bei Null hingegen fehlt auch die Obstschale, der leere Platz könnte vielleicht mit einer Flasche Wein gefüllt werden. Das Fehlen ist hier ein Zustand und kein Inhalt, der mit einem Wert verglichen werden kann. Deswegen dürfen Sie zwar [fldTest] = "Inhalt" schreiben, für die Prüfung auf leere Felder muss es aber [fldTest] Ist Null heißen (ohne Gleichheitszeichen).

3. Damit bereits vorhandene Preise nicht erneut überschrieben werden, muss die Abfrage *qryPreiseHolen* unbedingt mit einem Filter [vrkPreis] Ist Null wie in Abbildung 7.17 versehen werden.

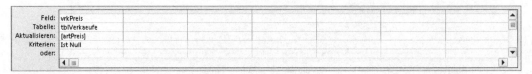

Abbildung 7.17: Der Filter in der Abfrage *qryPreiseHolen*

7.2 Aktualisierungsabfragen

4. Wenn Sie diese Abfrage jetzt starten, wird tatsächlich nur eine einzige Datenzeile aktualisiert. Und beim erneuten Aufruf gar keine mehr, denn dann gibt es ja keinen Datensatz mehr ohne *vrkPreis*. Diese Abfrage hat durch den Filter also die Sicherheit eingebaut, dass alten Daten nicht versehentlich geändert werden. Im Gegensatz zu der Abfrage *qryPreiseErhoehen* können Sie die Abfrage *qryPreiseHolen* gefahrlos mehrfach aufrufen.

Gesamtpreis und Bruttopreis berechnen

Nachdem nun der *vrkPreis* mit den richtigen Inhalten gefüllt ist, können Sie die Abfrage *qryVerkaeufeMitNamen* verbessern. Schließlich befinden sich im Feld *vrkPreis* lediglich die Einzelpreise der Artikel. Den wirklichen Endpreis je Zeile müssen Sie daraus errechnen.

1. Dazu schreiben Sie in die nächste freie Spalte die Formel GesamtPreis: [vrkPreis] * [vrkMenge]. Beachten Sie bitte, dass es der *vrkPreis* und nicht der *artPreis* sein muss.

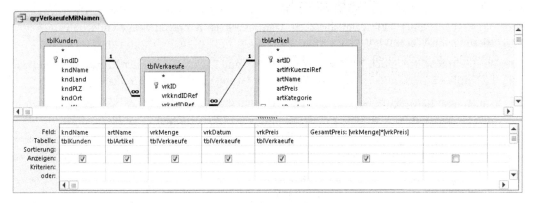

Abbildung 7.18: Die Gesamtpreis-Berechnung in der Abfrage *qryVerkaeufeMitNamen*

In der Datenblattansicht werden dann die Preise wie erwartet angezeigt.

2. Angenommen, der Gesamtpreis stellt hier nur einen Nettopreis dar. Dann lässt sich der Bruttopreis mit der Formel BruttoPreis: Gesamtpreis * 1,07 (Lebensmittel haben derzeit 7 % Mehrwertsteuer) errechnen. Dabei dürfen Sie auf das bereits berechnete Ergebnis des Feldes *Gesamtpreis* zurückgreifen, weil es links von dieser Formel steht und damit schon vorhanden ist.

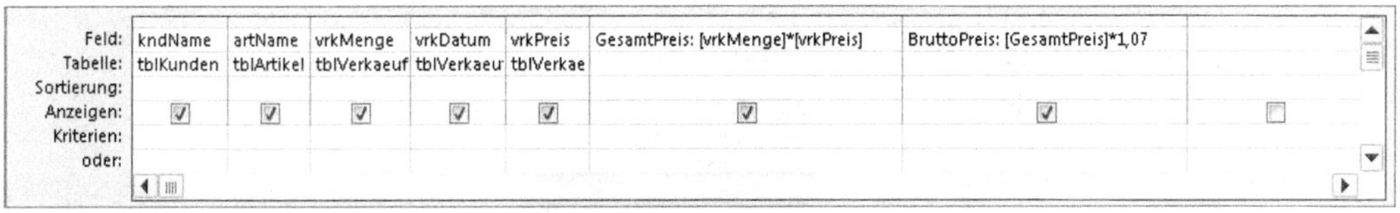

Abbildung 7.19: Der berechnete Bruttopreis im Entwurf von *qryVerkaeufeMitNamen*

Die Formel ist zwar korrekt, aber wie Abbildung 7.20 zeigt, ist die Anzeige in der Datenblattansicht unbefriedigend. Denn während *GesamtPreis* auf einem Tabellenfeld mit dem Datentyp *Währung* basiert, wird *BruttoPreis* unformatiert angezeigt.

Kapitel 7   Erweiterte Abfragen

kndName	artName	vrkMenge	vrkDatum	vrkPreis	GesamtPreis	BruttoPreis
Kneipe "Bei Martina"	Saure Fruchtgummis	1000	06.03.2010	1,42 €	1.420,00 €	1519,4
Café Kiosk	Dominosteine	100	01.08.2008	0,65 €	65,00 €	69,55
Wald-Markt	Lakritzschnecken	150	12.11.2009	1,08 €	162,00 €	173,34
Café zur schönen Aussicht	Gummibärchen	75	05.05.2010	0,99 €	74,25 €	79,4475
Einkaufsgenossenschaft Kaufgut	Lakritzschnecken	250	12.03.2008	1,08 €	270,00 €	288,9
Wald-Markt	Saure Fruchtgummis	400	04.12.2009	1,42 €	568,00 €	607,76
Theo's Lädchen	Saure Fruchtgummis	1200	05.02.2010	1,42 €	1.704,00 €	1823,28
Café zur schönen Aussicht	Müsliriegel	375	15.04.2010	0,65 €	243,75 €	260,8125
Wald-Markt	Saure Fruchtgummis	550	04.04.2010	1,42 €	781,00 €	835,67

Abbildung 7.20: Der unformatierte Bruttopreis in der Abfrage *qryVerkaeufeMitNamen*

Bruttopreis formatieren

Obwohl Daten typischerweise mit Hilfe von Berichten für den Ausdruck aufbereitet werden, lässt sich auch das Ergebnis einer Abfrage ausdrucken. Daher besitzen Abfragen einige einfache Fähigkeiten zur Formatierung von Werten.

1. Wechseln Sie bitte in den Abfrageentwurf zurück und klicken Sie auf der Registerkarte *Entwurf* auf das Symbol *Eigenschaftenblatt* (ganz links in der Gruppe *Einblenden/Ausblenden*).

2. Am rechten Rand sehen Sie nun die Eigenschaften des markierten Objekts. Sollte dort *Auswahltyp: Abfrageeigenschaften* angezeigt werden, klicken Sie bitte in die Spalte *BruttoPreis* oder markieren sie so wie in Abbildung 7.21, damit die Anzeige *Auswahltyp: Feldeigenschaften* erscheint.

3. Für dieses Feld können Sie jetzt als *Format*-Eigenschaft *Euro* auswählen und das Eigenschaftenblatt wieder schließen.

4. Wenn Sie jetzt wieder in die Datenblattansicht wechseln, werden Sie feststellen, dass nun auch der *BruttoPreis* im gleichen Euro-Format dargestellt wird wie der *GesamtPreis*.

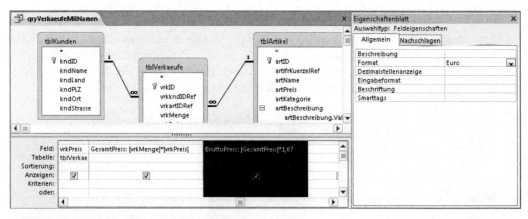

Abbildung 7.21: Die Eigenschaften des Feldes *BruttoPreis*

Seitenansicht

Falls Sie die vorherigen Versionen von Access kennen, werden Sie an dieser Stelle möglicherweise das Symbol für die Seitenansicht beziehungsweise die Druckervorschau vermisst haben. Selbstverständlich ist diese Funktion weiterhin vorhanden, sie ist nur etwas versteckt und wird nun bei den verschiedenen Druckmöglichkeiten aufgeführt.

Das ist durchaus konsequent, da sie ja im Grunde nur den Papierausdruck auf dem Bildschirm simuliert. Sie finden den Befehl, indem Sie auf die Registerkarte *Datei* und dann in der Backstage-Ansicht auf *Drucken* klicken.

In der Seitenansicht können Sie auf der Registerkarten *Seitenansicht* die Papierausrichtung in der Gruppe *Seitenlayout* auf *Querformat* stellen, sodass auch die komplette Abfrage wie in Abbildung 7.22 auf eine Seite passt.

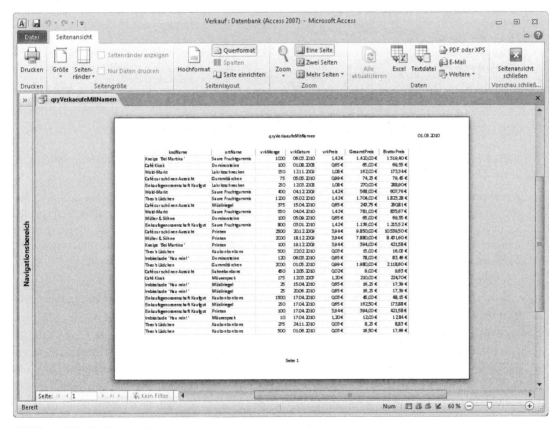

Abbildung 7.22: Die Abfrage im Querformat

Sollten Sie die Seitenansicht regelmäßig benötigen, können Sie den Befehl *Seitenansicht* auch in die Symbolleiste für den Schnellzugriff aufnehmen. Klicken Sie dazu rechts neben der Symbolleiste auf das kleine Dreieck und wählen Sie dann im Ausklappmenü den Befehl *Seitenansicht*.

7.3 Anfügeabfrage

Um neue Kunden zu überzeugen, möchten Sie alle Artikel mit einem Preis von mehr als 1,- Euro speziell für Neukunden verbilligen, sodass deren erste Bestellung preiswerter wird. Dazu müssen Sie einfach nur diese Artikel mit dem Zusatz »Neukunden:« an die Tabelle *tblArtikel* anfügen.

Selbstverständlich machen wir das nicht manuell, auch wenn in unserem kleinen Beispiel nur einige wenige Artikel betroffen sind, sondern mit einer Anfügeabfrage. Solche Abfragen können Datensätze sowohl in der Tabelle anfügen, aus der sie die Daten auslesen, als auch in einer anderen Tabelle.

1. Erstellen Sie also bitte eine neue Abfrage namens *qryArtikelFuerNeukunden* und klicken Sie auf der Registerkarte *Entwurf* in der Gruppe *Abfragetyp* auf *Anfügen*. Sofort erscheint das Dialogfeld aus Abbildung 7.23, in dem Sie die Zieltabelle angeben müssen.

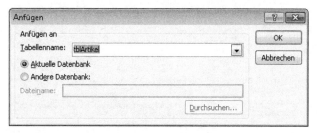

Abbildung 7.23: Die Zieltabelle zum Anfügen der Daten

2. Wählen Sie dort aus der DropDown-Liste *Tabellenname* die Tabelle *tblArtikel* aus und bestätigen Sie das Dialogfeld mit *OK*.

3. Jetzt können Sie im Entwurf die Felder angeben, die geschrieben werden sollen. Da es sich dabei sowieso um fast alle Felder handelt, können Sie auch durch einen Doppelklick auf den Fenstertitel der oben angezeigten Datenquelle *tblArtikel* alle Felder markieren. Diesen so gekennzeichneten orangefarbenen Block ziehen Sie mit gedrückter linker Maustaste in die erste Spalte und lassen dort die Maustaste wieder los. Daraufhin werden alle Felder in einzelnen Spalten angezeigt.

   Jetzt können Sie die notwendigen Änderungen vornehmen. Der Feldname *artID* mit der Benennung »...ID« weist z.B. darauf hin, dass es sich hierbei um ein *AutoWert*-Feld handelt. In diese Felder dürfen Sie nichts hineinschreiben, da sie selbstständig weitergezählt werden.

4. Löschen Sie daher die Spalte *artID*. Klicken Sie dazu oberhalb des Feldnamens *artID* in den Spaltenkopf (das ist der kleine graue Bereich, in dem sich der Mauszeiger in einen kleinen schwarzen Süd-Pfeil verändert), um die ganze Spalte zu markieren und drücken Sie dann die Entf-Taste.

5. Außerdem soll ja der Artikelname nicht ungeändert übernommen, sondern mit dem Zusatz »Neukunde:« versehen werden. Ändern Sie also die bisherige Spalte mit dem Feld *artName* mit der Formel `NameNeu: "Neukunde: " & [artName]`, um den zukünftigen Inhalt neu zu berechnen.

6. Wie eingangs gesagt, sollen nur Artikel berücksichtigt werden, deren Preis über 1,- Euro liegt. Also muss das Kriterium für das Feld *artPreis* wie in Abbildung 7.24 entsprechend auf >1 eingestellt sein.

7.3 Anfügeabfrage

7. In das *artPreis*-Feld selbst darf nicht geschrieben werden, daher wird der um 30 % reduzierte Preis in einer zusätzlichen Spalte mit der Formel `PreisNeu: [artPreis] * 0,7` errechnet. Nur dieses Ergebnis darf angefügt werden, denn sonst würde der >1-Filter auf den bereits reduzierten Preis angewandt und beispielsweise die *Gummibärchen* nicht berücksichtigen.

8. Jetzt wäre die Anfügeabfrage fertig, aber Sie werden feststellen, dass Access keine mehrwertigen Felder wie *artBeschreibung* gemeinsam mit den übrigen Feldern einfügen kann. Daher wird dieses Feld erst einmal ignoriert und im Entwurf gelöscht.

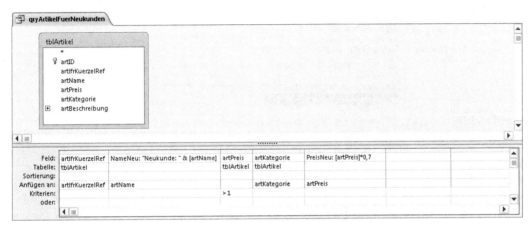

Abbildung 7.24: Die Formeln für Neukunden-Artikel

9. Sobald Sie die Aktualisierungsabfrage *qryArtikelFuerNeukunden* ausgeführt haben, zeigt Ihnen der Blick in die Tabelle *tblArtikel*, dass die sechs neuen Datensätze ab *artID* 11 angefügt wurden.

artID	artlfrKuerzelRef	artName	artPreis	artKategorie	artBeschreibung
1	B&S	Gummibärchen	1,09 €		gelb; grün; klein; rot
2	B&S	Saure Fruchtgummis	1,56 €		
3	Wunder	Lakritzschnecken	1,19 €		
4	Lecker	Mäusespeck	1,32 €		
5	Lecker	Kaubonbons	0,03 €		
6	Lecker	Sahnebonbons	0,02 €		
7	Choco	Lebkuchenherzen	1,44 €		
8	Choco	Dominosteine	0,72 €		
9	Wunder	Müsliriegel	0,72 €		
10	Choco	Printen	4,33 €		
11	B&S	Neukunde: Gummibärchen	0,76 €		
12	B&S	Neukunde: Saure Fruchtgummis	1,09 €		
13	Wunder	Neukunde: Lakritzschnecken	0,83 €		
14	Lecker	Neukunde: Mäusespeck	0,92 €		
15	Choco	Neukunde: Lebkuchenherzen	1,01 €		
16	Choco	Neukunde: Printen	3,03 €		

Abbildung 7.25: Die angefügten Neukunden-Artikel

Das hat technisch gut geklappt. Aber wenn Sie jetzt die Tabelle *tblVerkaeufe* öffnen, stoßen Sie noch auf einen kleinen Schönheitsfehler. Wie Sie in Abbildung 7.26 sehen können, werden dort die Artikel im Kombinationsfeld nach ihren Artikelnamen sortiert angezeigt.

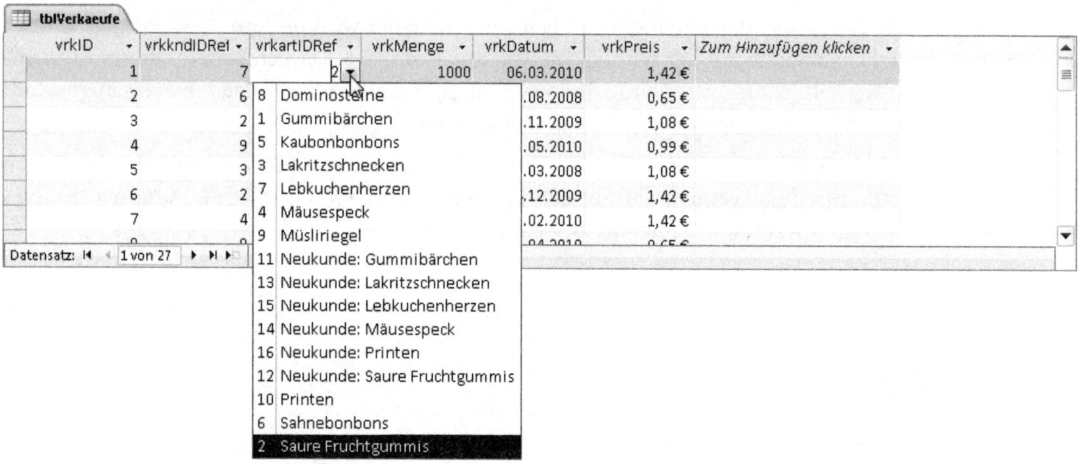

Kapitel 7   Erweiterte Abfragen

Abbildung 7.26: Die Auswahl der Artikel in der Tabelle *tblVerkaeufe*

Da der Zusatz »Neukunde:« nun am Anfang des Artikelnamens steht, finden Sie die Einträge »Gummibärchen« und »Neukunde: Gummibärchen« nicht direkt untereinander. Lassen Sie uns das ändern, aber nicht, indem wir die neuen Datensätze einfach löschen und die Anfügeabfrage mit geänderter Formel erneut starten. Es könnte ja gut sein, dass inzwischen bereits andere Nutzer die Neukunden-Artikel ausgewählt haben. Dann dürfen Sie diese nicht einfach löschen und (mit einer dann zwangsläufig anderen ID!) wieder einfügen.

Aktualisierungsabfrage für Text

Sie müssen daher die bestehenden Daten ändern, d.h. Sie müssen eine Aktualisierungsabfrage einsetzen.

1. Erstellen Sie bitte zu Kontrollzwecken eine neue Auswahlabfrage *qryArtikelUmbenennen* mit dem Feld *artName*. Diese zukünftige Aktionsabfrage bleibt vorerst eine normale Auswahlabfrage, damit die Formel auf Korrektheit geprüft werden kann, bevor die Daten endgültig geschrieben werden.

2. Wir benötigen wieder die Textfunktionen von Access, um Teile des Namens herauszuschneiden. Da die Länge des zu entfernenden Wortes (»Neukunde: « einschließlich des Leerzeichens am Ende) mit zehn Zeichen bekannt ist, können Sie die Formel `NameNeu: Teil([artName];11)` nutzen.

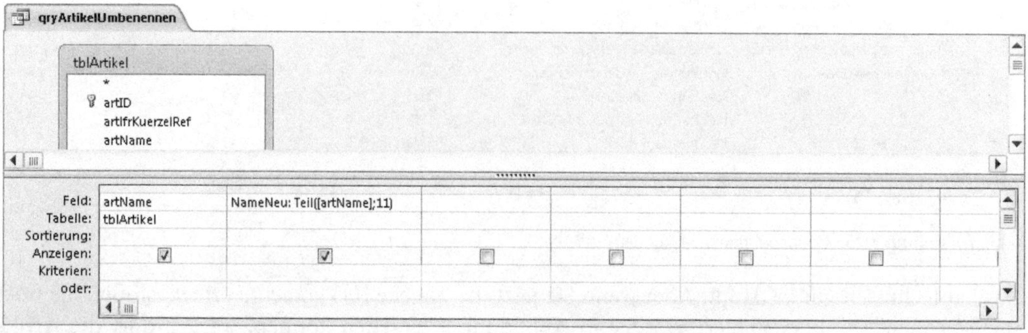

Abbildung 7.27: Der Anfang der »Neukunde: «-Artikelnamen wird in *qryArtikelUmbenennen* entfernt

Die Datenblattansicht wie in Abbildung 7.28 zeigt, dass das gut funktioniert. Zu gut sogar, denn es werden von *allen* Namen die ersten zehn Zeichen entfernt.

qryArtikelUmbenennen
artName
NameNeu
Gummibärchen
en
Saure Fruchtgummis
htgummis
Lakritzschnecken
necken
Mäusespeck
Kaubonbonbons
ons
Sahnebonbons
ns
Lebkuchenherzen
erzen
Dominosteine
ne
Müsliriegel
l
Printen
Neukunde: Gummibärchen
Gummibärchen
Neukunde: Saure Fruchtgummis
Saure Fruchtgummis
Neukunde: Lakritzschnecken
Lakritzschnecken
Neukunde: Mäusespeck
Mäusespeck
Neukunde: Lebkuchenherzen
Lebkuchenherzen
Neukunde: Printen
Printen
Datensatz: 10 von 16
Kein Filter
Suchen

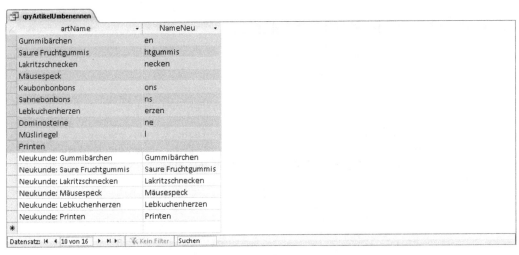

Abbildung 7.28: Das Ergebnis der bisherigen Abfrage *qryArtikelUmbenennen*

3. Die alten Artikel sollen natürlich nicht betroffen sein, also müssen Sie für das Feld *artName* den Filter `Wie "Neukunde*"` setzen.

Feld:
Tabelle:
Sortierung:
Anzeigen:
Kriterien:
oder:
artName
tblArtikel
Wie "Neukunde*"
NameNeu: Teil([artName];11)

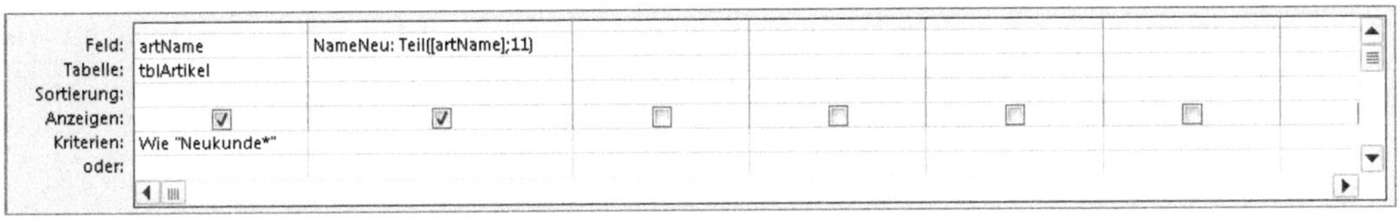

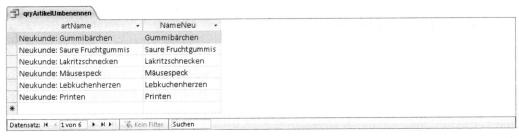

Abbildung 7.29: Die veränderte Abfrage *qryArtikelUmbenennen*

Jetzt ist die Abfrage fertig und die Formel offensichtlich korrekt, wie die Abbildung 7.30 beweist.

qryArtikelUmbenennen
artName
NameNeu
Neukunde: Gummibärchen
Gummibärchen
Neukunde: Saure Fruchtgummis
Saure Fruchtgummis
Neukunde: Lakritzschnecken
Lakritzschnecken
Neukunde: Mäusespeck
Mäusespeck
Neukunde: Lebkuchenherzen
Lebkuchenherzen
Neukunde: Printen
Printen
Datensatz: 1 von 6
Kein Filter
Suchen

Abbildung 7.30: Das endgültige Ergebnis der Auswahlabfrage *qryArtikelUmbenennen*

4. Erst nach dieser Funktionsüberprüfung wird diese Auswahlabfrage mit dem *Aktualisieren*-Symbol in der Gruppe *Abfragetyp* der Registerkarte *Entwurf* in eine Aktualisierungsabfrage umgewandelt.
5. Auch hier kopieren Sie den Teil der Formel nach dem Doppelpunkt in die Zeile *Aktualisieren* des *artName*-Feldes. Das berechnete Feld *NameNeu* können Sie anschließend komplett löschen.

Kapitel 7   Erweiterte Abfragen

6. Damit die alten und die neuen Artikel trotzdem unterscheidbar sind, soll nun noch an den Artikelnamen das Wort »Neukunde« in Klammern angehängt werden. Damit sieht der Abfrageentwurf aus wie in Abbildung 7.31.

Feld:	artName
Tabelle:	tblArtikel
Aktualisieren:	Teil([artName];11) & " (Neukunde)"
Kriterien:	Wie "Neukunde*"
oder:	

Abbildung 7.31: Der geänderte Entwurf als Aktualisierungsabfrage *qryArtikelUmbenennen*

7. Wenn Sie diese Aktualisierungsabfrage nun ausführen lassen, werden erwartungsgemäß sechs Zeilen aktualisiert, denn nur diese sind vom Filter `Wie "Neukunde*"` betroffen. Schließen Sie nach der Ausführung bitte diese Abfrage und öffnen die Tabelle *tblArtikel*.

artID	artlfrKuerzelRef	artName	artPreis	artKategorie	artBeschreibung	Zum Hinzufügen klicken
1	B&S	Gummibärchen	1,09 €		gelb; grün; klein; rot	
2	B&S	Saure Fruchtgummis	1,56 €			
3	Wunder	Lakritzschnecken	1,19 €			
4	Lecker	Mäusespeck	1,32 €			
5	Lecker	Kaubonbonbons	0,03 €			
6	Lecker	Sahnebonbons	0,02 €			
7	Choco	Lebkuchenherzen	1,44 €			
8	Choco	Dominosteine	0,72 €			
9	Wunder	Müsliriegel	0,72 €			
10	Choco	Printen	4,33 €			
11	B&S	Gummibärchen (Neukunde)	0,76 €			
12	B&S	Saure Fruchtgummis (Neukunde)	1,09 €			
13	Wunder	Lakritzschnecken (Neukunde)	0,83 €			
14	Lecker	Mäusespeck (Neukunde)	0,92 €			
15	Choco	Lebkuchenherzen (Neukunde)	1,01 €			
16	Choco	Printen (Neukunde)	3,03 €			
(Neu)						

Abbildung 7.32: Das Ergebnis der verbesserten Artikelnamen in der Tabelle *tblArtikel*

Abbildung 7.32 zeigt, dass alle Artikelnamen korrekt verändert und vor allem die vorhandenen *artID*-Werte beibehalten wurden. Sie mögen sich gewundert haben, wofür der ganze Aufwand der Formelkontrolle in einer vorherigen Auswahlabfrage notwendig war. Schließlich hätten Sie die Formel ja im Entwurf auch direkt in die Zelle *Aktualisieren* schreiben können.

Natürlich wäre das gegangen, aber nach meiner bisherigen Erfahrung ist gerade an dieser Stelle die Gefahr eines Syntaxproblems extrem groß. An jeder anderen Stelle können Sie nämlich einen Feldnamen wie `artName` eingeben und Access wird ihn automatisch mit eckigen Klammern zu `[artName]` korrigieren. Nur bei Aktualisierungsabfragen *korrigiert* Access `artName` zu `"artName"` (mit Anführungszeichen!). Ihr Abfrageentwurf hätte also folgendermaßen ausgesehen:

Feld:	artName
Tabelle:	tblArtikel
Aktualisieren:	Teil("artName";11) & " (Neukunde)"
Kriterien:	Wie "Neukunde*"
oder:	

Abbildung 7.33: Eine fehlerhafte Formel in der Aktualisierungsabfrage!

7.3 Anfügeabfrage

Das Hauptproblem dabei ist, dass syntaktisch alles korrekt ist. Sie erhalten daher noch nicht einmal eine Warnung und können diese Abfrage ausführen. Es werden wiederum sechs Zeilen aktualisiert, sodass Sie beruhigt bestätigen. Erst der Blick in die Tabelle *tblArtikel* offenbart das ganze Ausmaß der Katastrophe (siehe Abbildung 7.34).

artID	artlfrKuerzelRef	artName	artPreis	artKategorie	artBeschreibung	Zum Hinzufügen klicken
9	Wunder	Müsliriegel	0,72 €			
10	Choco	Printen	4,33 €			
11	B&S	(Neukunde)	0,76 €			
12	B&S	(Neukunde)	1,09 €			
13	Wunder	(Neukunde)	0,83 €			
14	Lecker	(Neukunde)	0,92 €			
15	Choco	(Neukunde)	1,01 €			
16	Choco	(Neukunde)	3,03 €			

Abbildung 7.34: Inhaltlich zerstörte Datensätze in der Tabelle *tblArtikel*

Alle bisherigen Neukunden-Artikel haben ihren Namen verloren. Tatsächlich hat die Formel ja auch nicht den Inhalt des Feldes *[artName]* benutzt, sondern das Wort »artName«. Davon wurden alle Buchstaben ab dem 11. Zeichen benutzt, aber leider war das Wort nur sieben Zeichen lang, also ist das Ergebnis leer. Und danach folgte der Text »(Neukunde)«.

Dieser Schaden ist endgültig und unwiderruflich! Wenn Sie nicht vorher eine Kopie der Datenbankdatei angelegt hatten, haben Sie Ihre Daten verloren. Deswegen empfehle ich so eindringlich, dass Sie nicht nur regelmäßige Kopien der Datenbankdatei anlegen, sondern auch die etwas mühselige Prüfung von Aktualisierungsabfragen in einer vorherigen Auswahlabfrage vornehmen.

Tabellenerstellungsabfrage

Eine Alternative der Datensicherung wäre hier übrigens die Tabellenerstellungsabfrage gewesen. Sie ist in der Lage, bestimmte Datensätze in eine dabei neu erstellte Tabelle zu kopieren. Diese neue Tabelle muss nicht einmal in der gleichen Datenbank enthalten sein.

Vielmehr wird der typische Fall einer Archivierung von Daten gerade so aussehen, dass diese in einer separaten Archivdatenbank gespeichert werden. Sonst würde die aktuelle Datenbank immer größer und unhandlicher. Zu Demonstrationszwecken und mit den wenigen Daten, die wir hier haben, wird die Zieltabelle aber in dieser Datenbank verbleiben.

Als Beispiel sollen alle Verkäufe mit einer (beliebig ausgewählten) Artikelmenge ab 100 in ein Verkaufsarchiv gespeichert werden.

1. Erstellen Sie dazu bitte eine neue Abfrage *qryGrossverkaeufeArchivieren* mit allen Feldern der Tabelle *tblVerkaeufe* wie in Abbildung 7.35.

2. Wie Sie bereits wissen, können Sie alle Felder am einfachsten namentlich aufnehmen, indem Sie auf die Titelzeile des kleinen Fensters der Datenquelle *tblVerkaeufe* doppelklicken. Dann sind alle Felder orangefarben markiert und können mit gedrückter linker Maustaste in den unteren Spaltenbereich gezogen werden.

Kapitel 7 Erweiterte Abfragen

Für eine Auswahlabfrage dürften Sie anstelle der einzelnen Felder natürlich auch das Sternchen benutzen. Doch in der zukünftigen Tabellenerstellungsabfrage müssen die Felder sowieso einzeln benannt werden.

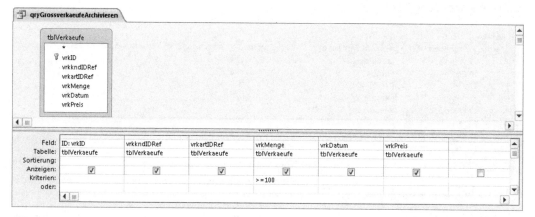

Abbildung 7.35: Entwurf der Abfrage *qryGrossverkaeufeArchivieren*

3. Als Filter ergänzen Sie wie in Abbildung 7.35 noch den Ausdruck >=100 für das Feld *vrkMenge*. Wie Sie in der Datenblattansicht prüfen können, sind davon noch 23 der ursprünglich 27 Datensätze betroffen.

4. Wandeln Sie diese Auswahlabfrage nun in eine Tabellenerstellungsabfrage um, indem Sie das entsprechende Symbol in der Gruppe *Abfragetyp* anklicken. Sie werden dann wie in Abbildung 7.36 automatisch nach dem zukünftigen Tabellennamen gefragt, der hier *tblVerkaufsArchiv* heißen soll.

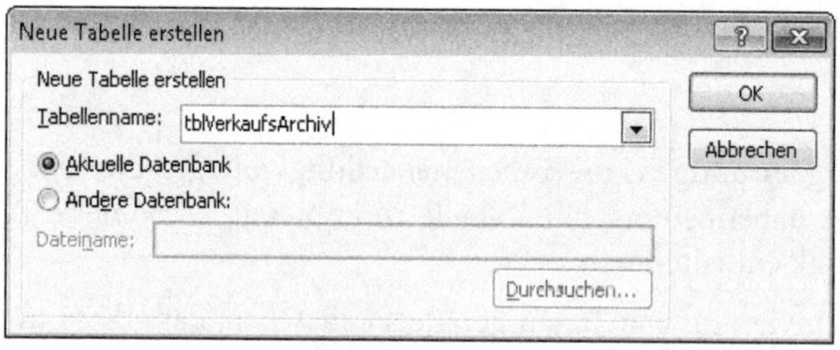

Abbildung 7.36: Eingabe des neuen Tabellennamens für die Tabellenerstellungsabfrage

5. Die Namen der zukünftigen Tabellenfelder werden diejenigen sein, die in der Abfrage stehen. Wenn Sie also andere Feldnamen erzeugen wollen, müssen Sie diese umbenennen. Die Syntax ist dabei wie bei jeder anderen Formel auch NeuesFeld: AltesFeld. In Abbildung 7.35 war schon zu sehen, wie das Feld *vrkID* in *ID* umbenannt wird.

6. Außerdem sollen Datum und Zeit der Archivierung gespeichert werden. Daher wird ein zusätzliches berechnetes Feld *Stand* mit der Formel Stand: Jetzt() benötigt. Die Funktion *Jetzt()* liefert ja das aktuelle Datum und die aktuelle Uhrzeit zurück.

Bei Abfragen mit einer *Datum-* oder *Jetzt-*Funktion wird deren Ergebnis übrigens nur einmal am Anfang ermittelt und anschließend bis zum Ende der Ausführung beibehalten. Ansonsten hätten Sie bei Abfragen mit einigen 100.000 Datensätzen und entsprechend langer Ausführungszeit in den letzten Zeilen andere Uhrzeiten als am Anfang.

7.4 Löschabfragen

Wenn Sie diese Tabellenerstellungsabfrage erneut ausführen, wird Access die Tabelle *tblVerkaufsArchiv* neu anlegen. Da vorher selbstverständlich die alte Tabelle *tblVerkaufsArchiv* gelöscht werden muss, erhalten Sie die Warnung wie in Abbildung 7.37.

Abbildung 7.37: Die Warnung bei der erneuten Ausführung einer Tabellenerstellungsabfrage

Tabellenerstellungsabfragen sind also grundsätzlich höchstens dazu geeignet, ein Archiv das erste Mal anzulegen. Wenn regelmäßig archiviert werden soll, kann das nur mit Anfügeabfragen erfolgen, die ihre Daten an eine schon vorhandene Tabelle anhängen.

7.4 Löschabfragen

Diese derzeit überflüssigen Datensätze in der Archivtabelle eignen sich gut, um ohne ernsthaften Datenverlust mit Löschabfragen zu experimentieren. Natürlich gilt auch bei diesen Abfragen wie bei allen Aktionsabfragen: Sichern Sie Ihre Datenbank, bevor Sie die Abfrage ausführen!

1. In der Tabelle *tblVerkaufsArchiv* sollen alle Datensätze aus dem Jahre 2009 gelöscht werden. Auch dazu sollten Sie zuerst eine Auswahlabfrage *qryVerkaufsarchivOhne2009* erstellen, die die gewünschten Datensätze herausfiltert.

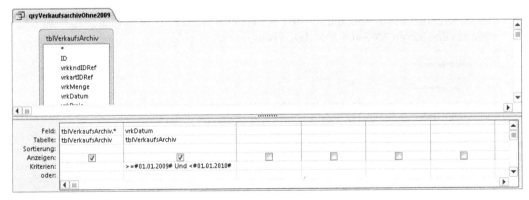

Abbildung 7.38: Die Vorbereitung zur Löschabfrage *qryVerkaufsarchivOhne2009*

2. Dieses Mal können Sie tatsächlich alle Felder durch das Sternchen darstellen lassen und den Filter `vrkDatum >=#01.01.2009# Und <#01.01.2010#` ohne Häkchen im Kontrollkästchen *Anzeigen* einsetzen.

3. Die Datenblattansicht zeigt, dass von der Löschung fünf Datensätze betroffen wären. Erst jetzt wird die Auswahlabfrage mit dem *Löschen*-Symbol in der Gruppe *Abfragetyp* der Registerkarte *Entwurf* in eine Löschabfrage umgewandelt.

4. Die Spalte *tblVerkaufsArchiv.** können Sie bedenkenlos löschen, denn Löschabfragen löschen immer die gesamte Zeile eines Datensatzes, d.h. alle Felder. Der Entwurf sieht nun so aus wie in Abbildung 7.39.

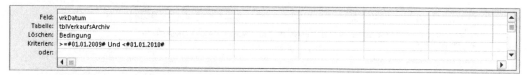

Abbildung 7.39: Die endgültige Löschabfrage *qryVerkaufsarchivOhne2009*

5. Bevor Sie diese Abfrage ausführen, sollten Sie noch einmal kritisch auf die Datenquelle sehen, ob es sich wirklich nur um die Testtabelle *tblVerkaufsArchiv* handelt oder nicht doch um die wichtige *tblVerkaeufe*-Tabelle. Wenn alles in Ordnung ist, starten Sie die Ausführung und bestätigen das Löschen von erwartungsgemäß fünf Datensätzen.

6. Die Abfrage können Sie nun schließen und in der Tabelle *tblVerkaufsArchiv* überprüfen, ob in ihr wirklich statt der bisher 23 nur noch 18 Datensätze enthalten sind.

Feldinhalte löschen

Wenn eine Löschabfrage immer den gesamten Datensatz löscht, taucht bald die Frage auf: Wie löscht man einen Feldinhalt? Nun, das geschieht mit einer Aktualisierungsabfrage, denn es ändert sich ja der Inhalt eines Feldes. Sie schreiben etwas Neues hinein, nämlich – nichts.

Damit im nächsten Beispiel keine wichtigen Daten beschädigt werden, soll hier nur in der Tabelle *tblVerkaufsArchiv* bei allen Datensätzen, deren *vrkDatum* vor dem 01.01.2010 liegt, das Feld *vrkPreis* gelöscht werden.

1. Dazu erstellen Sie bitte wiederum eine neue Auswahlabfrage *qryAltenPreisLoeschen* mit den passenden Kriterien wie in Abbildung 7.40. Die Datenblattansicht zeigt anschließend, dass drei Datensätze aus den Jahren 2007 und 2008 davon betroffen sein werden.

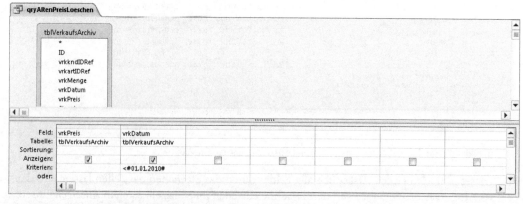

Abbildung 7.40: Die (noch) Auswahlabfrage *qryAltenPreisLoeschen*

2. Nach der Prüfung der Vorschau kann diese Abfrage in eine Aktualisierungsabfrage umgewandelt werden. In der Zeile *Aktualisieren* geben Sie für das Feld *vrkPreis* wie in Abbildung 7.41 den zukünftigen Inhalt des Feldes vor: `Null`. Damit wird dessen Inhalt gelöscht.

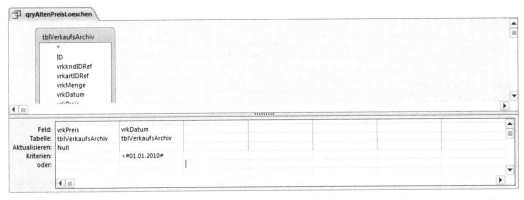

Abbildung 7.41: Die Aktualisierungsabfrage *qryAltenPreisLoeschen*

3. Führen Sie nun die Aktualisierungsabfrage aus. Wie Sie anschließend in der Datenblattansicht der Tabelle *tblVerkaufsArchiv* sehen, sind die drei *vrkPreis*-Felder jetzt leer.

tblVerkaufsArchiv

ID	vrkkndIDRef	vrkartIDRef	vrkMenge	vrkDatum	vrkPre	Stand
1	7	2	1000	06.03.2010	1,42 €	01.06.2010 19:59:01
2	6	8	100	01.08.2008		01.06.2010 19:59:01
5	3	3	250	12.03.2008		01.06.2010 19:59:01
7	4	2	1200	05.02.2010	1,42 €	01.06.2010 19:59:01
8	9	9	375	15.04.2010	0,65 €	01.06.2010 19:59:01
9	2	2	550	04.04.2010	1,42 €	01.06.2010 19:59:01
10	1	8	100	05.09.2010	0,65 €	01.06.2010 19:59:01
11	3	2	800	03.01.2010	1,42 €	01.06.2010 19:59:01
15	4	5	500	22.02.2010	0,03 €	01.06.2010 19:59:01
16	8	8	120	06.03.2010	0,65 €	01.06.2010 19:59:01
17	4	1	2000	01.05.2010	0,99 €	01.06.2010 19:59:01
18	9	6	450	12.05.2010	0,02 €	01.06.2010 19:59:01
19	6	4	175	12.03.2007		01.06.2010 19:59:01
22	3	5	1500	17.04.2010	0,03 €	01.06.2010 19:59:01
23	3	9	250	17.04.2010	0,65 €	01.06.2010 19:59:01
24	3	10	100	17.04.2010	3,94 €	01.06.2010 19:59:01
26	4	5	275	24.11.2010	0,03 €	01.06.2010 19:59:01
27	4	5	500	01.06.2010	0,03 €	01.06.2010 19:59:01
* (Neu)						

Datensatz: 1 von 18 | Kein Filter | Suchen

Abbildung 7.42: Die gelöschten Feldinhalte von drei Datensätzen in der Tabelle *tblVerkaufsArchiv*

Datenbank komprimieren

Nach so vielen gelöschten Daten und Tabellen werden Sie normalerweise erwarten, dass die Datenbankdatei kleiner wird. Sie können wahlweise im Windows-Explorer nachsehen oder Sie nutzen in Access die Backstage-Ansicht mit dem Befehl *Datei/Informationen/Datenbankeigenschaften anzeigen und bearbeiten* (ganz rechts, etwas unauffällig) wie in Abbildung 7.43.

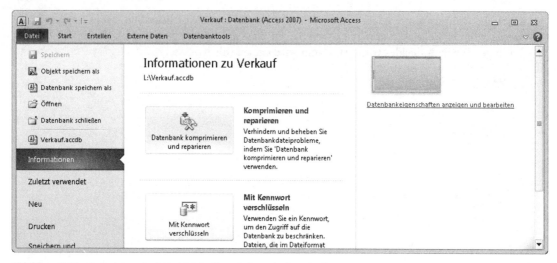

Abbildung 7.43: Die Backstage-Ansicht bietet das Komprimieren der Datenbank an

Die Datenbankdatei dürfte jetzt eine Größe von knapp unter 1 MB haben, was angesichts der wenigen enthaltenen Daten viel zu viel ist. Tatsächlich werden nämlich gelöschte Inhalte (einzelne Datensätze ebenso wie ganze Tabellen) lediglich als nicht mehr vorhanden markiert; sie bleiben aber physikalisch in der Datei enthalten.

Das muss so sein, weil ja vielleicht gerade andere Nutzer am Ende der Datei (die Sie sich als eine lange Kette von Bits vorstellen können) Daten lesen. Wenn Sie nun am Anfang der Datei ganz andere Daten löschen und die Datei beim nächsten Speichern also kürzer wird, ziehen Sie den übrigen Nutzern regelrecht die Daten unter dem Lesekopf weg. Deren Netzwerk liest nämlich weiterhin an der vorher ermittelten Dateiposition und *weiß* nichts von der gekürzten Datei.

Damit das nicht passiert, bleiben gelöschte Daten erst einmal in der Datei enthalten (sie sind allerdings nie wiederherstellbar!). Sie sollten die Datei daher in regelmäßigen Abständen komprimieren lassen, das heißt, die gelöschten Teile auch wirklich entfernen lassen. Der zugehörige Befehl findet sich ebenfalls in der Backstage-Ansicht unter *Datei/Informationen/Datenbank komprimieren und reparieren* (siehe auch Abbildung 7.43).

Dabei wird im gleichen Pfad eine neue Datenbank angelegt und alle gültigen Elemente dorthinein kopiert. Sollte zu diesem Zeitpunkt eine Störung auftreten, etwa durch einen Stromausfall, haben Sie immer noch die Original-Datenbank und eine defekte Kopie. Wenn alles glatt läuft, wird nach dem Kopieren aller Elemente die Original-Datenbank gelöscht, die Kopie auf den Originalnamen zurückbenannt und sofort wieder geöffnet.

Zu jedem Zeitpunkt ist also immer wenigstens eine funktionierende Datenbank vorhanden. Das bedeutet übrigens auch, dass im selben Verzeichnis mindestens der gleiche Speicherplatz nochmals vorhanden sein muss, damit die Kopie angelegt werden kann.

Anschließend sehen Sie in den Datenbankeigenschaften, dass die gesamte Datei nun deutlich geschrumpft ist. Sinnvollerweise sollten Sie also vor jedem Kopieren Ihrer Datenbank (z.B. zum Zweck der Archivierung) vorher die Datenbank komprimieren lassen.

Exklusiver Datenbankzugriff

Beim Komprimieren prüft Access automatisch, ob Sie alleiniger Benutzer der Datei sind. Wenn nicht, erhalten Sie direkt eine Fehlermeldung wie in der folgenden Abbildung und die Komprimierung wird nicht durchgeführt.

Abbildung 7.44: Die Fehlermeldung, wenn die Datei nicht exklusiv geöffnet ist

Wenn Sie bei Änderungen an einer Datenbank sicher sein wollen, dass Sie diese exklusiv geöffnet haben, können Sie dies auch direkt beim Öffnen angeben. Im Dialogfeld *Datei Öffnen* hat die Schaltfläche *Öffnen* einen DropDown-Pfeil, anhand dessen Sie die verschiedenen Öffnungsmodi wählen können.

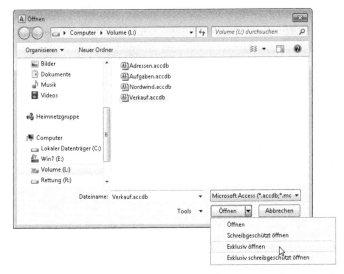

Abbildung 7.45: Die Auswahl im Dialogfeld *Datei Öffnen* für den exklusiven Modus

Tipp: So stellen Sie den Standardöffnungsmodus ein

Beim erstmaligen Anlegen einer Datenbank ist diese immer exklusiv offen. Beim nächsten Laden der neuen Datenbank wird sie automatisch nicht exklusiv geöffnet. Daher muss eine neue Datenbank wenigstens einmal wieder geschlossen worden sein, bevor Sie die Datei parallel im Windows-Explorer kopieren können.

Mit den *Optionen* in der Backstage-Ansicht können Sie in der Kategorie *Clienteinstellungen* unter der Überschrift *Erweitert* den *Standardöffnungsmodus* ändern.

7.5 Weitere Auswahlabfragen

Nachdem wir uns nun ausführlich mit den verschiedenen Aktionsabfragen beschäftigt haben, gibt es aber noch einige weitere Typen an Auswahlabfragen, die Sie in der Arbeit mit Access vermutlich häufiger benötigen werden.

Gruppierungsabfrage

Alle Formeln, die bisher berechnet wurden, konnten nur innerhalb des Datensatzes funktionieren. Ein Bezug auf vorherige oder folgende Datensätze ist in Abfragen grundsätzlich nicht möglich. Mit dieser Einschränkung ließe sich dann beispielsweise auch keine Summe über die gesamte Spalte berechnen.

Für diesen Zweck gibt es daher einen eigenen Typ von Abfragen, die so genannten *Gruppierungsabfragen*. Diese Abfragen bilden anhand vorgegebener Gruppen bestimmte Zusammenfassungen, die offiziell *Aggregat-Funktionen* heißen. Damit können Sie Summen, Mittelwerte, Anzahlen und Ähnliches über mehrere Zeilen hinweg bilden.

1. Erstellen Sie eine neue Auswahlabfrage namens *qryVerkaeufeJeKunde*. Fügen Sie die beiden Tabellen *tblKunden* und *tblVerkaeufe* als Datenquelle ein und ziehen Sie die Felder *kndName* und *vrkID* in den Ausgabebereich.

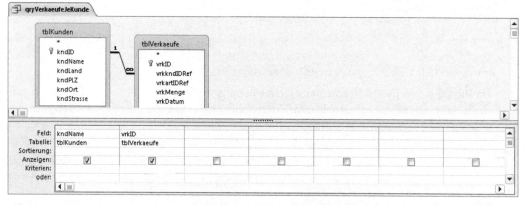

Abbildung 7.46: Der Entwurf der noch nicht gruppierenden Abfrage *qryVerkaeufeJeKunde*

Die Datenblattansicht dieser Abfrage zeigt wie bei einer normalen Auswahlabfrage erwartungsgemäß alle Kundennamen mit der jeweiligen *vrkID* an. Die Datensatzanzahl muss zwangsläufig mit derjenigen der Tabelle *tblVerkaeufe* übereinstimmen, in unserem Beispiel also 27.

Statt der Inhalte des *vrkID*-Feldes soll aber nun die Anzahl der Datensätze je *kndName* ermittelt werden. Also *2* für *Müller & Söhne*, *3* für den *Wald-Markt* usw. Dazu müssen Sie den Typ der Abfrage ändern. Obwohl sie weiterhin eine Auswahlabfrage bleibt, ist das entsprechende *Summen*-Symbol (ein großes griechisches Sigma, Softlink **db0701**) doch etwas eigenwillig in der Gruppe *Einblenden/Ausblenden* untergebracht. Zudem ist es trotz seiner Beschriftung keineswegs auf Summen beschränkt, wie Sie gleich sehen werden.

2. Wenn Sie auf das *Summen*-Symbol klicken, ergänzen Sie die Anzeige im unteren Teil des Abfrageentwurfs eigentlich nur um eine neue Zeile mit der Beschriftung *Funktion*.

7.5 Weitere Auswahlabfragen

3. Übernehmen Sie in der Spalte *kndName* die Funktion *Gruppierung* und stellen Sie für die Spalte *vrkID* die Funktion *Anzahl* ein.

Feld:	kndName	vrkID						
Tabelle:	tblKunden	tblVerkaeufe						
Funktion:	Gruppierung	Anzahl						
Sortierung:								
Anzeigen:	✓	✓	☐	☐	☐	☐	☐	☐
Kriterien:								
oder:								

Abbildung 7.47: Der Entwurf der Gruppierungsabfrage *qryVerkaeufeJeKunde*

Jetzt erzeugt die Abfrage in der Datenblattansicht ein gänzlich anderes Ergebnis:

qryVerkaeufeJeKunde

kndName	AnzahlvonvrkID
Café Kiosk	2
Café zur schönen Aussicht	4
Einkaufsgenossenschaft Kaufgut	5
Imbissbude "Hau rein!"	4
Kneipe "Bei Martina"	2
Müller & Söhne	2
Theo's Lädchen	5
Wald-Markt	3

Abbildung 7.48: Die Datenblattansicht der Abfrage *qryVerkaeufeJeKunde*

Es werden nicht mehr die Inhalte des Feldes *vrkID* angezeigt, sondern deren gefundene Anzahl an Datensätzen für die daneben automatisch ermittelte Gruppe. Eine Gruppierungsabfrage liefert also immer so viele Datensätze, wie es unterschiedliche Inhalte im Gruppierungsfeld gibt.

Da hier mehrere Datensätze zu einer Zeile zusammengefasst werden, existiert keine Eingabezeile mehr (erkennbar an dem Sternchen im Zeilenkopf), weil ja auch kein einzelner Datensatz mehr zugeordnet werden kann. Wenn Sie versuchen, eine Zelle zu ändern, reagiert Access darauf mit der (in der Statuszeile versteckten) Meldung »Diese Datensatzgruppe kann nicht aktualisiert werden«.

Felder, die nicht gruppiert werden, erhalten automatisch einen neuen Namen (hier *AnzahlvonvrkID*). Wenn Sie diesen Namen beeinflussen wollen, gilt die bereits genannte Technik der Umbenennung durch eine Formel der Form `NeuerName: AlterName`.

Diese Gruppierungsabfrage mit einer Gruppe und einer Anzahl ist ganz typisch. Sie können aber nach Belieben weitere Aggregatfelder hinzufügen, die die Funktionen aus der DropDown-Liste nutzen (außer *Gruppierung*). Dadurch erscheinen im Ergebnis keine zusätzlichen Datensätze.

4. Wenn Sie zum Beispiel zusätzlich das jeweils früheste und späteste Verkaufsdatum je Kunde anzeigen wollen, ergänzen Sie den Abfrageentwurf wie in der folgenden Abbildung.

Feld:	kndName	vrkID	vrkDatum	vrkDatum				
Tabelle:	tblKunden	tblVerkaeufe	tblVerkaeufe	tblVerkaeufe				
Funktion:	Gruppierung	Anzahl	Min	Max				
Sortierung:								
Anzeigen:	✓	✓	✓	✓	☐	☐	☐	☐
Kriterien:								
oder:								

Abbildung 7.49: Der erweiterte Entwurf der Gruppierung in der Abfrage *qryVerkaeufeJeKundeMitDatum*

Kapitel 7   Erweiterte Abfragen

Die Abfrage liefert nach wie vor acht Zeilen, da die Gruppierung gleich bleibt. Es wurden nur zwei zusätzliche Spalten für diese Gruppen eingefügt, die mehr Informationen anzeigen.

kndName	AnzahlvonvrkID	MinvonvrkDatum	MaxvonvrkDatum
Café Kiosk	2	12.03.2007	01.08.2008
Café zur schönen Aussicht	4	20.12.2009	12.05.2010
Einkaufsgenossenschaft Kaufgut	5	12.03.2008	17.04.2010
Imbissbude "Hau rein!"	4	06.03.2010	20.06.2010
Kneipe "Bei Martina"	2	19.12.2009	06.03.2010
Müller & Söhne	2	18.12.2009	05.09.2010
Theo's Lädchen	5	05.02.2010	24.11.2010
Wald-Markt	3	12.11.2009	04.04.2010

Abbildung 7.50: Die Datenblattansicht der Abfrage *qryVerkaeufeJeKundeMitDatum*

Ganz anders wird das beim Hinzufügen einer weiteren Gruppierung, diesmal als Abfrage *qryVerkaeufeJeKundeUndTag* benannt. Abbildung 7.51 zeigt den zugehörigen Abfrageentwurf.

Feld:	kndName	vrkDatum	vrkID				
Tabelle:	tblKunden	tblVerkaeufe	tblVerkaeufe				
Funktion:	Gruppierung	Gruppierung	Anzahl				
Sortierung:							
Anzeigen:	☑	☑	☑	☐	☐	☐	☐
Kriterien:							
oder:							

Abbildung 7.51: Mehrere Gruppierungen in der Abfrage *qryVerkaeufeJeKundeUndTag*

In der Datenblattansicht der Abfrage *qryVerkaeufeJeKundeUndTag* sehen Sie, dass mehr Datensätze angezeigt werden, obwohl keine neue Tabelle hinzugefügt wurde.

kndName	vrkDatum	AnzahlvonvrkID
Café Kiosk	12.03.2007	1
Café Kiosk	01.08.2008	1
Café zur schönen Aussicht	20.12.2009	1
Café zur schönen Aussicht	15.04.2010	1
Café zur schönen Aussicht	05.05.2010	1
Café zur schönen Aussicht	12.05.2010	1
Einkaufsgenossenschaft Kaufgut	12.03.2008	1
Einkaufsgenossenschaft Kaufgut	03.01.2010	1
Einkaufsgenossenschaft Kaufgut	17.04.2010	3
Imbissbude "Hau rein!"	06.03.2010	1
Imbissbude "Hau rein!"	15.04.2010	1

Abbildung 7.52: Mehr Datensätze durch mehr Gruppierungsfelder in der Abfrage *qryVerkaeufeJeKundeUndTag*

Tatsächlich zeigt das Ergebnis sogar 25 der ursprünglich 27 Datensätze einzeln an, lediglich für die *Einkaufsgenossenschaft Kaufgut* haben drei Verkäufe an einem Tag stattgefunden, die gruppiert werden konnten. Je mehr Gruppierungsfelder Sie also angeben, desto höher ist die Gefahr, letztendlich jeden Datensatz doch wieder einzeln zu sehen.

7.5 Weitere Auswahlabfragen

Auszuwertende Felder in einer Abfrage bereitstellen

Als Aggregatfunktion ist sicherlich am häufigsten die *Summe* im Einsatz. Bevor hier aber Äpfel und Birnen beziehungsweise Gummibärchen und Printen zusammengezählt werden, sollten Sie erst eine Auswahlabfrage vorbereiten, welche die typischen berechneten Felder einer Verkaufstabelle bereitstellt.

1. Erstellen Sie bitte den Entwurf der Auswahlabfrage *qryALLEVERKAEUFEDRIN* und nehmen Sie die Tabellen *tblKunden*, *tblVerkaeufe*, *tblArtikel* und *tblLieferanten* auf.
2. Übernehmen Sie wie in Abbildung 7.53 alle Felder der vier Tabellen einfach per Sternchen.

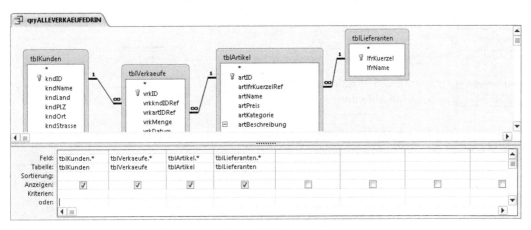

Abbildung 7.53: Erster Entwurf der Abfrage *qryALLEVERKAEUFEDRIN*

Dies wird eine zentrale Abfrage im Datenbankentwurf sein. Leider bleibt als einzige Möglichkeit für deren Hervorhebung die Großbuchstaben-Schreibweise. Die Abfrage könnte zwar im Navigationsbereich durch eine eigene Gruppe betont werden, wäre aber trotzdem in allen Listen zwischen den anderen Abfragen und Tabellen nicht zu erkennen.

Abfragen übersichtlicher organisieren

Die neue Abfrage wird in der Organisation dieser Datenbank eine zentrale Rolle übernehmen. Sie haben sicherlich schon gemerkt, wie schnell viele neue Abfragen entstehen. Manche werden direkt auf den Tabellen basieren, anderen müssen auf die Ergebnisse weiterer Abfragen zurückgreifen und basieren damit selbst auf Abfragen.

Natürlich wird es früher oder später auch Abfragen geben, die teilweise auf Tabellen und teilweise auf Abfragen basieren und auf denen wiederum weitere Abfragen basieren. Dann haben Sie sehr bald eine Vernetzung Ihrer Abfragen wie in Abbildung 7.54 dargestellt.

Wenn Sie jetzt etwa in der Tabelle *tblLieferanten* ein Feld umbenennen, müssen Sie erst einmal herausbekommen, welche Abfragen davon betroffen sind. In Abbildung 7.54 wären es direkt *qry1*, *qry3* und *qry8* sowie indirekt *qry4*, *qry7*, *qry9*, *qry13* und *qry14*. Das Problem dabei ist nur, dass es einen solchen Überblick in Access gar nicht gibt (dieser ist manuell mit Visio erstellt).

Kapitel 7　Erweiterte Abfragen

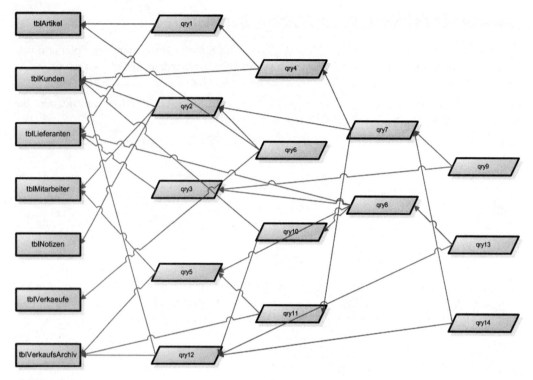

Abbildung 7.54: Typische Vernetzung von Abfragen

Da dieses Problem in praktisch jeder Datenbank auftritt, hat Access 2010 durchaus Methoden und Hilfsmittel, um damit umzugehen:

- **Objektabhängigkeiten**　als passive Dokumentation der abhängigen Objekte
- **Objektnamen-Autokorrektur**　als aktive Anpassung der geänderten Feldnamen

Objektabhängigkeiten

Zur Anzeige der Objektabhängigkeiten markieren Sie ein beliebiges Objekt im Navigationsbereich und klicken dann in der Registerkarte *Datenbanktools* in der Gruppe *Beziehungen* auf das Symbol *Objektabhängigkeiten*.

Sie erhalten dann die Anzeige aus Abbildung 7.55, wobei hier zur Demonstration schon ein Bericht *rptVerkaeufe01* erstellt wurde. (Ansonsten waren nur Abhängigkeiten von Tabellen, nicht aber von anderen Abfragen vorhanden.)

Sie sehen in diesem Fall, dass der Bericht auf der Abfrage *qryALLEVERKAEUFEDRIN* basiert und aus dieser offenbar Felder der beiden Tabellen *tblArtikel* und *tblKunden* benutzt wurden. Mit den Optionsfeldern, die sich oberhalb der Liste befinden, können Sie die Richtung der Abhängigkeiten ändern, also entweder die Vorgänger oder die Nachfolger betrachten.

7.5 Weitere Auswahlabfragen

Abbildung 7.55: Die Objektabhängigkeiten für einen Bericht *rptVerkaeufe01*

Mit den Pluszeichen können Sie für die angezeigten Objekte jeweils wieder deren Abhängigkeiten anzeigen, allerdings nur bis zur vierten Ebene. Um andere Objekte zu prüfen, müssen Sie diese im Navigationsbereich markieren und im Arbeitsbereich *Objektabhängigkeiten* auf *Aktualisieren* klicken.

Objektnamen-AutoKorrektur

Damit die Anzeige der Objektabhängigkeiten funktioniert, muss in den *Optionen* in der Kategorie *Aktuelle Datenbank* unter der Überschrift *Optionen für Objektnamen-Autokorrektur* das Kontrollkästchen *Änderungen für Objektnamenautokorrektur nachverfolgen* aktiviert sein.

Dabei speichert Access in einer internen Tabelle, welche Vorgänger ein Objekt jeweils hat. Leider gibt es in diesem Zusammenhang sowohl gravierende Einschränkungen als auch einen seit Access 2000 noch immer nicht behobenen Fehler.

- Die Anzeige der *Objektabhängigkeiten* ist auf maximal vier Ebenen beschränkt. Sie würden also im Beispiel aus Abbildung 7.54 nicht mehr die Ursprungstabellen für Abfragen basierend auf *qry14* finden.

- Da praktisch jede Änderung an irgendeinem Datenbankobjekt protokolliert wird, erreicht die Datenbankdatei schnell eine erhebliche Größe. Dadurch wird die Arbeit wegen der Länge des Protokolls auch zunehmend zäher.

- Wie auch in der Hilfe dokumentiert ist, lassen sich nicht alle Abhängigkeiten finden. Bestimmte Objekte sind grundsätzlich von der Analyse ausgenommen:
    - Makros und VBA-Module werden überhaupt nicht berücksichtigt
    - Einige Auswahlabfragen (beispielsweise Union-Abfragen oder andere SQL-spezifische Abfragen) werden ebenfalls nicht unterstützt

- Sobald die *Objektnamen-Autokorrektur* aktiviert ist, verlieren Berichte, die nicht den Standarddrucker benutzen (etwa weil sie für den Kassenzetteldrucker eingestellt wurden), ihren speziell eingestellten Drucker

Kapitel 7   Erweiterte Abfragen

Kritisch ist dabei vor allem die Missachtung wesentlicher Teile der Datenbank: Es werden generell keine Makros und VBA-Prozeduren berücksichtigt und noch nicht einmal alle Abfragen. Wenn Sie also Felder in einer Tabelle umbenennen wollen, können Sie trotzdem nicht sicher sein, dass die Änderungen wirklich überall vorgenommen worden sind.

Daher sollten Sie erstens die Funktion *Objektnamen-Autokorrektur* deaktivieren und zweitens selbst für den erforderlichen Überblick sorgen. Sie könnten beispielsweise das Datenmodell wie in Abbildung 7.56 einrichten.

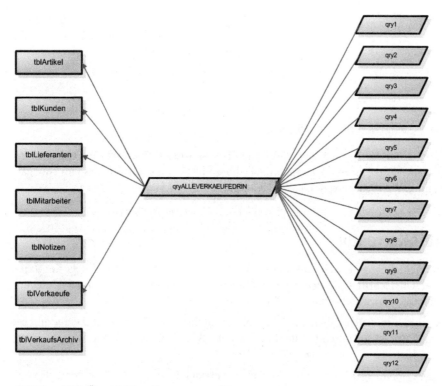

Abbildung 7.56: Übersichtlichere Vernetzung von Abfragen

Dabei basieren praktisch keine Abfragen mehr direkt auf Tabellen, sondern alle auf der zusammenfassenden Abfrage *qryALLEVERKAEUFEDRIN*, die die Daten bereitstellt. Alle anderen Abfragen basieren möglichst auf dieser, sodass Ihr Datenmodell für die Abfragen praktisch nur zweistufig ist.

Jede der *qry1*- bis *qry12*-Abfragen können Sie beliebig verändern, ohne dass es Seiteneffekte gibt. Aber sobald Sie in *qryALLEVERKAEUFEDRIN* etwas ändern, sind alle anderen Abfragen betroffen. Das ist durchaus vorteilhaft, denn wenn Sie in dieser Abfrage eine Filterbedingung einfügen, sind die Daten aller übrigen Abfragen automatisch ebenfalls gefiltert. Einfacher können Sie Ihre Datenbank-Ergebnisse gar nicht auf einen bestimmten Lieferanten oder Zeitraum oder Kunden eingrenzen.

Und wenn Sie ein neues Feld berechnen müssen, geschieht das ebenfalls in dieser zentralen Abfrage, denn dann können alle Folgeabfragen auf dessen Ergebnisse zurückgreifen. Diesen Effekt werden wir gleich bei einigen Gruppierungsabfragen nutzen.

7.5 Weitere Auswahlabfragen

Natürlich lässt sich so ein Schema nie hundertprozentig umsetzen. Sie werden immer Abfragen haben, die direkt auf einzelne Tabellen zugreifen oder absichtlich an der zentralen und möglicherweise gefilterten Abfrage vorbei arbeiten müssen. Aber Sie können wenigstens versuchen, so den größten Teil der Abfragen übersichtlich zu halten.

Verbesserte Gruppierungsabfragen

Der eigentliche Ausgangspunkt für die Erstellung der Abfrage *qryALLEVERKAEUFEDRIN* war ja die Tatsache, dass bestimmte Berechnungen gerade bei Gruppierungsabfragen immer wieder benötigt werden. Dazu gehört neben einigen Datumsbestandteilen vor allem der Preis je Zeile.

Ergänzen Sie also bitte diese Abfrage um vier berechnete Felder wie in Abbildung 7.57. Dabei handelt es sich um

- die Monatszahl aus *vrkDatum* mit der Formel VerkaufsMonat: Monat([vrkDatum]),
- die Jahreszahl aus *vrkDatum* mit der Formel VerkaufsJahr: Jahr([vrkDatum]),
- eine Kombination aus Jahreszahl und Monatszahl aus dem *vrkDatum* zum korrekten Sortieren mit der Formel VerkaufsSortierung: Format([vrkDatum]; "jjjj_mm") und
- den errechneten Preis je Datensatz mit GesamtPreis: [vrkMenge] * [vrkPreis].

Alle diese Werte werden wir anschließend mehrfach benötigen, sodass es einfacher ist, sie einmal zentral zu berechnen. Das Feld *VerkaufsSortierung* dient dabei vor allem der bequemeren Sortierung, weil mit dieser Formel Ergebnisse wie *1999_10*, *1999_01* und *2007_03* entstehen. Diese lassen sich wegen der vierstelligen Jahreszahl und der zweistelligen Monatszahl in einem einzigen Feld korrekt sortieren.

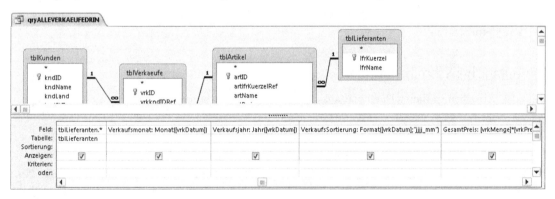

Abbildung 7.57: Der erweiterte Entwurf der Abfrage *qryALLEVERKAEUFEDRIN*

Berechnete Felder wie *VerkaufsMonat* sind absichtlich nicht mit Präfixen wie *vrk...* versehen, damit erkennbar bleibt, dass sie nicht physikalisch in einer Tabelle gespeichert sind, sondern in einer Abfrage errechnet werden. Sie heißen aber auch nicht einfach *Monat*, weil es ja eine gleichnamige Access-Funktion gibt, was zu Verwechslungen führen könnte.

Wenn Sie diese Abfrage in der Datenblattansicht wie in Abbildung 7.58 (dort wegen der vielen Felder in sehr kleiner Schrift) betrachten, finden Sie ganz rechts die berechneten Felder. Davor stehen alle Felder der beteiligten Tabellen, sodass hier tatsächlich viele Informationen zusammengefasst sind.

Kapitel 7 Erweiterte Abfragen

Abbildung 7.58: Die Datenblattansicht der Abfrage *qryALLEVERKAEUFEDRIN*

Daher gibt es ein paar wichtige Hinweise im Umgang mit dieser Datenblattansicht:

- Diese Abfrage ist zum Lesen von Daten gedacht, nicht zum Schreiben. Normale Benutzer sollten daher besser keinen direkten Zugang zu dieser Abfrage haben.
- Diese Abfrage zeigt nicht alle Daten an. Das ist systembedingt und so gewollt, aber nicht immer offensichtlich.

Die Gefahr bei Schreibzugriffen

Dass das Schreiben in dieser Datenblattansicht mit Gefahren verbunden ist, können Sie direkt ausprobieren. Angenommen, Sie entdecken, dass in der ersten Datenzeile ein Eingabefehler vorliegt. Damals wurden nicht *Saure Fruchtgummis*, sondern *Lakritz-Schnecken* gekauft.

Dürfen Sie das dort ändern?

Die erste Antwort lautet: Ja, Access erlaubt Ihnen den Schreibzugriff. Gut, dann tippen Sie dort bitte **LAKRITZ-SCHNECKEN** ein (in Großbuchstaben, damit Sie es gleich besser erkennen können). Sobald Sie die Zeile verlassen und der Datensatz damit gespeichert wurde, nimmt die Katastrophe ihren Lauf.

Wie Sie in der nächsten Abbildung sehen, ist nämlich keineswegs nur ein Datensatz verändert worden. Mehrere andere Datensätze zeigen jetzt ebenfalls den Artikel *LAKRITZ-SCHNECKEN* an!

Der Feldname über der Spalte verrät, was Sie in Wirklichkeit gemacht haben: Sie haben nicht den einzelnen Verkauf geändert, sondern die Stammdaten, denn das Feld *artName* steht ja in *tblArtikel*. Oder anders formuliert: Sie haben einfach den Artikel *Saure Fruchtgummis* in *LAKRITZ-SCHNECKEN* umbenannt. Das sollten Sie also ganz schnell wieder richtig eintragen!

7.5 Weitere Auswahlabfragen

Sie können sicher sein, dass normale Benutzer solche kapitalen Fehler machen werden und sich der Konsequenzen dabei gar nicht bewusst sind (wenn sie diese denn überhaupt bemerken). Die Datenblattansicht von *qryALLEVERKAEUFEDRIN* sollte also sinnvollerweise nicht zur Bearbeitung vorgesehen werden.

k	kndNam	kndF	knd	knd	v	v	vrl	vrkDatun	vrkPre	artl	artName	artPreis	z	artBe	lfrK	lfrName	Ve	Ver
7	Kneipe "Bei l D	11111	Hierund		1	7	2	1000	06.03.2010	1,42 €	2	B&S	LAKRITZSCHNECKEN	1,56 €			B&S	Bitter&Sweet	3	20
6	Café Kiosk D	24680	Prüfung:		2	6	8	100	01.08.2008	0,65 €	8	Choco	Dominosteine	0,72 €			Choco	Chocolaterie	8	20
2	Wald-Markt D	56789	Ebendor Hauptstr		3	2	3	150	12.11.2009	1,08 €	3	Wunde	Lakritzschnecken	1,19 €			Wunde	Süßigkeiten-	11	20
9	Café zur sch D	11111	Hierund		4	9	1	75	05.05.2010	0,99 €	1	B&S	Gummibärchen	1,09 €	gelb; grü	B&S	Bitter&Sweet	5	20
3	Einkaufsgen D	11111	Hierund Am Ack		5	3	3	250	12.03.2008	1,08 €	3	Wunde	Lakritzschnecken	1,19 €			Wunde	Süßigkeiten-	3	20
2	Wald-Markt D	56789	Ebendor Hauptstr		6	2	2	400	04.12.2009	1,42 €	2	B&S	LAKRITZSCHNECKEN	1,56 €			B&S	Bitter&Sweet	12	20
4	Theo's Läde D	24680	Prüfung: Marktpl		7	4	2	1200	05.02.2010	1,42 €	2	B&S	LAKRITZSCHNECKEN	1,56 €			B&S	Bitter&Sweet	2	20
9	Café zur sch D	11111	Hierund		8	9	9	375	15.04.2010	0,65 €	9	Wunde	Müsliriegel	0,72 €			Wunde	Süßigkeiten-	4	20
2	Wald-Markt D	56789	Ebendor Hauptstr		9	2	2	550	04.04.2010	1,42 €	2	B&S	LAKRITZSCHNECKEN	1,56 €			B&S	Bitter&Sweet	2	20
1	Müller & Söł D	12345	Nirgend Nebens		10	1	8	100	05.09.2010	0,65 €	8	Choco	Dominosteine	0,72 €			Choco	Chocolaterie	9	20
3	Einkaufsgen D	11111	Hierund Am Ack		11	3	2	800	03.01.2010	1,42 €	2	B&S	LAKRITZSCHNECKEN	1,56 €			B&S	Bitter&Sweet	1	20
9	Café zur sch D	11111	Hierund		12	9	10	2500	20.12.2009	3,94 €	10	Choco	Printen	4,33 €			Choco	Chocolaterie	12	20
1	Müller & Söł D	12345	Nirgend Nebens		13	1	10	2000	18.12.2009	3,94 €	10	Choco	Printen	4,33 €			Choco	Chocolaterie	12	20
7	Kneipe "Bei l D	11111	Hierund		14	7	10	100	19.12.2009	3,94 €	10	Choco	Printen	4,33 €			Choco	Chocolaterie	12	20
4	Theo's Läde D	24680	Prüfung: Marktpl		15	4	5	500	22.02.2010	0,03 €	5	Lecker	Kaubonbons	0,03 €			Lecker	Alles Lecker	2	20
8	Imbissbude ' D	11111	Hierund		16	8	8	120	06.03.2010	0,65 €	8	Choco	Dominosteine	0,72 €			Choco	Chocolaterie	3	20
4	Theo's Läde D	24680	Prüfung: Marktpl		17	4	1	2000	01.05.2010	0,99 €	1	B&S	Gummibärchen	1,09 €	gelb; grü	B&S	Bitter&Sweet	5	20
9	Café zur sch D	11111	Hierund		18	9	6	450	12.05.2010	0,02 €	6	Lecker	Sahnebonbons	0,02 €			Lecker	Alles Lecker	5	20
6	Café Kiosk D	24680	Prüfung:		19	6	4	175	12.03.2007	1,20 €	4	Lecker	Mäusespeck	1,32 €			Lecker	Alles Lecker	4	20
8	Imbissbude ' D	11111	Hierund		20	8	9	25	15.04.2010	0,65 €	9	Wunde	Müsliriegel	0,72 €			Wunde	Süßigkeiten-	4	20
8	Imbissbude ' D	11111	Hierund		21	8	9	25	20.06.2010	0,65 €	9	Wunde	Müsliriegel	0,72 €			Wunde	Süßigkeiten-	6	20
3	Einkaufsgen D	11111	Hierund Am Ack		22	3	5	1500	17.04.2010	0,03 €	5	Lecker	Kaubonbons	0,03 €			Lecker	Alles Lecker	4	20
3	Einkaufsgen D	11111	Hierund Am Ack		23	3	9	250	17.04.2010	0,65 €	9	Wunde	Müsliriegel	0,72 €			Wunde	Süßigkeiten-	4	20
3	Einkaufsgen D	11111	Hierund Am Ack		24	3	10	100	17.04.2010	3,94 €	10	Choco	Printen	4,33 €			Choco	Chocolaterie	4	20
8	Imbissbude ' D	11111	Hierund		25	8	4	10	17.04.2010	1,20 €	4	Lecker	Mäusespeck	1,32 €			Lecker	Alles Lecker	4	20
4	Theo's Läde D	24680	Prüfung: Marktpl		26	4	5	275	24.11.2010	0,03 €	5	Lecker	Kaubonbons	0,03 €			Lecker	Alles Lecker	11	20
4	Theo's Läde D	24680	Prüfung: Marktpl		27	4	5	500	01.06.2010	0,03 €	5	Lecker	Kaubonbons	0,03 €			Lecker	Alles Lecker	6	20

Abbildung 7.59: Die geänderten Datensätze in *qryALLEVERKAEUFEDRIN*

Es werden nicht alle Daten angezeigt

Der zweite Hinweis zielte darauf, dass gar nicht alle Daten angezeigt werden, die Sie vielleicht erwarten. Wir hatten beispielsweise spezielle Artikel extra für Neukunden in der Tabelle *tblArtikel* eingetragen, von denen keiner angezeigt wird. Genau wie der Lieferant »SMS«, der zwar in der Tabelle *tblLieferanten* existiert, aber hier ebenfalls nicht auftaucht.

Deswegen heißt die Abfrage auch nicht *qryALLESDRIN*, sondern nur *qryALLEVERKAEUFEDRIN*, denn nur diese Datensätze sind enthalten. Es sind im Grunde die 27 Datensätze der Tabelle *tblVerkaeufe*.

Und da die Abfrage nur verkaufte Artikel anzeigt, werden auch nur die Lieferanten der verkauften Artikel angezeigt. Auch Kunden kommen nur vor, wenn sie etwas gekauft haben – was allerdings im Moment bei allen der Fall ist.

Die Verknüpfung von Tabellen im Abfrageentwurf ist also implizit ein Filter, denn es bleiben nur noch diejenigen Datensätze übrig, die in beiden Tabellen für die Verknüpfungsfelder identische Werte haben. Bei einer 1:n-Beziehung mit referentieller Integrität heißt das automatisch: Es bleiben alle Datensätze der Detailtabelle (also der »n«-Seite) und nur die dazu passenden Datensätze der Mastertabelle (also der »1«-Seite) übrig.

7.6 Aggregatfunktionen

Geld kann man wunderbar zählen, in Gruppen zusammenfassen, bestimmten Personen zuordnen oder deren Einnahmen-Mittelwerte errechnen.

Wenn Dagobert Duck für seine Geldschätze eine Datenbank eingesetzt hätte, müsste Donald nicht dauernd seine (also die des Onkels) Taler mühsam per Hand zählen (Softlink **db0702**).

Auf der neu geschaffenen Datengrundlage der Abfrage *qryALLEVERKAEUFEDRIN* lassen sich nun sehr einfach die typischen Zusammenfassungen wie Umsatz je Kunde oder Umsatz je Monat ermitteln.

1. Erstellen Sie eine neue Abfrage, wobei Sie wie in Abbildung 7.60 im Dialogfeld *Tabelle anzeigen* die mittlere Registerkarte auswählen und die Abfrage *qryALLEVERKAEUFEDRIN* hinzufügen.

Abbildung 7.60: Das Dialogfeld beim Erstellen einer Abfrage bietet auch Abfragen als Datenquellen an

2. Nehmen Sie im Entwurf die Felder *kndName* und *GesamtPreis* auf.
3. Dann klicken Sie auf der Registerkarte *Entwurf* in der Gruppe *Einblenden/Ausblenden* auf das *Summen*-Symbol und wählen für das Feld *GesamtPreis* die Funktion *Summe*.

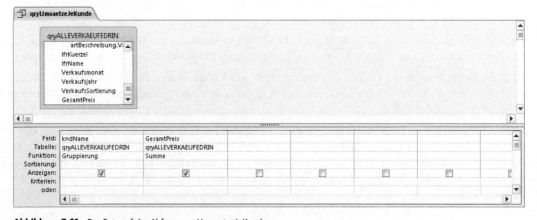

Abbildung 7.61: Der Entwurf der Abfrage *qryUmsaetzeJeKunde*

7.6 Aggregatfunktionen

4. Speichern Sie den Entwurf als *qryUmsaetzeJeKunde*. In Abbildung 7.62 sehen Sie die Datenblattansicht der Abfrage *qryUmsaetzeJeKunde* mit der Summe der *GesamtPreis*-Werte für die jeweilige Gruppe. Gruppierungsfelder sind zwangsläufig schon sortiert, damit Access intern die Daten richtig zuordnen kann.

kndName	SummevonGesamtPreis
Café Kiosk	275,00 €
Café zur schönen Aussicht	10.177,00 €
Einkaufsgenossenschaft Kaufgut	2.007,50 €
Imbissbude "Hau rein!"	122,50 €
Kneipe "Bei Martina"	1.814,00 €
Müller & Söhne	7.945,00 €
Theo's Lädchen	3.723,75 €
Wald-Markt	1.511,00 €

Abbildung 7.62: Die Datenblattansicht der Abfrage *qryUmsaetzeJeKunde*

Berechnung der monatlichen Umsätze

Entsprechend wird die Abfrage *qryUmsaetzeJeMonat* wie in Abbildung 7.63 gebildet. Hier müssen Sie vor allem darauf achten, dass nicht allein der Monat wichtig ist, sondern auch das Jahr beachtet werden muss. Sonst würden Sie nämlich z.B. die Novemberumsätze der Jahre 2009 und 2010 zusammenzählen.

Die übliche Sortierung bei Datumsangaben richtet sich nach ihrer zeitlichen Reihenfolge. Da der *VerkaufsMonat* links vom *VerkaufsJahr* steht, nutzen Sie für die Sortierung einfach das dafür vorgesehene Feld *VerkaufsSortierung*, das die Jahres- und Monatangaben in der korrekten Reihenfolge berücksichtigt.

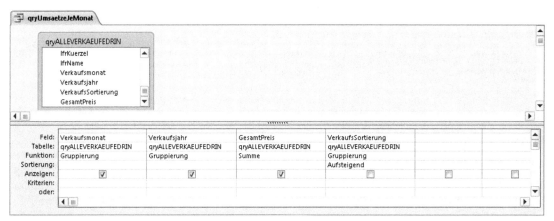

Abbildung 7.63: Der Entwurf der Abfrage *qryUmsaetzeJeMonat*

Abbildung 7.64 zeigt die Ergebnisse der Abfrage *qryUmsaetzeJeMonat* in zeitlich richtiger Sortierung. Wie Sie auch im Entwurf sehen, wird das Sortierfeld *VerkaufsSortierung* selber gar nicht angezeigt.

Kapitel 7 Erweiterte Abfragen

qryUmsaetzeJeMonat

Verkaufsmonat	Verkaufsjahr	SummevonGesamtPreis
3	2007	210,00 €
3	2008	270,00 €
8	2008	65,00 €
11	2009	162,00 €
12	2009	18.692,00 €
1	2010	1.136,00 €
2	2010	1.719,00 €
3	2010	1.498,00 €
4	2010	1.654,50 €
5	2010	2.063,25 €
6	2010	32,75 €
9	2010	65,00 €
11	2010	8,25 €

Abbildung 7.64: Die Datenblattansicht der Abfrage *qryUmsaetzeJeMonat*

Mittelwert

Die beiden letzten Beispiele waren sehr typische Gruppierungsabfragen mit dem *Gruppierung/Summe*-Schema. Natürlich können Sie auch andere Aggregatfunktion verwenden. Zum Beispiel können Sie sich mit den Funktionen *Mittelwert* und *Anzahl* einen guten Überblick über die Lieferanten verschaffen.

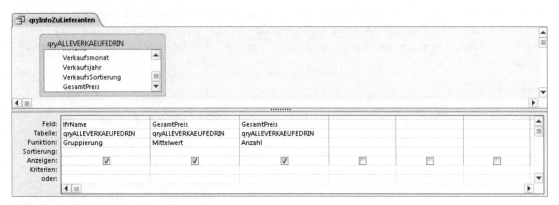

Abbildung 7.65: Der Entwurf der Abfrage *qryInfoZuLieferanten*

Das Ergebnis der Abfrage *qryInfoZuLieferanten* in Abbildung 7.66 ist zwar technisch völlig in Ordnung, überrascht aber durch die extremen Abweichungen des mittleren Gesamtpreises. Alle vier Lieferanten haben 6 bis 7 Lieferungen gehabt, aber deren Mittelwert schwankt zwischen rund 45 und 2.675 Euro.

qryInfoZuLieferanten

lfrName	MittelwertvonGesamtPreis	AnzahlvonGesamtPreis
Alles Lecker AG	45,11 €	7
Bitter&Sweet	1.094,75 €	7
Chocolaterie du Président	2.675,14 €	7
Süßigkeiten-Wunderland GmbH	145,13 €	6

Abbildung 7.66: Die Datenblattansicht der Abfrage *qryInfoZuLieferanten*

7.6 Aggregatfunktionen

Da braucht es eine genauere Analyse mit *qryInfoZuLieferantenUndArtikeln* wie in Abbildung 7.67, denn diese Differenzen wären sowohl aus extrem niedrigen Artikelpreisen als auch geringem Umsatz erklärbar. Also fügen Sie der Abfrage die Felder *artName* und *artPreis* hinzu.

Der Artikelname in *artName* wird selbstverständlich eine *Gruppierung*, aber der Artikelpreis soll ja nur informationshalber angezeigt werden und nicht in eine Berechnung einfließen. Dafür gibt es die Aggregatfunktion *ErsterWert* (oder auch *LetzterWert*). Rein rechnerisch könnte hier auch die Funktion *Mittelwert* verwendet werden, aber das geht nicht immer.

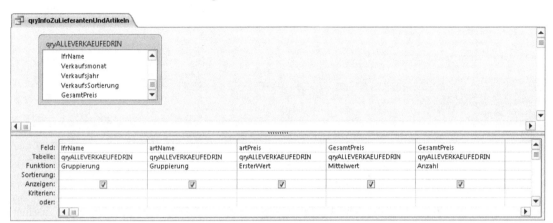

Abbildung 7.67: Der Abfrageentwurf der Abfrage *qryInfoZuLieferantenUndArtikeln*

Die folgende Abbildung zeigt das entsprechende Ergebnis dieser Abfrage:

lfrName	artName	ErsterWertv	MittelwertvonGesamtPreis	AnzahlvonGesamtPreis
Alles Lecker AG	Kaubonbonbons	0,03 €	21,19 €	4
Alles Lecker AG	Mäusespeck	1,32 €	111,00 €	2
Alles Lecker AG	Sahnebonbons	0,02 €	9,00 €	1
Bitter&Sweet	Gummibärchen	1,09 €	1.027,13 €	2
Bitter&Sweet	Saure Fruchtgummis	1,56 €	1.121,80 €	5
Chocolaterie du Président	Dominosteine	0,72 €	69,33 €	3
Chocolaterie du Président	Printen	4,33 €	4.629,50 €	4
Süßigkeiten-Wunderland GmbH	Lakritzschnecken	1,19 €	216,00 €	2
Süßigkeiten-Wunderland GmbH	Müsliriegel	0,72 €	109,69 €	4

Abbildung 7.68: Die Datenblattansicht der Abfrage *qryInfoZuLieferantenUndArtikeln*

Tatsächlich verkauft die *Alles Lecker AG* offensichtlich überproportional viele billige Artikel mit Preisen von 2 und 3 Cent. Die Lieferanten *Bitter&Sweet* und vor allem *Chocolaterie du Président* hingegen kommen mit deutlich teureren Artikeln (Printen!) natürlich leichter auf mehr Umsatz.

Sie sehen, wie schnell Sie in Access mit Abfragen gezielt Informationen aus Ihren Daten herausholen können, die sonst nicht so leicht zu erkennen sind.

Aggregatfunktionen ohne Gruppierung

Gruppierungsabfragen sind aber auch zur Ermittlung von Werten geeignet, die auf den ersten Blick nicht in dieses Schema passen. Wie hoch ist zum Beispiel Ihr Gesamtumsatz gewesen? In Abbildung 7.69 sehen Sie den Entwurf der entsprechenden Gruppierungsabfrage *qryGesamtUmsatz*.

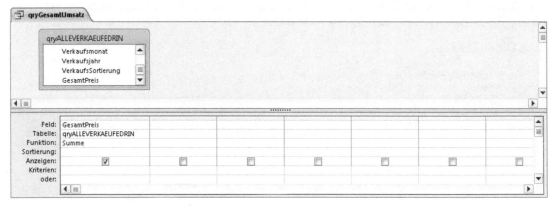

Abbildung 7.69: Der Entwurf der Abfrage *qryGesamtUmsatz*

Wie Sie sicherlich bemerkt haben, fehlt hier ein *Gruppierung*-Feld. Damit werden alle Daten in einer einzigen Gruppe zusammengefasst. Das Ergebnis in Abbildung 7.70 besteht also nur aus einer einzigen Zahl, eben dem Gesamtumsatz. Trotzdem ist es eine Gruppierungsabfrage, denn sie muss ja nicht zwangsläufig mehrere Datensätze zurückgeben.

Abbildung 7.70: Die Datenblattansicht der Abfrage *qryGesamtUmsatz*

Gruppierung ohne Aggregatfunktionen

Während das *klassische* Schema Gruppierung/Aggregatfunktion im letzten Abschnitt auf den Einsatz einer Aggregatfunktion beschränkt war, sehen Sie nun ein Beispiel, das mit der Verwendung einer Gruppierung auskommt. Damit können Sie etwa ermitteln, welche Kunden bei Ihnen etwas gekauft haben.

Wenn Sie basierend auf *qryVERKAEUFEALLESDRIN* das Feld *kndName* anzeigen lassen, erhalten Sie 27 Datensätze mit dem jeweils zugehörigen Kundennamen. Sobald Sie für dieses Feld die Gruppierung einschalten (siehe Abbildung 7.71), wird jeder Name nur noch einmal angezeigt (siehe Abbildung 7.72).

Das ist sinnvoll, wenn Sie diesen Kunden vielleicht zu Weihnachten ein freundliches Schreiben mit einem Dank für die guten Geschäftsbeziehungen schicken wollen. Dann soll ja jeder Kunde nur genau einmal angeschrieben werden.

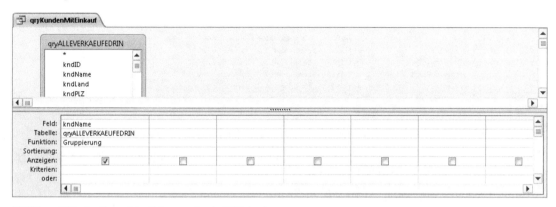

Abbildung 7.71: Der Entwurf der Abfrage *qryKundenMitEinkauf*

Für die Anzahl der im Ergebnis angezeigten Datensätze ist es unerheblich, wenn Sie jetzt die Adresse zusätzlich anzeigen wollen. Denn *kndName* ist hoffentlich schon eindeutig, sodass mit dem Hinzufügen einer Straße keine differenziertere Information auftaucht. Falls Sie zwei gleichnamige Kunden haben, sollten Sie sicherheitshalber immer nach dem Feld *kndID* gruppieren.

Abbildung 7.72: Die Datenblattansicht der Abfrage *qryKundenMitEinkauf*

7.7 Spezielle Abfragetypen

Wenn wir schon dabei sind, *gute* Kunden (nämlich die, die bei uns einkaufen) anzuschreiben, sollten wir vielleicht auch an die Karteileichen denken. Wahrscheinlich gibt es in der Tabelle *tblKunden* auch Kunden, die noch nie eingekauft haben. Denen sollten Sie am besten einen Brief schreiben, in dem Sie auf die Angebote für Neukunden hinweisen – vielleicht kaufen sie ja dann endlich etwas...

Kapitel 7 Erweiterte Abfragen

Inner Join, Outer Join

Während es eben ziemlich leicht war, die *guten* Kunden zu finden, werden Sie beim Ermitteln der *schlechten* Kunden überrascht feststellen, dass sie gar nicht so einfach anzuzeigen sind. Damit Sie sicher sind, dass in Ihrer Datenbank wenigstens ein solcher Datensatz vorhanden ist, sollten Sie am besten einen neuen Kunden in die Tabelle *tblKunden* aufnehmen.

Abbildung 7.73: Der neue Kunde in der Tabelle *tblKunden*

Dieser Kunde ist so frisch, dass er garantiert noch nichts gekauft hat. Wenn es uns also gleich gelingt, solche Kunden zu finden, muss er auf jeden Fall dabei sein.

Jetzt öffnen Sie bitte die Abfrage *qryALLEVERKAEUFEDRIN* und suchen dort diesen Kunden. Er ist nicht dabei. Das darf er auch nicht, denn Sie erinnern sich bestimmt an den impliziten Filter: Sobald *tblKunden*, *tblVerkaeufe* und *tblArtikel* gemeinsam in einer Abfrage als Datenquelle benutzt werden, können nur noch Datensätze angezeigt werden, die rechts wie links der Verknüpfung gleiche Inhalte besitzen. Das nennt sich *Equi Join* oder auch *Inner Join*, wie es in SQL heißt. Die Bezeichnung *Equi Join* weist dabei deutlicher darauf hin, dass die verbundenen Felder beidseitig gleiche Daten haben müssen.

Das ist jetzt genau unser Problem. Denn Kunden ohne Einkauf haben gerade **kein** Gegenstück in der Detailtabelle *tblVerkaeufe*. Sobald die beiden über einen *Equi Join* verbunden werden, sind diese Kunden weggefiltert. An diesem Punkt müssen wir also ansetzen und demgemäß auf die Abfrage *qryALLEVERKAEUFEDRIN* als Datengrundlage verzichten.

1. Erstellen Sie eine neue Abfrage *qryKundenOhneEinkauf* mit den Tabellen *tblKunden* und *tblVerkaeufe* als Datenquelle und den Feldern *kndName*, *kndID* und *verkkndIDRef*.

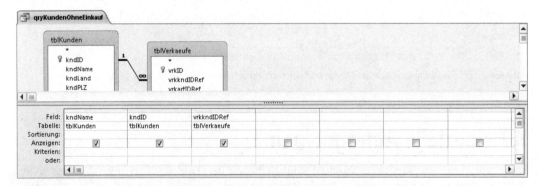

Abbildung 7.74: Der Entwurf der Abfrage *qryKundenOhneEinkauf*

2. Das Ergebnis zeigt wenig überraschend alle 27 Datensätze der Detailtabelle *tblVerkaeufe* an.
3. Doppelklicken Sie nun bitte auf den mittleren, dünneren Teil der Verbindungslinie zwischen den Tabellen, sodass das Dialogfeld für die Verknüpfungseigenschaft angezeigt wird.

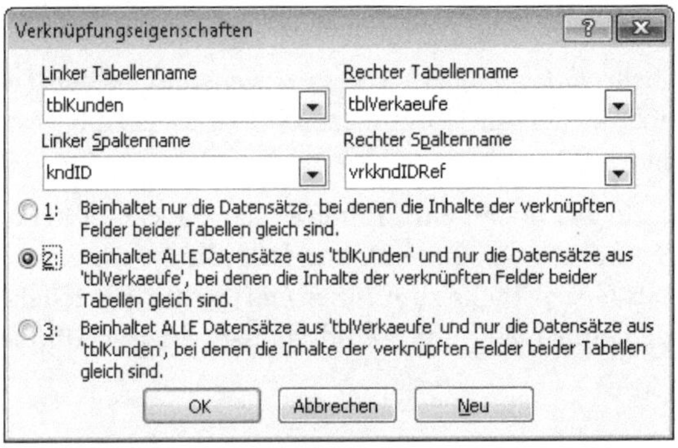

Abbildung 7.75: Das Dialogfeld *Verknüpfungseigenschaften*

In diesem Dialogfeld können Sie die Beziehung zwischen den beiden Tabellen lokal für die aktuelle Abfrage ändern, ohne dass sich dies auf die restliche Datenbank auswirkt:

- Normalerweise ist die Option *1* eingeschaltet, die einem *Equi Join* entspricht. Das ist auch die Verknüpfungseigenschaft, wie sie aus den zentralen Beziehungen übernommen wurde.
- Die Auswahl *2* zeigt alle Kunden, auch dann, wenn sie noch nichts gekauft haben. Damit wird aus dem *Equi Join* ein *Left Join*, der asymmetrisch alle Daten der linken Seite und – nur falls vorhanden – passende Daten der rechten Seite zeigt.
- Die dritte Auswahl ergäbe den *Right Join*, der alle Datensätze aus der Tabelle *tblVerkaeufe* und – falls vorhanden – die passenden Datensätze aus der Tabelle *tblKunden* anzeigt. Da wir hier jedoch die referentielle Integrität für die 1:n-Beziehung zwischen den beiden Tabellen sichergestellt haben, kann das kein anderes Ergebnis liefern als der *Equi Join*. Sonst hätten wir nämlich verwaiste Datensätze in der Tabelle *tblVerkaeufe*, die also zur *vrkkndIDRef* kein Gegenstück in *kndID* hätten. Das aber schließt die referentielle Integrität gerade aus.

4. Hier ist also die Auswahl *2* sinnvoll, die anschließend im Abfrageentwurf durch einen kleinen Pfeil dargestellt wird.
5. Führen Sie die geänderte Abfrage aus, um ihr Ergebnis anzuzeigen.

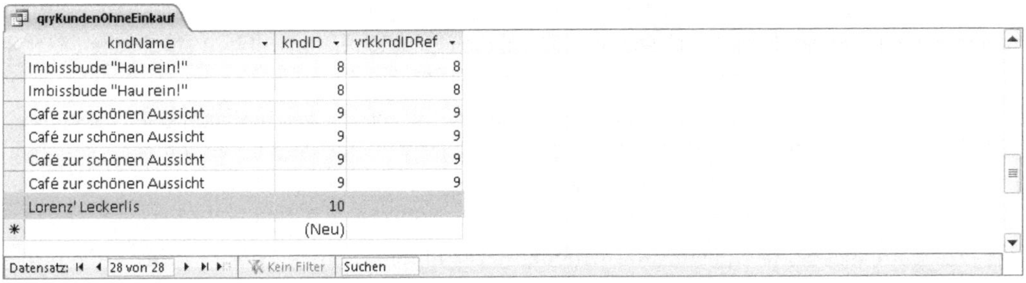
qryKundenOhneEinkauf

kndName	kndID	vrkkndIDRef
Imbissbude "Hau rein!"	8	8
Imbissbude "Hau rein!"	8	8
Café zur schönen Aussicht	9	9
Café zur schönen Aussicht	9	9
Café zur schönen Aussicht	9	9
Café zur schönen Aussicht	9	9
Lorenz' Leckerlis	10	
*	(Neu)	

Datensatz: 28 von 28 Kein Filter Suchen

Abbildung 7.76: Die Datenblattansicht mit Left Join in der Abfrage *qryKundenOhneEinkauf*

Kapitel 7 Erweiterte Abfragen

Auf den ersten Blick scheint sich in Abbildung 7.76 nichts geändert zu haben. Aber es gibt einen neuen Datensatz: Zusätzlich zu den 27 Datensätzen mit passender Verknüpfung erscheint am Ende ein 28. Eintrag, der keine *vrkkndIDRef* besitzt. Damit ist der schwierigste Teil der Aufgabe gelöst, denn erstmalig wird ein solcher Kunde ohne Einkauf überhaupt als Ergebnis einer Abfrage angezeigt. Jetzt müssen Sie ihn bloß noch herausfiltern.

6. Der Kunde hat zwar eine *kndID* in der Tabelle *tblKunden*, aber kein Gegenstück in der Tabelle *tblVerkaeufe*. Dort steht nichts oder datenbanktechnisch formuliert: *Null*. Das ist die gesuchte Filterbedingung für *vrkkndIDRef* wie in Abbildung 7.77.

Sie müssen also zur Ermittlung der Kunden, für die noch kein Eintrag in der Tabelle *tblVerkaeufe* existiert, zuerst die betreffenden Kunden mit einem so genannten *Outer Join* (die zusammenfassende Bezeichnung für *Left Join* und *Right Join* als Gegenstücke zum *Inner Join*) sichtbar machen. Danach haben die gesuchten Datensätze einen fehlenden Wert im Fremdschlüssel (hier *vrkkndIDRef*), der als *Null* gefiltert werden kann.

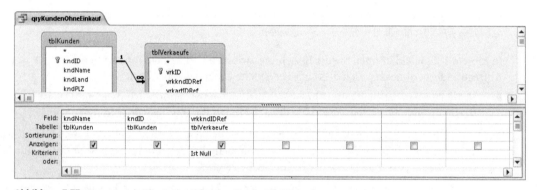

Abbildung 7.77: Der passende Filter in der Abfrage *qryKundenOhneEinkauf*

Wenn Sie diese Abfrage ausführen, zeigt sie nur einen ermittelten Datensatz. Tatsächlich ist der neue Kunde der einzige, der noch nichts gekauft hat. Die Felder *kndID* und *vrkkndIDRef* sind für die Anzeige überflüssig, sie dienten hier nur der Verdeutlichung. Der Filter `vrkkndIDRef Ist Null` aber muss natürlich erhalten bleiben.

Union-Abfragen

Damit kommen wir zu einem ähnlichen Problem, das in Datenbanken immer wieder auftritt. Während im letzten Beispiel Daten angezeigt werden sollten, die eigentlich herausgefiltert sind, sollen jetzt Daten ausgegeben werden, die überhaupt nicht zusammengehören.

Angenommen, Sie ändern Ihre Geschäftsadresse, feiern Ihr 100jähriges Jubiläum oder haben die weltbeste Homepage ins Internet gestellt, da wäre es doch sinnvoll, alle darüber zu informieren. Und zwar sowohl die Kunden als auch die Lieferanten. (Wir haben in unserer Beispieldatenbank zwar von den Lieferanten keine Adressen gespeichert, aber nur, um Ihnen unnötige Schreibarbeit zu ersparen.)

Das Problem dabei ist, dass diese Informationen nicht in der gleichen Tabelle stehen. Alle bisherigen Abfragen erwarten entweder eine einzige Tabelle/Abfrage als Datenquelle oder mehrere, die sinnvoll miteinander verknüpft sind.

7.7 Spezielle Abfragetypen

Die Tabellen *tblKunden* und *tblLieferanten* besitzen aber keine Beziehung zueinander und auch kein Feld, dessen Inhalt bei beiden gleich ist. Trotzdem ist Access in der Lage, diese Daten gemeinsam in einer Datenblattansicht anzuzeigen. Dazu braucht es eine Union-Abfrage und ein wenig Schreibarbeit.

1. Den ersten Schritt können Sie noch im grafischen Entwurfsmodus vornehmen. Erstellen Sie bitte eine Abfrage *qryKundenUndLieferanten* mit dem Feld *kndName* wie in Abbildung 7.78. Dieses Feld soll der Einfachheit halber als komplette Adresse gelten. (Uns fehlen ja die entsprechenden Adressfelder in der Lieferantentabelle.)

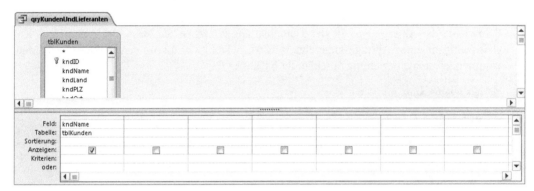

Abbildung 7.78: Der erste Entwurf der Abfrage *qryKundenUndLieferanten*

2. Das Ergebnis zeigt wenig überraschend die inzwischen neun Datensätze der Tabelle *tblKunden* und soll hier nicht weiter interessieren. Jetzt kommt die Umwandlung in eine Union-Abfrage, aber bitte auf keinen Fall durch Anklicken des *Union*-Symbols (in der Gruppe *Abfragetyp* auf der Registerkarte *Entwurf*). Dadurch würde nämlich Ihr bisheriger Entwurf einfach gelöscht.

3. Wechseln Sie stattdessen in die SQL-Ansicht, indem Sie auf der Registerkarte *Entwurf* in der Gruppe *Ergebnisse* auf den Pfeil unter dem Symbol *Ansicht* klicken und dann im Ausklappmenü den Befehl *SQL-Ansicht* auswählen. Alternativ können Sie auch unten rechts am Rahmen des Anwendungsfensters auf das SQL-Symbol klicken. Sie sehen dann wie in Abbildung 7.79 den SQL-Text des bisherigen grafischen Abfrageentwurfs.

Abbildung 7.79: Die SQL-Ansicht der Abfrage *qryKundenUndLieferanten*

4. Für eine Union-Abfrage werden einfach mehrere Abfragen (mit gleich vielen Spalten) durch das Schlüsselwort *UNION* verbunden. Entfernen Sie also bitte das abschließende Semikolon und ändern Sie den SQL-Befehl wie folgt:

```
SELECT kndName
FROM tblKunden
UNION
SELECT lfrName
FROM tblLieferanten;
```

Kapitel 7　Erweiterte Abfragen

Da die Feldnamen eindeutig sind, kann die jeweilige Nennung der Tabelle davor entfallen. Anders als im grafischen Entwurf können Sie die Felder nicht aus einer Liste auswählen.

> **Hinweis: Groß-/Kleinschreibung bei SQL-Befehlen**
>
> Die Großschreibung der SQL-Schlüsselwörter ist nicht zwingend, aber üblich und übersichtlicher. Falls die Feld- oder Tabellennamen Sonderzeichen enthalten hätten, müssen die kompletten Namen in eckigen Klammern eingefasst werden. Am Ende einer SQL-Anweisung muss immer ein Semikolon stehen.

5. Führen Sie die Abfrage aus. In der Datenblattansicht sehen Sie, dass Lieferanten und Kunden gleichzeitig in einer Abfrage angezeigt werden, obwohl sie aus unterschiedlichen Datenquellen kommen, die keine Beziehung miteinander haben.

Abbildung 7.80: Die Datenblattansicht der Union-Abfrage *qryKundenUndLieferanten*

6. An dieser Ausgabe lässt sich jetzt noch einiges verbessern, denn die Spaltenüberschrift ist irreführend und die Daten sind nicht sortiert. Ändern Sie dazu bitte den SQL-Befehl wie folgt:

```
SELECT kndName AS Name
FROM tblKunden
UNION
SELECT lfrName
FROM tblLieferanten
ORDER BY Name;
```

Damit wird das Feld *kndName* der ersten Abfrage – das den Spaltennamen vorgibt – in *Name* umbenannt. Daher muss sich auch die Sortierung am Ende auf die Spalten der ersten Abfrage beziehen.

7. Da bei Union-Abfragen Daten aus verschiedenen Tabellen gemischt werden, könnte es ganz hilfreich sein, diese Quellen jeweils anzugeben. Als zweite Spalte soll also die Datenquelle genannt werden. Dazu ergänzen Sie die SQL-Syntax um folgende Angaben:

```
SELECT kndName AS Name, "Kunde" AS Typ
FROM tblKunden
UNION
SELECT lfrName, "Lieferant" AS Typ
FROM tblLieferanten
ORDER BY Name;
```

Dabei muss das Feld *Typ* in der zweiten Abfrage gar nicht namentlich identisch mit dem ersten sein, aber so es ist übersichtlicher. In Abbildung 7.81 sehen Sie die entsprechende Datenblattansicht für die Abfrage *qryKundenUndLieferanten*, in der nun auch die Datenquelle ersichtlich ist.

qryKundenUndLieferanten

Name	Typ
Alles Lecker AG	Lieferant
Bitter&Sweet	Lieferant
Café Kiosk	Kunde
Café zur schönen Aussicht	Kunde
Chocolaterie du Président	Lieferant
Einkaufsgenossenschaft Kaufgut	Kunde
Imbissbude "Hau rein!"	Kunde
Kneipe "Bei Martina"	Kunde
Lorenz' Leckerlis	Kunde
Müller & Söhne	Kunde
Schokoladenfabrik Meyer u. Söhne	Lieferant
Süßigkeiten-Wunderland GmbH	Lieferant
Theo's Lädchen	Kunde
Wald-Markt	Kunde

Datensatz: 1 von 14 Kein Filter Suchen

Abbildung 7.81: Die Datenblattansicht Union-Abfrage *qryKundenUndLieferanten* mit einem zweiten Feld

8. Sie können bei Union-Abfragen sogar unterschiedliche Datentypen in der gleichen Spalte wählen:

```
SELECT kndName AS Name, "Kunde" AS Typ, Date() AS Stand
FROM tblKunden
UNION
SELECT lfrName, "Lieferant" AS Typ, "Neujahr 2010" AS Stand
FROM tblLieferanten
ORDER BY Name;
```

Für die Kundendaten wird das aktuelle Datum, für die Lieferantendaten ein fester Text erzeugt. Solche Spalten werden in Access in den *Text*-Datentyp umgewandelt, wie in Abbildung 7.82 zu sehen ist, denn Texte werden ja im Gegensatz zu Zahlen und Datumswerten linksbündig angezeigt.

qryKundenUndLieferanten

Name	Typ	Stand
Alles Lecker AG	Lieferant	Neujahr 2010
Bitter&Sweet	Lieferant	Neujahr 2010
Café Kiosk	Kunde	06.01.2010
Café zur schönen Aussicht	Kunde	06.01.2010
Chocolaterie du Président	Lieferant	Neujahr 2010
Einkaufsgenossenschaft Kaufgut	Kunde	06.01.2010
Imbissbude "Hau rein!"	Kunde	06.01.2010
Kneipe "Bei Martina"	Kunde	06.01.2010
Lorenz' Leckerlis	Kunde	06.01.2010
Müller & Söhne	Kunde	06.01.2010
Schokoladenfabrik Meyer u. Söhne	Lieferant	Neujahr 2010
Süßigkeiten-Wunderland GmbH	Lieferant	Neujahr 2010
Theo's Lädchen	Kunde	06.01.2010
Wald-Markt	Kunde	06.01.2010

Datensatz: 1 von 14 Kein Filter Suchen

Abbildung 7.82: Die Union-Abfrage *qryKundenUndLieferanten* mit verschiedenen Feld-Datentypen

Die einzige Bedingung bei Union-Abfragen in Access ist, dass alle enthaltenen Abfragen die gleiche Anzahl an Feldnamen beziehungsweise Spalten besitzen.

Kapitel 7   Erweiterte Abfragen

Kreuztabellenabfragen

Wenn Sie bei Gruppierungsabfragen mehrere Gruppierungsfelder haben, kann es schnell unübersichtlich werden. In solchen Fällen bieten sich Kreuztabellenabfragen an.

Bitte verwechseln Sie Kreuztabellenabfragen nicht mit dem Kreuzprodukt, welches entsteht, sobald Tabellen ohne Verknüpfung in der Abfrage enthalten sind. Kreuztabellenabfragen machen hingegen aus bisherigen Datenzeilen neue Spalten.

Damit sind sie die einzigen Abfragen, bei denen Sie nicht namentlich bestimmen, welche Spalten erscheinen sollen. Jede neue Gruppe in der entsprechend gekennzeichneten Gruppierungsspalte erzeugt automatisch eine neue Spalte, deren Feldname aus dem Inhalt der Gruppierungsspalte gebildet wird (unter Beachtung der Namenskonventionen und einer eventuell erforderlichen Korrektur).

Da Kreuztabellenabfragen anfangs kompliziert wirken, stellt Access einen Assistenten zu deren Erstellung bereit. Sie finden ihn auf der Registerkarte *Erstellen* in der Gruppe *Abfragen* als *Abfrage-Assistent*.

1. Wählen Sie dort wie in Abbildung 7.83 den *Kreuztabellenabfrage-Assistent* in der Liste aus und bestätigen mit *OK*.

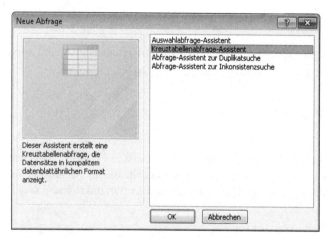

Abbildung 7.83: Der Assistent zur Erstellung einer Kreuztabellenabfrage

2. Als erstes Beispiel soll der jährliche Umsatz je Kunde ermittelt werden. Im nun folgenden Schritt des Assistenten geben Sie daher die Abfrage *qryALLEVERKAEUFEDRIN* an, weil nur diese die passenden Daten liefert. Abbildung 7.84 zeigt den zweiten Schritt des Kreuztabellenabfrage-Assistenten, in dem Sie die Datenquelle auswählen – in diesem Fall mit der mittleren Option *Abfragen*. Das Bild im unteren Teil des Dialogfelds wird die jeweils ausgewählten Parameter immer aktualisieren.

> **Hinweis: Datenquellen vorher zusammenfassen**
>
> Dieser Assistent kann leider nicht mehrere Datenquellen zusammenfassen. Sie müssen also vorher bereits alle Tabellen in einer Abfrage verknüpft haben. Auch da erweist sich unsere Abfrage *qryALLEVERKAEUFEDRIN* als vorteilhaft, weil in ihr diese Bedingung schon erfüllt ist.

7.7 Spezielle Abfragetypen

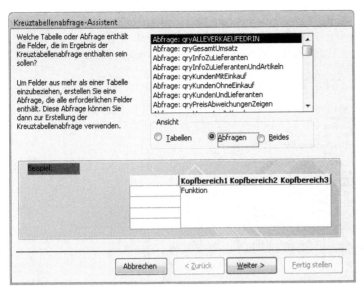

Abbildung 7.84: Die Datenquelle der Kreuztabellenabfrage

3. Mit der *Weiter*-Schaltfläche erreichen Sie den nächsten Schritt zur Auswahl des Feldes für die Zeilen-Daten. Dort geben Sie wie in Abbildung 7.85 ein Feld an, welches links in den Zeilen als Gruppierung eingesetzt wird. Nur bei den Zeilenfeldern können Sie auch mehrere auswählen, aus Gründen der Übersichtlichkeit beschränken wir uns hier aber auf ein Feld.

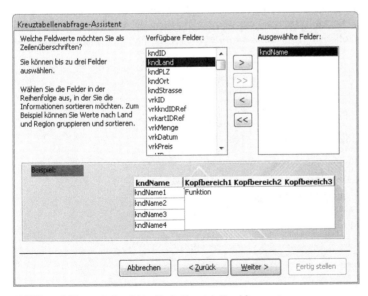

Abbildung 7.85: Die Zeilen-Felder für die Kreuztabellenabfrage

4. Mit *Weiter* haben Sie im nächsten Schritt des Kreuztabellenabfrage-Assistenten die Möglichkeit, das Gruppierungsfeld für die Spaltenüberschriften auszuwählen. Das ist dasjenige Feld, dessen Inhalte jeweils neue Spaltenüberschriften erzeugen.

Kapitel 7 Erweiterte Abfragen

5. Wählen Sie hier wie in Abbildung 7.86 das berechnete Feld *VerkaufsJahr* als Spaltenüberschrift. Jede gefundene Jahreszahl erzeugt dann eine eigene Spalte. Falls ungültige Zeichen (»[]!.«) in diesem Feld vorkämen, würden diese im Spaltennamen automatisch durch einen Unterstrich ersetzt.

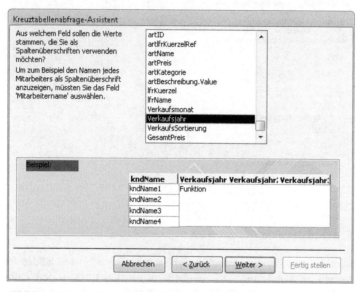

Abbildung 7.86: Die Spaltenüberschriften der Kreuztabellenabfrage

6. Die dritte notwendige Angabe für eine Kreuztabellenabfrage ist neben Zeile und Spalte der Wert. Wählen Sie hier im nächsten Schritt bitte das Feld *GesamtPreis* und die Funktion *Summe* aus (siehe Abbildung 7.87). Das Kontrollkästchen *Gesamtsumme jeder Zeile berechnen* können Sie aktiviert lassen.

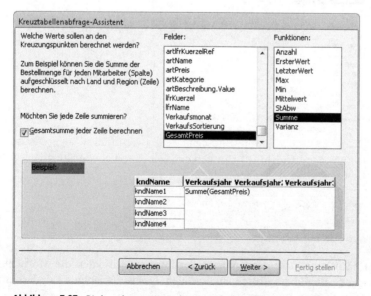

Abbildung 7.87: Die berechneten Werte der Kreuztabellenabfrage

7.7 Spezielle Abfragetypen

7. Damit sind Sie fast fertig. Der Assistent benötigt im nächsten und letzten Schritt nur noch den Namen, unter dem die Kreuztabellenabfrage gespeichert werden soll. Geben Sie hier *qryUmsatzJeKundeUndJahr* an.

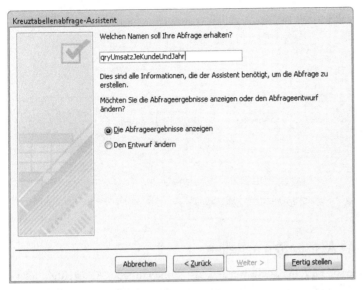

Abbildung 7.88: Der Abschluss des Kreuztabellenabfrage-Assistenten

8. Wenn Sie die Abfrage nun *Fertig stellen* lassen, sehen Sie folgende Datenblattansicht:

kndName	Gesamtsumme von GesamtPreis	2007	2008	2009	2010
Café Kiosk	275,00 €	210,00 €	65,00 €		
Café zur schönen Aussicht	10.177,00 €			9.850,00 €	327,00 €
Einkaufsgenossenschaft Kaufgut	2.007,50 €		270,00 €		1.737,50 €
Imbissbude "Hau rein!"	122,50 €				122,50 €
Kneipe "Bei Martina"	1.814,00 €			394,00 €	1.420,00 €
Müller & Söhne	7.945,00 €			7.880,00 €	65,00 €
Theo's Lädchen	3.723,75 €				3.723,75 €
Wald-Markt	1.511,00 €			730,00 €	781,00 €

Abbildung 7.89: Die fertige Kreuztabellenabfrage *qryUmsatzJeKundeUndJahr*

Dabei wird je Gruppierungsfeld-Inhalt für *kndName* eine neue Zeile (wie in allen anderen Gruppierungsabfragen auch) und je Gruppierungsfeld-Inhalt für *VerkaufsJahr* eine neue Spalte angelegt. Dadurch lassen sich solche Übersichten viel kompakter darstellen.

Sie müssen zwar erst wieder die Registerkarte *Start* anklicken, um darin die Entwurfsansicht auswählen zu können, aber wie Sie sehen, handelt es sich um eine ganz normale Abfrage. Der wesentliche Unterschied liegt in einer zusätzlichen Zeile im Entwurf, in der die Anordnung der Zeilen, Spalten und Werte beschrieben wird.

Dabei dürfen die *Zeilenüberschrift*-Felder bei Bedarf mehrfach vorkommen, die *Spaltenüberschrift* jedoch nur einmalig. Auch mehrere *Wert*-Felder sind erlaubt (wie hier schon zu sehen), das verbessert aber nicht unbedingt die Übersichtlichkeit.

Abbildung 7.90 zeigt den Entwurf der Abfrage *qryUmsatzJeKundeUndJahr*, wie sie der Kreuztabellenabfrage-Assistent erstellt hat. Eigentlich ist darin außer der neuen Zeile *Kreuztabelle* nichts, was Sie in anderen Abfragen nicht auch schon gemacht hätten, oder?

Abbildung 7.90: Der Entwurf der Kreuztabellenabfrage *qryUmsatzJeKundeUndJahr*

Kreuztabellenabfragen ohne Assistenten erstellen

Die nächste Kreuztabellenabfrage soll *zu Fuß* erstellt werden, also ohne Hilfe des Assistenten. Jetzt sollen die monatlichen Umsätze je Kunde angezeigt werden. Diese Aufgabe scheint der Ermittlung der jährlichen Umsätze auf den ersten Blick sehr zu ähneln, aber die Datenmenge macht den Unterschied.

Wenn jeder neue Monat eine eigene Spalte erzeugt, müssen Sie pro Jahr von 12 Spalten ausgehen. Selbstverständlich müssen alle Jahre getrennt betrachtet werden und hier sind vier Jahre vertreten. Im ungünstigsten Fall, d.h. wenn in jedem Monat eines jeden Jahres Daten vorhanden sind, ergibt das 48 Spalten. Andererseits sind maximal 8 Kunden betroffen. Daher empfiehlt es sich dringend, die Kunden als Spalten und die Monate als Zeilen zu organisieren.

Wenn Sie eine Kreuztabellenabfrage ohne Assistenten aufbauen wollen, beginnen Sie am besten mit einer einfachen Gruppierungsabfrage.

1. Erstellen Sie bitte eine Gruppierungsabfrage *qryUmsatzJeMonatUndKunde* wie in Abbildung 7.91.

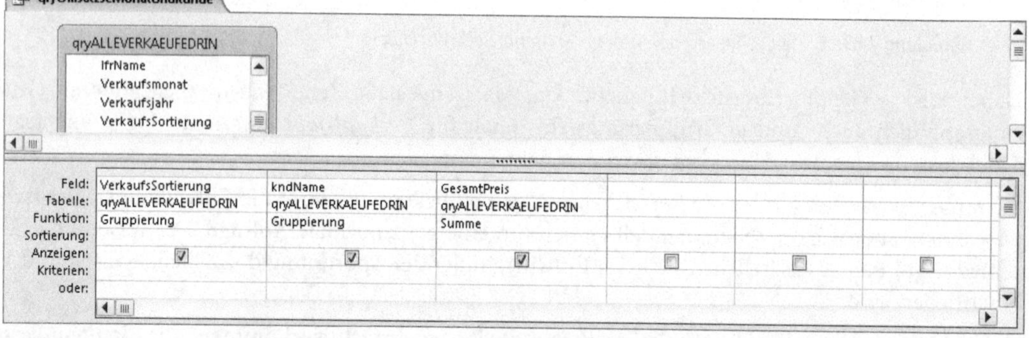

Abbildung 7.91: Der Entwurf der Gruppierungsabfrage *qryUmsatzJeMonatUndKunde*

Die Datenblattansicht dieser Abfrage sehen Sie in Abbildung 7.92, wobei hier die erste Gruppierung auch automatisch die Sortierung vorgibt. Da es noch eine einfache Gruppierungsabfrage ist, bleibt es immer ein wenig strittig, ob nun besser nach Datum oder nach Kunde sortiert wird.

VerkaufsSortierung	kndName	SummevonGesamtPreis
2007_03	Café Kiosk	210,00 €
2008_03	Einkaufsgenossenschaft Kaufgut	270,00 €
2008_08	Café Kiosk	65,00 €
2009_11	Wald-Markt	162,00 €
2009_12	Café zur schönen Aussicht	9.850,00 €
2009_12	Kneipe "Bei Martina"	394,00 €
2009_12	Müller & Söhne	7.880,00 €
2009_12	Wald-Markt	568,00 €
2010_01	Einkaufsgenossenschaft Kaufgut	1.136,00 €
2010_02	Theo's Lädchen	1.719,00 €
2010_03	Imbissbude "Hau rein!"	78,00 €
2010_03	Kneipe "Bei Martina"	1.420,00 €
2010_04	Café zur schönen Aussicht	243,75 €
2010_04	Einkaufsgenossenschaft Kaufgut	601,50 €
2010_04	Imbissbude "Hau rein!"	28,25 €
2010_04	Wald-Markt	781,00 €
2010_05	Café zur schönen Aussicht	83,25 €
2010_05	Theo's Lädchen	1.980,00 €
2010_06	Imbissbude "Hau rein!"	16,25 €
2010_06	Theo's Lädchen	16,50 €
2010_09	Müller & Söhne	65,00 €
2010_11	Theo's Lädchen	8,25 €

Abbildung 7.92: Das Ergebnis der Gruppierungsabfrage *qryUmsatzJeMonatUndKunde*

2. Wechseln Sie nun den Abfragetyp auf *Kreuztabelle*, sodass im Entwurfsbereich die *Kreuztabelle*-Zeile angezeigt wird.
3. Geben Sie für *VerkaufsSortierung* den Wert *Zeilenüberschrift*, für *kndName* eine *Spaltenüberschrift* und für *GesamtPreis* bitte *Wert* an. Jetzt präsentieren sich die gleichen Informationen sehr viel übersichtlicher als in Abbildung 7.93.

VerkaufsSortierur	Café Kiosk	Café zur s(	Einkaufsg(	Imbissbude "Hau rein_"	Kneipe "B	Müller & S	Theo's Läc	Wald-Mar
2007_03	210,00 €							
2008_03			270,00 €					
2008_08	65,00 €							
2009_11								162,00 €
2009_12		9.850,00 €			394,00 €	7.880,00 €		568,00 €
2010_01			1.136,00 €					
2010_02							1.719,00 €	
2010_03				78,00 €	1.420,00 €			
2010_04		243,75 €	601,50 €	28,25 €				781,00 €
2010_05		83,25 €					1.980,00 €	
2010_06				16,25 €			16,50 €	
2010_09						65,00 €		
2010_11							8,25 €	

Abbildung 7.93: Das Ergebnis der Kreuztabellenabfrage *qryUmsatzJeMonatUndKunde*

Kapitel 7 Erweiterte Abfragen

Für das Feld der *Spaltenüberschrift* wird aus jedem Dateninhalt von *kndName* eine neue Spalte gebildet. Dabei werden die ungültigen Zeichen wie »[]!.« durch einen Unterstrich ersetzt (z.B. bei der *Imbissbude "Hau rein!"*).

4. Spaltenüberschrift kann nur ein einziges Feld werden, aber es sind mehrere Zeilenüberschriften möglich. Sie können hier beispielsweise das *VerkaufsSortierung*-Feld durch zwei getrennte Felder *VerkaufsJahr* und *VerkaufsMonat* ersetzen wie in Abbildung 7.94, was eventuell einen zukünftigen Filter vereinfacht.

Verkaufsjahr	Verkaufsmonat	Café Kiosk	Café zur s...	Einkaufsg...	Imbissbud...	Kneipe "B...	Müller & ...	Theo's Läc...	Wald-Mar...
2007	3	210,00 €							
2008	3			270,00 €					
2008	8	65,00 €							
2009	11								162,00 €
2009	12		9.850,00 €			394,00 €	7.880,00 €		568,00 €
2010	1			1.136,00 €					
2010	2							1.719,00 €	
2010	3				78,00 €	1.420,00 €			
2010	4		243,75 €	601,50 €	28,25 €				781,00 €
2010	5		83,25 €					1.980,00 €	
2010	6				16,25 €			16,50 €	
2010	9						65,00 €		
2010	11								8,25 €

Abbildung 7.94: Das Ergebnis von *qryUmsatzJeMonatUndKunde* mit zwei Zeilenüberschriften

5. Zusätzlich ist eine Summe je Zeile möglich, nicht jedoch – wie Sie das vielleicht von Pivot-Tabellen in Excel her kennen – eine Spaltensumme. Um die Zeilensumme anzuzeigen, geben Sie im Entwurf das Feld an, das schon für *Wert* genannt wurde, hier also *Gesamtpreis*. Seine Funktion ist ebenfalls *Summe*, aber die Kreuztabellen-Position ist *Zeilenüberschrift* wie in Abbildung 7.95.

Abbildung 7.95: Der Entwurf von *qryUmsatzJeMonatUndKunde* mit einer Zeilensumme

Wenn Sie sich die Datenblattansicht dazu ansehen, werden Sie feststellen, dass dieses Summenfeld automatisch als *SummevonGesamtPreis1* benannt würde. Damit das als Feldname nicht so lang ist, nutzen Sie eine Feldberechnung, um diesen Namen selber vorzugeben.

7.7 Spezielle Abfragetypen

6. Ändern Sie diesen *GesamtPreis*-Eintrag bitte in `Gesamtsumme: GesamtPreis`. Dadurch taucht der *GesamtPreis*-Feldname nicht mehr doppelt auf und die Überschrift wird kürzer wie in der folgenden Abbildung.

Verka	Verkai	Gesamtsumme	Café Kiosk	Café zur s(	Einkaufsg(	Imbissbud	Kneipe "B	Müller & S	Theo's Läc	Wald-Mar
2007	3	210,00 €	210,00 €							
2008	3	270,00 €			270,00 €					
2008	8	65,00 €	65,00 €							
2009	11	162,00 €								162,00 €
2009	12	18.692,00 €		9.850,00 €			394,00 €	7.880,00 €		568,00 €
2010	1	1.136,00 €			1.136,00 €					
2010	2	1.719,00 €							1.719,00 €	
2010	3	1.498,00 €				78,00 €	1.420,00 €			
2010	4	1.654,50 €	243,75 €	601,50 €		28,25 €				781,00 €
2010	5	2.063,25 €	83,25 €						1.980,00 €	
2010	6	32,75 €				16,25 €			16,50 €	
2010	9	65,00 €						65,00 €		
2010	11	8,25 €							8,25 €	

Abbildung 7.96: Der Entwurf von *qryUmsatzJeMonatUndKunde* mit der umbenannten Zeilensumme

Wie Sie sehen, ist auch eine *handgemachte* Kreuztabellenabfrage nicht besonders schwierig. Diese Methode hat vor allem den Vorteil, dass Sie mehrere Datenquellen in der Abfrage zusammenführen könnten, was mit dem Kreuztabellenabfrage-Assistenten nicht möglich ist.

Parameterabfragen

Jetzt wäre es hilfreich, die Details für solche typischen Gruppierungsfelder zu sehen, also z.B. alle Verkäufe in einem bestimmten Monat oder alle Verkäufe eines Kunden oder Ähnliches. In meiner beruflichen Praxis treffe ich in fertigen Datenbanken regelmäßig auf Abfragen nach dem Muster *qryDatenJanuar, qryDatenFebruar, qryDatenMaerz* und so weiter.

Das mögen im Falle von Monatsauswertungen noch begrenzbare 12 Abfragen sein, aber was machen Sie mit den Kunden? Es ist nicht nur völlig unübersichtlich, wenn Sie für jeden Ihrer hoffentlich vielen Kunden eine Abfrage anlegen, sondern obendrein auch absolut unnötig.

Für diesen Zweck gibt es so genannte *Parameterabfragen,* die ihr eigentliches Filterkriterium erst zur Laufzeit per Parameter erfahren.

1. Erstellen Sie bitte basierend auf der Abfrage *qryALLEVERKAEUFEDRIN* eine neue Abfrage, in der Sie mit »*« alle Felder aufnehmen. Zusätzlich fügen Sie noch das Feld *kndName* ohne Anzeige ein wie in Abbildung 7.97.

   Der Unterschied zu normalen Auswahlabfragen besteht nun darin, dass Sie im Kriterienbereich einen Feldnamen in eckigen Klammern angeben. Der Name erfüllt alle notwendigen Regeln, nur – es gibt ihn nicht! Daher wird Access bei der Ausführung der Abfrage nach seinem Inhalt fragen.

2. Da das Fragezeichen zulässiger Bestandteil eines Feldnamens ist und dieser in einem Dialogfeld sichtbar wird, können Sie als Kriterium für *kndName* nun [**welcher Kunde?**] eingeben.

Kapitel 7   Erweiterte Abfragen

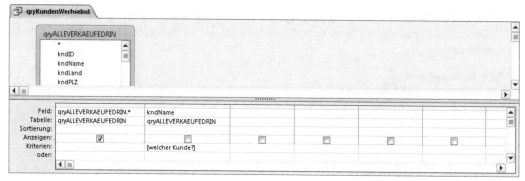

Abbildung 7.97: Der Entwurf der Parameterabfrage *qryKundenWechselnd*

3. Sobald Sie für diese Abfrage in die Datenblattansicht wechseln, erscheint automatisch folgendes Dialogfeld mit dem Feldnamen als Text und der Möglichkeit einer Dateneingabe.

Abbildung 7.98: Das Parameter-Dialogfeld der Abfrage *qryKundenWechselnd*

4. Geben Sie hier **Wald-Markt** ein, um anschließend die Datensätze dieses Kunden angezeigt zu bekommen.

Die Abfrage *vergisst* Ihre Eingabe sofort wieder, wird also bei jedem Aufruf erneut nachfragen. Genau darin besteht ihr Vorteil, denn jetzt haben Sie eine einzige Abfrage, die dennoch flexibel alle Kunden filtern kann.

5. Sie haben sicherlich schon probiert, den Kundennamen abzukürzen und durch ein Jokerzeichen wie »*« zu ersetzen? Das funktioniert so noch nicht. Dazu müssen Sie Access schon im Entwurf ankündigen, dass zur Laufzeit ein Jokerzeichen kommen wird, also ergänzen Sie bitte ein *Wie* vor der ersten eckigen Klammer.

Hintergrund: Warum funktionieren Jokerzeichen nicht automatisch?

Wenn Sie einen Feldnamen wie *[welcher Kunde]* als Kriterium eintragen, wird zur Laufzeit der Text aus dem Parameter-Dialogfeld als Ergebnis eingetragen. Als Vergleichsoperator steht dort ein Gleichheitszeichen, sodass die Filterbedingung =`"Wald-Markt"` entsteht.

Geben Sie als Text **Wald*** ein, wird daraus der Vergleich =`"Wald*"`, und nicht etwa `Wie "Wald*"`! Falls Sie schon im Entwurf ein Sternchen als Kriterium eingeben, kann Access bereits zur Entwurfszeit den Operator auf `Wie` korrigieren. Während der Ausführung ändert sich der Operator aber nicht, daher kommt das Jokerzeichen sozusagen zu spät.

6. Außerdem ist es lästig, bei Kundennamen die Zusätze wie *GmbH* oder *AG* immer zu bedenken. Viel bequemer wäre es, wenn das Jokerzeichen automatisch eingebaut wäre, damit alle Firmennamen unvollständig bleiben können. Ergänzen Sie das Kriterium daher wie in Abbildung 7.99 um ein verkettetes Sternchen.

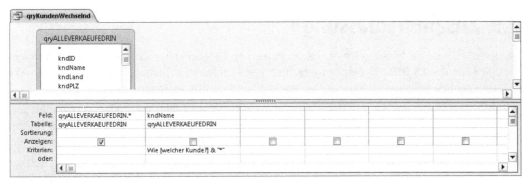

Abbildung 7.99: Der optimierte Entwurf der Parameterabfrage *qryKundenWechselnd*

7. Jetzt können Sie zum Beispiel mit der Eingabe **Café** die Datensätze beider Cafés sehen. An dieser Stelle ist Access übrigens zu Recht pingelig, es muss wirklich ein »e« mit accent aigu sein, also ein »é«, denn das ist schließlich ein anderer Buchstabe. Sie können aber von nun an ja die Eingabe auf **caf** beschränken.

Sie können aus allen Abfragen solche Parameterabfragen machen, sowohl aus Auswahlabfragen als auch aus Aktionsabfragen. Im Moment ist es aber noch mehr als lästig, immer wieder den gleichen Kundennamen einzugeben, wenn die Abfrage mehrfach benutzt wird. Das wird sich deutlich entschärfen, wenn Sie im weiteren Verlauf des Buches ein PopUp-Formular mit den Daten zur Verfügung stellen können, aus dem die Texteingabe eingelesen werden kann.

7.8 Übungen zu diesem Kapitel

In diesem Abschnitt finden Sie einige Übungen zu diesem Kapitel. Die richtigen Antworten finden Sie wie immer auf der Website *www.richtig-einsteigen.de*.

Übung 7.1

Warum können Sie mit einer Tabellenerstellungsabfrage keine regelmäßigen Archivierungen durchführen?

Übung 7.2

Ist es möglich und sinnvoll, dass Sie in der Datenblattansicht der Abfrage *qryALLEVERKAEUFEDRIN* den Inhalt des Feldes *kndStrasse* ändern?

Übung 7.3

Erstellen Sie bitte eine Parameterabfrage, die die Verkaufs-Datensätze für verschiedene Artikelnamen auswählen kann.

7.9 Zusammenfassung

In diesem Kapitel haben Sie gesehen, welche immensen Möglichkeiten die verschiedenen Abfragetypen für eine Datenbank bieten. Neben den verschiedenen Formen von Auswahlabfragen haben Sie Aktionsabfragen kennen gelernt, mit den sich Daten schnell und effektiv verändern lassen.

- Mit *Aktualisierungsabfragen* lassen sich Daten in einzelnen Feldern verändern. Dazu zählt auch das Löschen des Feldinhalts, indem dort als neuer Wert *Null* vorgegeben wird. Vergessen Sie nicht, dass in Formeln Feldnamen in eckigen Klammern stehen müssen (und nicht in Anführungszeichen)!

- *Anfügeabfragen* schreiben neue Datensätze an schon vorhandene Tabellen und eignen sich optimal für eine regelmäßige Archivierung, auch in andere Datenbanken hinein. Es ist hilfreich, dabei direkt einen Zeitstempel (Datum/Uhrzeit) errechnen und schreiben zu lassen, damit sich doppelte Archivierungen vermeiden lassen.

- Um neue Tabellen zu erzeugen, benötigen Sie (eher selten) *Tabellenerstellungsabfragen*. Sollte eine gleichnamige Tabelle bereits vorhanden sein, wird diese nach Bestätigung einer entsprechenden Rückfrage gelöscht. Dadurch entstehen sehr schnell viele gelöschte Objekte, die erst durch die Komprimierung der gesamten Datenbank tatsächlich physikalisch entfernt werden.

- Mit *Löschabfragen* werden ganze Datensätze, meistens anhand einer Filterbedingung gelöscht. Auch hier sollte die Datenbank anschließend komprimiert werden, damit die gelöschten Daten wirklich aus der Datei entfernt werden.

- Die *Gruppierungsabfrage* kann mit integrierten Aggregatfunktionen die Felder mehrerer Datensätze zusammenrechnen, typischerweise als Summe, Mittelwert oder Anzahl. Dabei lassen sich beliebige Gruppen angeben, für die dann Teilwerte ermittelt werden können.

- Die andere Darstellungsform einer Gruppierungsabfrage ist eine *Kreuztabellenabfrage*, die aus genau einer Gruppierung die Spaltenüberschriften erzeugen kann. Das bedeutet, dass hier aus einzelnen Datenwerten neue Spaltennamen entstehen.

- Wegen der Anzahl der in einer Datenbank entstehenden Abfragen empfiehlt es sich, diese möglichst so anzuordnen, dass möglichst viele auf eine zentrale Abfrage zugreifen. Dadurch können berechnete Felder und Filter gemeinsam genutzt werden und Sie müssen diese nicht mehrfach (und möglicherweise auch noch abweichend) erstellen.

- In einer Datenbank sollten die Namen der Objekte (Tabellen, Felder etc.) am besten nie geändert werden, weil dann davon abhängige Objekte wie Aktionsabfragen, Makros oder VBA-Code nicht mehr funktionieren. Die Objektnamen-AutoKorrektur ist leider nur eine sehr schwache Hilfe.

- Durch *nicht-symmetrische Verknüpfungen (Outer Join)* zwischen den Datenquellen einer Abfrage können Sie auch Datensätze anzeigen, die beim üblichen Inner Join herausgefiltert werden. Die Änderung in der Verknüpfung ist nur lokal und beeinflusst nicht die in den Beziehungen angegebenen, zentralen Verknüpfungen. Dadurch lassen sich *klassische Datenleichen* finden, bei denen eine Detailtabelle Referenzen auf nicht mehr vorhandene IDs einer Mastertabelle enthält.

- Datensätze aus fast beliebigen Tabellen ohne Verknüpfung lassen sich mit *Union-Abfragen* untereinander anzeigen, als ob sie aus einer Datenquelle kämen. Dabei lassen sich sogar unterschiedliche Datentypen mischen, weil diese dann zur Anzeige in den *Text*-Datentyp umgewandelt werden.

- Als besondere Variante aller Abfragetypen gibt es *Parameterabfragen*, bei denen als Filterkriterium ein unbekannter Feldname genannt wird. Dessen Inhalt wird von Access bei jeder Ausführung in einem Dialogfeld erfragt, sodass Sie flexibel wechselnde Kriterien berücksichtigen können.

Kapitel 8

Erweiterte Verknüpfungen und Datentypen

In diesem Kapitel lernen Sie

- was Sie bei komplexen Datenmodellen beachten müssen
- wie sich die Größe einer Datenbank überschlägig abschätzen lässt
- wie Sie mit 1:1-Verknüpfungen Speicherplatz sparen können
- wie Sie mit einem Kreuzprodukt viele Testdaten erzeugen
- wie Sie Nachschlagetabellen mit Abfragen übersichtlicher anzeigen
- wie doppelte Daten in mehreren Feldern durch einen Mehrfachindex vermieden werden
- welche Alternativen es zu Nachschlagetabellen gibt

8.1 Größeres Datenmodell

Die bisher erstellten Datenbanken waren absichtlich relativ klein gehalten, damit Sie mit wenig Aufwand darin arbeiten konnten und immer auch den Überblick behielten. Das nächste Beispiel wird umfangreicher werden und mehr Tabellen und Daten enthalten. Schließlich werden auch in der Realität die Datenbanken schnell größer und umfangreicher als in den bisherigen Datenmodellen.

Daher möchte ich Ihnen an der Verwaltung eines fiktiven Seminarzentrums passende Lösungen für die durch die schiere Datenmenge auftauchenden Probleme zeigen. Nehmen wir also einmal an, Sie sollen für einen weltweit tätigen Konzern eine Seminarverwaltung erstellen, die firmeninterne Schulungen der Mitarbeiter organisiert.

Sie können sicher sein, dass der Kunde bereits exakte Vorstellungen von einigen Berichten hat: »Wir setzen dieses Formblatt A14-2-78 seit Jahren ein, das muss unbedingt ausgedruckt werden können!«. Und natürlich wird der Ansprechpartner beim Kunden von seinem besten Freund und Hobby-Programmierer auch schon eine Excel-Datei erhalten haben, deren grellbunte Eingabemasken Sie bitteschön in Ihre Datenbank übernehmen sollen.

An dieser Stelle ist diplomatische Hinhalte-Taktik gefragt, denn bevor Sie nun bereits einzelne Endergebnisse versprechen, sollten Sie lieber erst einmal alle Ein- und Ausgaben, Mengen und Rahmenbedingungen sammeln.

Kapitel 8   Erweiterte Verknüpfungen und Datentypen

Für die Seminarverwaltung erarbeiten Sie gemeinsam mit dem Kunden folgende Angaben:

- Es sind etwa 4.000 Seminare pro Jahr zu verwalten
- Jedes Seminar hat 1 bis 20 Teilnehmer
- Die Seminare finden bundesweit statt, sowohl in firmeneigenen Räumen als auch gelegentlich in Tagungshotels mit Verpflegung
- Es gibt etwa 20 Dozenten, die – genau wie die Teilnehmer – nach dem Seminar eine kurze Rückmeldungen abgeben müssen

Das sind zwar schon erfreulich viele Angaben, sie werfen aber mindestens so viele neue Fragen auf. Dabei sind es vor allem die scheinbaren Selbstverständlichkeiten, die geklärt werden müssen:

- Hat jedes Seminar nur einen Trainer? Nein, sagt der Kunde, es sind manchmal auch zwei Trainer.
- Können Dozenten auch selber an Seminaren teilnehmen? Selbstverständlich, z.B. in den internen Fortbildungen oder Rhetorikkursen.
- Sind es immer wieder die gleichen Teilnehmer? Ja, es sind vor allem konzerneigene Mitarbeiter.
- Wie viele potentielle Teilnehmer sind zu erwarten? Etwa 10.000 Personen, die pro Jahr ein bis drei Seminare belegen. Das entspräche bei durchschnittlich zwei Kursen pro Jahr und Person gut 20.000 Teilnahmen in den 4.000 Seminaren, also etwa fünf Teilnehmer je Seminar.
- Wie werden Teilnehmer angemeldet? Auf einem Formular und bei firmeninternen Personen mit Nennung des Vorgesetzten, der es genehmigt hat.

Tatsächlich hat der Kunde sicher noch viel mehr Wünsche, aber diese reichen zur Verdeutlichung der typischen Anforderungen aus. Jetzt ist es an der Zeit, ein paar Zusammenhänge zu skizzieren, und zwar immer noch auf dem Papier. Hauptprinzip beim Entwurf einer Datenbank ist immer die Grundregel: möglichst wenige Tabellen mit wenigen Spalten, aber vielen Zeilen.

Fangen wir mit dem Kern an: Eine Person möchte an einem Seminar teilnehmen. Das ist schon nicht korrekt, denn eigentlich wollen viele Personen an vielen Seminaren teilnehmen. Das ist die klassische »m:n«-Beziehung. Da sich dies in einer relationalen Datenbank wie Access ja nicht direkt abbilden lässt, wird sie in zwei »1:n«-Beziehungen aufgelöst, wie in Abbildung 8.1 skizziert.

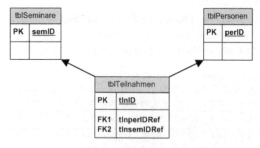

Abbildung 8.1: Die Beziehung zwischen Seminaren und Personen

Natürlich sind die Felder der Tabellen noch weitgehend ungeklärt, aber das werden wir gleich nachholen. Es bleibt zuerst die Frage zu klären, wer im Sinne der Datenbank eigentlich eine Person ist. Oder anders gefragt: Wie nehmen Dozenten am Seminar teil? Als waghalsig muss die Konstruktion gelten, in der Tabelle *tblSeminare* ein Feld *semDoz1* für den Dozenten zu speichern. Die Vorbesprechung hatte schon ergeben, dass manchmal auch zwei Dozenten dabei sind. Ein zweites Dozentenfeld *semDoz2*, welches manchmal leer bleibt, wäre bestenfalls Platzverschwendung. Aber was machen Sie, wenn mal ein dritter Trainer dabei ist?

Am einfachsten ist es, alle Personen teilnehmen zu lassen und über ein Zusatzfeld in der Verbindungstabelle ihren Status zu beschreiben. Dann können Teilnehmer und Dozenten an jedem Seminar in beliebiger Menge mitmachen. Zusätzlich benötigt die Tabelle *tblSeminare* also einen Teilnahme-Typ, der wie in Abbildung 8.2 sinnvollerweise eine Referenz auf eine Nachschlagetabelle *tblTypen* ist.

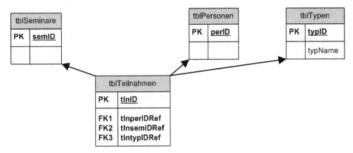

Abbildung 8.2: Verschiedene Teilnahmetypen für Personen in Seminaren

Das Feld *typName* besitzt mindestens die beiden Einträge »Teilnehmer« und »Dozent«. Sie werden bald feststellen, dass diese Freiheit des Teilnahmetyps es praktischerweise auch erlaubt, »Ersatzteilnehmer«, »abgesagt« oder ähnliches festzuhalten.

Dank des Teilnahmetyps liegt es nun auch auf der Hand, dass die Dozenten in der Tabelle *tblPersonen* eingetragen werden. Sie sollten aber wenigstens einmal durchdenken, ob Nicht-Dozenten und Dozenten überhaupt gleich genug sind, um das zu rechtfertigen.

Der Einfachheit halber werden die Nicht-Dozenten ab jetzt als Mitarbeiter bezeichnet, ungeachtet der Tatsache, dass auch Dozenten angestellt sein können. Von beiden werden Vor- und Nachname sowie eine Anschrift gespeichert sein. Zu jedem Mitarbeiter soll noch ein Vorgesetzter genannt werden, der das Seminar genehmigt. Für die Dozenten braucht es keine Vorgesetzten, da diese auch externe Selbstständige sein können. Dafür werden für die Dozenten deren Qualifikationen gespeichert, damit sie auch sinnvoll in passenden Seminaren eingesetzt werden können.

Wenn Sie also für voraussichtlich 10.000 Personen ein Vorgesetzten-Feld und für etwa 20 Dozenten beispielsweise neun *Ja/Nein*-Felder zur Qualifikation einrichten, heißt das im Umkehrschluss, dass 20 überflüssige Vorgesetzten-Felder und 90.000 überflüssige Qualifikationsfelder vorhanden sind.

Tabelle 8.1: Die Datensatzgröße für eine gemeinsame Tabelle *tblPersonen_Zusammen*

Feldname	Feldtyp	Feldgröße
perID	AutoWert/Long	4 Byte
perVorname	Text, 50 Zeichen	ca. 7 Byte
perNachname	Text, 100 Zeichen	ca. 10 Byte
perAdresse	Text, 255 Zeichen	ca. 50 Byte
perID des Vorgesetzten	Long	4 Byte
Windows-Kenntnisse	Ja/Nein	1 Byte
weitere acht Qualifikationen	Ja/Nein	8 * 1 Byte = 8 Byte
Summe		***ca. 84 Byte***

Kapitel 8   Erweiterte Verknüpfungen und Datentypen

Daher sollten wir wenigstens einmal überschlägig wie in Tabelle 8.1 abschätzen, wie viel Platzbedarf die verschiedenen Varianten der Datenspeicherung benötigen. Dort sehen Sie die voraussichtliche Größe eines Datensatzes, wenn Mitarbeiter und Dozenten in der gleichen Tabelle gespeichert werden.

Da Access-Textfelder nicht die maximale Feldgröße mit Leerzeichen füllen, sind sie normalerweise deutlich platzsparender. Ich nehme hier einmal an, dass Vornamen durchschnittlich sieben Buchstaben und Nachnamen etwa zehn Buchstaben enthalten. Eine typische Adresse ist circa 50 Zeichen lang.

Daraus kann die Größe eines durchschnittlichen Datensatzes mit 84 Bytes errechnet werden. Bei 10.000 teilnehmenden Personen jährlich und 20 Dozenten ergibt das schon (10.020 * 84 =) 841.680 Bytes. Mit dem Umrechnungsfaktor von 1 KByte = 1.024 Byte entspricht das 821,95 KByte.

Wie in Abbildung 8.3 zu sehen ist, können die Personen aber nicht nur in dieser gemeinsamen Tabelle *tblPersonen_Zusammen* gespeichert sein. Möglicherweise hat es eine enorme Platzersparnis zur Folge, wenn Sie zwei Tabellen *tblPersonen_nurMitarbeiter* und *tblPersonen_nurDozenten* erstellen, weil ansonsten ja viele Feldinhalte brachliegen?

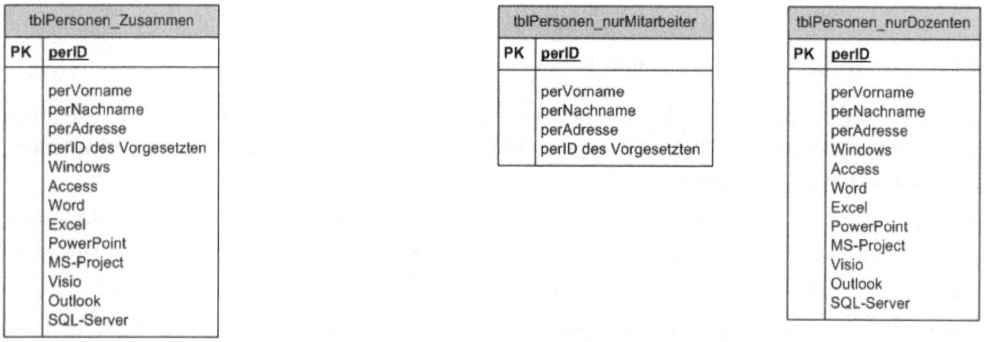

Abbildung 8.3: Zwei Varianten zur Speicherung von Dozenten und Mitarbeitern

Daher möchte ich zum Vergleich kurz ausrechnen, wie sich der Speicherplatzbedarf ändert, wenn diese zwei Tabellen nur mit den jeweils tatsächlich benötigten Feldern erstellt werden. Da die Qualifikationsfelder ja für Mitarbeiter nicht benötigt werden, die Mitarbeiter aber mehr als 99% der Datensätze ausmachen, könnten diese überflüssigen Felder eingespart werden.

Tabelle 8.2: Die Datensatzgröße für die Tabelle *tblPersonen_nurMitarbeiter*

Feldname	Feldtyp	Feldgröße
perID	AutoWert/Long	4 Byte
perVorname	Text, 50 Zeichen	ca. 7 Byte
perNachname	Text, 100 Zeichen	ca. 10 Byte
perAdresse	Text, 255 Zeichen	ca. 50 Byte
perID des Vorgesetzten	Long	4 Byte
Summe		**ca. 75 Byte**

Die Ersparnis für die Tabelle *tblPersonen_nurMitarbeiter* ist auf den ersten Blick in Tabelle 8.2 eher gering, denn es fallen ja nur die neun Qualifikationsfelder vom Datentyp *Ja/Nein* weg. Angesichts der großen Menge der Datensätze reduziert sich die Tabellengröße auf 732 KByte (10.000 * 75 Byte / 1024).

Wie Tabelle 8.3 zeigt, ist die Ersparnis in der Tabelle *tblPersonen_nurDozenten* sogar noch viel geringer und auch die Anzahl der Datensätze ist unwesentlich. Mit 80 Byte je Datensatz und 20 Datensätzen ergibt sich eine berechnete Größe von 1600 Byte, also nicht ganz 2 KByte.

Tabelle 8.3: Die Datensatzgröße für die Tabelle *tblPersonen_nurDozenten*

Feldname	Feldtyp	Feldgröße
perID	AutoWert/Long	4 Byte
perVorname	Text, 50 Zeichen	ca. 7 Byte
perNachname	Text, 100 Zeichen	ca. 10 Byte
perAdresse	Text, 255 Zeichen	ca. 50 Byte
Windows-Kenntnisse	Ja/Nein	1 Byte
weitere acht Qualifikationen	Ja/Nein	8 * 1 Byte = 8 Byte
Summe		**ca. 80 Byte**

Die beiden Tabellen benötigen also zusammen 734 KByte, während die gemeinsame Tabelle 822 KByte Speicherplatz verbraucht hat. Das ist eine Ersparnis von 12 % beziehungsweise nicht einmal 100 KByte. Das sieht nur wirklich nicht besonders lohnend aus und angesichts der fertigen Datenbank mit einer Dateigröße von voraussichtlich knapp 1,5 MByte (mit allen Formularen, VBA-Code und Makros) fällt diese Ersparnis erst recht nicht ins Gewicht.

Trotzdem muss eine Optimierung schon hier ansetzen, weil die Tabelle *tblPersonen* nach der Tabelle *tblTeilnahmen* immerhin die zweitgrößte Datenmenge enthalten wird. Abgesehen davon ist eine separate Tabelle die einzige Möglichkeit, wenn Sie irgendwann unterschiedliche Zugriffsrechte vergeben wollen, weil beispielsweise die Dozentenqualifikationen nicht für jeden Benutzer öffentlich sein sollen.

Je mehr eigene Datenfelder die Dozenten brauchen, desto deutlicher wird die Platzverschwendung bei den übrigen Personen. Als sinnvolle Alternative bleibt die Verteilung jedes Datensatzes auf zwei Tabellen, wobei nur die Dozenten die zweite Tabelle *tblQualifikationen* auch wirklich belegen. Zu 20 Datensätzen gibt es dort also Werte, für die übrigen 10.000 nicht.

Statt der häufigen 1:n-Verknüpfung stellt hier eine 1:1-Beziehung wie in Abbildung 8.4 sicher, dass maximal ein Qualifikations-Datensatz zu jeder Person existieren kann. Damit haben Sie den Vorteil der kleineren Personentabelle gewonnen, ohne den Nachteil der getrennten Mitarbeiter-/Dozententabellen in Kauf nehmen zu müssen.

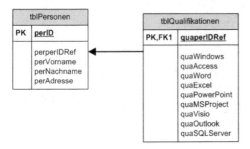

Abbildung 8.4: Die 1:1-Beziehung zwischen Personen und Qualifikationen

Kapitel 8   Erweiterte Verknüpfungen und Datentypen

Die 1:1-Beziehung wird von Access angeboten, wenn Sie im Beziehungenfenster zwei Primärschlüssel miteinander verbinden. Davon darf natürlich nur maximal einer ein *AutoWert* sein, weil Sie die Daten sonst nicht synchronisieren können.

Nachdem nun alle Personen inklusive Dozenten in einer Tabelle gespeichert werden, sollten Sie nochmals die Anforderungen betrachten. Dort war gewünscht, dass bei firmeninternen Mitarbeitern der Vorgesetzte angegeben wird, der das Seminar genehmigt. Wenn es keinen Vorgesetzen gibt, bleibt das Feld mit einem Null-Wert einfach leer.

Wählen Sie hier wieder die Reflexiv-Verknüpfung, bei der sich eine Tabelle mit sich selbst verknüpfen lässt, denn Vorgesetzte sind ja auch Mitarbeiter und eventuell potentielle Teilnehmer. Dieses Feld ist in Abbildung 8.4 bereits als *perperIDRef* enthalten.

Die Tabelle *tblPersonen*

Damit können Sie in einer neuen Datenbank *Seminare.accdb* die erste Tabelle *tblPersonen* entwerfen, auch wenn natürlich eigentlich erst das komplette Datenmodell fertig gestellt sein sollte.

Feldname	Felddatentyp	Beschreibung
perID	AutoWert	
perperIDRef	Zahl	Long, Reflexivverknüpfung auf perID für Vorgesetzte
perVorname	Text	50 Zeichen
perNachname	Text	100 Zeichen
perAdresse	Text	255 Zeichen

Abbildung 8.5: Der Entwurf der Tabelle *tblPersonen*

Da sich die Bedeutung des Feldes *perperIDRef*-vielleicht nicht sofort erschließt, können Sie dort wie in Abbildung 8.5 eine Beschreibung eintragen. Diese ist nicht für interne Notizen gedacht, sondern erscheint als Hinweis in der Statuszeile, sobald der Cursor in diesem Feld steht. Das ist sowohl hier in Tabellen als auch später in Formularen zu sehen (siehe Abbildung 8.6).

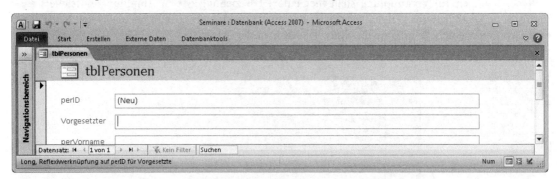

Abbildung 8.6: Die Beschreibung zum Feld *perperIDRef-*/Vorgesetzter im Formular der Tabelle *tblPersonen*

Zudem muss nicht nur die Statuszeile überhaupt sichtbar sein, sondern auch bemerkt werden. Nach meiner Erfahrung wird von den meisten Benutzern ein Text, der am unteren Bildrand auf einem grauen Bereich erscheint, nicht wahrgenommen.

> **Tipp: So blenden Sie die Statuszeile ein**
>
> Über die Backstage-Ansicht erreichen Sie die *Optionen*. Dort finden Sie in der Kategorie *Aktuelle Datenbank* bei den *Anwendungsoptionen* das Kontrollkästchen *Statusleiste anzeigen*.

In Abbildung 8.5 ist noch eine weitere Änderung gegenüber den bisherigen Tabellen vorgenommen worden: Für das Feld *perperIDRef* enthält die Eigenschaft *Beschriftung* den Wert »Vorgesetzter«. Wenn diese Eigenschaft benutzt wird, erscheint deren Wert sowohl als Spaltenüberschrift als auch – wie in Abbildung 8.6 zu sehen – in Formularen als Beschreibungstext vor dem Eingabefeld. Dadurch werden vor allem Formulare und Berichte lesbarer beschriftet. Diese Beschriftung darf auch die ansonsten verbotenen Zeichen »[]!.« enthalten.

Gegenüber der Datenbank müssen Sie immer den tatsächlichen Feldnamen nennen, etwa in Abfragen. Deswegen verzichte ich hier auf den Einsatz dieser Technik, da sie den Feldnamen verschleiert.

Die Tabelle *tblQualifikationen*

Als zweite Tabelle können Sie *tblQualifikationen* erstellen, deren erstes Feld *quaperIDRef* ausnahmsweise kein *AutoWert*, wohl aber ein *Primärschlüssel* und eine *Long*-Zahl ist. Der Primärschlüssel und die damit automatisch einhergehende Einstellung *Indiziert: Ja (Ohne Duplikate)* bedeutet, dass alle hier angegebenen Werte nur genau einmal auftreten können.

Da das Feld *quaperIDRef* demnächst ein Referenzfeld auf *perID* wird, kann es zu jeder Person maximal einen Qualifikationen-Datensatz geben. Es muss aber keinen geben, denn 10.000 Personen besitzen im Sinne unserer Datenbank gar keine Qualifikation. Nur die voraussichtlich 20 Dozenten benötigen je einen Qualifikationen-Datensatz.

Die übrigen Felder sind hier aus Gründen der Vereinfachung nur *Ja/Nein*-Felder. In Wirklichkeit sollten sie eher Referenzen auf die (für alle Felder immer gleiche) Tabelle *tblQualifikationstyp* sein, in der dann feinere Unterscheidungen wie »keine«, »Grundkurs«, »Aufbaukurs« oder »Programmierung« stehen könnten. Da Sie aber schon gesehen haben, wie das geht, verzichte ich hier auf dieses Detail. Sie finden bei den Beurteilungen in der Tabelle *tblTeilnahmen* später noch ein Beispiel dazu.

Feldname	Felddatentyp	Beschreibung
quaperIDRef	Zahl	Long, Referenz auf perID
quaWindows	Ja/Nein	
quaAccess	Ja/Nein	
quaWord	Ja/Nein	
quaExcel	Ja/Nein	
quaPowerPoint	Ja/Nein	
quaMSProject	Ja/Nein	
quaVisio	Ja/Nein	
quaOutlook	Ja/Nein	
quaSQLServer	Ja/Nein	

Abbildung 8.7: Der Entwurf der Tabelle *tblQualifikationen*

1:1-Beziehung erstellen

Jetzt müssen diese beiden Tabellen ihre 1:1-Beziehung erhalten.

1. Klicken Sie dazu auf der Registerkarte *Datenbanktools* in der Gruppe *Einblenden/Ausblenden* auf das Symbol *Beziehungen* und fügen Sie im Dialogfeld *Tabelle anzeigen* beide Tabellen hinzu.
2. Wenn Sie nun das Feld *perID* mit gedrückter Maustaste auf dem Feld *quaperIDRef* ablegen, erscheint das Dialogfeld *Beziehungen bearbeiten*.

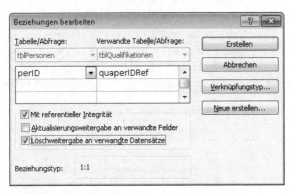

Abbildung 8.8: Das Dialogfeld *Beziehungen bearbeiten* für eine 1:1-Beziehung

3. Aktivieren Sie darin die Kontrollkästchen *Mit referentieller Integrität* und *Löschweitergabe an verwandte Datensätze*. Dann können Qualifikationen nur für vorhandene Personen angelegt werden, sie werden aber auch mit der Person wieder gelöscht. Jetzt sollten die Beziehungen in der Datenbank *Seminare.accdb* so aussehen wie in Abbildung 8.9.

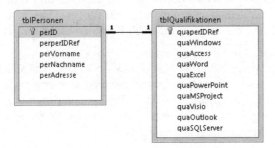

Abbildung 8.9: Die Beziehungen in *Seminare.accdb*

Umfangreiche Testdaten erzeugen

Jetzt wäre es sinnvoll, die beiden Tabellen und ihre Beziehung auch einmal zu testen. Selbstverständlich können Sie wie bisher zwei oder drei Personen eintippen und Ihre Tabellen und Abfragen mit diesen Datensätzen testen. Es ging in diesem Beispiel jedoch auch darum, mit großen Mengen von Daten umzugehen. Also benötigen wir viele Daten. *Viele* meint bei einer Datenbank nicht etwa 10 oder 100 Datensätze, sondern eher 10.000 und mehr. Doch woher nehmen und nicht selbst eintippen?

Wir werden die Daten errechnen! Sie erinnern sich doch sicherlich noch an das Problem mit dem Kreuzprodukt? Mehrere Tabellen in einem Abfrageentwurf, die keine Beziehung miteinander haben? Das ist genau das, was wir hier benötigen!

Erstellen Sie eine Tabelle *tblNamen* mit den drei Textfeldern *namVorname*, *namNachname* und *namAdresse* und füllen Sie sie mit Beispieldaten. Hier werden die Daten aus Tabelle 8.4 benutzt, die selbstverständlich nur fiktive Namen und Adressen enthält. Hinweise wie Sie diese Testdaten herunterladen und importieren, finden Sie im Anschluss an diese Tabelle.

Tabelle 8.4: Die Beispieldaten in der Tabelle *tblNamen*

namVorname	namNachname	namAdresse
Lorenz	Adler	01067 Dresden, Neue Str. 26
Johannes	Ahrweiler	01465 Dresden-Langebrück, Grüner Weg 120
Sven	Bachem	01768 Glashütte-Schlottwitz, Goethe-Allee 111
Meike	Bachs	12163 Berlin, Trierer Str. 359
Marlena	Baggenheim	13405 Berlin-Reinickendorf, Wilmersdorfer Straße 112
Fabian	Bauw	19406 Sternberg, Ahornstr. 24
Christa	Becker	20251 Hamburg, Auf der Hüls 36
Gaby	Berrigs	20535 Hamburg, Friedrichstr. 233
Annika	Betzgen	21244 Buchholz, Frauenhofer-Gasse 5
Rabea	Bill	23684 Scharbeutz, Koblenzer Platz 2
Hans-Martin	Buderath	24113 Kiel, Willy-Brandt-Platz 5
Thomas	zu Busch	27578 Bremerhaven, Harderslebener Straße 1
Kerstin	Caspers	27711 Osterholz-Scharmbeck, Löhergraben 26
Doris	Dahms	28195 Bremen, Schildergasse 81
Margret	Daufenbach	28199 Bremen, Martin-Luther-King-Platz 6
Yvonne	Edel	38642 Goslar, Kirchgasse 74
Mona	Engels	39104 Magdeburg, Annastraße 5
Lasse	Esser	39106 Magdeburg, Schadowplatz 13
Bärbel	Fischenich	39108 Magdeburg, Napoleonsberg 36
Andreas	Freings	39130 Magdeburg, Herzogspitalstraße 7
Matthias	Froitzheim	40217 Düsseldorf, Westenhellweg 18-20
Michael	Gent	40219 Düsseldorf, Georg-Brauchle-Ring 22
Reiner	Gierlich	40233 Düsseldorf, Gerstäcker Str. 9
Rainer	von Glaadt	40597 Düsseldorf, Markt 10
Anke	Göddener	40597 Düsseldorf, Bahnhofstraße 1 ▸

namVorname	namNachname	namAdresse
Axel	Hahn	45888 Gelsenkirchen, Am Hehsel 42
Bruno	Hauschild	46147 Oberhausen, Wiesdorfer Platz 66a
Simon	Hege	46537 Dinslaken, Kettwiger Straße 3
Anna	Huysen zu Kelleterberg	52070 Aachen, Tauentzienstraße 7
Vera	Laufenberg	52074 Aachen, Gertigstraße 44
Viola	Limbach	52080 Aachen, Stapenhorststraße 23
Guido	Lymbach	60325 Frankfurt/Main, Achternstr. 55
Britta	Mähl	60439 Frankfurt/Main, Jarrenstr. 20
Annette	Maus	61352 Bad Homburg, Königstraße 22
Birgit	Merode	64839 Münster, Kaiserstraße 128
Christian	Meurer	65185 Wiesbaden, Jakobstraße 18
Dorothea	Mey	65187 Wiesbaden, Markt 33
Katharina	Mair	65207 Wiesbaden-Medenbach, Sögestraße 17-19
Karl	Müller	70173 Stuttgart, Elbeallee 124
Eva	Möller	70376 Stuttgart, Aachener Str. 1253
Peter	Müller-Lüdenscheid	70563 Stuttgart, Dr. Külz-Ring 12
Sofie	Newenheim	76199 Karlsruhe, Koblenzer Str. 26-28
Paul	Palandt	80335 München, Untere Bahnhofstr. 50-52
Werner	Quodt	80469 München, Carl-Schade-Str. 5
Hubert	Ramelow	80538 München, Schillerstraße 76
Agnes	Richartz	80939 München, Berner Heerweg 173
Leonhard	Rosen	81377 München, Reeser Landstraße 61
Elisabeth	Scheffer	81477 München, Sennestadtring 3
Franz	Scheif	81669 München, Neustadt 473
Magda	Schmitz	81673 München, Alte Verler Straße 345
Christina	Schmidt	81907 München, Schloßstraße 107
Arnold	Strobel	89081 Ulm, Jungfernsteige 47
Maria	Urbans	97440 Werneck, Meisenweg 9
Christiane	Wagener	99974 Mühlhausen, Paderborner Straße 191

Import der Beispieldaten

Nach dem Herunterladen der Datenbank *Seminare_Namensliste.accdb* (über den Softlink **db0801**) können Sie die Beispieldaten mit folgenden Schritten in Ihre Testdatenbank übernehmen:

1. Öffnen Sie bitte die Zieldatenbank und klicken Sie in der Registerkarte *Externe Daten* in der Gruppe *Importieren und Verknüpfen* auf das Symbol *Access*. Dadurch erscheint der Assistent zum Import externer Daten.

8.1 Größeres Datenmodell

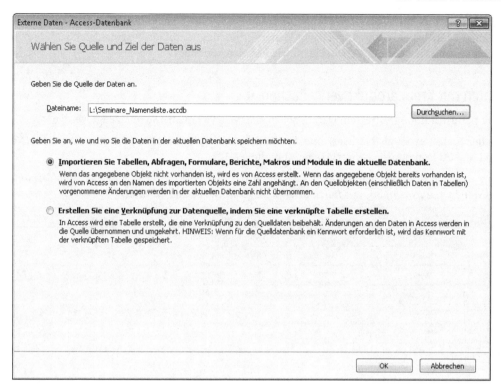

Abbildung 8.10: Der Assistent für den Import externer Daten

2. Wählen Sie dort mit der Schaltfläche *Durchsuchen* die Datenbank *Seminare_Namensliste.accdb* aus und klicken Sie auf *OK*. Dadurch erscheint folgendes Dialogfeld mit allen Objekten der angegebenen Datenbank, die allerdings in diesem Fall lediglich die Tabelle *tblNamen* enthält.

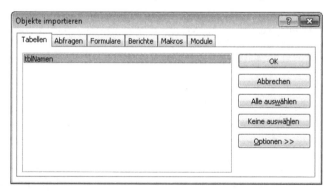

Abbildung 8.11: Auswahl der zu importierenden Objekte

3. Markieren Sie deren Namen und bestätigen Sie mit einem Klick auf *OK*. Anschließend sehen Sie wieder den Assistenten zum Import externer Daten, der Ihnen bestätigt, dass die Tabelle erfolgreich importiert wurde.

4. Eine Speicherung der Importschritte ist überflüssig, Sie können den Assistenten direkt *Schließen*.

Nun befindet sich in Ihrer Testdatenbank eine exakte Kopie der Tabelle *tblNamen* und steht Ihnen für die weiteren Schritte zur Verfügung. Es gibt keine Verbindung mehr zur Originaldatenbank *ImportBeispiel.accdb*, sodass Sie den Import beliebig oft wiederholen können.

Testdaten mit Kreuzprodukt vervielfachen

Das sind natürlich nur 54 Adressen. Daraus sollen aber viel, viel mehr Daten erzeugt werden.

1. Daher brauchen Sie als Nächstes eine Auswahlabfrage *qryVieleNamen*, die diese Tabelle *tblNamen* drei Mal als Datenquelle benutzt (siehe Abbildung 8.12).
2. Aus jeder der drei Tabellen nehmen Sie nun für die Anzeige genau ein Feld, also *namVorname* aus *tblNamen*, *namNachname* aus *tblNamen_1* und *namAdresse* aus *tblNamen_2*.

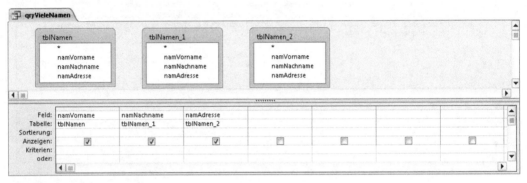

Abbildung 8.12: Der Entwurf der Auswahlabfrage *qryVieleNamen*

Da die drei Tabellen keine Beziehung miteinander haben, erzeugt Access in der Datenblattansicht das Kreuzprodukt aus 54 × 54 × 54 Datensätzen. Das sind 157.464 Adressen! Das sollte reichen, um auch das Verhalten einer Datenbank mit vielen Datensätzen zu prüfen.

3. Wandeln Sie also diese Auswahlabfrage in eine Anfügeabfrage wie in Abbildung 8.13 um. Wenn Sie diese Abfrage ausführen, werden die Datensätze an die Tabelle *tblPersonen* angefügt, wobei jede mögliche Kombination genau einmal vorkommt.

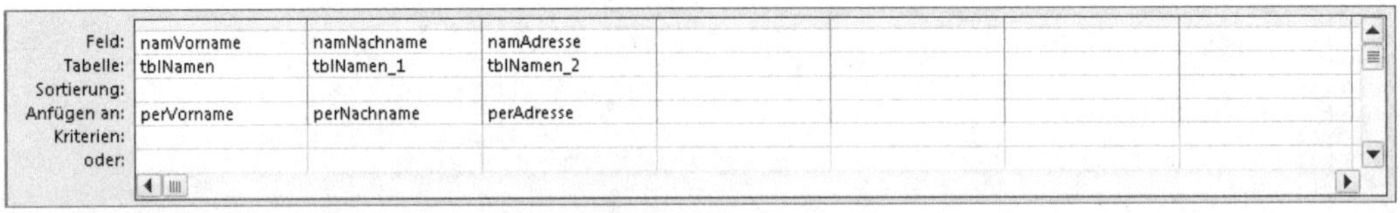

Feld:	namVorname	namNachname	namAdresse				
Tabelle:	tblNamen	tblNamen_1	tblNamen_2				
Sortierung:							
Anfügen an:	perVorname	perNachname	perAdresse				
Kriterien:							
oder:							

Abbildung 8.13: Die Auswahlabfrage wurde zur Anfügeabfrage *qryVieleNamen* geändert

Jetzt ist die Datenbankdatei über 14 MByte groß geworden und wir haben etwa die fünfzehnfache Menge der gewünschten Datensätze. Daher sollen die Testdaten wieder auf etwa 10.000 Adressen reduziert werden. Wir wollen dazu jedoch nicht einfach alles ab der *perID* = 10.000 löschen, denn dann wären sich die verbleibenden Datensätze inhaltlich zu ähnlich.

Testdaten reduzieren

Um die Daten clever zu reduzieren, können Sie alle Zeilen löschen, deren ID nicht exakt durch 16 teilbar ist. Wenn jeder sechzehnte Datensatz übrig bleibt, sind das ungefähr 9.800 Zeilen. Außerdem ist 54 nicht ohne Rest durch 16 teilbar, sodass nicht zufällig immer der gleiche Datensatz ermittelt wird.

1. Erstellen Sie also bitte eine neue Abfrage *qryDatenReduzieren* gemäß der folgenden Abbildung.

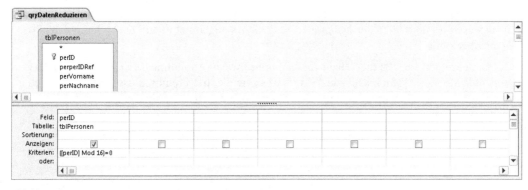

Abbildung 8.14: Der Entwurf der Auswahlabfrage *qryDatenReduzieren*

Die Abfrage enthält nur das Feld *perID* und dessen Kriterium ([perID] Mod 16) = 0. Der Operator Mod steht für die Abkürzung von *modulo* und ermittelt den ganzzahligen Rest beim Teilen durch (in diesem Fall) 16. Dieses Kriterium wird für jede 16. Zahl wahr werden, wie Sie in der Datenblattansicht sehen. Es bleiben insgesamt 9.841 Datensätze übrig – genau diese sollen erhalten bleiben.

2. Damit mit der Abfrage Daten gelöscht werden können, müssen Sie die Auswahlabfrage in eine Löschabfrage umwandeln. Und da Sie nicht jeden 16. Datensatz löschen wollen, sondern alle übrigen, müssen Sie noch die Bedingung von = auf <> umstellen. Das endgültige Kriterium lautet demnach ([perID] Mod 16) <> 0.

3. Die Ausführung dieser Löschabfrage *qryDatenReduzieren* kündigt bereits an, über 147.000 Datensätze zu löschen, sodass die gewünschten rund 10.000 Zeilen übrig bleiben werden.

4. Nach der Komprimierung der Datenbank (*Datei/Informationen/Datenbank komprimieren und reparieren*) ist der Dateiumfang von vorher 14 MByte auf etwa ein Elftel (1,3 MByte) geschrumpft.

Rückmeldungen

Als Nächstes betrachten wir die Rückmeldungen. Dafür können wir kein einfaches Feld in der Tabelle *tblSeminare* nutzen, denn bei mehreren Personen im Kurs müssen ja auch mehrere Rückmeldungen möglich sein. Es läuft stattdessen auf die übliche m:n-Beziehung zwischen *tblPersonen* und *tblSeminare* und einer Verbindungstabelle hinaus. Viele Personen müssen in vielen Seminaren Rückmeldungen geben können. Wenn Sie es noch einmal genau betrachten, sollte es besser so formuliert werden: Jede Teilnahme erzeugt genau eine Rückmeldung, egal ob Dozent oder Teilnehmer.

Kapitel 8 Erweiterte Verknüpfungen und Datentypen

Dabei ist ein großer Teil der Rückmeldungsdaten für Dozenten und einfache Teilnehmer sehr ähnlich: die Beurteilung der Räumlichkeiten, der vorhandenen Hardware, der benutzten Software, des Mittagessens sowie ein allgemeines Bemerkungsfeld. Bei den Rückmeldungen des Dozenten bleiben die speziellen Fragefelder zum Dozenten oder zu den Unterlagen eben leer.

Auch hier könnten wir berechnen, wie viel Speicherplatz brach liegt, wenn durchschnittlich ein Dozent gegenüber fünf Teilnehmern diese Felder nicht nutzt. Aber wenn damit nur rund ein Sechstel der Datensätze ein paar Bytes verschwenden, ist das hier nicht den Aufwand der Tabellentrennung wert. Vorhin waren bei über 99 % der Datensätze einige Bytes ungenutzt und dennoch hatte sich eine Aufteilung nicht gelohnt.

1. Damit können Sie jetzt die Tabelle *tblTeilnahmen* wie in Abbildung 8.15 erstellen. Sie erhält das übliche AutoWert-/Primärschlüssel-Feld *tlnID* sowie die drei Fremdschlüssel-Felder, die sich alle auf AutoWerte beziehen und deswegen den Datentyp *Long* erhalten müssen.

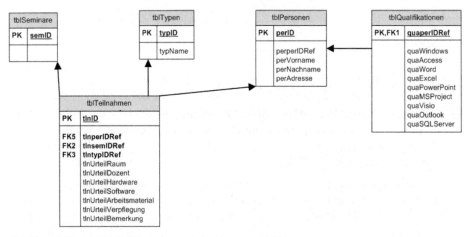

Abbildung 8.15: Die Tabelle *tblTeilnahmen* mit Beziehungen und Feldern

Dazu kommen die Felder zur Eingabe der Beurteilung, wie sie in Abbildung 8.15 noch vorläufig zu sehen sind. Dort handelt es sich allerdings noch um einfache Textfelder, obwohl die meisten dieser Beurteilungen ja eher nach dem Muster von Schulnoten vergeben werden.

Daher sollten sie als Referenz auf eine Nachschlagetabelle *tblUrteile* eingetragen werden, also einen *Long*-Datentyp erhalten und sich auf *urtID* beziehen. Auch wenn es sechs Felder sind, können sie trotzdem eigenständig mit referentieller Integrität auf die gleiche Mastertabelle Bezug nehmen.

Da nach den bislang angewandten Namensregeln ein Feld in der Tabelle *tlnTeilnahmen* mit Referenz auf das Feld *tblUrteile.urtID* als *tlnurtIDRef* benannt würde, wären diese alle gleichnamig. Daher erhalten sie wie in Abbildung 8.16 den jeweiligen Zusatz, welche Beurteilung gemeint ist.

Alle diese Felder sind Fremdschlüssel, was in der Visio-Skizze in Abbildung 8.16 durch die Angabe *FK* (Foreign Key, engl.: Fremdschlüssel) verdeutlicht wird. Aber für die Urteile ist nicht immer eine Eingabe erforderlich, daher sind die Feldnamen dort nicht fett geschrieben. Die Beurteilung erfolgt ja erst nach dem Seminar, der Datensatz selber wird jedoch schon mit der Anmeldung angelegt.

Damit beim Entwurf der Tabelle *tblTeilnahmen* die Registerkarte *Nachschlagen* für die Beurteilungsfelder genutzt werden kann, ist es am einfachsten, zuerst die benötigte Mastertabelle, also *tblUrteile*, anzulegen.

8.1 Größeres Datenmodell

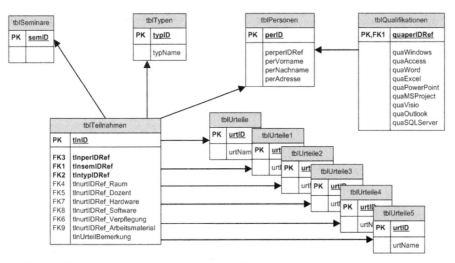

Abbildung 8.16: Die Tabelle *tblTeilnahmen* mit Referenzfeldern für die Urteile

2. Erstellen Sie daher nun bitte diese Tabelle mit dem AutoWert-/Primärschlüssel-Feld *urtID* und dem Textfeld *urtName* wie in Abbildung 8.17. Die Feldgröße für das Textfeld beträgt 50 Zeichen, aber mit weniger als 10 Datensätzen verbraucht diese Tabelle ohnehin kaum Platz.

Abbildung 8.17: Der Entwurf der Tabelle *tblUrteile*

3. Tragen Sie in der Tabelle *tblUrteile* dann entsprechend den Schulnoten zur *urtID* einfach die Bezeichnungen wie in Abbildung 8.18 ein. Als zusätzlichen Eintrag sollten Sie so etwas wie »<keine Angabe>« vorsehen, etwa wenn bei einem Halbtages-Seminar keine Verpflegung bereitgestellt wurde und daher kein Urteil möglich ist.

Abbildung 8.18: Die Datensätze der Tabelle *tblUrteile*

195

Kapitel 8 Erweiterte Verknüpfungen und Datentypen

4. Jetzt lässt sich die Tabelle *tblTeilnahmen* mit den bereits besprochenen Feldern erstellen, wie in Abbildung 8.19 zu sehen ist. Dabei sind alle Zahl-Felder mit der Feldgröße *Long* eingerichtet, weil sie sich alle auf AutoWerte ihrer jeweiligen Nachschlagetabelle beziehen.

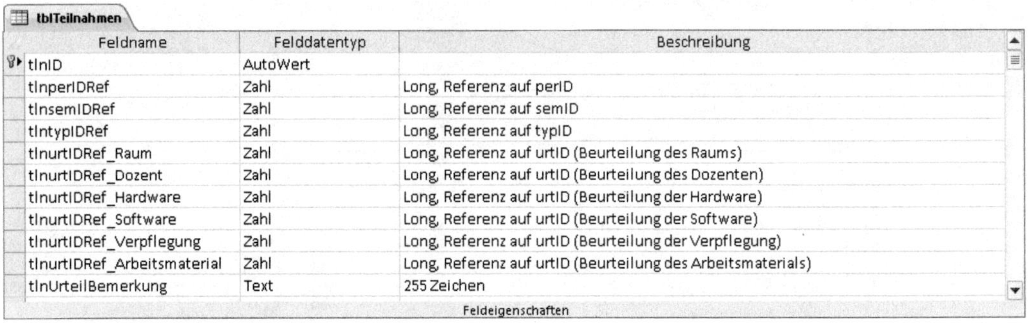

Feldname	Felddatentyp	Beschreibung
tlnID	AutoWert	
tlnperIDRef	Zahl	Long, Referenz auf perID
tlnsemIDRef	Zahl	Long, Referenz auf semID
tlntypIDRef	Zahl	Long, Referenz auf typID
tlnurtIDRef_Raum	Zahl	Long, Referenz auf urtID (Beurteilung des Raums)
tlnurtIDRef_Dozent	Zahl	Long, Referenz auf urtID (Beurteilung des Dozenten)
tlnurtIDRef_Hardware	Zahl	Long, Referenz auf urtID (Beurteilung der Hardware)
tlnurtIDRef_Software	Zahl	Long, Referenz auf urtID (Beurteilung der Software)
tlnurtIDRef_Verpflegung	Zahl	Long, Referenz auf urtID (Beurteilung der Verpflegung)
tlnurtIDRef_Arbeitsmaterial	Zahl	Long, Referenz auf urtID (Beurteilung des Arbeitsmaterials)
tlnUrteilBemerkung	Text	255 Zeichen

Abbildung 8.19: Der Entwurf der Tabelle *tblTeilnahmen*

Für die Eintragungen auf der Registerkarte *Nachschlagen* ist es sinnvoll, die Referenztabelle nicht direkt anzuzeigen, sondern über eine Abfrage darzustellen. Wenn Sie etwa für das Feld *tlnperIDRef* als *Datensatzherkunft tblPersonen* und fünf Spalten angeben, ist das angezeigte Kombinationsfeld sehr unübersichtlich.

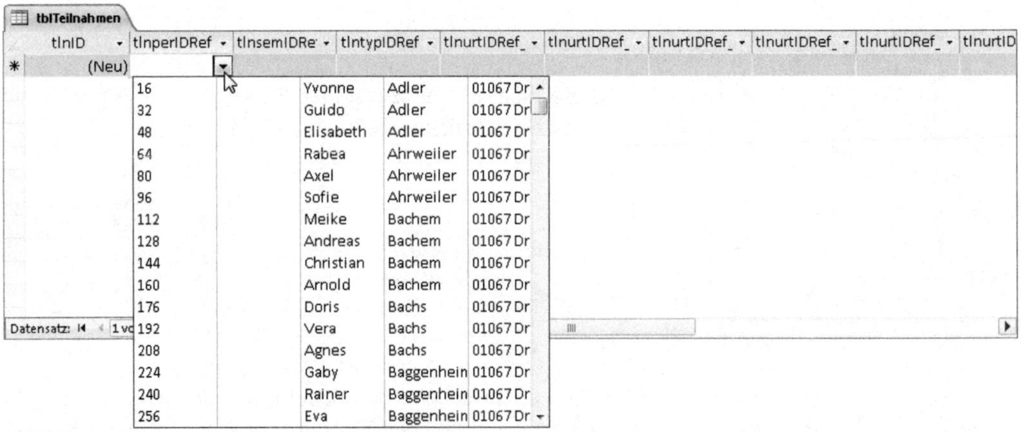

Abbildung 8.20: Das Kombinationsfeld für *tlnperIDRef*, wenn es direkt auf der Tabelle *tblPersonen* basiert

5. Markieren Sie daher bitte für das Feld *tlnperIDRef* auf der Registerkarte *Nachschlagen* die Eigenschaft *Datensatzherkunft* und zeigen Sie den Abfrage-Generator an, indem Sie entweder Strg+F2 drücken oder die Schaltfläche mit den drei Punkten rechts daneben anklicken.

Die hier erstellte Abfrage muss erstens das Feld *perID* enthalten, um jede Person eindeutig identifizieren zu können, und sollte zweitens nach den Feldern *perNachname* und *perVorname* sortieren, um Personen schneller finden zu können. Da die Tabelle (bedingt durch unser Kreuzprodukt) einige Personen mit gleichem Vor- und Nachnamen enthält, sollte zur Unterscheidung auch die Adresse angezeigt werden.

8.1 Größeres Datenmodell

Zur Platzersparnis können Namen und Adresse in einem einzigen Feld angezeigt werden; nur für die Sortierung müssen diese getrennt sein. Daher können Sie einen Abfrageentwurf wie in Abbildung 8.21 erstellen, der entsprechend sortiert und berechnet. Name und Adresse sind mit dem Ausdruck `NameUndAdresse: [perNachname] &", " & [perVorname] &" (" & [perAdresse] &")"` als neues Feld zusammengefasst.

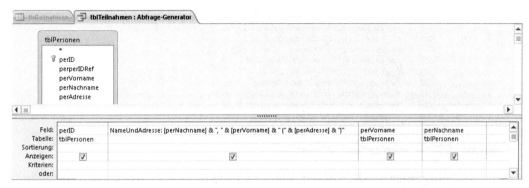

Abbildung 8.21: Die Abfrage im Kombinationsfeld für *tlnperIDRef*

6. Diese Abfrage zur Auswahl einer Person werden Sie voraussichtlich noch mehrmals in der Datenbank benötigen, also sollten Sie sie als *qryPersonenSortiert* speichern. Wenn Sie den Abfrage-Generator schließen, werden Sie gefragt, ob der Name dieser Abfrage als *Datensatzherkunft* eingetragen werden soll. Das können Sie bestätigen.

7. Da nun keine fünf Spalten mehr angezeigt werden müssen, sollten Sie für das Feld *tlnperIDRef* auf der Registerkarte *Nachschlagen* die Eigenschaften wie in Abbildung 8.22 anpassen.

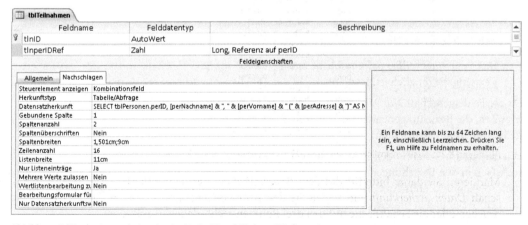

Abbildung 8.22: Die Eigenschaften für das Nachschlagefeld *tlnperIDRef*

Das Kombinationsfeld für *tlnperIDRef* ist nun deutlich übersichtlicher geworden (siehe Abbildung auf der nächsten Seite).

Kapitel 8   Erweiterte Verknüpfungen und Datentypen

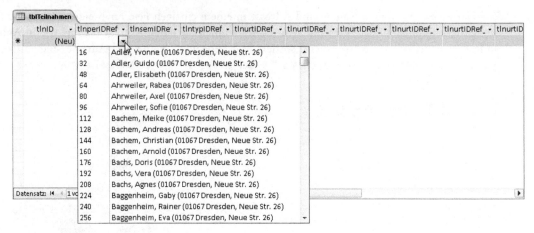

Abbildung 8.23: Das verbesserte Kombinationsfeld für *tlnperIDRef*

Für die Referenz-Felder auf Seminare und Typen gibt es noch gar keine oder keine vollständige Nachschlagetabelle, daher werden diese später korrigiert. Die *tlnurtIDRef_...*-Felder basieren hingegen einfach zweispaltig auf der Tabelle *tblUrteile* und sehen dann wie in Abbildung 8.24 aus.

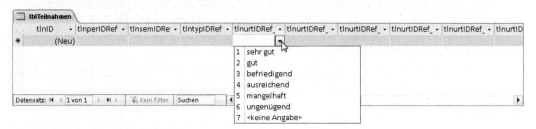

Abbildung 8.24: Das Kombinationsfeld für *tlnurtIDRef_Raum*

8. Das Feld *tlnUrteilBemerkung* bleibt ein *Text*-Feld mit 255 Zeichen, sodass dort später eine freie Texteingabe möglich ist. Jetzt entspricht der Tabellenentwurf unserer Vorgabe für *tblTeilnahmen*.

Da die Feldeigenschaft *Nur Listeneinträge* die referentielle Integrität nicht ernsthaft ersetzen kann, ist es jetzt Zeit, die Beziehungen zwischen den Tabellen *tblTeilnahmen*, *tblPersonen* und *tblUrteile* mit referentieller Integrität einzurichten.

Wie bereits im Datenmodell in Abbildung 8.16 auf Seite 195 gezeigt, muss dazu die Tabelle *tblUrteile* sechsfach in den Beziehungen eingefügt werden. Sie erhält dabei durch die angehängten Ziffern automatisch so genannte *Alias-Namen*, damit die Relationen eindeutig zugeordnet werden können. Das Fenster mit den Beziehungen präsentiert sich nun wie in Abbildung 8.25.

Damit ist die Tabelle *tblTeilnahmen* fürs Erste fertig gestellt, bis die noch fehlenden Nachschlagetabellen bereit stehen.

8.1 Größeres Datenmodell

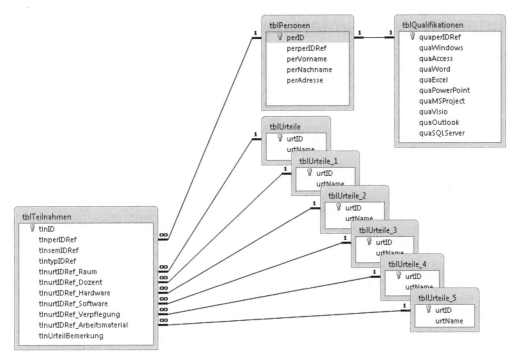

Abbildung 8.25: Die derzeitigen Beziehungen für die Tabelle *tblTeilnahmen*

Seminare

Die erste dieser noch ungeklärten Nachschlagetabellen ist diejenige für das Feld *tlnsemIDRef*, also eine Tabelle *tblSeminare*, in der jedes stattfindende Seminar eingetragen ist. Natürlich werden sich viele Seminare inhaltlich wiederholen, daher wäre es sinnvoll, in der Tabelle *tblSeminare* nur eine Referenz auf diesen Seminarstandard zu speichern.

Im einfachsten Fall ist es eine 1:n-Beziehung zwischen den beiden Tabellen *tblSeminarStandards* und *tblSeminare*. Das bedeutet, dass der Seminarveranstalter immer den passenden Seminarstandard definiert haben muss, bevor er ein Seminar mit einem konkreten Termin einrichten kann.

Nach Rücksprache mit dem Kunden stellt sich aber heraus, dass jedes Seminar sehr stark angepasst werden kann. Wenn also beispielsweise *Access für Anfänger* standardmäßig zweitägig und für mindestens fünf Teilnehmer vorgesehen ist, wird es auf Sonderwunsch auch ein- oder dreitägig, mit und ohne Verpflegung und je nach Ort bereits ab drei Teilnehmern angeboten.

Das wären schon drei Fälle für die Dauer, zwei Verpflegungsmöglichkeiten und zwei Mindest-Teilnehmerzahlen. Daraus ergeben sich insgesamt zwölf Varianten, die als Seminarstandard bereitgestellt werden müssten. Davon findet vielleicht jede Variante genau einmal pro Jahr statt, wodurch ein gemeinsamer Seminarstandard ad absurdum geführt würde.

Der Kunde möchte einerseits gleichartige Seminare gruppieren können und andererseits sollen die Schulungsleiter beim Einrichten eines neuen, konkreten Seminars trotzdem bestimmte Standardwerte vorfinden.

8.2 Automatische Standardwerte

Um die im letzten Abschnitt beschriebenen Vorgaben umzusetzen, müssen die veränderlichen Standardwerte beim Anlegen eines Seminars von der Tabelle *tblSeminarStandards* in die Tabelle *tblSeminare* übertragen werden. In Formularen kann das per Makro oder per VBA geschehen. Access 2010 kennt aber endlich auch Datenmakros, die einen *Standardwert* für einen neuen Datensatz anlegen können:

- **Datenmakros** sind spezielle Makros, die schon in der Tabelle durch vordefinierte Ereignisse ausgelöst werden. Große SQL-Datenbanken wie beispielsweise SQL-Server oder Oracle kennen sie unter dem Namen *Trigger*.

- **Benutzerdefinierte Funktionen** wären eine denkbare Alternative. Es ist nämlich im Tabellenentwurf in der Tat möglich, für die Feldeigenschaft *Standardwert* den Ausdrucks-Generator aufzurufen. Dieser zeigt auch grundsätzlich benutzerdefinierte Funktionen in eigenen Modulen an, aber leider nicht für die Eigenschaft *Standardwert*. Stattdessen sind nur einige integrierte Funktionen zugelassen, die hier aber nicht weiterhelfen, weil keine von ihnen einen Datenzugriff erlaubt.

Daher bleibt als derzeit einzige Lösung, auf die vorhandenen Ereignisse im Formular zurückzugreifen, was wir weiter unten einrichten werden. Sie müssen dabei jedoch bedenken, dass Datenänderungen, die direkt in der Tabelle per Makro oder per VBA-Programmierung vorgenommen werden, nie die Standardwerte ausfüllen. Das wird bei Datenmakros anders sein, wie Sie in Kapitel 12 sehen werden.

In Abbildung 8.26 sind die betroffenen Felder im Entwurf für die Tabellen *tblSeminarStandards* und *tblSeminare* jeweils umrandet. Das konkrete Seminar in *tblSeminare* hat zwar über *semsstIDRef* eine Referenz auf die *sstID* in *tblSeminarStandards*, trotzdem werden aber die Inhalte der drei veränderlichen Felder *sstDauer*, *sstTNmax* (die maximale Teilnehmeranzahl) und *sstPreis* in Pfeilrichtung kopiert.

Dieses Konzept wäre eine Verletzung der zweiten Normalform (»Daten, die voneinander abhängig sind, dürfen nicht in der gleichen Tabelle stehen«), wenn sich die Inhalte der drei Felder in *tblSeminare* gegenüber *tblSeminarStandards* nie ändern würden. Dann wären sie nämlich von der *sstID* abhängig und dürften nur in *tblSeminarStandards* stehen. Hier sind die Vorgaben von *tblSeminarStandards* aber für ein konkretes Seminar veränderbar, also nicht abhängig.

Es werden zu jedem konkreten Seminar die ursprünglichen Standardwerte redundant gespeichert. Aber selbst wenn kein Seminar nachträglich individuell angepasst würde, könnte sich etwa der Standardpreis ändern, ohne dass alte Seminare betroffen wären. Das allein ist schon ein gewichtiges Argument für diese Datenredundanz. Bei der Gelegenheit haben wir übrigens auch das Historienproblem erledigt, welches beispielsweise entsteht, wenn ein Preis aus einer Nachschlagetabelle ermittelt wird.

Auf jeden Fall müssen zu diesen drei Feldern in der Tabelle *tblSeminarStandards* die passenden Gegenstücke in der Tabelle *tblSeminare* vorhanden sein. Das zu erstellende Makro oder die VBA-Prozedur werden wir in einem der späteren Kapitel erstellen. Momentan reicht es, wenn die Felder enthalten sind.

Auch wenn die Veranstaltungs-*Orte* zurzeit nur verschiedene Seminarräume im gleichen Gebäude sind, ist es sinnvoll, sie über eine Referenz auszuwählen. Eine *Long*-Zahl mit 4 Byte Länge ist sowieso viel platzsparender als Raumbezeichnungen wie »Blauer Besprechungsraum« oder »Raum A.12.E.1«. Außerdem vermeiden Sie die typischen Schreibfehler.

Als notwendige Angabe für ein konkretes Seminar wird in *semStart* der Beginn der Veranstaltung genannt, wobei hier kein sinnvoller Standardwert vorgegeben werden kann. Der Datentyp ist, wie in Abbildung 8.27 erkennbar, *Datum/Uhrzeit*.

8.2 Automatische Standardwerte

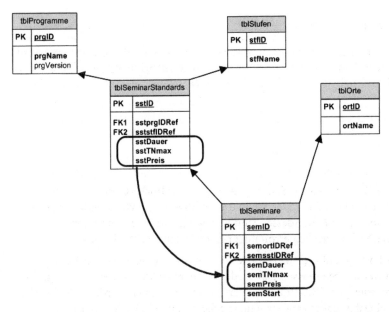

Abbildung 8.26: Die Tabelle *tblSeminare* mit Referenzen zu den übrigen Nachschlagetabellen

Feldname	Felddatentyp	Beschreibung
semID	AutoWert	
semortIDRef	Zahl	Long, Referenz auf ortID
semsstIDRef	Zahl	Long, Referenz auf sstID
semDauer	Zahl	Bytes, Format: 0,0" Tage"
semTNmax	Zahl	Bytes
semPreis	Währung	Währung, Format: Euro
semStart	Datum/Uhrzeit	Format: Datum, kurz

Feldeigenschaften

Allgemein | Nachschlagen

Feldgröße	Byte
Format	0,0" Tage"
Dezimalstellenanzeige	Automatisch
Eingabeformat	
Beschriftung	
Standardwert	
Gültigkeitsregel	
Gültigkeitsmeldung	
Eingabe erforderlich	Nein
Indiziert	Nein
Smarttags	
Textausrichtung	Standard

Ein Feldname kann bis zu 64 Zeichen lang sein, einschließlich Leerzeichen. Drücken Sie F1, um Hilfe zu Feldnamen zu erhalten.

Abbildung 8.27: Die Entwurfsansicht der Tabelle *tblSeminare*

Sicherheitshalber möchte ich an dieser Stelle noch einmal darauf hinweisen, dass die Dauer und das Startdatum nicht nur ausreichen, sondern auch die maximal zulässigen Angaben darstellen. Ein Startdatum, eine Dauer *und* ein Enddatum wären redundant, denn einer der Werte lässt sich aus den beiden anderen errechnen und das wäre eine Verletzung der zweiten Normalform! Sie dürfen diese Information gerne jederzeit in einer Abfrage ermitteln, aber eben nie speichern.

Mehrfachindex

Da wir jetzt sicher sind, dass der Ort und der Anfangstermin eindeutig bestimmt sind, können wir die Gelegenheit nutzen und sicherstellen, dass sich zwei Seminare nicht gegenseitig stören. Eine beliebige Kombination aus *semortIDRef* und *semStart* darf kein zweites Mal auftreten, denn sonst fänden die Seminare zeitgleich am selben Ort statt.

Bei AutoWert-Feldern wurde die *Indiziert*-Eigenschaft ja schon automatisch auf *Ja (Ohne Duplikate)* gestellt, sodass dort keine mehrfach vorkommenden Werte zugelassen waren. Das hilft uns hier aber leider nicht weiter, denn jedes Feld darf einzeln mehrmals enthalten sein.

1. Klicken Sie daher im Tabellenentwurf auf der Registerkarte *Entwurf* in der Gruppe *Einblenden/ Ausblenden* auf das Symbol *Indizes*, um das *Indizes*-Fenster aus Abbildung 8.28 anzuzeigen. Dort ist schon der momentan einzige vorhandene Index, nämlich der Primärschlüssel, enthalten.

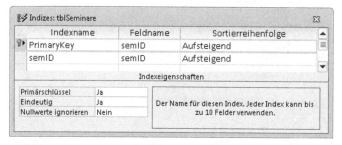

Abbildung 8.28: Die ursprünglichen Indizes der Tabelle *tblSeminare*

Access hat dort etwas übereifrig für das *semID*-Feld nicht nur den *PrimaryKey* (engl. Primärschlüssel) mit aufsteigender Sortierung eingetragen, sondern unabhängig davon auch eine aufsteigende Sortierung. Diese überflüssige zweite Zeile können Sie getrost löschen.

2. Ein Mehrfelderindex, wie wir ihn jetzt benötigen, beginnt in der ersten Spalte mit einem beliebigen Indexnamen wie *OrtDatumNichtDoppelt*.

3. Daneben und in der Zeile darunter wählen Sie die Felder *semortIDRef* und *semStart* aus, geben aber wie in Abbildung 8.29 zu sehen ist, keinen neuen Namen an.

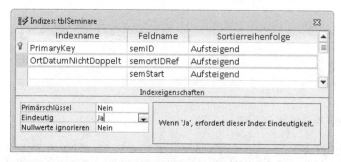

Abbildung 8.29: Der neue Index in der Tabelle *tblSeminare*

4. Solange die Spalte *Indexname* leer bleibt, gehören alle Felder noch zum gleichen Index. Dessen Einstellungen sind nur in seiner ersten, benannten Zeile änderbar. Daher müssen Sie jetzt die Zeile mit dem Namen *OrtDatumNichtDoppelt* markieren und die Eigenschaft *Eindeutig* auf *Ja* stellen.

Jetzt ist der Mehrfelderindex eingerichtet und Sie können das Fenster wieder schließen. Es ist nun im Datenblatt der Tabelle *tblSeminare* nicht mehr möglich, die gleiche Kombination aus *semortIDRef* und *semStart* mehr als einmal einzugeben.

Trotzdem bleiben auch jetzt noch Möglichkeiten für Konflikte: Wenn am Montag in einem Raum ein dreitägiges Seminar beginnt und am Dienstag im gleichen Raum ein weiteres Seminar startet, kann dies der soeben erstellte Index nicht verhindern. Trotzdem wäre der Raum doppelt belegt.

Tipp: Verhindern Sie doppelte Eintragungen bei der Seminarteilnahme

In der Tabelle *tblTeilnahmen* gibt es ein ähnliches Problem: Wenn für die gleiche Kombination aus *tlnsemIDRef* und *tlnperIDRef* mehrere Datensätze vorhanden sind, hätte sich eine Person mehrfach im gleichen Seminar angemeldet.

Sie verhindern das, indem Sie auch hier einen Mehrfelderindex anlegen und dessen Eigenschaft *Eindeutig* auf *Ja* stellen.

Abbildung 8.30: Doppelte Anmeldungen verhindern

Die Nachschlagetabellen *tblOrte* und *tblSeminarStandards*

Als nächstes benötigen wir noch die Nachschlagetabellen *tblOrte* und *tblSeminarStandards*. Die erste Tabelle *tblOrte* enthält nur das AutoWert-/Primärschlüssel-Feld *ortID* sowie ein *Text*-Feld *ortName*. Die Daten können Sie der Abbildung 8.31 entnehmen.

ortID	ortName
1	Seminarraum Hamburg
2	Seminarraum München
3	Seminarraum Berlin
4	Seminarraum Köln
5	Seminarraum Aachen
6	Vortragssaal London
7	Vortragssaal Paris
8	Vortragssaal Rom
9	Besprechungszimmer Blankenese
(Neu)	

Abbildung 8.31: Die Datenblattansicht der Tabelle *tblOrte*

Selbstverständlich würden bei einer Datenbank im echten Einsatz in dieser Tabelle *tblOrte* wohl auch noch weitere Informationen zu den jeweiligen Räumen hinterlegt, wie etwa die Telefondurchwahl, die maximale Belegungsgröße, die Ausstattungsmerkmale oder ähnliches. Das führt hier aber zu unnötiger Schreibarbeit und kann daher entfallen.

Für die Tabelle *tblSeminarStandards* werden einige Felder mit denen der Tabelle *tblSeminare* identisch sein. Da bietet es sich an, diese Tabelle zu kopieren.

1. Klicken Sie im Navigationsbereich mit der rechten Maustaste auf *tblSeminare* und wählen Sie im Kontextmenü den Befehl *Kopieren*.

2. Dann fügen Sie die kopierte Tabelle entweder mit Strg+V oder per Klick auf das Symbol *Einfügen* (auf der Registerkarte *Start* in der Gruppe *Zwischenablage*) ein. Dabei erscheint das Dialogfeld *Tabelle einfügen als* aus Abbildung 8.32, in dem Sie bitte den neuen Tabellennamen *tblSeminarStandards* eintragen.

Abbildung 8.32: Einfügen der Tabelle als *tblSeminarStandards*

3. Auch wenn die Tabelle in diesem Fall noch gar keine Daten enthält, sollten Sie die Option *Nur Struktur* auswählen. Nach der Bestätigung können Sie den Entwurf von *tblSeminarStandards* öffnen, um die Felder zu korrigieren.

4. Abgesehen davon, dass das Präfix der Feldnamen nicht *sem*, sondern *sst* sein wird, entfällt beispielsweise das Feld *semortIDRef*. Wenn Sie dieses Feld löschen, müssen Sie bestätigen, dass der zugehörige Index entfernt wird, was auch so gewünscht ist. Der Tabellenentwurf sollte anschließend so aussehen wie in Abbildung 8.33.

Feldname	Felddatentyp	Beschreibung
sstID	AutoWert	
sstprgIDRef	Zahl	Long, Referenz auf prgID
sststfIDRef	Zahl	Long, Referenz auf stfID
sstDauer	Zahl	Bytes, Format: 0,0" Tage"
sstTNmax	Zahl	Bytes
sstPreis	Währung	Währung, Format: Euro

Abbildung 8.33: Der Entwurf der Tabelle *tblSeminarStandards*

Zu der Tabelle *tblSeminarStandards* gehören zwei weitere Tabellen *tblStufen* und *tblProgramme*. Beide sind ähnlich einfach organisiert wie die meisten solcher Nachschlagetabellen, ein AutoWert-Feld als Primärschlüssel und ein Text-Feld für den Namen.

8.2 Automatische Standardwerte

Abbildung 8.34 zeigt den Entwurf der Tabelle *tblStufen* und Abbildung 8.35 deren Inhalte. Damit können bei Bedarf die unterschiedlichen Anforderungen der Kurse unterschieden werden.

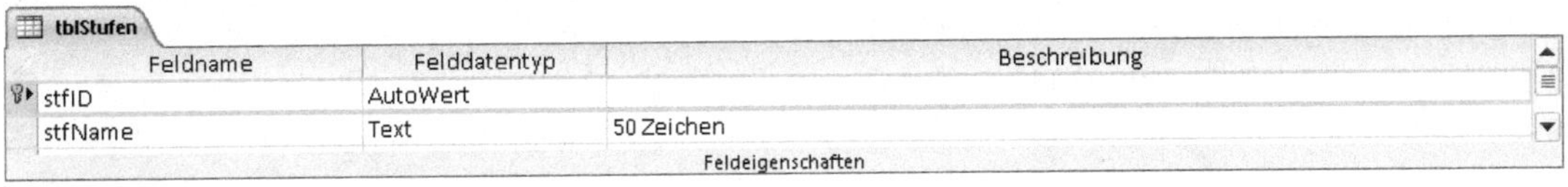

Feldname	Felddatentyp	Beschreibung
stfID	AutoWert	
stfName	Text	50 Zeichen

Abbildung 8.34: Der Entwurf der Tabelle *tblStufen*

stfID	stfName
1	Grundkurs
2	Aufbaukurs
3	Programmierung Einsteiger
4	Programmierung Fortgeschrittene
5	Workshop
6	Coaching

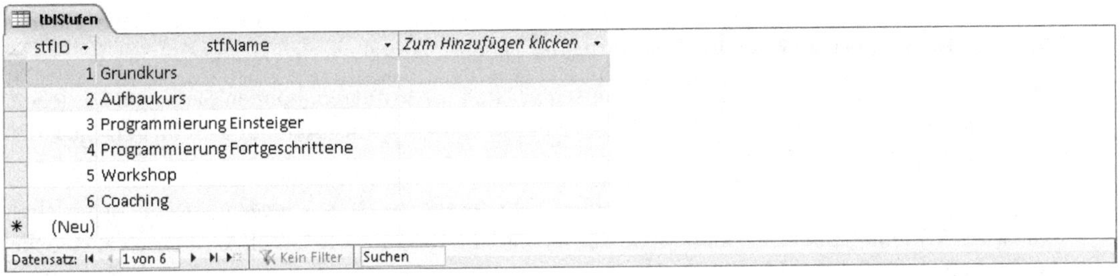

Abbildung 8.35: Die Datenblattansicht der Tabelle *tblStufen*

Außerdem soll eine Liste der in den Seminaren angebotenen Programme auswählbar sein, die in der Tabelle *tblProgramme* gespeichert wird. Hier soll wie in Abbildung 8.36 zusätzlich ein Textfeld für die Version enthalten sein.

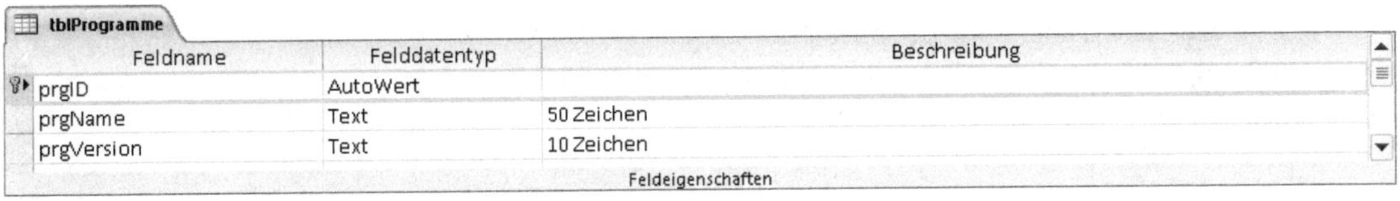

Feldname	Felddatentyp	Beschreibung
prgID	AutoWert	
prgName	Text	50 Zeichen
prgVersion	Text	10 Zeichen

Abbildung 8.36: Der Entwurf der Tabelle *tblProgramme*

Damit nicht eine Kombination aus Programmname und Version mehrfach auftauchen kann, sollten Sie auch hier wieder einen Mehrfelderindex einrichten wie in Abbildung 8.37. Denken Sie bitte daran, in dessen erster Zeile einen beliebigen Namen (z.B. *NameVersionNichtDoppelt)* einzutragen und die Eigenschaft *Eindeutig* auf *Ja* zu stellen.

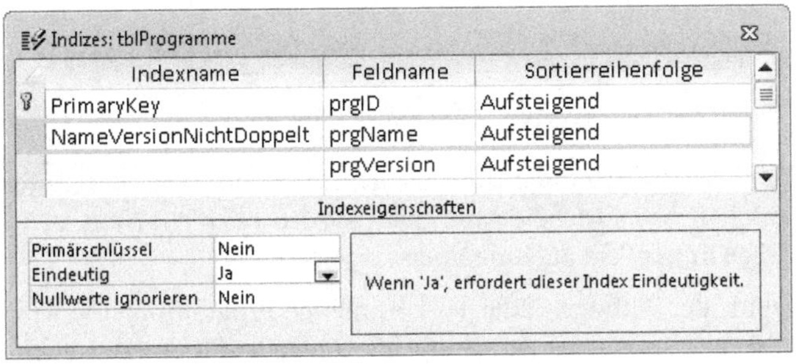

Indexname	Feldname	Sortierreihenfolge
PrimaryKey	prgID	Aufsteigend
NameVersionNichtDoppelt	prgName	Aufsteigend
	prgVersion	Aufsteigend

Primärschlüssel: Nein
Eindeutig: Ja
Nullwerte ignorieren: Nein

Wenn 'Ja', erfordert dieser Index Eindeutigkeit.

Abbildung 8.37: Der Mehrfelderindex in der Tabelle *tblProgramme*

Kapitel 8 Erweiterte Verknüpfungen und Datentypen

Daten als Datenquelle für Nachschlagefelder

Da es sich bei beiden Feldern um freie Textfelder handelt, reicht natürlich ein einfacher Schreibfehler wie **Exel** statt **Excel**, damit diese – eigentlich gleiche – Kombination aus Sicht der Datenbank nicht mehr identisch ist. Das wäre nur mit zwei weiteren Nachschlagetabellen vermeidbar.

Ich möchte Ihnen daher an dieser Stelle eine Alternative für die beiden Felder zeigen, denn

- jede zusätzliche Tabelle bedeutet mehr Pflegeaufwand,
- sie erfordert möglicherweise ein Eingabeformular und
- sie bedeutet vor allem die Notwendigkeit, die gewünschten Daten zuerst in der Nachschlagetabelle eintragen zu müssen, bevor sie in der eigentlichen Tabelle benutzt werden können.

Wenn Sie stattdessen die vorhandenen Daten selbst als Datenquelle nutzen, können Sie davon ausgehen, dass Schreibfehler weitestgehend vermieden werden, da das Kombinationsfeld die bereits eingegebenen Werte zur Auswahl anbietet.

1. In den bisherigen Beispielen haben Sie auf der Registerkarte *Nachschlagen* für die Eigenschaft *Datensatzherkunft* immer eine andere Tabelle angegeben, nämlich die jeweilige Nachschlagetabelle, auf die sich ein Referenzfeld bezog.

2. Diesmal sollen jedoch für das Feld *prgName* alle bisher vorhandenen Inhalte sortiert und ohne eventuell vorhandene Duplikate aufgelistet werden. Dazu wird in *Datensatzherkunft* eine Gruppierungsabfrage benötigt, wie es in Abbildung 8.38 zu sehen ist. Da das gruppierte Feld *prgName* ohnehin sortiert wird, können Sie auf eine separate Sortieranweisung verzichten.

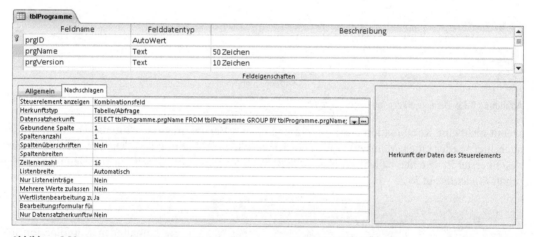

Abbildung 8.38: Die *Nachschlagen*-Eigenschaften des Feldes *prgName* in der Tabelle *tblProgramme*

3. Da es sich um das Textfeld selber handelt, ist die gebundene Spalte wie immer die erste, aber dieses Mal auch die einzige Spalte. Die Eigenschaft *Nur Listeneinträge* bleibt ausdrücklich auf *Nein*, denn es soll ja möglich sein, auch neue Einträge in das Feld aufzunehmen.

In Abbildung 8.39 sehen Sie das Ergebnis der Abfrage. Jeder vorkommende Programmname wird genau einmal angeboten. Da die AutoErgänzung aktiv ist, genügt die Eingabe des Anfangsbuch-

8.2 Automatische Standardwerte

stabens, um das ganze Wort zu bestätigen. Das bedeutet, dass solche Listen auch sehr viele Zeilen enthalten können und der Benutzer beim Schreiben eines Wortes automatisch einen Hinweis erhält, dass der gewünschte Eintrag bereits vorhanden ist und übernommen werden kann.

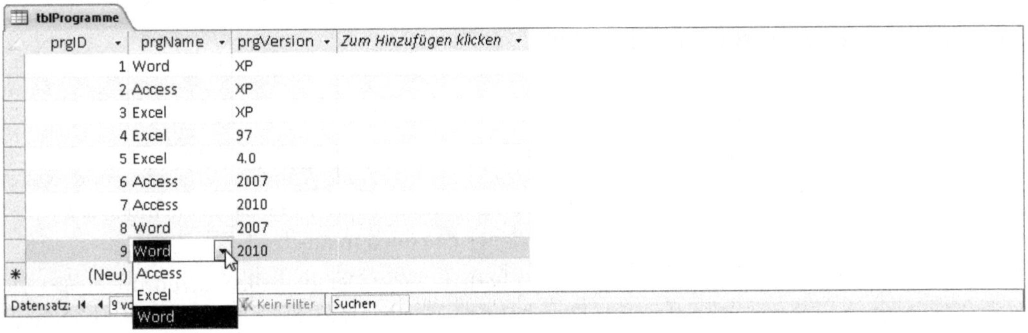

Abbildung 8.39: Die Auswahl des Kombinationsfelds für *prgName*

Ich bezeichne diese Konstruktion als *rekursive Liste,* weil sie ihre Daten aus ihren eigenen Inhalten ermittelt. Sie hat allerdings einen kleinen Nachteil: Sie aktualisiert sich zwischendurch nicht, wie Abbildung 8.40 beweist. Der Datensatz 11 ist erkennbar bereits gespeichert, die Gruppierungsabfrage könnte also auf den Wert *Visio* schon zugreifen, trotzdem ist *Visio* noch nicht in der Liste enthalten.

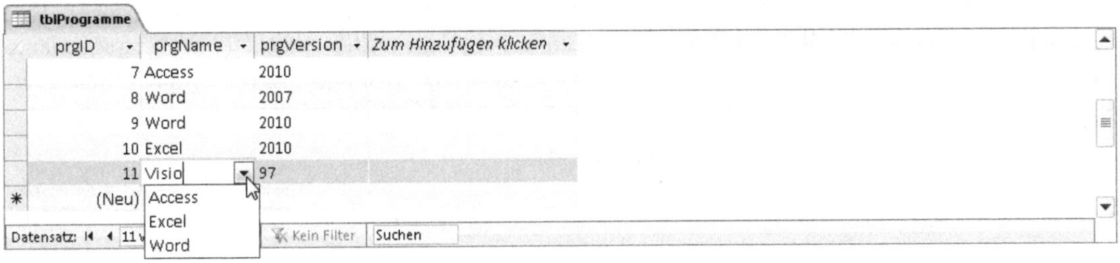

Abbildung 8.40: Das Kombinationsfeld für *prgName* ist noch nicht aktualisiert

Schon aus Gründen der Performance werden die Inhalte von Kombinationsfeldern bei deren erstem Öffnen einmal ermittelt, aber dann nicht laufend aktualisiert. Für dieses kleine Problem gibt es zwei Lösungen:

- Sie klicken in das Feld *prgName* und lassen die Liste manuell mit F9 aktualisieren, sobald Sie selber wissen, dass ein neuer Eintrag hinzugekommen ist
- Sie schließen und öffnen die Tabelle, denn dabei werden alle enthaltenen Kombinationsfelder automatisch aktualisiert

Mit Ereignissen in Formularen ließe sich das automatisieren, diese werden in Kapitel 13 gezeigt. Ich meine, dass sich das Manko der nur manuell aktualisierbaren Inhalte, angesichts des geringen Aufwands für das Erstellen einer solchen Liste, im Moment leicht verschmerzen lässt. Für *prgVersion* können Sie ein entsprechendes Kombinationsfeld der bisherigen Inhalte anlegen, wie es eben gezeigt wurde.

Jetzt fehlt nur noch die Tabelle *tblTypen* für den Teilnahme-Typ mit den Daten wie in Abbildung 8.41.

Kapitel 8   Erweiterte Verknüpfungen und Datentypen

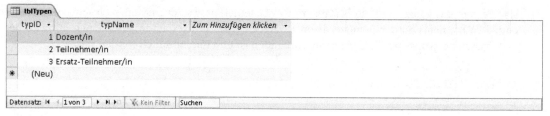

Abbildung 8.41: Die Datenblattansicht der Tabelle *tblTypen*

Damit können Sie die noch unvollständigen Beziehungen für alle Tabellen ergänzen und sollten ein Ergebnis wie in Abbildung 8.42 erhalten. Selbstverständlich sollten Sie darauf achten, dass alle Verknüpfungen kreuzungsfrei dargestellt werden, so lange das noch möglich ist.

Außerdem empfiehlt es sich, die Mastertabellen oberhalb ihrer Detailtabellen anzuordnen, also die 1er-Seite höher als die n-Seite zu platzieren. Dies hat den Vorteil, dass Sie nicht nur die Abhängigkeiten deutlicher sehen, sondern Sie finden auch die Tabellen mit den meisten Datensätzen und also dem größten Optimierungspotential ganz unten.

Sie werden schon hier bei lediglich zehn Tabellen feststellen, dass das schwierig ist. Zwar sind noch alle Verknüpfungen kreuzungsfrei, aber die Tabellen *tblTypen* und *tblSeminare* sollten beispielsweise eigentlich auf gleicher Höhe angeordnet sein, weil sie beide gleichwertige Nachschlagetabellen zur Tabelle *tblTeilnahmen* sind.

Damit ist die Datenbank bereit zur Dateneingabe. Da es aber nicht nur viele Tabellen, sondern vor allem auch viele voneinander abhängige Daten gibt, ist eine Datenpflege mittels Tabellen oder Abfragen langsam nur noch zu Testzwecken sinnvoll. Eigentlich werden jetzt leistungsfähige Formulare und übersichtliche Berichte benötigt, um diese Datenmengen noch in den Griff zu kriegen.

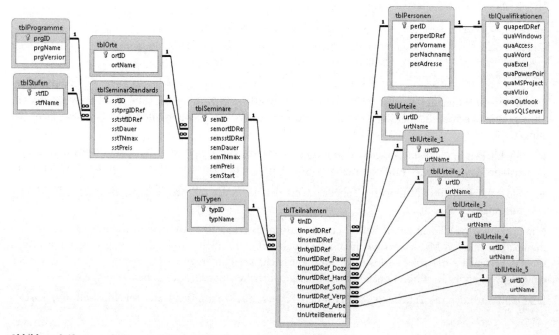

Abbildung 8.42: Die endgültigen Beziehungen in der Datenbank *Seminare.accdb*

8.3 Übungen zu diesem Kapitel

In diesem Abschnitt finden Sie einige Übungen zu diesem Kapitel. Die richtigen Antworten finden Sie wie immer auf der Website *www.richtig-einsteigen.de*.

Übung 8.1

Berechnen Sie überschlägig den Platzbedarf eines Datensatzes in der Tabelle *tblTeilnahmen*, wenn Sie davon ausgehen, dass in *tlnUrteilBemerkungen* durchschnittlich etwa 100 Zeichen eingetragen werden.

Übung 8.2

Wie viele Datensätze würde die Abfrage *qryVieleNamen* anzeigen, wenn Sie die Datenquelle *tblNamen_2* entfernen und das Feld *namAdresse* ebenfalls auf *tblNamen_1* basieren lassen?

Übung 8.3

Wie verhindern Sie am sichersten, dass nicht am gleichen Tag im gleichen Veranstaltungsort ein Seminar beginnt?

8.4 Zusammenfassung

In diesem Kapitel haben Sie gesehen, welche erweiterten Möglichkeiten Access für größere Datenmodelle mit komplexeren Zusammenhängen bereitstellt. Angesichts der großen Datenmengen ist es dann auch sinnvoll, die zu erwartenden Tabellengröße wenigstens überschlägig zu betrachten.

- Anhand der in der Access-Hilfe genannten Größe der verschiedenen Datentypen und der zu erwartenden durchschnittlichen Textlänge der Textfelder können Sie die Größe eines Datensatzes abschätzen und mit der Anzahl der erwarteten Datensätze multiplizieren. Daraus ergibt sich grob der Speicherbedarf der verschiedenen Datenmodelle.

- Wenn in einer Tabelle ein großer Teil der Datensätze einige Felder nicht benötigt, spricht das dafür, diese Datensätze in zwei Tabellen aufzuteilen, die mit einer 1:1-Verknüpfung verbunden sind. Dadurch werden für die Zusatzfelder nur dann Datensätze angelegt, wenn die Haupttabelle sie benötigt. Dagegen spricht der etwas erhöhte Aufwand, der anfällt, um diese getrennten Daten mit Outer Join sinnvoll zu verknüpfen.

- Um auch zu Testzwecken mit wenig Mühe möglichst viele Daten in Tabellen bereitzustellen, können Sie anhand eines (normalerweise fehlerhaften) Kreuzprodukts und einer darauf basierenden Anfügeabfrage große Mengen von Datensätzen erzeugen

- Die angezeigten Daten aus Nachschlagetabellen werden am besten mit Hilfe von Abfragen sortiert und um überflüssige Spalten bereinigt dargestellt. Damit solche – für eine einmalige Nutzung vorgesehenen – Abfragen nicht im Navigationsbereich auftauchen, lässt sich aus dem Abfrage-Generator der SQL-Text der Abfrage übernehmen, ohne diese zu speichern.

Kapitel 8   Erweiterte Verknüpfungen und Datentypen

- Als Alternative zeigt eine so genannte *rekursive Liste* alle bisher in der gleichen Datenquelle bereits enthaltenen Feldinhalte als Auswahl gruppiert an. Dadurch werden automatisch alle vom Benutzer eingegebenen Daten für die erneute Eingabe angeboten. Neu eingegebene Daten tauchen allerdings erst in der Liste auf, wenn die Tabelle geschlossen und wieder geöffnet wurde.

- Mit einem eindeutigen Mehrfachindex über mehrere Felder hinweg können Sie sicherstellen, dass auch die Kombination verschiedener Dateninhalte nicht doppelt gespeichert werden kann. Das ist besonders bei m:n-Beziehungen wichtig, bei denen die mittlere Tabelle für die beiden 1:n-Beziehungen typischerweise deren mehrfaches Auftreten verhindern soll.

Kapitel 9

Formulare

In diesem Kapitel lernen Sie

- wie Sie Formulare automatisch erzeugen
- welche Formatierungsmöglichkeiten Access bietet
- wie Formulare mit Tastenkürzeln besser nutzbar werden
- mit welchen Tastenkombinationen Sie sich zwischen Datensätzen bewegen können
- wo Formularfilter schon vorhanden sind
- wie Sie Haupt- und Unterformulare erstellen und verbessern
- warum die Wertlistenbearbeitung für Nachschlagetabellen sinnvoll ist
- wie geteilte Formulare die Suche eines Datensatzes erleichtern
- wie Felder auch in Formularen berechnet werden
- mit welchen Möglichkeiten Sie in Access ein Corporate Design verwirklichen
- wie die bedingte Formatierung funktioniert

9.1 Daten ansprechend präsentieren

Auch wenn für die Seminare-Datenbank sicherlich noch einige Abfragen nötig wären, sollen die Daten schon einmal ansprechender dargestellt werden. Dafür haben Sie in Access mehrere Möglichkeiten:

- **Formulare** für die Datenein- und -ausgabe am Bildschirm
- **Berichte** für den Ausdruck

Formulare und Berichte sind in ihren Möglichkeiten und in ihrer Benutzung recht ähnlich, daher werden wir uns zuerst sehr ausführlich mit Formularen beschäftigen. Bei den später vorgestellten Berichten geht es dann vor allem noch um deren Unterschiede gegenüber Formularen.

AutoFormular

Da die Erstellung eines Eingabeformulars für die Daten einer Tabelle praktisch zu den Standardaufgaben in einer Datenbank zählt, lässt sich dies mit einem einzigen Klick erledigen. Markieren Sie dazu im Navigationsbereich den Namen der Tabelle *tblPersonen* und klicken Sie dann auf der Registerkarte *Erstellen* auf das Symbol *Formular* der Gruppe *Formulare*.

Kapitel 9 Formulare

Danach öffnet sich automatisch ein einspaltiges Formular in der Formularlayout-Ansicht (Abbildung 9.1). Diese Ansicht ist sozusagen eine Mischung aus der eigentlichen Entwurfsansicht und der Anzeige der Daten in der Formularansicht.

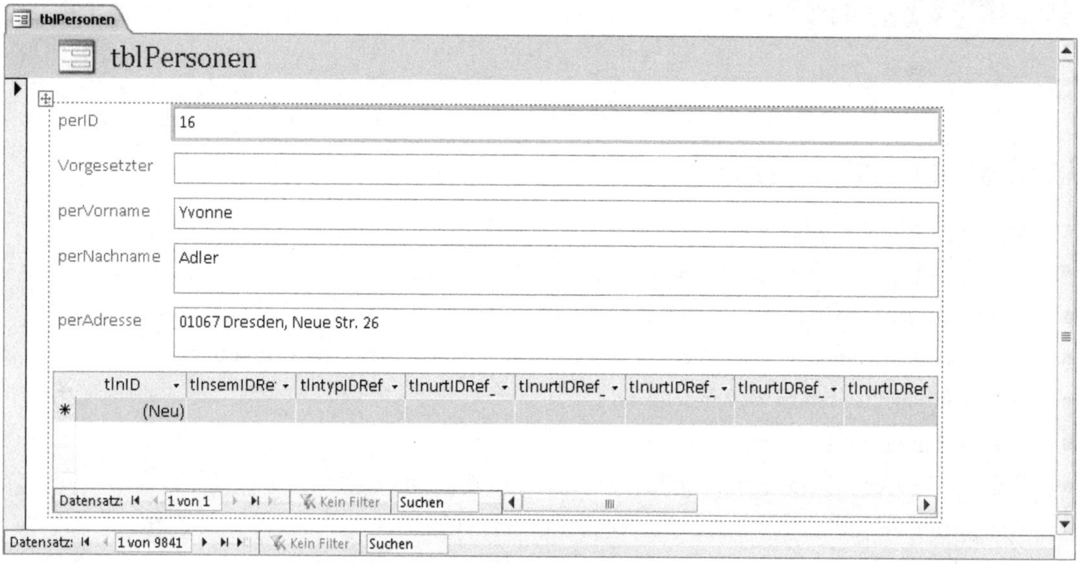

Abbildung 9.1: Das Formular zur Tabelle *tblPersonen* in der Formularlayout-Ansicht

Da alle Felder der Datenquelle automatisch übernommen wurden, können wir uns sofort mit der Gestaltung beschäftigen. Access 2010 stellt hier viele Designs zur Verfügung, die Sie wie in Abbildung 9.2 in der Gruppe *Designs* der Registerkarte *Entwurf* auswählen können.

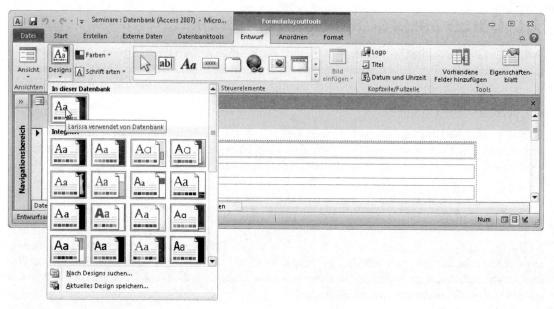

Abbildung 9.2: Die Auswahl an Designs

9.1 Daten ansprechend präsentieren

Ich habe hier das Design *Papier* ausgewählt und das Formular als *frmPersonen* (*frm* als Abkürzung für *form*, engl. Formular) entsprechend den Namenskonventionen gespeichert. Um das Formular im Moment übersichtlich zu gestalten, soll das automatisch darauf angeordnete Tabellen-Unterobjekt gelöscht werden.

1. Da das Löschen in der Formularlayout-Ansicht etwas schwierig ist, wechseln Sie dazu am besten mit dem Symbol *Ansicht* der Registerkarte *Entwurf* (oder dem Symbol ganz unten rechts) zur Entwurfsansicht.
2. Dort klicken Sie das Objekt mit der Beschriftung *Tabelle.tblTeilnahmen* mit der rechten Maustaste an und wählen in seinem Kontextmenü den Befehl *Löschen*.
3. Da nun der hellgraue Detailbereich unnötig hoch ist, soll dieser entsprechend verringert werden. Dazu schieben Sie die Oberkante des Formularfuß-Trennbalkens nach oben, wenn dort der Mauszeiger zu einem Doppelpfeil geworden ist.

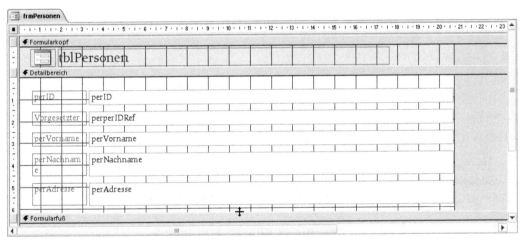

Abbildung 9.3: Der Detailbereich lässt sich durch Hochziehen der Oberkante des Formularfuß-Balkens verkürzen

Jetzt zeigt das Formular genau einen Datensatz der Datenquelle *tblPersonen* an, allerdings noch überwiegend mit den ursprünglichen Feldnamen als Beschriftung. Nur für das Feld *perperIDRef* hatten wir bereits in der Tabelle die Eigenschaft *Beschriftung* mit dem Text »Vorgesetzter« ausgefüllt, den der automatische Formular-Assistent bereits übernommen hat.

4. Die übrigen Beschriftungen, also die links auf grauem Hintergrund stehenden Texte, können Sie mit einem ersten Klick markieren und dann mit einem zweiten Klick in den Eingabemodus schalten. Jetzt lassen sich die Texte direkt auf dem Formular bearbeiten und Sie können zum Beispiel die *per-*Präfixe entfernen.
5. Außerdem sollen alle Felder ein wenig nach oben gerückt werden. Sobald ein Feld angeklickt ist, erscheint links oberhalb davon ein kleines Rechteck mit einem Vierfach-Pfeil. Wenn Sie mit der Maus darüberfahren, verändert sich der Mauszeiger ebenfalls zu einem Vierfach-Pfeil.

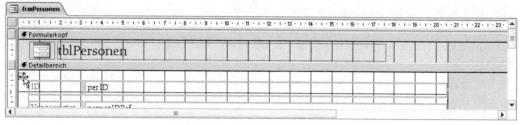

Abbildung 9.4: Die Markierung der Eingabefelder

So können Sie alle markierten Felder gemeinsam etwas weiter nach oben schieben und die Höhe des Detailbereichs wieder etwas verringern. In der Formularansicht präsentiert sich das Formular *frmPersonen* nun wie in Abbildung 9.5.

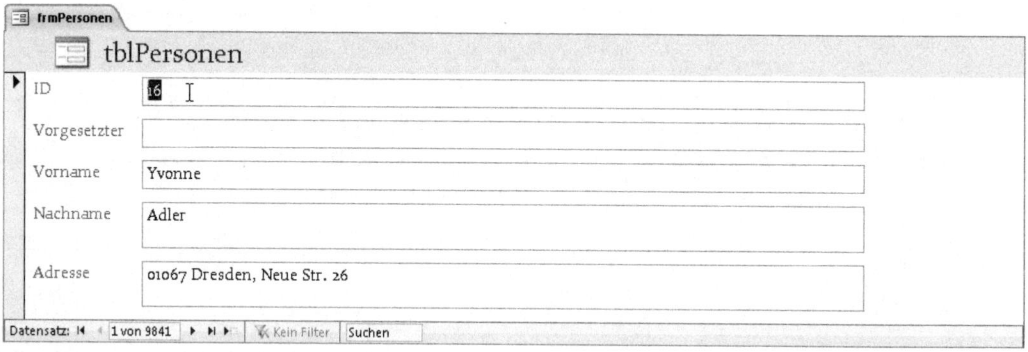

Abbildung 9.5: Die Formularansicht von *frmPersonen*

Konzeptionelle Schwächen des AutoFormulars korrigieren

Jetzt geben Sie bitte im *ID*-Feld den Wert *129* ein. Das klappt nicht? Das darf es auch nicht, aber haben Sie die Fehlermeldung gesehen? Nein? – Das wundert mich nicht, denn sie ist (zu) gut versteckt. In der Statuszeile meldet Access jetzt: »Das Steuerelement kann nicht bearbeitet werden; es ist an das Auto-Wert-Feld 'perID' gebunden.«

Aus Sicht eines Benutzers sind hier gleich drei konzeptionelle Fehler eingebaut:

- Eine wichtige Meldung erscheint nicht unübersehbar in der Mitte des Bildschirms, sondern kontrastarm am unteren Rand des Bildschirms in der Statuszeile. Wer oben auf dem Bildschirm einen Wert ändert, achtet garantiert nicht gleichzeitig auf den unteren Bereich des Bildschirms. Genau aus diesem Grund erscheinen auch alle QuickInfos an der Mausposition. Ganz abgesehen davon lässt sich die Statuszeile in den Access-Optionen ausblenden.

- Der Mauszeiger in Abbildung 9.5 zeigt ganz deutlich ein großes »I«, also die Windows-gemäße Angabe, dass hier das Bearbeiten eines Textfeldes möglich ist. Und wenn der Benutzer dann genau das versucht, ist es doch nicht erlaubt.

- Das Textfeld besitzt eine weiße Hintergrundfarbe. Auch das ist eine übliche Kennzeichnung für editierbare Felder.

> **Hintergrund: Hintergrundfarbe**
>
> Seit Jahrzehnten ist bekannt, dass schwarze Schrift auf kontrastreichem (also weißem!) Hintergrund am besten zu lesen ist. Nach Access XP hat sich das Design des Formularhintergrunds von Mittelgrau über ein helleres Grau (Access 2007) endlich zu einem Weiß in Access 2010 verwandelt. Dafür sind Eingabefelder nicht mehr so einfach an ihrer Farbe zu erkennen, wie es beispielsweise immer noch auf Dialogfeldern gilt.

Es geht also darum, den Benutzer nicht in die Irre zu führen, sondern nicht editierbare Felder auch als solche zu kennzeichnen. Denn dann erübrigt sich eine nachträgliche Fehlermeldung. Für dieses Feld müssen sich also zwei Merkmale ändern:

- Seine Hintergrundfarbe soll derjenigen des Formulars entsprechen, auch wenn momentan beide identisch sind (weil die Formularfarbe sich zu einem späteren Zeitpunkt per Design ändern könnte!)
- Der Mauszeiger darf nicht mehr als »I« dargestellt werden und eine Markierung des Textes darf nicht möglich sein

1. Wechseln Sie in die Entwurfsansicht, damit Sie die Eigenschaften des Feldes *perID* ändern können.
2. Klicken Sie auf der Registerkarte *Entwurf* in der Gruppe *Tools* auf das Symbol *Eigenschaftenblatt*, sodass am rechten Fensterrand das Eigenschaftenblatt erscheint.

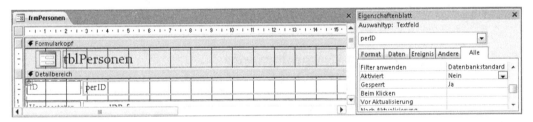

Abbildung 9.6: Das Eigenschaftenblatt für das Feld *perID*

3. Wenn das Feld *perID* noch nicht einzeln markiert ist, können Sie es wahlweise im Entwurf anklicken oder oben im Eigenschaftenblatt im Kombinationsfeld auswählen.

In der Registerkarte *Alle* sind erwartungsgemäß alle Eigenschaften angezeigt, die für das jeweils markierte Element einstellbar sind. Die übrigen vier Registerkarten enthalten immer nur Teilmengen davon. Es mag auf der Registerkarte *Alle* wegen der Fülle der Möglichkeiten manchmal etwas länger dauern, bis Sie eine bestimmte Eigenschaft entdecken, aber dafür können Sie auch sicher sein, dass die gesuchte Eigenschaft dort zu finden ist.

Bei den anderen Registerkarten kann es immer mal wieder vorkommen, dass Sie zufällig in der falschen Registerkarte suchen. Beispielsweise würde ich die beiden Eigenschaften *Textformat* und *Eingabeformat* in der Registerkarte *Format* suchen und nicht in der Registerkarte *Daten*, der sie aber zugeordnet sind.

Um jetzt also die technische Anforderung an das korrekte Mauszeigerverhalten zu erfüllen, müssen Sie die beiden Eigenschaften *Aktiviert* und *Gesperrt* anpassen. Sie mögen das Gefühl haben, dass beide doch eigentlich dasselbe meinen, aber es gibt wesentliche Unterschiede:

- Wenn ein Steuerelement *Aktiviert* ist, können Sie mit der Maus hineinklicken oder es per Tabulatortaste aktivieren. Andernfalls bleibt der Mauszeiger unverändert und Sie können den Fokus nicht dorthin setzen.

Kapitel 9   Formulare

- Wenn ein Steuerelement *Gesperrt* ist, können Sie es zwar bedienen, Sie können aber seine Datenauswahl nicht ändern

Für unser Feld *perID* bedeutet das, dass es deaktiviert und gesperrt sein muss, damit es unveränderlich bleibt und farblich trotzdem zu den übrigen Steuerelementen passt. Wenn Sie das Ergebnis jetzt in der Formularansicht vergleichen, sehen Sie, dass der Mauszeiger wie in Abbildung 9.7 tatsächlich nur noch den NordWest-Pfeil anzeigt. Außerdem können Sie das Feld nicht mehr mit der Tabulatortaste aktivieren.

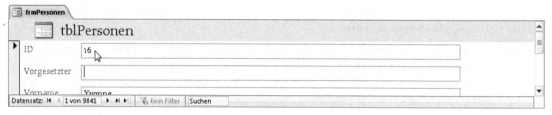

Abbildung 9.7:   Die deaktivierte Version des Eingabefeldes

Jetzt fehlt noch die optische Anpassung, damit das Feld immer die gleiche Farbe wie der Hintergrund des Formulars besitzt. Wenn Sie im Entwurf die Eigenschaft *Hintergrundart* auf *Transparent* stellen, ist auch das erledigt. So können Sie sicher sein, dass das Textfeld auch bei einer Farbänderung des Detailbereichs optimal dargestellt wird.

Tastenkombination für Steuerelemente

Sie kennen sicherlich von den typischen Windows-Dialogfeldern die Möglichkeit, per Tastenkombination bestimmte Eingabefelder anzuspringen.

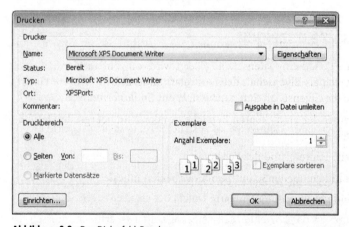

Abbildung 9.8:   Das Dialogfeld *Drucken*

Die dazu notwendigen Kürzel werden zwar erst nach einmaligem Drücken der Alt-Taste eingeblendet, sie sind aber dann wie in Abbildung 9.8 sichtbar. Im gezeigten Dialogfeld *Drucken* können Sie beispielsweise mit Alt+V (Alt-Taste gedrückt halten und dann V tippen) den Cursor in das *Von*-Feld setzen.

9.1 Daten ansprechend präsentieren

Da es sich bei Access-Formularen letztendlich ebenfalls nur um eine Windows-Oberfläche handelt, sollte diese Fähigkeit auch zur Verfügung gestellt werden. Dazu müssen Sie lediglich in der Beschriftung vor dem gewünschten Buchstaben ein Kaufmanns-Und (»&«) eingeben.

Dieser Buchstabe wird dann im Formular unterstrichen und kann mit der Alt-Taste zusammen genutzt werden, um das zugehörige Eingabefeld zu aktivieren. Sollte ein Buchstabe mehrfach auf dem gleichen Formular vorkommen, werden die betroffenen Felder mit einer kleinen grünen Ecke markiert.

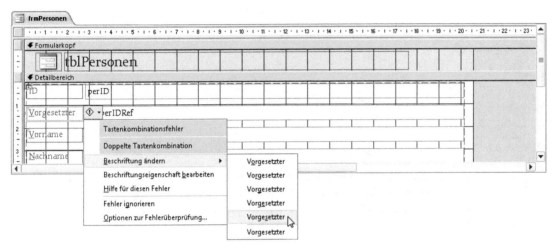

Abbildung 9.9: Hinweis auf eine doppelt vergebene Tastenkombination

Ein SmartTag mit Ausrufezeichen lässt sich an dem kleinen Pfeil ausklappen und zeigt dann ein Menü zur Fehlerkorrektur an. Hier können Sie unter *Beschriftung ändern* einen anderen geeigneten Buchstaben wählen. Wie Sie sehen, ist es keineswegs notwendig, dass der erste Buchstabe unterstrichen ist.

Einen oder mehrere Datensätze anzeigen

Bisher verhält sich das Formular so, dass genau ein Datensatz angezeigt wird, obwohl auf der Seite viel mehr Platz wäre. Dieses Verhalten lässt sich als Eigenschaft des Formulars ändern. Um mehrere Datensätze gleichzeitig anzuzeigen, ändern Sie die Eigenschaft *Standardansicht* auf *Endlosformular*.

Das Formular selbst ist übrigens nicht einer der anklickbaren Bereiche, sondern ein übergreifendes Objekt. Sie markieren das Formular wahlweise

- durch einen Klick in den (hellblauen) Hintergrund des Fensters
- durch Anklicken des Rechtecks am linken oberen Schnittpunkt der beiden Lineale
- durch Auswahl im Kombinationsfeld des Eigenschaftenblatts

> **Tipp: Eigenschaften per Doppelklick ändern**
>
> Bei Auswahllisten wie dieser können Sie den aktuellen Wert auch per Doppelklick ändern. Jeder Doppelklick zeigt dann den nächsten möglichen Wert für die Eigenschaft an. Das geht meist deutlich schneller, als erst die Auswahlliste der Eigenschaft auszuklappen und anschließend den gewünschten Wert in der Liste anzuklicken.

Kapitel 9   Formulare

In Abbildung 9.10 sehen Sie, dass nun so viele Datensätze wie möglich angezeigt werden. Es lässt sich dabei nicht verhindern, dass je nach Bildschirmhöhe der letzte Datensatz unvollständig erscheint.

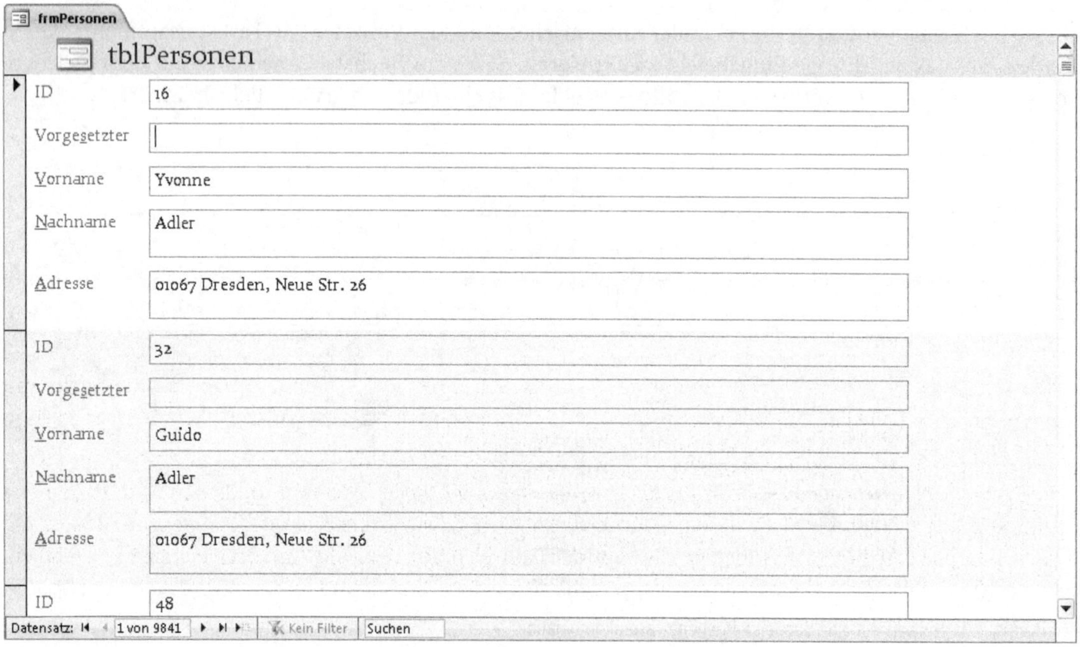

Abbildung 9.10: Die Endlosanzeige der Datensätze im Formular *frmPersonen*

Auch wenn die *Zeile* eines Datensatzes nun höher ist als in der Datenblattansicht einer Tabelle, gibt es hier ebenfalls den Datensatzmarkierer am linken Rand. Er kennzeichnet den aktuellen Datensatz durch ein kleines Dreieck. Unten im Formular finden Sie wieder die Navigationsleiste mit der Möglichkeit, zum ersten, letzten, vorigen oder nächsten Datensatz zu springen. Alternativ können Sie dazu (wie in Tabellen) die Tastenkombinationen aus Tabelle 9.1 verwenden.

Tabelle 9.1: Die Tastenkombinationen zum Bewegen innerhalb der Daten

Tastenkombination	Beschreibung
Tabulator	zum nächsten Eingabefeld
Umschalt+Tabulator	zum vorherigen Eingabefeld
↓ / ↑	zum nächsten/vorigen Eingabefeld
Bild↓ / Bild↑	zum Datensatz des nächsten/vorigen Bildschirms
Ende	zum letzten Feld des Datensatzes
Pos1	zum ersten Feld des Datensatzes
Strg+↓ / Strg+↑	zum letzten/ersten Datensatz
Strg+Bild↓ / Strg+Bild↑	zum gleichen Feld im nächsten/vorigen Datensatz
Strg+Pos1	zum ersten Feld im ersten Datensatz
Strg+Ende	zum letzten Feld im letzten Datensatz
Strg++	neuen Datensatz anfügen

9.2 Datensätze suchen

Die im letzten Abschnitt beschriebenen Navigationsmethoden sind natürlich ungeeignet, um schnell einen oder mehrere bestimmte Datensätze zu finden. Für diese Aufgabe bietet Access eine Vielzahl fertiger Methoden an, von denen Sie die erste bereits bei der Vorstellung der Tabellen kennen gelernt haben.

Klicken Sie dazu unten in der Navigationsleiste (Achtung: nicht mit dem Navigationsbereich links verwechseln!) in das *Suchen*-Feld und tippen Sie beispielsweise einen der vorhandenen Nachnamen wie **Ramelow** ein. Dann wird automatisch der 149. Datensatz mit der ID *2384* aktiviert, weil dort das Wort zum ersten Mal auftritt.

Allerdings enthält die Datenquelle, nämlich die Tabelle *tblPersonen*, noch 175 weitere Einträge mit dem gleichen Nachnamen, sodass dieser Weg für das Durchsuchen vieler Datensätze nicht optimal ist. In dieser Datenbank *Seminar.accdb* ging es ja unter anderem auch darum, mit großen Datenmengen bequem umzugehen.

Daher ist auch die zweite Variante mehr aus historischen Gründen zu nennen, nämlich die Suche mit dem Symbol *Fernglas/Suchen* der Registerkarte *Start*. Sie können damit, genau wie eben, unspezifisch in allen Feldern oder in einem bestimmten Feld suchen.

Um nach dem Nachnamen zu suchen, müssen Sie erst das Feld *perNachname* anklicken und dürfen erst dann in der Registerkarte *Start* in der Gruppe *Suchen* die Schaltfläche *Suchen* betätigen. Anschließend können Sie den Suchbegriff eingeben, die Option *Suchen in* auf das Feld *Nachname* einstellen, und im Listenfeld *Vergleichen* die Auswahl *Teil des Feldinhalts* treffen. Erst dann können Sie mit der Schaltfläche *Weitersuchen* den ersten Eintrag finden.

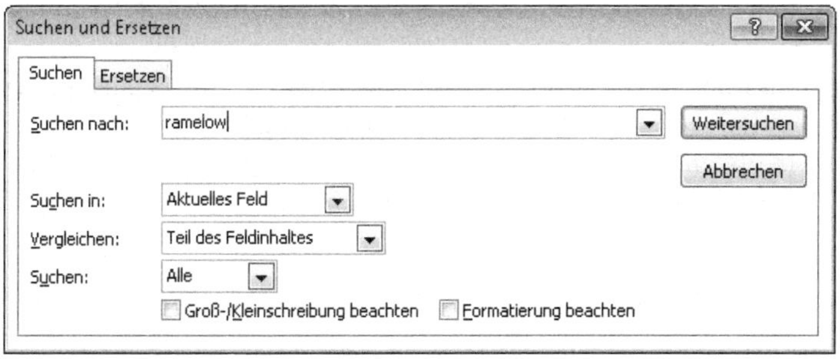

![Dialogfeld Suchen]

Abbildung 9.11: Das Dialogfeld *Suchen*

Das Dialogfeld *Suchen* wird dabei nicht geschlossen, sondern vor dem gefundenen Datensatz angezeigt. Falls die Suche nicht erfolgreich war, erscheint die Meldung aus Abbildung 9.12.

Abbildung 9.12: Die Meldung, wenn das Dialogfeld *Suchen* kein Ergebnis gefunden hat

Alle diese Bedingungen (richtiges Feld markieren und im Dialogfeld die richtigen Einstellungen vornehmen) führen meiner Erfahrung nach dazu, dass viele Anwender mit dieser Suche nicht klar kommen.

Kapitel 9   Formulare

Feld-Filter

Daher möchte ich Ihnen die Filterformular-Varianten ans Herz legen. Ihr Formular hat nämlich längst alle Filter eingebaut! Am einfachsten ist es, wenn Sie einen bestehenden Eintrag als Beispiel zum Filtern benötigen. Um hier etwa alle Personen mit dem Vornamen *Yvonne* herauszufiltern, können Sie per Rechtsklick auf das Feld *Vorname* (das den Inhalt *Yvonne* besitzt) im Kontextmenü den Befehl *Ist gleich "Yvonne"* wie in Abbildung 9.13 auswählen.

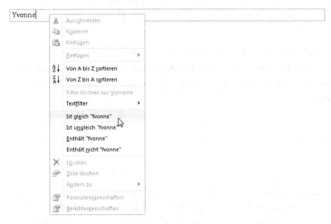

Abbildung 9.13: Die Schnellfilterung nach einem vorhandenen Wert

Im Gegensatz zu den bisherigen Methoden springt der Cursor dann nicht zum jeweils nächsten Eintrag, der dem Suchmuster entspricht, sondern filtert die komplette Datenquelle mit dieser Bedingung.

Das erspart Ihnen nicht nur die mühsame Suche nach dem nächsten Datensatz über die Einzelsuche, sondern zeigt auch sofort in der Statuszeile an, wie viele Datensätze diese Bedingung erfüllen. In Abbildung 9.14 sind es 365 Datensätze (im Gegensatz zu den 9.841 Datensätzen aus Abbildung 9.10).

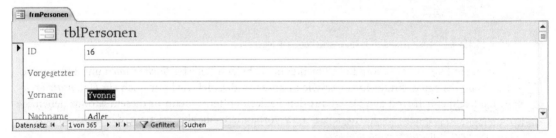

Abbildung 9.14: Die Anzeige der gefilterten Datensätze

Als Kennzeichnung, dass nicht mehr alle Datensätze angezeigt werden, wird die *Gefiltert*-Anzeige in der Navigationsleiste orangefarben hinterlegt. Ebendort können Sie diese Filterung auch durch einen Klick wieder ausschalten, wenn Sie wieder alle Datensätze sehen wollen. Das entspricht dem Symbol *Filter entfernen* in der Gruppe *Sortieren und Filtern* der Registerkarte *Start*.

Im Kontextmenü eines Textfeldes können Sie mit dem Menüeintrag *Textfilter* außerdem noch detaillierter angeben, an welcher Stelle das vorhandene Wort enthalten sein soll. Wenn dort *Müller* steht, würde nur *Textfilter/Beginnt mit...* oder *Enthält "Müller"* den Eintrag *Müller-Lüdenscheid* ermitteln.

Für Tabellenfelder, die den Datentyp *Zahl-* oder *Datum/Zeit* besitzen, ändert sich der entsprechende Menüeintrag in *Zahlenfilter* oder *Datumsfilter* und bietet dann sinnvolle Vergleiche wie *kleiner/größer* oder *Daten in diesem Zeitraum* an.

Formularbasierter Filter

Diese bisherigen Filter beziehen sich jeweils auf ein einziges Feld. Wenn Sie statt der 365 Yvonnes nur diejenigen finden wollen, die in Berlin wohnen, benötigen Sie zwei Bedingungen in unterschiedlichen Feldern. In solchen Fällen ist ein formularbasierter Filter sinnvoll.

1. Sie rufen ihn über das Symbol *Erweiterte Filteroptionen* in der Gruppe *Sortieren und Filtern* auf (Abbildung 9.15). Damit schaltet das gesamte Formular in einen Filtermodus um, was u.a. an der Registerkarte mit dem Namen des Formulars erkennbar ist. Statt wie bisher *frmPersonen* steht dort nun *frmPersonen: Formularbasierter Filter*.

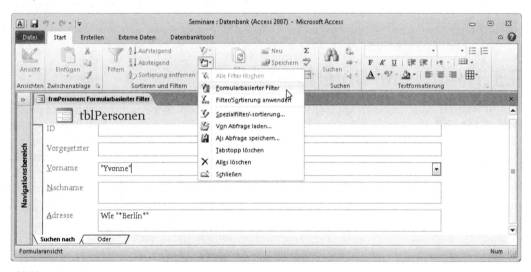

Abbildung 9.15: Das Formular wird als formularbasierter Filter angezeigt

Außerdem sind am unteren Rand des Formulars die beiden Register *Suchen nach* und *Oder* aufgetaucht. Auch bei einem Endlosformular wie in unserem Beispiel wird nur noch ein *Datensatz* angezeigt. Und schließlich sind alle Daten aus den Feldern entfernt, denn in diesem Modus geben Sie keine Daten ein, sondern Suchkriterien. Bereits vorhandene Suchkriterien werden direkt angezeigt, wie Sie im Feld *Vorname* sehen können.

2. Wenn Sie jetzt im Feld *Adresse* als Kriterium ***Berlin*** angeben, ergänzt Access dies beim Verlassen des Feldes in die korrekte Syntax Wie "*Berlin*", um alle Datensätze zu finden, die im Feld *Adresse* das Wort »Berlin« enthalten. Alle Bedingungen einer Registerkarte sind durch ein logisches *UND* verknüpft; sie müssen also gleichzeitig erfüllt sein.

3. Um den Filter anzuwenden, klicken Sie auf das Symbol *Filter anwenden* in der Gruppe *Sortieren und Filtern*. Damit wechseln Sie wieder in das gewohnte Formular mit den (gefilterten) Daten.

Wie die Statuszeile anschließend in der normalen Formularansicht anzeigt, wohnen von allen 365 Yvonnes, die in der Tabelle *tblPersonen* enthalten sind, nur 13 in Berlin.

Kriterien mit ODER verknüpfen

Wenn Sie nun noch alle Michaels anzeigen wollen, die in Berlin wohnen, benötigen Sie eine *ODER*-Verknüpfung mit der bisherigen Bedingung. Denn obwohl es sprachlich oft »Yvonne *und* Michael aus Berlin« heißt, würde eine *UND*-Verknüpfung verlangen, dass der Vorname gleichzeitig »Yvonne« und »Michael« lautet.

1. Klicken Sie auf die *ODER*-Lasche unter dem Formular, sodass ein leeres Suchformular erscheint.
2. Tragen Sie dort sowohl **Michael** für den Vornamen als auch wiederum **Wie "*Berlin*"** für die Adresse ein. Wenn Sie die Adressenbedingung vergessen, zeigt das Ergebnis später alle Yvonnes aus Berlin, und sämtliche Michaels der Datenbank ohne Ortseinschränkung an.

Um sich die SQL-Schreibweise der erzeugten Bedingungen anzusehen, können Sie in der Gruppe *Sortieren und Filtern* mit dem Symbol *Erweitert* die *Spezialfilter/-sortierung* auswählen. Dadurch wird der Filter als Abfrageentwurf dargestellt.

Um den formularbasierten Filter wieder zu schließen, klicken Sie in der Navigationsleiste auf die Schaltfläche *Gefiltert*.

9.3 Haupt- und Unterformular

Um die weiteren Möglichkeiten von Formularen zeigen zu können, benötigen wir vor allem noch mehr Daten. Während die meisten Tabellen schon Beispieldaten enthalten, fehlen sie in *tblSeminarStandards* noch. Bitte ergänzen Sie die Daten aus Abbildung 9.16, wobei die Eingabe deutlich einfacher wird, wenn Sie für die Felder *sstprgIDRef* und *sststfIDRef* die Nachschlagetabellen als Kombinationsfeld einrichten.

sstID	sstprgIDRef	sststfIDRef	sstDauer	sstTNmax	sstPreis
1	6	1	2,0 Tage	9	345,00 €
2	6	2	3,0 Tage	6	420,00 €
3	7	1	2,0 Tage	10	300,00 €
4	7	2	2,0 Tage	8	350,00 €
5	1	1	2,0 Tage	10	250,00 €
6	1	2	2,0 Tage	8	275,00 €
7	7	3	3,0 Tage	5	500,00 €
8	7	4	2,0 Tage	3	750,00 €
9	7	5	2,0 Tage	3	750,00 €
10	7	6	1,0 Tage	1	800,00 €
11	6	3	3,0 Tage	5	450,00 €
12	6	4	2,0 Tage	3	700,00 €
13	8	1	2,0 Tage	8	375,00 €

Abbildung 9.16: Die Beispieldaten in der Tabelle *tblSeminarStandards*

Jetzt wäre es praktisch, wenn auf einen Blick die *Access 2010*-SeminarStandards herausgefiltert werden könnten. Wenn Sie das selber als Entwickler benötigen, können Sie einfach den Filter an dem kleinen Pfeil neben dem Spaltentitel *sstprgIDRef* nutzen.

Dort öffnet sich ein Menü mit der in Abbildung 9.17 gezeigten Auswahl an Filtern. Wenn Sie vorher nachgesehen haben, dass Access 2010 die ID 6 hat, klicken Sie auf *(Alle auswählen)*, um alle Kontrollkästchen zu leeren und markieren danach nur die 6. Nach der Bestätigung durch *OK* bleiben nur noch die gewünschten Datensätze übrig.

9.3 Haupt- und Unterformular

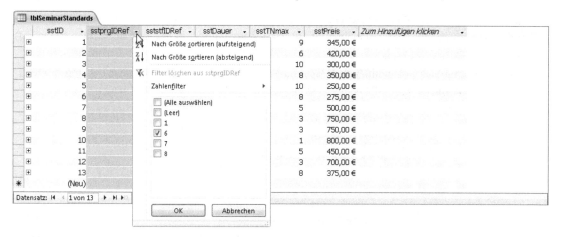

Abbildung 9.17: Der Feldfilter für *sstprgIDRef* in der Tabelle *tblSeminarStandards*

Diese Methode ist für normale Benutzer aber sicherlich nicht optimal. Sie sollten zum einen die Auswahl im Klartext und nicht als ID sehen und zum anderen mit viel weniger Mausklicks zum Ziel kommen.

Für eine solche Auswahl abhängiger Werte, die typischerweise in 1:n-verknüpften Tabellen enthalten sind, stellt Access Haupt- und Unterformulare zur Verfügung. Dabei sind im Hauptformular die Daten der Mastertabelle (also der 1er-Seite) und im Unterformular die Daten der Detailtabelle (also der n-Seite) enthalten. Access sorgt dann automatisch für die Synchronisierung der beiden Formulare.

Zum Erstellen eines Haupt- und Unterformulars können Sie auf den Formular-Assistent zurückgreifen.

1. Klicken Sie auf der Registerkarte *Erstellen* in der Gruppe *Formulare* auf die Schaltfläche *Formular-Assistent*.
2. Dabei ist es relativ egal, welche Datenquelle vorher im Navigationsbereich ausgewählt war, denn Sie können diese im ersten Schritt des Assistenten wie in Abbildung 9.18 noch im Kombinationsfeld *Tabellen/Abfragen* ändern.

Abbildung 9.18: Der erste Schritt des Formular-Assistenten mit Auswahl der Datenquelle

Kapitel 9   Formulare

3. Für die erste Datenquelle, die Mastertabelle *tblProgramme* als Inhalt des Hauptformulars, sehen Sie links alle verfügbaren Felder, die Sie bitte mit der Schaltfläche >> in die Liste der ausgewählten Felder aufnehmen.

4. Danach wählen Sie die Detailtabelle *tblSeminarStandards* für das Unterformular aus und übernehmen ebenfalls alle Felder in die rechte Liste. Jetzt sollte das Formular so aussehen.

Abbildung 9.19: Der erste Schritt des Formular-Assistenten nach Übernahme aller Felder

5. Im zweiten Schritt, den Sie durch einen Klick auf die Schaltfläche *Weiter* erreichen, bietet der Assistent die Möglichkeit, die Daten unterschiedlich aufzuteilen (siehe Abbildung 9.20). Das Vorschaubild des Assistenten zeigt die jeweils ausgewählten Optionen symbolisch an.

Eine Aufteilung *nach tblSeminarStandards* kann nicht sinnvoll funktionieren, weil im Hauptformular nur die Mastertabelle *tblProgramme* eine Beziehung zu vielen Daten des Unterformulars haben kann, daher ist die Auswahl *nach tblProgramme* richtig.

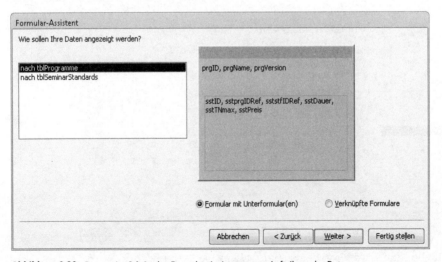

Abbildung 9.20: Der zweite Schritt des Formular-Assistenten zur Aufteilung der Daten

9.3 Haupt- und Unterformular

6. Wenn Sie statt *Formular mit Unterformular(en)* die Option *Verknüpfte Formulare* auswählen, wird beim Klick auf eine Schaltfläche des zukünftigen *Hauptformulars* ein synchronisiertes *Unterformular* angezeigt. Das Ergebnis sind aber zwei eigenständige Formulare und keine Haupt-/Unterformularkonstruktion wie hier geplant. Lassen Sie also die Auswahl so stehen wie in Abbildung 9.20.

7. Im nächsten Schritt wählen Sie nur noch das Layout des Unterformulars aus. Da es sich dort typischerweise um viele Daten handelt, ist die Option *Tabellarisch* zu bevorzugen.

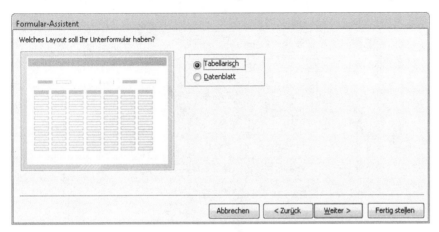

Abbildung 9.21: Der dritte Schritt des Formular-Assistenten zum Layout des Unterformulars

8. Im letzten Schritt müssen Sie noch angeben, unter welchen Namen die Formulare gespeichert werden sollen (Abbildung 9.22). Da deren Zusammenhang sonst schwer erkennbar ist, empfehle ich, alle zusammengehörigen Haupt- und Unterformulare mit dem gleichen Namen beginnen zu lassen.

Alle Unterformulare tragen also den Namen des Hauptformulars und als Zusatz, welchen Inhalt das Unterformular hat. Das ist notwendig, weil ein Hauptformular auch mehrere Unterformulare haben kann, wie Sie später sehen werden.

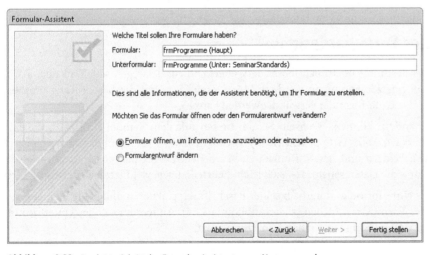

Abbildung 9.22: Der letzte Schritt des Formular-Assistenten zur Namensvergabe

9. Wenn Sie nun alles *Fertig stellen* lassen, präsentiert sich die fertige Haupt- und Unterformular-Kombination wie in Abbildung 9.23 mit dem ersten Datensatz aus der Mastertabelle *tblProgramme* und den bereits synchronisierten Daten aus der Detailtabelle *tblSeminarStandards*.

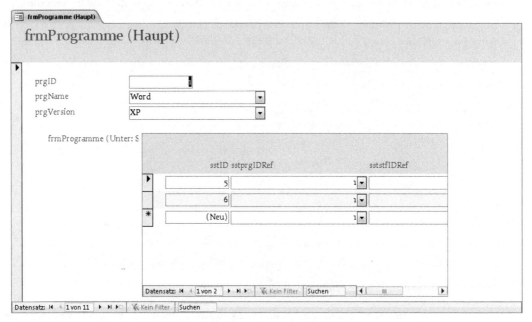

Abbildung 9.23: Das fertige Haupt-/Unterformular

Um jetzt herauszufinden, welche Seminarstandards z.B. für *Access 2010* vorliegen, müssen Sie mit der unteren Navigationszeile so lange weiterblättern, bis Sie im Datensatz 6 das entsprechende Programm finden. Die Inhalte des Unterformulars wechseln dabei automatisch, sie werden immer nach der *prgID* des Hauptformulars gefiltert.

Optimieren des Formulardesigns

Das ist so allerdings bestimmt noch nicht besonders übersichtlich, deswegen sollen an dem Formular noch einige Änderungen vorgenommen werden. Zum Beispiel benötigt die Beschriftung unnötig viel Platz, der besser für das Unterformular verwendet werden kann.

1. Damit Sie das ändern können, wechseln Sie am besten mit dem Symbol *Ansicht* in die Layoutansicht (Registerkarte *Start*, Gruppe *Ansichten*). Diese Ansicht ist vor allem darauf spezialisiert, die Anordnung von Feldern und Beschriftungen zu bearbeiten. Da Sie hier sogar – anders als in der Entwurfsansicht – die Daten sehen, lässt sich leicht beurteilen, wie viel Platz jeweils benötigt wird.

2. Sie können das Unterformular unterhalb seiner Beschriftung platzieren und beide Elemente an den linken Rand des Formulars schieben (siehe Abbildung 9.24). Außerdem soll das Unterformular so schmal werden, dass es komplett auf den Bildschirm passt.

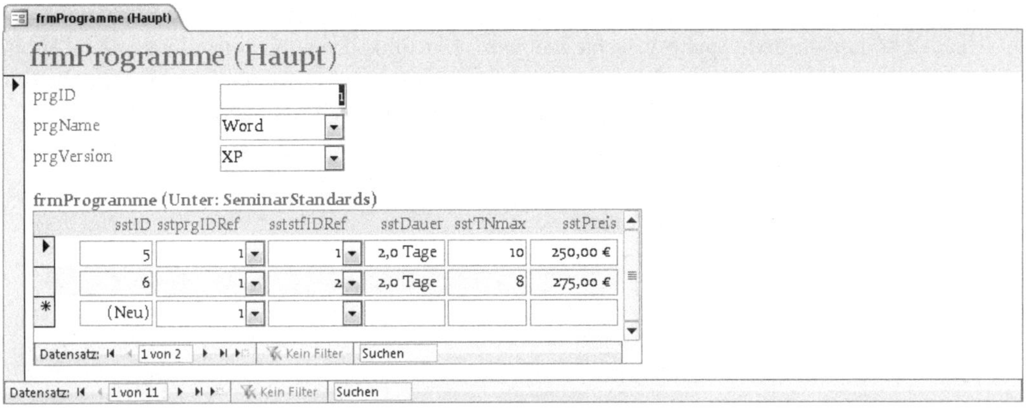

9.3 Haupt- und Unterformular

Abbildung 9.24: Das Unterformular wurde verschoben und verschmälert

Der meiste Platz auf dem Unterformular wird von den extrem breiten Kombinationsfeldern verbraucht, daher müssen wir uns mit dem Unterformular beschäftigen. Das ginge zwar auch innerhalb des Hauptformulars, aber da es sich bei dem Unterformular um ein ganz normales Formular handelt, ist es weitaus übersichtlicher, wenn Sie es einzeln bearbeiten.

3. Speichern und schließen Sie das Hauptformular und öffnen Sie das Unterformular *frmProgramme (Unter: SeminarStandards)* in der Entwurfsansicht.
4. Markieren Sie dort alle Felder und lassen diese mit dem Symbol *Tabelle* in der Gruppe *Tabelle* der Registerkarte *Anordnen* zu einem Layout zusammenfassen. Dann können Sie ein einzelnes Element an seinem rechten Rand anklicken und dessen Breite verringern, sobald die Maus wie in Abbildung 9.25 den OstWest-Pfeil zeigt. Praktischerweise rutschen dabei alle nebenstehenden Elemente nach.

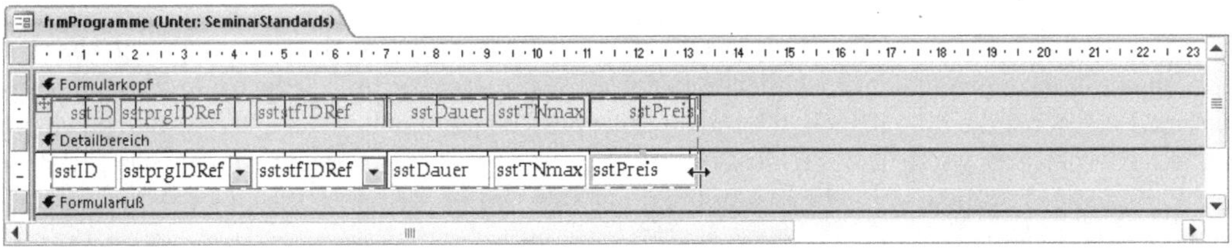

Abbildung 9.25: Die Felder des Unterformulars lassen sich am rechten Rand verkleinern

5. Außerdem sollten die Kombinationsfelder besser lesbar werden. Dazu nehmen Sie eine kleine Änderung vor, die technisch auch schon in der Tabelle möglich gewesen wäre. Mit dem Symbol *Eigenschaftenblatt* aus der Gruppe *Tools* der Registerkarte *Entwurf* zeigen Sie bitte die Eigenschaften des Feldes *sstprgIDRef* an.

Wie bei vielen anderen unserer Nachschlagefelder gibt es auch hier ein Kombinationsfeld mit zwei Spalten und der (einzeiligen) Eigenschaft *Datensatzherkunft* zur Anzeige der Auswahlliste.

```
SELECT tblProgramme.prgID, [prgName] & " " & [prgVersion] AS Komplett
FROM tblProgramme
ORDER BY [prgName] & " " & [prgVersion];
```

Dabei sind die *prgID*-Werte in der ersten Spalte des Kombinationsfeldes immer sichtbar.

6. Ändern Sie nun bitte die Eigenschaft *Spaltenbreiten* von beispielsweise 0,501cm;2cm auf den Wert 0cm;2cm, sodass die erste Spalte ausgeblendet wird. Das führt dazu, dass diese Liste wie in Abbildung 9.26 im ausgeklappten Zustand auf die zweite Spalte beschränkt wird, und dass in den übrigen Zeilen der Spalte *sstprgIDRef* anstelle der ID der Name des Programms angezeigt wird.

Abbildung 9.26: Das Kombinationsfeld zeigt nur noch ein berechnetes Feld ohne *prgID*

Da ein normaler Benutzer sich ohnehin nicht mit IDs, referentieller Integrität und Verknüpfungen beschäftigen möchte (und auch nicht soll), ist dies eine ideale Möglichkeit, um die Komplexität der Datenbank vor ihm zu verstecken. Er wählt gefühlsmäßig einen Text aus und ist zufrieden.

Sie als Datenbankentwickler wissen natürlich, dass in diesem Feld kein Text gespeichert wird. Das wäre auch eine Sensation, wenn im nur 4 Bytes großen *Long*-Feld *sstprgIDRef* eine 11 Bytes lange Zeichenkette wie Access 2010 gespeichert werden könnte. Auch wenn die erste Spalte unsichtbar ist, wird sie von Access selbstverständlich benutzt – und zwar als so genannte *Gebundene Spalte*. Jeder Klick auf einen Eintrag des Kombinationsfeldes führt also dazu, dass der in der gleichen Zeile versteckte *prgID*-Wert in das Feld *sstprgIDRef* eingetragen wird.

Übrigens ist das Ausblenden der ersten, gebundenen Spalte technisch auch in der ursprünglichen Tabelle *tblSeminarStandards* möglich. In Tabellen kann ich von dieser Technik jedoch nur abraten, denn Sie nehmen sich sonst die Möglichkeit, überhaupt noch prüfen zu können, welche Werte in den Feldern tatsächlich gespeichert werden, wenn diese immer hinter einer Liste versteckt werden. Da die Benutzer dank bequemer Formulare ohnehin nicht direkt auf Tabellen zugreifen, ist die Offenlegung der Referenzen dort unproblematisch.

 Tipp: So beschleunigen Sie Abfragen

Die in dem Kombinationsfeld benutzte Abfrage

```
SELECT prgID, [prgName] & " " & [prgVersion] AS Komplett
FROM tblProgramme
ORDER BY [prgName] & " " & [prgVersion];
```

lässt sich bequem erstellen, weil Sie für das errechnete Feld im grafischen Abfrageentwurf direkt die Sortierung einschalten können. Für einige wenige Datensätze ist das auch in Ordnung. Aus Gründen der Performance sollten Sie aber berechnete Felder möglichst nicht zur Sortierung heranziehen. Denn dann muss Access erst alle Datensätze komplett berechnen und kann sie erst im zweiten Durchlauf sortieren. ▶

Da hier alle Informationen bereits in den Tabellendaten vorlagen, lässt sich die Abfrage folgendermaßen optimieren:

```
SELECT prgID, [prgName] & " " & [prgVersion] AS Komplett
FROM tblProgramme
ORDER BY prgName, prgVersion;
```

Sie können die Datenanzeige nochmals erheblich beschleunigen, wenn in der Tabelle für die beiden Felder *prgName* und *prgVersion* ein Index eingerichtet ist. (Dazu muss dort jeweils die Eigenschaft *Indiziert* auf *Ja (Duplikate möglich)* eingestellt werden.) Das wirkt sich natürlich nur bei großen Datenmengen mit einigen hunderttausend Datensätzen spürbar aus.

Wertlistenbearbeitung

Stellen Sie sich vor, Sie sind Benutzer dieses Formulars und wollen dort einen neuen Seminarstandard einrichten, beispielsweise für ein *Visio 2010*-Seminar. Was machen Sie dann? Genau: Da Sie von den internen Referenzen ja nichts wissen, tippen Sie kurz entschlossen den neuen Programm- und Versionsnamen in das Kombinationsfeld ein.

Das führt selbstverständlich (wenn im Entwurf die Eigenschaft *Nur Listeneinträge* auf *Ja* gesetzt wurde) erstens zu der Meldung: »Der von Ihnen eingegebene Text ist kein Element der Liste« und zweitens zu Frust beim Benutzer.

Das Ergänzen und Bearbeiten von Listeneinträgen ist eine typische Arbeitssituation in einer Datenbank. Zu diesem Zweck existiert eine Eigenschaft, die automatisch das dazu benötigte Formular aufrufen kann. In früheren Access-Versionen war das immer mit umständlicher Programmierung verbunden, inzwischen ist diese Funktionalität schnell eingerichtet.

Zuerst müssen Sie ein Formular für die zugrunde liegende Datenquelle *tblProgramme* erstellen.

1. Lassen Sie sich basierend auf dieser Tabelle ein einspaltiges Standardformular wie in Abbildung 9.27 erstellen und speichern Sie es als *frmProgramme* ab.

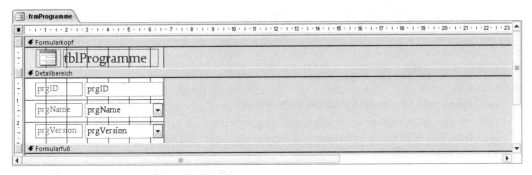

Abbildung 9.27: Der Entwurf des Formulars *frmProgramme*

2. Kehren Sie in die Entwurfsansicht des Unterformulars *frmProgramme (Unter: SeminarStandards)* zurück und markieren das Kombinationsfeld *sstprgIDRef*. Dort stellen Sie die Eigenschaft *Wertlistenbearbeitung zulassen* auf *Ja* und die Eigenschaft *Bearbeitungsformular für Listenelemente* auf den Namen *frmProgramme*.

Kapitel 9   Formulare

Unter der Liste finden Sie nun ein etwas blasses Symbol wie in Abbildung 9.28, das stärker hervorgehoben wird, sobald Sie mit der Maus darauf zeigen. Sie können es anklicken, um das Formular zur Wertlistenbearbeitung wie in Abbildung 9.29 anzuzeigen.

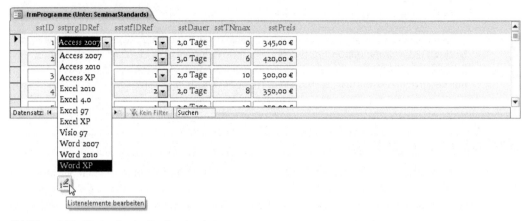

Abbildung 9.28: Die Anzeige der Wertlistenbearbeitung

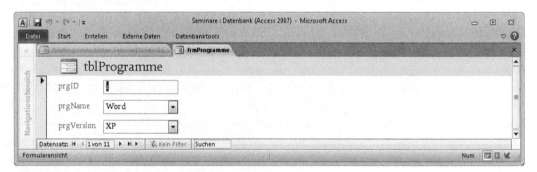

Abbildung 9.29: Das angezeigte Wertlisten-Bearbeitungsformular *frmProgramme*

Wenn Sie dort einen neuen Datensatz hinzufügen und das Formular *frmProgramme* dann mit der X-Schaltfläche wieder schließen, finden Sie den neuen Wert anschließend auch in der Liste des Kombinationsfeldes vor.

Soweit ist alles in Ordnung. Sogar die Aktualisierung funktioniert automatisch, was ja bei den rekursiven Listen ein kleines Problem war. Allerdings könnte ein durchschnittlicher Benutzer doch irritiert sein, wenn er versucht, über die Registerkarten zu seinem ursprünglichen Formular zu wechseln. Ein Wertlisten-Bearbeitungsformular wird nämlich *modal* geöffnet, d.h. es blockiert alle anderen Fensterzugriffe. Typischerweise verhalten sich jedoch nur Dialogfelder wie *Drucken* oder *Datei Speichern* modal, nicht aber Fenster. Die graue Beschriftung der übrigen Fenster-Registerkarten zeigt das zwar an (siehe Abbildung 9.29), aber für die meisten Benutzer ist dieser Hinweis sicher nicht deutlich genug.

Da es sich ohnehin um ein sehr kleines Formular handelt, können Sie es besser als Dialogfeld anzeigen lassen. Dann ist auch für den normalen Benutzer offensichtlich, dass er vorübergehend diese Daten bearbeitet und anschließend zum immer noch sichtbaren Fenster im Hintergrund zurückkehrt.

3. Dazu müssen Sie das Formular *frmProgramme* in der Entwurfsansicht öffnen und in dessen Eigenschaftenblatt für das gesamte Formular folgende Eigenschaften ändern:

- *PopUp* muss auf *Ja* stehen. Das ist die zentrale Eigenschaft, die das Formular nicht innerhalb der Registerkarten, sondern *freischwebend* anzeigt.

- Die Eigenschaft *Gebunden* muss den Wert *Ja* enthalten, um zu verhindern, dass trotz des nun im Vordergrund angezeigten Dialogfelds ein Klick in das andere Formular ein Weiterarbeiten außerhalb des Dialogfelds ermöglicht

- Die Eigenschaft *Rahmenart* kann von *Veränderbar* auf *Dünn* gestellt werden, denn die Größe des Dialogfelds wird durch den Detailbereich vorgegeben und eine Größenanpassung ist somit wenig sinnvoll

- Mit *Automatisch zentrieren* auf *Ja* wird das Dialogfeld (wie in den meisten Programmen üblich) in der Mitte des Bildschirms angezeigt

- Die Einstellung der Eigenschaft *MinMaxSchaltflächen* ändern Sie auf *Keine*, denn das Dialogfeld soll weder maximiert (dann blockiert es in voller Bildschirmgröße) noch minimiert (dann ist es am unteren Rand geparkt, aber der Datensatz ist eventuell noch nicht gespeichert) werden können

- Die Eigenschaft *Verschiebbar* sollte auf *Ja* stehen, sonst ärgern sich die Benutzer, die im Hintergrund noch Vergleichswerte nachsehen wollen, die vom PopUp-Formular gerade verdeckt werden

Mit diesen Einstellungen wird das aufgerufene Wertlisten-Bearbeitungsformular nun nicht mehr in die Registerkarten integriert, sondern liegt deutlich erkennbar im Vordergrund.

Abbildung 9.30: Das Wertlisten-Bearbeitungsformular *frmProgramme* als PopUp

Damit ist für den Benutzer klar erkennbar, dass die Bearbeitung dieses Formulars vorrangig erfolgen muss und er erst nach dessen Schließen wieder im Hintergrundformular weiterarbeiten kann.

Kapitel 9   Formulare

Diese soeben vorgenommenen Einstellungen sind natürlich auch für das zweite Feld *sststfIDRef* sinnvoll, nachdem Sie dafür ein entsprechendes Formular *frmStufen* vorbereitet haben.

Die Überschriften über den Spalten sollten dann auch benutzerfreundlich gestaltet sein. Verwenden Sie daher nicht die Feldnamen, sondern inhaltlich erläuternde Begriffe. Zudem soll der bisherige Text im Hauptformular als Titel im Unterformular angezeigt werden, weil dann der Zusammenhang klarer ist.

Dazu wechseln Sie in die Entwurfsansicht von *frmProgramme (Unter: SeminarStandards)* und markieren alle Beschriftungsfelder. Da diese nebeneinander liegen, geht das am einfachsten, wenn Sie wie in Abbildung 9.31 aus dem linken Lineal heraus sozusagen *hindurchschießen*. Wenn der Mauszeiger sich dort in einen Ost-Pfeil verwandelt, können Sie mit gedrückter Maustaste einen Bereich markieren.

Alle Steuerelemente, die von den beiden *Strahlen* berührt oder eingeschlossen werden, sind anschließend markiert. Das funktioniert analog für eine senkrechte Markierung vom oberen Lineal aus.

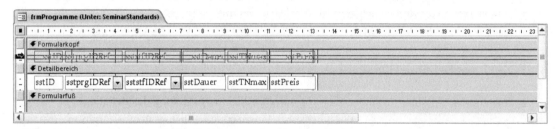

Abbildung 9.31: Das Markieren mehrerer Elemente über das Lineal

An den unteren orangefarbenen Anfassern lassen sich diese markierten Steuerelemente nun nach unten verlängern und anschließend mit den oberen Anfassern verkürzen. Dadurch werden sie sowohl nach unten bewegt als auch der Formularkopf verlängert, ein seitliches Verrutschen ist gleichzeitig ausgeschlossen.

Fügen Sie dann aus dem Katalog *Steuerelemente* der Registerkarte *Entwurf* ein *Bezeichnung*-Steuerelement hinzu, welches Sie mit **Seminar-Standards** beschriften und nach Belieben formatieren können.

Jetzt ist das Unterformular fertig und kann geschlossen werden. Wir sollten noch einmal einen Blick auf das Hauptformular werfen, denn darin ist nun die Beschriftung über dem Unterformular überflüssig. Außerdem müssen dort eigentlich nur noch das *prgID*-Feld mit den Einstellungen *Aktiviert: Nein* und *Gesperrt: Ja* korrigiert und einige Beschriftungen verbessert werden. Anschließend sollte es ungefähr so aussehen wie in der folgenden Abbildung.

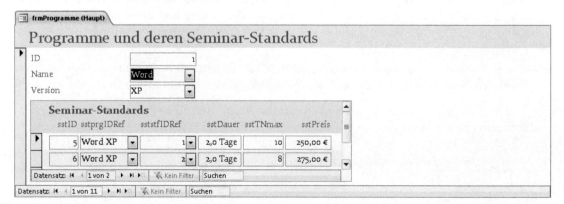

Abbildung 9.32: Das fertige Haupt-/Unter-Formular *frmProgramme (Haupt)*

> **Tipp: So schließen Sie PopUp-Formulare, die keine Schließen-Schaltfläche besitzen**
>
> Wenn Sie mit den hier beschriebenen PopUp-Formularen ein wenig experimentieren, werden Sie schnell versehentlich die Eigenschaft *Schließen Schaltfläche* auf *Nein* gestellt haben und dann das Formular anzeigen. Jetzt können Sie es allerdings nicht mehr beenden.
>
> Mit einem Rechtsklick auf den Formularhintergrund (nicht auf ein Steuerelement) können Sie aber das zugehörige Menü anzeigen und so in die Layout- oder Entwurfsansicht wechseln. Es sei denn, Sie hätten auch noch die Eigenschaft *Kontextmenü* auf *Nein* gestellt, dann ist Ihnen dieser Ausweg auch noch verbaut!
>
> Tatsächlich laufen PopUp-Formulare als (in der Taskbar nicht angezeigte) Tasks, im Grunde also als fast eigenständige Programme. Daher funktioniert auch hier das Tastenkürzel Alt+F4, mit dem ein Programm beendet werden kann.

Alternatives Haupt-/Unterformular

Das Hauptproblem bei diesem Haupt-/Unterformular ist die Überforderung des Benutzers. Sie können fast sicher sein, dass irgendein Benutzer früher oder später das Formular so benutzt, wie er es aus dem Internet gewohnt ist: Er gibt einen Suchbegriff bei *Version* ein und bestätigt mit der Eingabetaste. Dann wundert er sich, warum keine Suchergebnisse angezeigt werden und schließt das Formular.

Haben Sie bemerkt, was er damit in Wirklichkeit gemacht hat? Er hat im ersten Datensatz den Inhalt des Feldes *prgVersion* geändert und das beim Schließen des Formulars auch noch ohne Probleme automatisch gespeichert. Damit hat er Daten einer Mastertabelle geändert und ahnt es vermutlich noch nicht einmal.

Und selbst wenn das nicht passiert, kommen die wenigsten Benutzer mit zwei Navigationsleisten klar, selbst wenn das Unterformular optisch deutlicher abgehoben ist.

Natürlich können Sie das Hauptformular und/oder das Unterformular beziehungsweise deren Felder gegen eine Bearbeitung schützen, beispielsweise mit der Einstellung *Aktiviert: Nein*. Leider funktioniert dann die Suche und der formularbasierte Filter nicht mehr, weil die zu durchsuchenden Felder aktiviert sein müssen.

Daher muss der Ansatz zur Verbesserung dieser Haupt- und Unterformulare grundsätzlicher sein, denn deren automatische Synchronisation ist ja sehr praktisch. Die Lösung liegt darin, dem Hauptformular keinen Datenzugriff auf die Mastertabelle zu gestatten. Wenn kein Datenzugriff stattfindet, ist auch keine Datenänderung möglich.

Wir werden daher ein neues Hauptformular erstellen. Dazu können wir das bestehende Unterformular ohne Bedenken mitnutzen, denn in Access darf ein beliebiges Formular in mehreren Hauptformularen eingebettet werden.

1. Um Verwirrung zu vermeiden, welches Formular jetzt von welchem Formular mitgenutzt wird, schlage ich dennoch vor, dass Sie das Formular *frmProgramme (Unter: SeminarStandards)* kopieren und dann unter dem neuen Namen *frmProgramme besser (Unter: SeminarStandards)* speichern. Das hat nebenbei den Vorteil, dass die jeweiligen Haupt- und Unterformulare tatsächlich auch wieder den gleichen Namensanfang haben.

2. Das neue Hauptformular basiert diesmal nicht auf einer Datenquelle, sondern ist ein so genanntes *ungebundenes* Formular. Dazu erzeugen Sie zuerst mit einem Klick auf das Symbol *Formularentwurf* (Registerkarte *Erstellen*, Gruppe *Formulare*) einen leeren Detailbereich.

3. Damit nachher die Steuerelemente einfach anzuordnen sind, können Sie die Formulareigenschaften *Raster X* und *Raster Y* auf den Wert 5 einstellen.

Hintergrund: Einstellen des Rastermaßes

Bei der Einstellung des Rastermaßes geben Sie Bruchteile eines Wertes an. Der Standardwert von 1/10 bezieht sich im amerikanischen Original auf 1 Inch, das sind umgerechnet 0,254 cm.

Im deutschen Access wurde dieser Standardwert übernommen, obwohl die Maßeinheit auf 1 cm geändert wurde. Dadurch beträgt das Rastermaß 1/10 cm, also nur noch 0,1 cm. Das ist jedoch so fein, dass es im Entwurfsfenster vorsichtshalber gar nicht dargestellt wird. Sie würden sonst eine nahezu geschlossene Fläche aus Rasterpunkten erhalten. Mit der Einstellung von 1/5 cm = 0,2 cm entspricht das Raster wieder ungefähr dem amerikanischen Original und ist gut zu benutzen.

Auf diesem leeren Formular soll nun ein Listenfeld mit der Auswahl der Programmversionen angeordnet werden.

4. Dazu klicken Sie bitte auf der Registerkarte *Entwurf* in der Gruppe *Steuerelemente* auf das Symbol *Listenfeld*. Das dort sichtbare QuickInfo zeigt jeweils den Namen des Steuerelements an.

5. Anschließend ziehen Sie im Detailbereich ein Rechteck auf, das die Größe des zukünftigen Listenfelds vorgibt. Das sollte nicht zu weit links am Rand sein, weil links von Ihrer Markierung noch die angehängte Beschriftung eingefügt wird.

6. Damit dieses Beschriftungsfeld platzsparender oberhalb des Listenfeldes angeordnet werden kann, müssen Sie es an seiner linken oberen Ecke mit gedrückter Maustaste verschieben. Um beide Teile eines solchen Steuerelemente-Pärchens gemeinsam zu bewegen, reicht es, eines davon am Rand anzufassen, wenn Sie den Vierfach-Pfeil als Mauscursor sehen.

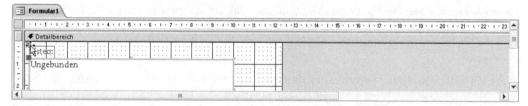

Abbildung 9.33: Zum Verschieben fassen Sie ein Steuerelement an seiner linken oberen Ecke an

7. Abschließend beschriften Sie das Bezeichnungsfeld mit einem Text wie »Bitte wählen Sie eine Programmversion aus«.

Tipp: So lassen sich Steuerelemente leichter bewegen

Wenn Sie die Position oder die Ausrichtung von Steuerelementen ändern wollen, sollten Sie am besten in die Formularlayout-Ansicht wechseln. Dort können Sie die Steuerelemente auf ihrer gesamten Fläche mit der Maus anfassen, während in der Entwurfsansicht nur die sehr schmale Kante dafür vorgesehen ist.

Jetzt passen Sie die Eigenschaften des Listenfelds so an, dass die Daten der Tabelle *tblProgramme* angezeigt werden. Abgesehen von der fehlenden Listenbreite (die durch die tatsächliche Breite des Steuerelements ersetzt wird) sind die Eigenschaften mit denen eines Kombinationsfelds identisch. Daher kurz die wichtigsten Änderungen im Überblick:

8. Die *Datensatzherkunft* kann über die zugehörige Schaltfläche mit den drei Punkten im Abfrage-Generator grafisch eingestellt werden.
   ```
   SELECT prgID, prgName, prgVersion FROM tblProgramme ORDER BY prgName, prgVersion;
   ```
9. Die *Spaltenanzahl* muss entsprechend der Datenquelle auf *3* erhöht werden.
10. Die *Spaltenbreiten* können, wenn das Listenfeld beispielsweise 12 cm breit ist, auf `1cm;6cm;5cm` eingestellt werden.

    Damit ist auch dieses Steuerelement vorübergehend fertig. Bitte beachten Sie, dass nicht das Formular eine Datenquelle erhalten hat, sondern nur dieses Steuerelement. Das Formular selbst ist weiterhin sozusagen völlig ahnungslos, es kennt keine Daten. Auch die Inhalte des Listenfelds kann das Formular nicht *sehen*. Technisch gesehen liegt auf dem Formular sogar ein eigenes Fenster (allerdings ohne die üblichen Rahmen und Bedienungselemente).

    Das einzige, was das Formular vom Listenfeld kennt, ist dessen Wert. Wenn ein Benutzer die Zeile »Excel 2010« im Listenfeld auswählt, erhält das Listenfeld den Wert 10 entsprechend der *prgID* in der gebundenen Spalte. Diese Zahl kann das Formular als Wert des Listenfelds erfahren, mehr nicht.

    Jetzt muss noch das Unterformular in das gerade eben entworfene Hauptformular eingebettet werden. Auch das ist mit Access 2010 erfreulich einfach:

11. Lassen Sie den Navigationsbereich anzeigen (mit F11, wenn Sie ein Tastenkürzel bevorzugen) und ziehen Sie den Namen des Unterformulars *frmProgramme besser (Unter: SeminarStandards)* in die Formularlayout-Ansicht des Hauptformulars.
12. Jetzt wechseln Sie zur Formularansicht, markieren eine Zeile mit der Programmversion aus dem Listenfeld oben und sehen die zugehörigen Seminarstandards im Unterformular. Nein, sehen Sie nicht? Stimmt, da fehlt noch etwas! Wenn Sie darauf achten, werden Sie bemerken, dass sich die Anzeige im Unterformular überhaupt nicht ändert, es werden immer alle 13 Datensätze der Tabelle *tblSeminarStandards* angezeigt. Die vielgelobte Synchronisation fehlt.
13. Damit Sie sehen, was dort einzustellen ist, schauen Sie am besten im ersten Hauptformular *frmProgramme (Haupt)* bei der Eigenschaft des Unterformulars nach, denn dort hat es ja funktioniert. Da das Unterformular etwas mühsam zu markieren ist, empfehle ich an dieser Stelle die Entwurfsansicht des Hauptformulars. Dort können Sie nämlich im linken, senkrechten Lineal mit dem Ost-Pfeil das Unterformular als Ganzes markieren. Alternativ eignet sich auch das Kombinationsfeld ganz oben im Eigenschaftsblatt zur Auswahl.

    Im Eigenschaftsblatt finden Sie die beiden Eigenschaften *Verknüpfen nach* und *Verknüpfen von*. Beide Eigenschaften betrachten die Verknüpfung aus dem Blickwinkel des Unterformulars. *Verknüpfen von* muss also ein Feld des Unterformulars (hier *sstprgIDRef*) sein, das mit *Verknüpfen nach* an ein passendes Feld (hier *prgID*) des Hauptformulars gebunden wird.

    Damit ist die Synchronisation fertig, den Rest erledigt Access. In diesem Fall konnte Access die beiden Datenquellen der Formulare korrekt analysieren. Da es sich bei beiden Datenquellen um Tabellen handelt, die durch eine 1:n-Beziehung miteinander verknüpft sind, konnte der Formular-Assistent die beiden Felder automatisch ermitteln.

Kapitel 9   Formulare

So viel Glück haben wir beim zweiten Hauptformular nicht, das ja keine Datenquelle hat. Deswegen ist auch der Assistent gescheitert. Aber Sie wissen nun, was dort eingetragen werden muss.

14. Gehen Sie also zurück zum Entwurf von *frmProgramme besser (Haupt)*. Wenn Sie dort das Unterformular markieren, sehen Sie, dass diese beiden Eigenschaften noch leer sind. Die Eigenschaft *Verknüpfen von* benötigt ein Feld des Unterformulars, das die Beziehung zum Hauptformular herstellt. Das ist einfach, denn bei uns enden Referenzfelder auf Mastertabellen (und genau so etwas wird hier gesucht) immer auf *...Ref*. Die Verknüpfung zur Programmversion steckt im Feld *sstprgIDRef*, das also unter *Verknüpfen von* eingetragen wird.

Schwieriger wird die Ermittlung des Gegenstücks. In *Verknüpfen nach* soll ein dazu passendes Feld des Hauptformulars eingetragen werden. Bloß: Das Hauptformular besitzt gar kein Feld. Es ist ja absichtlich ohne Datenbindung angelegt worden und enthält damit zwangsläufig keine Felder.

Vielleicht sollte ich die Formulierung etwas exakter wählen. In den beiden Eigenschaften *Verknüpfen von/nach* steht in Wirklichkeit nicht der Feldname (das entspricht der Eigenschaft *Steuerelementinhalt*), sondern der Objektname (die Eigenschaft *Name*). Weil diese beiden Namen bei Access für datengebundene Felder typischerweise identisch sind, fällt der feine Unterschied praktisch nie auf.

Wir suchen also auf dem Hauptformular ein Objekt, beziehungsweise dessen Namen, das die passenden Werte zur *sstprgIDRef* enthält. Da außer dem uninteressanten Beschriftungsfeld sowieso nur ein weiteres Objekt vorhanden ist, fällt die Entscheidung problemlos auf das Listenfeld.

Dessen aktueller Name ist *Liste0*. Das ist zwar korrekt, aber absolut nichtssagend. Erinnern Sie sich an unsere Namenskonventionen? Diese Regeln gelten selbstverständlich grundsätzlich auch für Steuerelemente auf Formularen.

Bei datengebundenen Steuerelementen, wie sie bisher fast ausschließlich vorkamen, macht es allerdings wenig Sinn, diese jedes Mal umzubenennen. Das Feld *sstprgIDRef* hätte als Kombinationsfeld eigentlich *cmbsstprgIDRef* heißen müssen. Konsequenterweise müssten Sie dann in jedem Formular jedes Feld erst einmal umbenennen. Das wäre reine Arbeitsbeschaffung und lohnt sich nicht, weil diese Feldnamen innerhalb der Objekte immer eindeutig zu erkennen sind. Aber sobald ein wichtiges, nicht datengebundenes Steuerelement wie hier das Listenfeld hinzukommt, sollte es aussagekräftig benannt werden.

Tabelle 9.2 zeigt die Steuerelemente der Registerkarte *Entwurf* und die passenden Präfixe. Für einige Präfixe gibt es mehrere Möglichkeiten. Das hängt damit zusammen, dass beispielsweise *cmb* für ein Kombinationsfeld und *cmd* für eine Schaltfläche optisch schwer zu unterscheiden sind. Da sind *cbo* und *btn* einfacher auseinanderzuhalten.

Entsprechend ist die Abkürzung für *frame* (Optionsgruppe) und *form* (Formular) in beiden Fällen *frm* und damit uneindeutig. Dabei ist es letztendlich egal, welche Präfixe Sie benutzen, wichtig ist, dass Sie diese Namen einheitlich wählen.

Tabelle 9.2: Die typischen Präfixe für Steuerelemente

Symbol	Bezeichnung (englische Bezeichnung)	Präfix
ab	Textfeld (textbox, edit control)	*txt* oder *edt*
Aa	Bezeichnung (label)	*lbl*
xxxx	Schaltfläche (command button)	*btn* oder *cmd*
☐	Registersteuerelement (multipage control)	*mpg*
🔗	Hyperlink (link)	*lnk*

9.3 Haupt- und Unterformular

Symbol	Bezeichnung (englische Bezeichnung)	Präfix
	Webbrowsersteuerelement (web browser)	web
	Navigationssteuerelement (navigation)	nav
	Optionsgruppe (option group oder frame)	grp oder frm
	Seitenumbruch (page break)	brk
	Kombinationsfeld (combo box)	cmb oder cbo
	Diagramm (diagram)	dgr
	Linie (line)	lin
	Umschaltfläche (shift button oder toggle button, je nach Funktion)	opt oder tgl
	Listenfeld (list field)	lst
	Rechteck (rectangle)	rec
	Kontrollkästchen (check box)	chk
	Ungebundenes Objektfeld (unbound object)	obj
	Anlage (attachment)	att
	Optionsfeld (option button)	opt
	Seite einfügen (page), nur sichtbar bei markiertem Registersteuerelement	pag
	Unterformular/-bericht (sub form/report)	sub
	Gebundenes Objektfeld (bound object)	obj
	Bild (image)	img

15. Um zum Steuerelement *Liste0* zurückzukommen: Eine sinnvolle Benennung wäre *lstProgrammversionen*, auch wenn das schon ein recht langer Name ist.

16. Nachdem Sie das Listenfeld in dessen Eigenschaft *Name* umbenannt haben, können Sie diesen Wert in der Eigenschaft *Verknüpfen nach* des Unterformulars angeben. Damit sieht das fertige Formular aus wie in Abbildung 9.34.

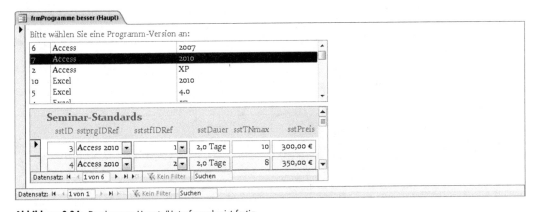

Abbildung 9.34: Das bessere Haupt-/Unterformular ist fertig

Nun funktioniert auch die Synchronisation fehlerfrei. Wenn Sie im Listenfeld »Word XP« oder »Access 2010« anklicken, erscheinen im Unterformular die zugehörigen Werte. Für andere Auswahlmöglich-

Kapitel 9   Formulare

keiten wie »Access XP« gibt es gar keine Seminarstandards, daher ist in diesen Fällen im Unterformular nur die Eingabezeile für neue Werte zu sehen.

Bei dieser Gelegenheit möchte ich noch auf einen weiteren Vorteil der Haupt- und Unterformulare hinweisen, den Sie vielleicht auch schon bemerkt haben. Der Standardwert für das Feld *sstprgIDRef* ändert sich immer so, dass er der Auswahl im Listenfeld entspricht. Wenn Sie dort oben also »Access 2010« ausgewählt haben, erhält ein neuer Eintrag im Unterformular automatisch diese Referenz, ohne dass Sie diese explizit auswählen müssen.

So viel Bequemlichkeit ist sonst nur mit erheblichem Programmieraufwand zu haben. Das bedeutet auch, dass Sie dieses Feld im Unterformular ausblenden könnten. Nachdem wir geprüft haben, dass die Synchronisation zuverlässig funktioniert, wäre diese Spalte überflüssig. Dort stände die gleiche Information, die oben im Listenfeld markiert ist.

Eine kleine Schönheitskorrektur am Unterformular soll noch erwähnt werden, weil Sie sie in Abbildung 9.34 vielleicht schon gesehen haben. Die Eigenschaft *Format* des Feldes *sstDauer* im Unterformular steht auf 0,0 "Tage", damit alle Zahlen mit der entsprechenden Einheit versehen werden. Das Feld *sstPreis* hingegen hat seine Formatierung schon aus der Tabelle *tblSeminarStandards* übernommen.

Mehrere Unterformulare

Diese Haupt-/Unterformular-Konstruktion mit einem ungebundenen Hauptformular hat erhebliche Vorteile gegenüber der ersten Variante, denn die Möglichkeit einer versehentlichen Datenänderung der Mastertabelle *tblProgramme* ist ausgeschlossen und die *Suche* funktioniert intuitiv, weil es die übliche Benutzung eines Listenfeldes umfasst.

Trotzdem könnte sich gerade das wieder als Nachteil entpuppen. Wenn die versehentliche Datenänderung nun ausgeschlossen ist, wie kann ein Benutzer bei Bedarf die Programmversionen editieren? So leider gar nicht. Dieses Manko lässt sich aber mit folgenden Schritten leicht beheben:

1. Erstellen Sie ein einspaltiges Formular basierend auf der Tabelle *tblProgramme*. Sie können der Einfachheit halber das Formular *frmProgramme* (Achtung: nicht das Hauptformular, sondern das zur Wertlistenbearbeitung) auf den neuen Namen *frmProgramme besser (Unter: Programme)* kopieren.

2. Um die Unterformulare einheitlich zu gestalten, lösche ich das Logo in der Kopfzeile und verlängere den Titel nach rechts. Der Entwurf sieht nun aus wie in Abbildung 9.35 und kann gespeichert und geschlossen werden.

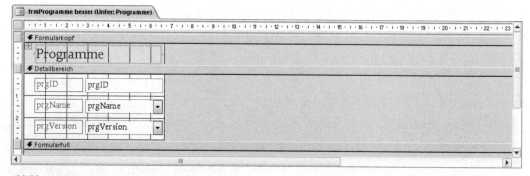

Abbildung 9.35: Der Entwurf des Programme-Unterformulars

3. Jetzt ziehen Sie wiederum diesen Namen *frmProgramme besser (Unter: Programme)* aus dem Navigationsbereich in den Entwurf des Hauptformulars *frmProgramme besser (Haupt)*. Natürlich fehlt auch hier zunächst die Synchronisation zwischen Unterformular und Listenfeld.

4. Tragen Sie daher bitte für das neue Unterformular bei der Eigenschaft *Verknüpfen von* den Feldnamen *prgID* ein und für *Verknüpfen nach* den Namen des Listenfeldes *lstProgrammVersionen*, sodass auch dieses Unterformular synchronisiert ist.

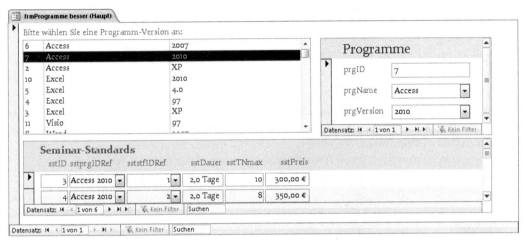

Abbildung 9.36: Das erweiterte Hauptformular

Das Hauptformular sollte jetzt fehlerfrei funktionieren. Mit ihm lassen sich nun auch die Daten der Tabelle *tblProgramme* ändern, die in dem zweiten Unterformular angezeigt werden. Zugleich bleibt die Auswahl intuitiv und die Änderung muss explizit in einem Formular vorgenommen werden.

Bei etwas umfangreicheren Unterformularen bekommen Sie allmählich ein Platzproblem, um so viele Informationen auf dem Bildschirm unterzubringen. Doch mit dem richtigen Steuerelement lässt sich auch dieses Problem beseitigen.

5. Fügen Sie in der Entwurfsansicht des Hauptformulars ein Registersteuerelement hinzu. Dieses Element enthält standardmäßig zwei Seiten mit den zugehörigen Registerkarten, deren Beschriftung jedoch eher zufällig erfolgt.

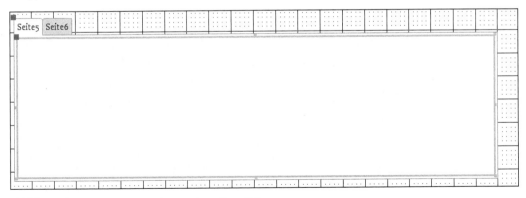

Abbildung 9.37: Das Registersteuerelement mit markierter Seite

Kapitel 9 Formulare

6. Um eine einzelne Seite zu ändern, muss diese zuerst korrekt markiert sein wie in Abbildung 9.37. Dann können Sie als *Name* für die markierte Seite **pagSeminarStandards** und – damit dieser Name nicht auf der Registerkarte sichtbar wird – als *Beschriftung*-Eigenschaft **Seminar-Standards** eingeben. Entsprechend benennen Sie die zweite Registerseite **pagProgrammVersionen** und beschriften Sie mit **Programm-Versionen**.

   Das Hauptproblem bei Registersteuerelementen ist meistens, die anderen Steuerelemente einzufügen. Wenn Sie ein neues Steuerelement aus der Gruppe *Steuerelemente* der Registerkarte *Entwurf* auf ein Registersteuerelement ziehen, färbt sich die Fläche der Registerseite beim Überfahren mit der Maus schwarz und das Objekt wird korrekt eingefügt.

   Ziehen Sie jedoch ein fertiges Unterformulare einfach auf die Registerseitenfläche, passiert überhaupt nichts. Das Objekt bleibt vor oder hinter dem Registersteuerelement liegen und wird nicht von der Seite *geschluckt*.

7. Damit das gelingt, müssen Sie das Unterformular zunächst mit Strg+X in die Zwischenablage ausschneiden, die Registerseite wie in Abbildung 9.37 markieren und das Objekt dann mit Strg+V in der Registerseite einfügen. Die *erfolgreiche Übernahme* erkennen Sie daran, dass das Registersteuerelement sich selbst so weit vergrößert, dass das gesamte Unterformular darin Platz findet.

8. Das zweite Unterformular für die Bearbeitung der Programme schneiden Sie auf die gleiche Weise aus und fügen es in die zweite Seite ein. Wenn Sie das Registersteuerelement auf dem Formular verschieben wollen, müssen Sie es mit der Maus im weißen Bereich rechts neben den Registerkarten anfassen.

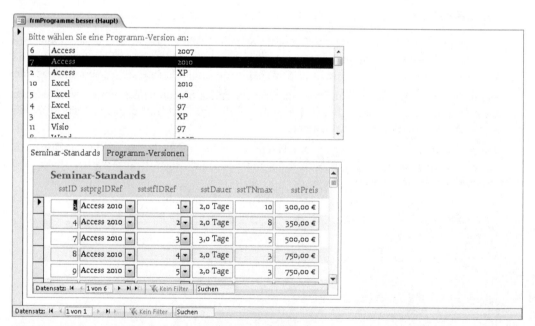

Abbildung 9.38: Das verbesserte Hauptformular mit Registersteuerelement

Im fertigen Hauptformular befinden sich die Unterformulare auf den beiden Seiten des Registersteuerelements, sodass ausreichend Platz für die Anzeige der Daten vorhanden ist und gleichzeitig der Überblick erhalten bleibt.

Im Vergleich zur ersten Version des Haupt-/Unterformulars hat sich der Zeitaufwand vom Benutzer auf den Entwickler verschoben: Anfangs konnten Sie das Formular per Assistent mit wenig Entwicklungszeit erstellen, dafür benötigten die Benutzer viel Zeit, um die Bedienung zu verstehen (und Sie anschließend vermutlich noch mehr Zeit, um deren Bedienungsfehler wieder zu beheben).

Bei der letzten Version war der Zeitaufwand für die Entwicklung des Formulars deutlich höher. Dafür lässt sich das Formular einfacher und intuitiver benutzen, was Ihnen als Entwickler letztendlich auch viel Zeit spart. Die erste Version mag vertretbar sein, wenn Sie die Datenbank alleine benutzen, aber für ungeübte Benutzer würde ich immer der letzten Version den Vorrang geben, zumal der Entwurfsaufwand ja doch nicht so hoch ist.

Geteilte Formulare

Access hat noch eine weitere Lösung für das Problem, inmitten vieler Datensätze den geeigneten auszuwählen: geteilte Formulare. Diese bieten sich auch an, wenn der Benutzer einen Datensatz anhand weniger Merkmale (z.B. Vor- und Nachname) auswählen kann, anschließend aber viele Felder im Datensatz zu bearbeiten sind.

Diese Konstellation ist bei der Anzeige der Personen mit ihren Qualifikationen gegeben und wegen der Menge der Daten auch geeignet, die Leistungsfähigkeit geteilter Formulare vorzustellen. Zuerst benötigen Sie dazu geeignete Abfragen, denn die zugehörigen Daten stehen ja in den beiden Tabellen *tblPersonen* und *tblQualifikationen,* die mit einer 1:1-Beziehung verknüpft sind.

Das Ursprungsproblem beim Speichern der Qualifikationen war ja, dass einige wenige Personen einen Datensatz mit Qualifikationen besitzen, während für die meisten Personen kein Gegenstück in der Tabelle *tblQualifikationen* existiert. Es hat also wieder etwas mit Inner und Outer Join zu tun.

Die erste Abfrage *qryPersonenMitQualifikationen* zeigt die Datensätze aus *tblPersonen* und aus *tblQualifikationen* an, deren verknüpfte Felder identisch sind. Das ist ein normaler Inner Join und entspricht im Ergebnis allen Dozenten (wenn wir davon ausgehen, dass jede Person, für die Qualifikationen gespeichert sind, ein Dozent ist).

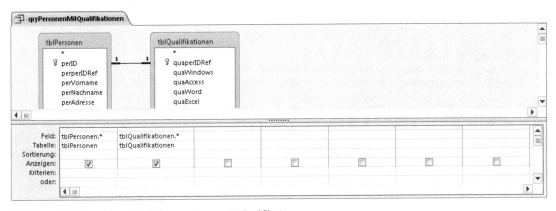

Abbildung 9.39: Der Entwurf der Abfrage *qryPersonenMitQualifikationen*

Kapitel 9 Formulare

Falls Sie bereits einige Eintragungen in der Tabelle *tblQualifikationen* vorgenommen hätten, würden Sie diese jetzt in der Datenblattansicht sehen. So ist das Ergebnis bei Ihnen aber noch leer; Sie müssen die Eintragungen nachher in der anderen Abfrage *qryPersonenOhneQualifikationen* vornehmen.

Die nächsten beiden Abfragen benötigen einen Outer Join, also eine asymmetrische Abfrage, denn es sollen ja auch dann Personen sichtbar sein, wenn sie noch keine Qualifikation haben. Dazu müssen Sie im Entwurf der nächsten Abfrage *qryPersonenMitUndOhneQualifikationen* (die Sie als Kopie von *qryPersonenMitQualifikationen* anlegen können) einen Doppelklick auf die Verknüpfungslinie machen und wie in Abbildung 9.40 die zweite Option der Verknüpfungseigenschaften einschalten.

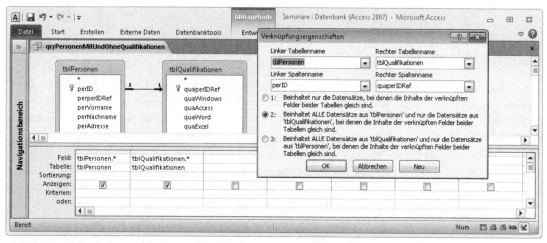

Abbildung 9.40: Der Entwurf der Abfrage *qryPersonenMitUndOhneQualifikationen*

Diese Abfrage *qryPersonenMitUndOhneQualifikationen* muss genauso viele Datensätze anzeigen, wie in der Tabelle *tblPersonen* enthalten sind, in unserem Beispiel also 9.841 Personen.

Wenn Sie in der Datenblattansicht der Abfrage (siehe Abbildung 9.41) ein Qualifikations-Kontrollkästchen anklicken, wird automatisch der passende Wert in *quaperIDRef* eingetragen. Das ist viel praktischer, als im Kombinationsfeld zu *quaperIDRef* unter fast 10.000 Einträgen den passenden finden zu müssen!

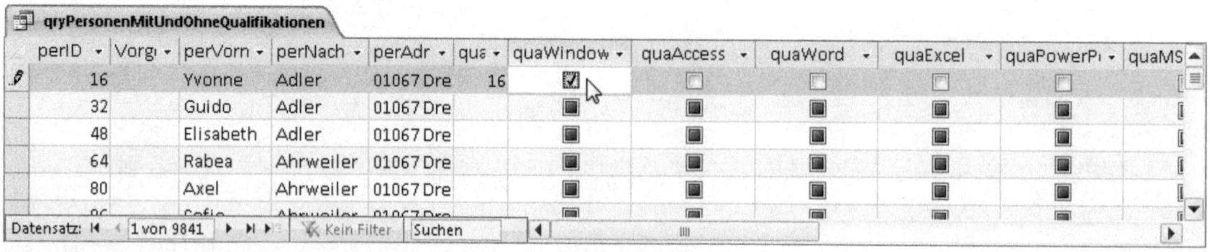

Abbildung 9.41: Der Entwurf der Abfrage *qryPersonenMitUndOhneQualifikationen*

Die letzte Abfrage soll nun alle diejenigen Personen finden, die gerade keine Qualifikation besitzen. Das sind sozusagen die normalen Mitarbeiter. Dazu erstellen Sie im Grunde die gleiche Outer Join-Abfrage wie eben (oder kopieren diese), filtern aber die Daten so, dass ein beliebiges Feld der Tabelle *tblQualifikationen* auf *Ist Null* geprüft wird. Den Entwurf für diese Abfrage finden Sie in Abbildung 9.42.

9.3 Haupt- und Unterformular

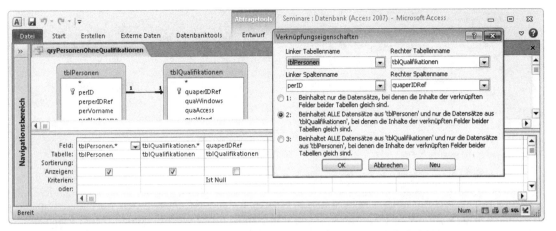

Abbildung 9.42: Der Entwurf der Abfrage *qryPersonenOhneQualifikation* mit dem zusätzlichen *Ist Null*-Filter

Die Abfrage liefert als Ergebnis 9.834 Datensätze. Zusammen mit den Datensätzen aus *qryPersonenMitQualifikationen* ergibt sich daraus korrekt die Gesamtanzahl aller Personen. Damit das Feld mit dem Filter `Ist Null` nicht doppelt erscheint, muss sein Kontrollkästchen *Anzeigen* ohne Häkchen sein.

1. Da alle drei Abfragen genau die gleichen Felder enthalten, sind sie als Datenquelle für ein Formular beliebig austauschbar. Markieren Sie bitte die Abfrage *qryPersonenMitUndOhneQualifikationen* im Navigationsbereich und klicken Sie auf der Registerkarte *Erstellen* in der Gruppe *Formulare* auf das Symbol *Weitere Formulare* und darin auf den Eintrag *Geteiltes Formular*. Speichern Sie das entstandene Formular als *frmPersonenMitUndOhneQualifikationen*.

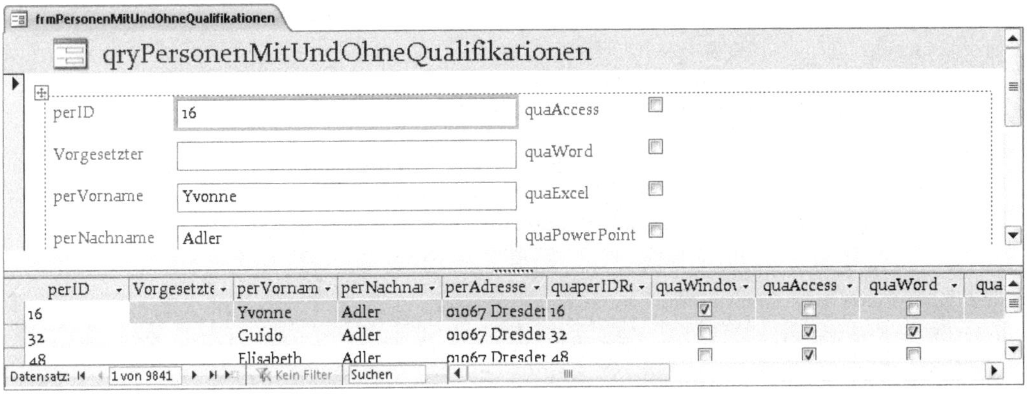

Abbildung 9.43: Die Formularansicht des automatisch erzeugten, geteilten Formulars

Dabei ist – aus Benutzersicht eher ungewöhnlich – die Auswahlliste im unteren Bereich angezeigt, während die Details des ausgewählten Datensatzes oben stehen. Da die Auswahlliste im Grunde genommen auf zwei Felder beschränkt werden kann, aber dafür möglichst viele Zeilen enthalten soll, ist sie am linken Rand besser aufgehoben.

2. Wechseln Sie dazu in die Entwurfsansicht und lassen das Eigenschaftenblatt anzeigen. Stellen Sie dort für das Formular die Eigenschaft *Ausrichtung des geteilten Formulars* auf *Datenblatt links*. Jetzt liegt das Datenblatt wie in Abbildung 9.44 auf der linken Seite.

Kapitel 9 Formulare

Abbildung 9.44: Das Datenblatt im geteilten Formular liegt nun links

3. Jetzt müssen Sie nur noch die überflüssigen Spalten ausblenden. Dazu klicken Sie eine der Spaltenüberschriften mit der rechten Maustaste an und wählen im Kontextmenü den Befehl *Felder wieder einblenden*. Im Dialogfeld entfernen Sie nun die Häkchen der auszublendenden Spalten. Diese Methode ist übrigens in jeder anderen Datenblattansicht (also Tabellen und Abfragen) möglich.

Abbildung 9.45: Das Dialogfeld zum Ein- und Ausblenden der Spalten in Datenblättern

4. Jetzt können die Beschriftungen im Hauptteil des Formulars noch ein wenig verschönert, die Steuerelemente neu angeordnet und das Feld *quaperIDRef* aus der Ansicht gelöscht werden, weil dieses ja automatisch ausgefüllt wird, sobald jemand eine Qualifikation anklickt.

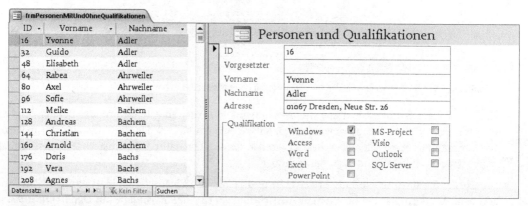

Abbildung 9.46: Das Formular *frmPersonenMitUndOhneQualifikationen* ist fertig

Ein Klick auf einen Eintrag in der Datenblatt-Liste links zeigt immer automatisch den passenden Datensatz im rechten Formularteil an. Auch ein Filtern der Liste wirkt sich immer auf das ganze Formular aus.

Geteilte Formulare sind damit auch eine sehr elegante und immer noch programmierfreie Lösung für die intuitive Suche nach bestimmten Datensätzen, die sich auch für große Datenmengen eignen.

9.4 Berechnungen in Formularen

Mit Formularen können Sie übrigens auch ein Problem lösen, das bei Abfragen noch offen geblieben war: Sie sehen zwar in nicht gruppierten Abfragen alle Details und in Gruppierungs-Abfragen deren Summen oder Mittelwerte oder ähnliche Aggregatfunktionen. Sie können jedoch mit Abfragen zum Beispiel nicht Details und Summen gleichzeitig anzeigen lassen, wenn die Daten dabei noch editierbar bleiben sollen.

In Formularen hingegen können Sie nicht nur gleichzeitig alle editierbaren Details anzeigen, sondern die Aggregatfunktionen werden auch immer automatisch aktualisiert.

Für das geplante Formular zur Anzeige aller Seminare ist es sinnvoll, die Tabelle *tblSeminare* erst einmal mit den beiden benötigten Nachschlagefeldern für *semortIDRef* und *semsstIDRef* zu versehen, da diese vom Assistenten automatisch übernommen werden.

Insbesondere die Abfrage zur Anzeige der *semsstIDRef*-Daten im Kombinationsfeld fällt etwas komplizierter aus, da in deren Datenquelle *tblSeminarStandards* wiederum zwei Mastertabellen verknüpft sind, deren Informationen im Klartext angezeigt werden sollen (Abbildung 9.47).

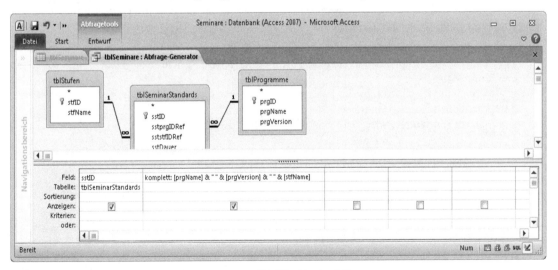

Abbildung 9.47: Die Abfrage zur Anzeige der Daten im *semsstIDRef*-Kombinationsfeld

Diese zusammengesetzten Daten zeigen dann in der Tabelle *tblSeminare* wie in Abbildung 9.48 alle benötigten Informationen in einer einzigen Spalte übersichtlich an.

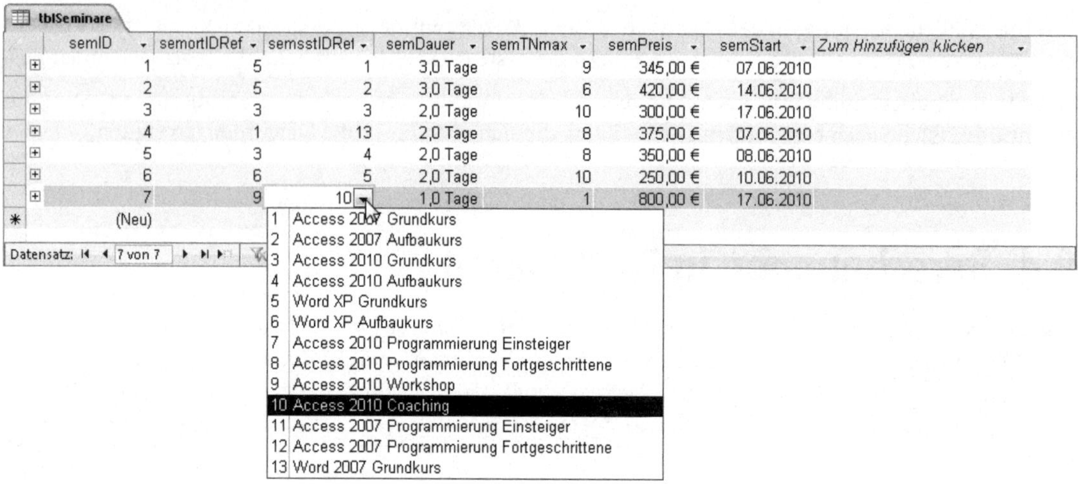

tblSeminare

semID	semortIDRef	semsstIDRef	semDauer	semTNmax	semPreis	semStart	Zum Hinzufügen klicken
1	5	1	3,0 Tage	9	345,00 €	07.06.2010	
2	5	2	3,0 Tage	6	420,00 €	14.06.2010	
3	3	3	2,0 Tage	10	300,00 €	17.06.2010	
4	1	13	2,0 Tage	8	375,00 €	07.06.2010	
5	3	4	2,0 Tage	8	350,00 €	08.06.2010	
6	6	5	2,0 Tage	10	250,00 €	10.06.2010	
7	9	10	1,0 Tage	1	800,00 €	17.06.2010	
(Neu)							

1	Access 2007 Grundkurs
2	Access 2007 Aufbaukurs
3	Access 2010 Grundkurs
4	Access 2010 Aufbaukurs
5	Word XP Grundkurs
6	Word XP Aufbaukurs
7	Access 2010 Programmierung Einsteiger
8	Access 2010 Programmierung Fortgeschrittene
9	Access 2010 Workshop
10	Access 2010 Coaching
11	Access 2007 Programmierung Einsteiger
12	Access 2007 Programmierung Fortgeschrittene
13	Word 2007 Grundkurs

Datensatz: 7 von 7

Abbildung 9.48: Die Anzeige im *semsstIDRef*-Kombinationsfeld

Bitte tragen Sie zu Testzwecken auch die übrigen Daten aus Abbildung 9.48 in die Tabelle *tblSeminare* ein. Da die geplante automatische Übernahme der Standardwerte für Dauer, maximale Teilnehmerzahl und Preis noch nicht per Makro oder VBA-Prozedur programmiert ist, müssen sie zurzeit noch manuell eingetragen werden.

Basierend auf dieser Tabelle soll nun ein Endlosformular erstellt werden.

1. Das gelingt am einfachsten, indem Sie die Tabelle im Navigationsbereich markieren und auf der Registerkarte *Erstellen* in der Gruppe *Formulare* das Menü der Schaltfläche *Weitere* öffnen und dort den Befehl *Mehrere Elemente* aufrufen.
2. Nach ein paar optischen Korrekturen und der Änderung der Spaltenbreiten (die erste Spaltenbreite jeweils auf `0cm` stellen) präsentiert sich das Formular nach dem Speichern als *frmSeminare* wie in der Abbildung 9.49.

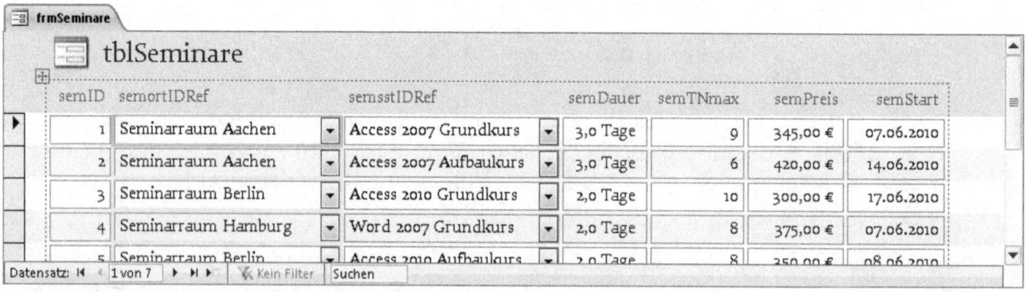

frmSeminare

tblSeminare

semID	semortIDRef	semsstIDRef	semDauer	semTNmax	semPreis	semStart
1	Seminarraum Aachen	Access 2007 Grundkurs	3,0 Tage	9	345,00 €	07.06.2010
2	Seminarraum Aachen	Access 2007 Aufbaukurs	3,0 Tage	6	420,00 €	14.06.2010
3	Seminarraum Berlin	Access 2010 Grundkurs	2,0 Tage	10	300,00 €	17.06.2010
4	Seminarraum Hamburg	Word 2007 Grundkurs	2,0 Tage	8	375,00 €	07.06.2010
5	Seminarraum Berlin	Access 2010 Aufbaukurs	2,0 Tage	8	350,00 €	08.06.2010

Datensatz: 1 von 7 Kein Filter Suchen

Abbildung 9.49: Das fertige Endlosformular *frmSeminare*

3. Um im Formular zusätzlich zu den schon sichtbaren Detaildatensätzen auch Aggregatfunktionen anzuzeigen, benötigen Sie den Formularfuß. Dieser lässt sich nur in der Entwurfsansicht herausziehen, denn er ist zwar sichtbar, aber auf die Höhe 0 cm reduziert.
4. Ziehen Sie dazu mit dem Nord-Süd-Doppelpfeil-Cursor wie in Abbildung 9.50 an der Unterkante des *Formularfuß*-Balkens, um dessen Höhe zu vergrößern.

9.4 Berechnungen in Formularen

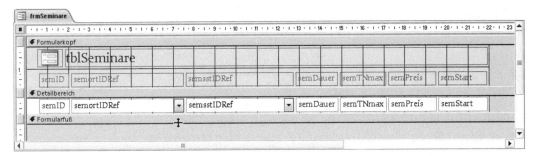

Abbildung 9.50: Der Formularfuß kann hier herausgezogen werden

5. Da die Aggregatfunktion ein berechnetes Feld wird, muss in die Fußzeile ein Textfeld eingefügt werden (ein Bezeichnungsfeld würde seinen Inhalt nie ändern). Innerhalb des Textfeldes steht das Wort »Ungebunden«, da das Textfeld keine Verbindung zu Daten hat, seine Eigenschaft *Steuerelementinhalt* also leer ist. Wenn Sie dort eine Formel eintragen, verschwindet das Wort automatisch.

Leider gibt es keine Hilfestellung, welche Funktionen hier sinnvoll und möglich sind. Sie können hier alle Aggregatfunktionen verwenden. Am einfachsten finden Sie deren Auflistung in einer beliebigen Gruppierungsabfrage wie in Abbildung 9.51. Die dort benutzten Schlüsselwörter sind, mit Ausnahme des Eintrags *Gruppierung,* auch die Namen der passenden Funktionen.

Abbildung 9.51: Die Auswahl der Aggregatfunktionen, wie sie in einer Gruppierungsabfrage angezeigt werden

6. Um die Anzahl der enthaltenen Seminare anzuzeigen, geben Sie in das Textfeld die Formel =Anzahl([semID]) ein. Wie Sie sicher bemerkt haben, gilt hier nicht die Syntax für berechnete Felder in Abfragen. Formulare und Berichte haben eine Syntax, die Sie vielleicht von Excel-Formeln her kennen, also mit führendem Gleichheitszeichen. Das hängt damit zusammen, dass hier kein neuer Feldname notwendig ist, denn das Steuerelement hat schon einen Namen.

Wenn Sie jetzt in die Formularansicht wechseln, steht am unteren Seitenrand das berechnete Feld und zeigt den Wert 7 an. Natürlich befindet sich diese Information wie in Abbildung 9.52 genau darunter noch ein zweites Mal auf dem Formular, denn in der Navigationszeile werden ebenfalls *1 von 7* Datensätze angezeigt. Aber hier ging es ja vor allem um die Technik. Außerdem könnte in Formularen die Navigationszeile auch ausgeblendet sein.

7. Da in berechneten Feldern die Werte ohnehin nicht geändert werden können, sollten Sie das Textfeld mit den Einstellung *Hintergrundart: Transparent, Aktiviert: Nein, Gesperrt: Ja* versehen. Außerdem kann das zugehörige Bezeichnungsfeld als Beschriftung die Angabe »Anzahl Seminare:« erhalten.

Kapitel 9 Formulare

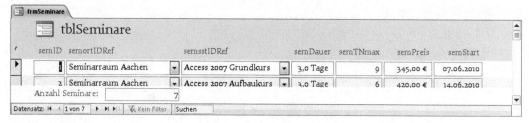

Abbildung 9.52: Die Fußzeile des Endlosformulars *frmSeminare* mit der berechneten Gesamtanzahl der Seminare

8. Lassen Sie sich in der Fußzeile zusätzlich noch in zwei weiteren Feldern die durchschnittliche Seminardauer und den höchsten Preis anzeigen. Die zugehörigen Formeln sehen Sie in der Fußzeile der Abbildung 9.53.

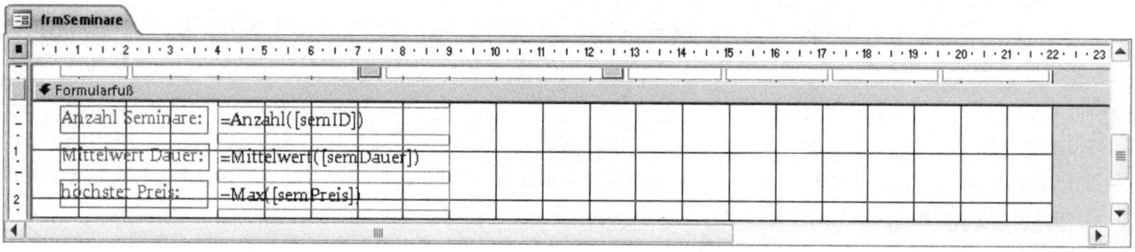

Abbildung 9.53: Die Aggregatfunktionen in der Fußzeile des Endlosformulars *frmSeminare*

Felder ausrichten

Damit diese Anzeige professioneller aussieht, sollten die Felder ordentlich ausgerichtet sein.

1. Das geht am besten in der Formularlayout-Ansicht. Markieren Sie dort die sechs Felder in der Fußzeile des Formulars, also Bezeichnungsfelder und Textfelder.
2. Dann können Sie auf der Registerkarte *Anordnen* in der Gruppe *Tabelle* auf das Symbol *Gestapelt* klicken.
3. Jetzt stehen die Felder unnötig weit auseinander. Mit dem Befehl *Textabstand bestimmen/Kein* in der Gruppe *Position* der Registerkarte *Anordnen* lassen sie sich wie in Abbildung 9.54 kompakter formatieren.

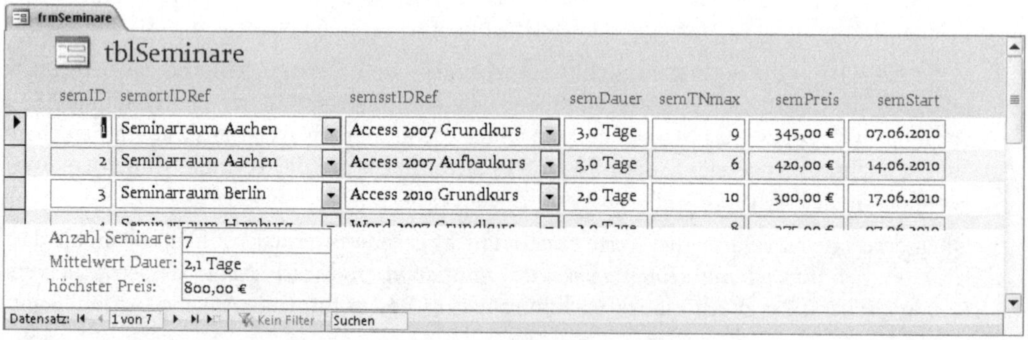

Abbildung 9.54: Die verbesserte Anordnung der berechneten (und formatierten) Felder

9.4 Berechnungen in Formularen

Berechnete Felder in der Formularüberschrift

Berechnete Felder müssen nicht zwangsläufig im Fußbereich eines Formulars stehen. Auch der Kopfbereich ist geeignet und sogar die Überschrift des Formulars.

Dort soll nun statt der eher ungeeigneten, aber automatisch erstellten Überschrift *tblSeminare* der Datumsbereich der Seminare angezeigt werden. Da sich das nicht mit dem vorhandenen Bezeichnungsfeld lösen lässt, müssen Sie dieses löschen und durch ein Textfeld ersetzen. Dabei verlieren Sie jedoch alle Formatierungen wie z.B. die Größe und die Position. Es gibt jedoch noch einen anderen Weg.

1. Klicken Sie das Bezeichnungsfeld mit der rechten Maustaste an. Zeigen Sie im Kontextmenü auf *Ändern zu* und wählen Sie im Ausklappmenü den Befehl *Textfeld*. Bei dieser Umwandlung bleiben die meisten Eigenschaften des Feldes erhalten. Da jedoch ein Textfeld, im Gegensatz zu einem Bezeichnungsfeld, nicht die Eigenschaft *Beschriftung* besitzt, geht der bisher angezeigte Text verloren.

2. Geben Sie für die Überschrift ="Seminare vom " & Min([semStart]) & " bis " & Max([semStart]) ein, damit das Ergebnis aus Abbildung 9.55 erscheint. Bitte beachten Sie dabei vor allem die Leerzeichen innerhalb der Anführungszeichen, da die Textteile sonst zu eng aneinander stünden.

Jetzt wird die Überschrift immer den Datumsbereich anzeigen, in dem Seminare gebucht sind. Dabei sind selbstverständlich auch alle Filter berücksichtigt, die auf das Formular angewandt werden.

Abbildung 9.55: Die berechnete Überschrift

Tipp: Details und Aggregatfunktionen in einer Abfrage kombinieren

Natürlich können Sie mit ein paar Tricks in einer Abfrage doch Details und Aggregatfunktionen gemeinsam darstellen. Es ist aber ein bisschen gewagt, solche unterschiedlichen Inhalte mutwillig zu mischen. Sie benötigen dazu zuerst zwei separate Abfragen:

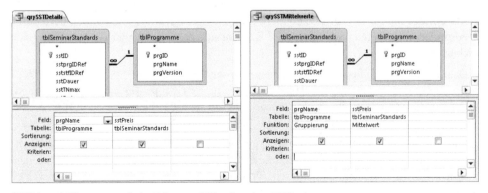

Abbildung 9.56: Die Entwürfe der Abfrage *qrySSTDetails* und *qrySSTMittelwerte*

Anschließend mischen Sie diese beiden Abfragen in einer Union-Abfrage und sortieren sie so, dass immer zuerst die Detaildatensätze und dann der zugehörige Aggregatdatensatz angezeigt wird wie in der Abfrage *qrySSTDetailsUndMittelwerte*:

```
SELECT prgName, sstPreis FROM qrySSTDetails
UNION
SELECT prgName & " (Mittelwert)" AS xyz, MittelwertVonSSTPreis FROM qrySSTMittelwerte
ORDER BY prgName;
```

Damit erhalten Sie dann das gewünschte Ergebnis:

prgName	sstPreis
Access	300,00 €
Access	345,00 €
Access	350,00 €
Access	420,00 €
Access	450,00 €
Access	500,00 €
Access	700,00 €
Access	750,00 €
Access	800,00 €
Access (Mittelwert)	536,50 €
Word	250,00 €
Word	275,00 €
Word	375,00 €
Word (Mittelwert)	300,00 €

Abbildung 9.57: Das Ergebnis der Union-Abfrage *qrySSTDetailsUndMittelwerte*

Wie Sie beim Testen feststellen werden, lässt sich jetzt allerdings keiner der Datensätze mehr editieren, weil einige davon aus einer Gruppierungsabfrage stammen.

9.5 Eigenes Design erstellen

Auch wenn dieses Formular schon recht ansehnlich ist und die anderen Designs qualitativ ebenso gut sind, passt es vielleicht nicht in das Corporate Design Ihrer Firma. Bevor Sie nun anfangen, alle Formulare manuell umzustellen, ist es besser, ein eigenes Design zu speichern, das sich dann auf andere Formulare anwenden lässt.

1. Als Vorlage für ein eigenes Design dient ein beliebiges Formular, Sie können dazu gerne ein leeres Formular ohne Datenbindung nutzen. Es dient nur dazu, die Änderungen direkt sichtbar zu machen.

2. Dann fügen Sie den jeweiligen Bereichen ein paar Steuerelemente hinzu, damit Sie Ihre Einstellungen direkt sehen können. Mit dem Befehl *Logo* in der Gruppe *Kopfzeile/Fußzeile* der Registerkarte *Entwurf* fügen Sie ein Bild direkt passend ein. Mit dem Befehl Titel wird dort eine Überschrift ergänzt.

Für Steuerelemente ohne Datenbindung gibt Access durch eine kleine grüne Ecke einen Fehlerhinweis, damit das bei normalen Formularen nicht versehentlich passiert. Wenn Sie das betroffene Steuerelement anklicken, erscheint ein SmartTag, in dessen Menü Sie den Befehl *Fehler ignorieren* auswählen können, um diese Meldung zu entfernen.

9.5 Eigenes Design erstellen

3. In der Registerkarte *Entwurf* finden Sie in der Gruppe *Designs* die beiden Befehle *Schriftarten* und *Farben*. Diese müssen Sie zuerst vorbereiten. Klicken Sie bei *Schriftarten* auf *Neue Designschriftarten erstellen*, wählen Sie im Dialogfeld zwei Schriftarten sowie einen Namen (hier **Compasz** für das fiktive **Comp**uter **a**ktiv **S**eminar-**Z**entrum) aus und speichern die Einstellungen.

Abbildung 9.58: Die Einstellungen für die Designschriftarten

4. Danach ist übrigens nicht nur dieses Formular verändert, sondern – entgegen der sonst üblichen Regel, nur das zu speichern, was man auch sieht – alle Steuerelemente in allen Formularen (auch den geschlossenen)! Alle Steuerelemente, deren Eigenschaft *Schriftart* den Zusatz ...*(Detailbereich)* oder ...*(Kopfbereich)* enthalten, haben damit ihre Darstellung gewechselt.

5. Entsprechend rufen Sie nun in der Registerkarte *Entwurf* in der Gruppe *Designs* den Befehl *Farben /Neue Designfarben erstellen* auf. Stellen Sie die Farben wie in Abbildung 9.59 nach Ihren Vorgaben um und speichern diese unter einem Namen. Dieser muss keineswegs mit demjenigen der Schriftarten identisch sein, aber das ist übersichtlicher.

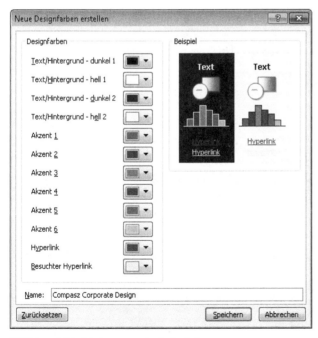

Abbildung 9.59: Die Anpassung der Designfarbe

Kapitel 9   Formulare

6. Die beiden Merkmale Schriftart und Farbe werden nun zu einem neuem Design zusammengefasst und gespeichert. Dazu klicken Sie in der Registerkarte *Entwurf* in der Gruppe *Designs* auf *Designs/ Aktuelles Design speichern* und geben dort wie in Abbildung 9.60 einen Namen an.

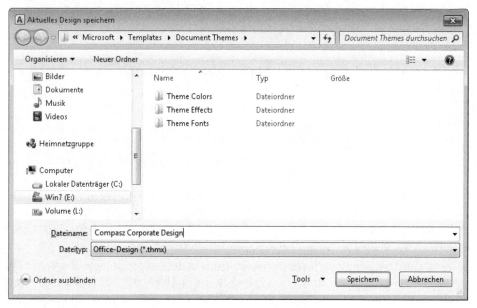

Abbildung 9.60: Speichern Sie das Design unter einem geeigneten Namen

7. Wie Sie in Abbildung 9.61 am Beispiel der Nordwind-Datenbank sehen können, steht es Ihnen auf diesem Rechner jetzt für alle Datenbanken (und übrigens auch für die anderen Microsoft Office-Programme!) als benutzerdefiniertes Design zur Verfügung.

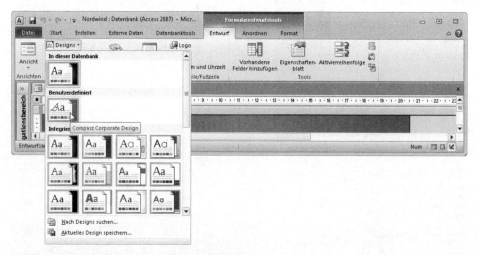

Abbildung 9.61: Das Design steht jetzt überall zur Verfügung

Da das neue *Compasz Corporate Design* zwar eindrucksvoll anders aussieht, aber dadurch kaum lesbar ist, werde ich für die weiteren Beispiele wieder das originale Design *Papier* einsetzen.

Logo einbinden

Was aber machen Sie, wenn auf jedem Formular einheitlich ein Logo erscheinen soll? Ein bisschen Handarbeit bleibt schon übrig, aber Sie können sich die Arbeit vereinfachen:

1. Zuerst benötigen Sie natürlich die Datei für das Bild. Sie haben wahrscheinlich bemerkt, dass das vorhin als Logo benutzte Bild nicht rechteckig ist und die Hintergrundfarbe durchscheint. Das funktioniert nur, wenn der Dateityp des Bildes Transparenz unterstützt, wie das etwa bei GIF, PNG oder WMF der Fall ist. Andere Formate wie JPG/JPEG oder BMP kennen keine Transparenz.
2. Öffnen Sie ein beliebiges Formular in der Entwurfsansicht und markieren Sie dort das Logo. Dann klicken Sie im Eigenschaftenblatt bei dessen Eigenschaft *Bild* auf die Schaltfläche mit den drei Punkten. Access zeigt daraufhin das Dialogfeld *Grafik einfügen* an.
3. Am besten stellen Sie oberhalb der Schaltfläche *Öffnen* den Filter für die verschiedenen Grafikformate ein, damit die Liste übersichtlicher wird. Sobald Sie das Dialogfeld mit *OK* bestätigt haben, wird die ausgewählte Grafik in das markierte Bild-Steuerelement übernommen.

   Dabei ändert sich die Größe des Steuerelements nicht. Und auch wenn Sie die Größe des Steuerelements verändern, muss sich die Größe des eigentlichen Bildes nicht unbedingt anpassen. Dieses Verhalten ist von der Eigenschaft *Größenanpassung* abhängig:

   - **Abschneiden** Das Bild wird immer in seiner Originalgröße angezeigt und – wenn das Bild-Steuerelement kleiner ist – eventuell an überstehenden Rändern abgeschnitten
   - **Dehnen** Vergrößert bzw. verkleinert ein Bild entsprechend dem Steuerelement, aber immer unproportional
   - **Zoomen** Nur mit dieser Einstellung können Sie sicher sein, dass das Bild proportional so vergrößert wird, dass es komplett im Bild-Steuerelement dargestellt werden kann
4. Falls das Bild trotz eines transparenten Dateiformats auf einem (meistens weißen) Rechteck dargestellt wird, müssen Sie noch die Eigenschaft *Hintergrundart* auf *Transparent* stellen.

> **Tipp: So optimieren Sie die Steuerelementgröße**
>
> Bei vielen Steuerelementen können Sie die optimale Größe einstellen, in dem Sie auf dem Anfasser der rechten unteren Ecke doppelklicken.

Bilder verknüpft einfügen

Das statische Einfügen eines so eingebetteten Bildes hat leider einen gravierenden Nachteil: Sollte sich jemals etwas am Bild ändern, müssen Sie diese Arbeit für jedes Bild auf jedem Formular wiederholen. Daher ist es besser, das Bild dynamisch einzufügen, sodass alle Formulare beim Laden die externe Datei einlesen. Wenn diese Datei geändert wird, zeigen anschließend alle Formulare die neue Version ohne weitere Eingriffe an.

Um ein Bild dynamisch mit einer Datei zu verknüpfen, müssen Sie die Eigenschaft *Bildtyp* auf *Verknüpft* einstellen. Da Access dann das vorhandene Bild löscht, wählen Sie die Grafik erneut wie eben beschrieben aus. Anschließend enthält die Eigenschaft *Bild* nicht den Eintrag *(Bild)*, sondern den Pfad und den Dateinamen der ausgewählten Grafik.

Falls sich die Grafikdatei im gleichen Verzeichnis wie Ihre Datenbank befindet, können (und sollten) Sie die Pfadangabe vor dem Dateinamen löschen. Access findet diese Datei dann auch, wenn die Datenbank mit den Grafiken in ein anderes Verzeichnis kopiert wird. Andernfalls sind Sie immer an exakt diesen Pfad gebunden.

Unterformulare für Grafiken

Trotzdem gibt es noch Verbesserungsmöglichkeiten an dieser Technik. Sie können zwar den Inhalt des Bildes austauschen, aber nicht seine Größe, Position oder ähnliches.

Stellen Sie sich vor, in jedem Formular soll in der Fußzeile das Logo und ein Standardtext wie »Für Rückfragen wenden Sie sich bitte an die Fachabteilung unter der Durchwahl –123« sichtbar sein. Erst nachdem alle Formulare fertig gestellt sind, erhalten Sie den Auftrag, dort zusätzlich noch das Firmenlogo unterzubringen und die Durchwahl auf eine andere Telefonnummer zu ändern.

Jetzt müssten Sie alle Formulare wieder manuell im Entwurf ändern, die Steuerelemente ein bisschen zur Seite schieben, ein zweites Bild einfügen und überall den Text ändern. Das ist nicht nur eine öde Arbeit, sondern führt mit Sicherheit dazu, dass die Steuerelemente nie exakt an derselben Position stehen.

Designs können Ihnen hier auch nicht weiterhelfen und zusätzliche Bilder lassen sich dynamisch natürlich auch nicht einbinden. Die Lösung für dieses Problem kennen Sie längst: Unterformulare! Unterformulare können Sie schließlich nicht nur einsetzen, um abhängige Daten anzuzeigen. Sie können auch ausschließlich ungebundene Steuerelemente enthalten.

1. Erstellen Sie also ein ungebundenes Formular mit den gewünschten Inhalten wie in Abbildung 9.62 und speichern Sie es als *frmStandardFuss*.

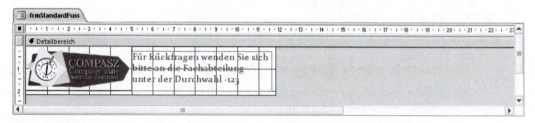

Abbildung 9.62: Das Formular *frmStandardFuss* mit dynamischem Bild und Standardtext

2. Damit diese Standardfußzeile später nicht wie ein eigenständiges Datenformular erscheint, müssen Sie den Wert der folgenden Formulareigenschaften auf *Nein* ändern: *Datensatzmarkierer*, *Navigationsschaltflächen* und *Bildlaufleisten*. Schließen Sie dann den Formularentwurf.

3. Öffnen Sie nun beispielsweise die Entwurfsansicht des Formulars *frmSeminare*, um die Standardfußzeile dort einzufügen. Wie bei jedem Unterformular ziehen Sie dazu den Namen *frmStandardFuss* aus dem Navigationsbereich in die Entwurfsansicht.

Sie erhalten dabei von Access automatisch die in Abbildung 9.63 gezeigte Meldung. Diese Meldung erscheint zwar seit der ersten Access-Version, ist allerdings inhaltlich trotzdem falsch. Access vermutet hier vielleicht, dass Sie gerade versuchen, ein Formular in den Detail(!)-Bereich eines Endlosformulars einzufügen, was tatsächlich nicht geht. Das aber haben Sie gar nicht versucht.

9.5 Eigenes Design erstellen

Abbildung 9.63: Die irreführende Meldung beim Einfügen des Formulars *frmStandardFuss*

4. Sie müssen nur im Eigenschaftenblatt die dabei geänderte Eigenschaft *Standardansicht* des Hauptformulars wieder auf *Endlosformular* zurückstellen und alles ist in Ordnung. Das Ergebnis sollte nun so aussehen wie in Abbildung 9.64.

Abbildung 9.64: Das Formular *frmSeminare* mit Standardfußzeile

Sobald neue Wünsche an diese Fußzeile gestellt werden, schließen Sie einfach alle Formulare, ändern den Entwurf des Formulars *frmStandardFusszeile* und sind fertig. Solange die Größe des eingebetteten Unterformulars ausreicht, können Sie ab jetzt alle Wünsche ohne großen Aufwand erfüllen.

Bedingte Formatierung

Mittels bedingter Formatierung können Sie in Access-Formularen Informationen deutlich machen, die allein mit einer einfachen Abfrage schwer darstellbar sind. Die Tabelle *tblSeminare* soll ja (sobald wir uns mit Makros und VBA beschäftigen) die Standardwerte aus der Tabelle *tblSeminarStandards* übernehmen, sobald ein neues Seminar angelegt wird.

Da wäre es natürlich hilfreich, alle Seminare auf einen Blick erkennen zu können, die irgendwo eine Abweichung von den Standardwerten haben. Selbstverständlich lässt sich das mit einer Abfrage programmieren, aber dazu würde genau genommen für jeden Fall eine eigene Abfrage benötigt.

In Formularen sind hingegen fast beliebig viele Prüfungen möglich, da Sie dort mit Hilfe der bedingten Formatierung mit verschiedenen Farben arbeiten können.

1. Zuerst benötigen Sie wieder eine geeignete Datenquelle. Legen Sie dazu eine neue Abfrage namens *qrySeminareUndSeminarStandards* wie in Abbildung 9.65 an.

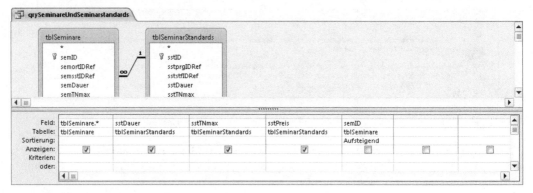

Abbildung 9.65: Der Entwurf der Abfrage *qrySeminareUndSeminarStandards*

2. Damit überhaupt Probleme auftreten, geben Sie jetzt am besten gezielt abweichende Daten ein, z.B. wie in Abbildung 9.66 in den vier markierten Zeilen.

qrySeminareUndSeminarstandards

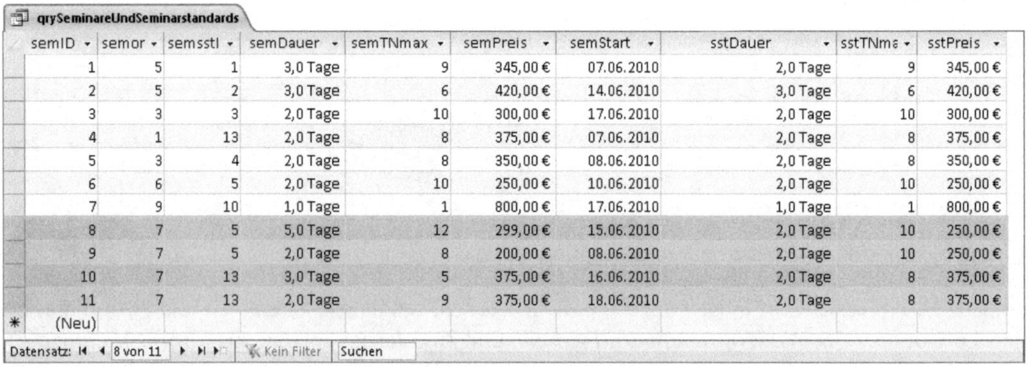

semID	semor	semsstl	semDauer	semTNmax	semPreis	semStart	sstDauer	sstTNma	sstPreis
1	5	1	3,0 Tage	9	345,00 €	07.06.2010	2,0 Tage	9	345,00 €
2	5	2	3,0 Tage	6	420,00 €	14.06.2010	3,0 Tage	6	420,00 €
3	3	3	2,0 Tage	10	300,00 €	17.06.2010	2,0 Tage	10	300,00 €
4	1	13	2,0 Tage	8	375,00 €	07.06.2010	2,0 Tage	8	375,00 €
5	3	4	2,0 Tage	8	350,00 €	08.06.2010	2,0 Tage	8	350,00 €
6	6	5	2,0 Tage	10	250,00 €	10.06.2010	2,0 Tage	10	250,00 €
7	9	10	1,0 Tage	1	800,00 €	17.06.2010	1,0 Tage	1	800,00 €
8	7	5	5,0 Tage	12	299,00 €	15.06.2010	2,0 Tage	10	250,00 €
9	7	5	2,0 Tage	8	200,00 €	08.06.2010	2,0 Tage	10	250,00 €
10	7	13	3,0 Tage	5	375,00 €	16.06.2010	2,0 Tage	8	375,00 €
11	7	13	2,0 Tage	9	375,00 €	18.06.2010	2,0 Tage	8	375,00 €
(Neu)									

Datensatz: 8 von 11 Kein Filter Suchen

Abbildung 9.66: Die neuen Daten in der Abfrage *qrySeminareUndSeminarStandards* sind hier markiert

In dem abgebildeten Beispiel weichen in der ersten markierten Zeile die drei Felder *semDauer*, *semTNmax* und *semPreis* von ihren Vorgabewerten *sstDauer*, *sstTNmax* und *sstPreis* ab. In den übrigen drei Zeilen unterscheidet sich jeweils mindestens ein Wert.

Auf dieser Abfrage basierend können Sie nun ein Endlosformular erstellen lassen. Das geht auch ohne Assistent, weil hier keine besonderen Details angegeben werden müssen.

3. Markieren Sie dazu im Navigationsbereich den Abfragenamen *qrySeminareUndSeminarStandards* und klicken Sie dann auf der Registerkarte *Erstellen* in der Gruppe *Formulare* auf das Symbol *Mehrere Elemente*, um ein Endlosformular zu erstellen.

   Mit einigen optischen Korrekturen präsentiert sich das unter dem Namen *frmSeminareUndSeminarStandards* gespeicherte Formular wie in Abbildung 9.67. Die dunkel hinterlegten Überschriften können Sie mit einem Rechtsklick auf eine vorhandenen Überschriften und der Auswahl von *Einfügen/Darüber einfügen* anlegen. Um mehrere Zellen zusammenzufassen, markieren Sie diese nacheinander mit gedrückter Umschalttaste und klicken dann auf *Zusammenführen* in der Gruppe *Zusammenführen/Teilen* der Schaltfläche *Anordnen*.

9.5 Eigenes Design erstellen

Abbildung 9.67: Die Formularansicht von *frmSeminareUndSeminarStandards*

4. Jetzt sollen die Zeilen beziehungsweise Felder kenntlich gemacht werden, die von den Standardwerten abweichen. Dazu wechseln Sie bitte in die Entwurfsansicht, markieren das Feld *semDauer* und klicken auf der Registerkarte *Format* in der Gruppe *Steuerelementformatierung* auf das Symbol *Bedingte Formatierung*, um das Regelmanager-Dialogfeld wie in Abbildung 9.68 anzuzeigen.

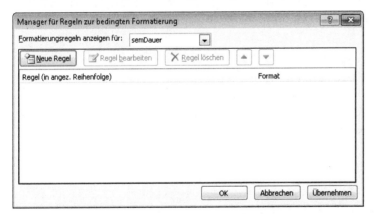

Abbildung 9.68: Das Regelmanager-Dialogfeld zur Verwaltung der Bedingten Formatierung

Die Bedingte Formatierung hat Microsoft in Access 2010 umfangreich überarbeitet, sodass Sie nun nicht nur bis zu 50 Regeln aufstellen können, sondern dabei auch erheblich mehr Möglichkeiten haben. Sie müssen zuerst im Regelmanager-Dialogfeld auf *Neue Regel* klicken, um eine Bedingung einzugeben.

5. Ändern Sie dort den Vergleich auf *ungleich* und tragen Sie als Wert den Feldnamen *[sstDauer]* ein. Die eckigen Klammern verdeutlichen, dass es um den Inhalt des Feldes geht. Die dann abweichend darzustellende Formatierung wurde in diesem Beispiel wie in Abbildung 9.69 auf eine fette weiße Schrift auf rotem Hintergrund geändert.

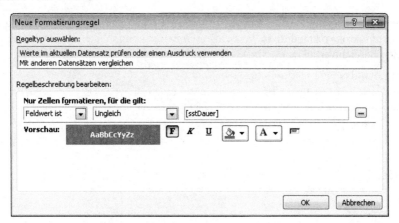

Abbildung 9.69: Die bedingte Formatierung für *semDauer*

6. Nach der Bestätigung mit *OK* und anschließendem Klick im Regelmanager-Dialogfeld auf *Übernehmen* wählen Sie dort im Listenfeld *Formatierungsregeln anzeigen für* das nächste Feld *semTNmax* aus.

   Mit *Neue Regel* rufen Sie das Dialogfeld für das Feld *semTNmax* erneut auf. Dabei wird im Grunde die gleiche Bedingung vorgegeben, nur dass als Vergleichswert natürlich das Feld *sstTNmax* angegeben werden muss.

7. Beim Feld *semPreis* soll ebenfalls eine Warnfarbe angezeigt werden, falls der Preis nach oben oder nach unten vom Inhalt des Feldes *sstPreis* abweicht. Mit diesen Einstellungen werden alle Felder, die eine Abweichung gegenüber ihren Standardwerten aufweisen, rot hinterlegt und mit fetter Schrift hervorgehoben.

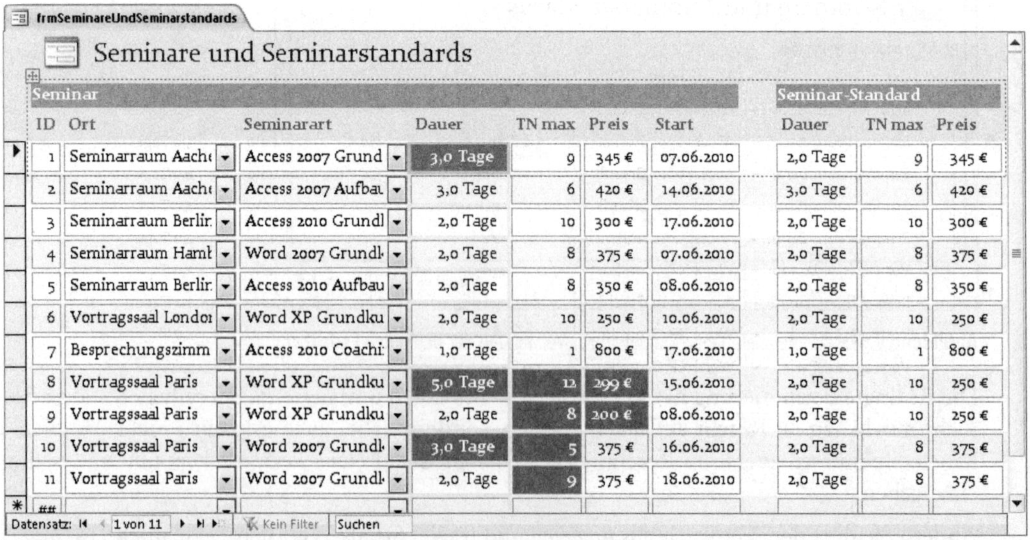

ID	Ort	Seminarart	Dauer	TN max	Preis	Start	Dauer	TN max	Preis
1	Seminarraum Aach	Access 2007 Grund	3,0 Tage	9	345 €	07.06.2010	2,0 Tage	9	345 €
2	Seminarraum Aach	Access 2007 Aufbau	3,0 Tage	6	420 €	14.06.2010	3,0 Tage	6	420 €
3	Seminarraum Berlin	Access 2010 Grundl	2,0 Tage	10	300 €	17.06.2010	2,0 Tage	10	300 €
4	Seminarraum Haml	Word 2007 Grundl	2,0 Tage	8	375 €	07.06.2010	2,0 Tage	8	375 €
5	Seminarraum Berlin	Access 2010 Aufbau	2,0 Tage	8	350 €	08.06.2010	2,0 Tage	8	350 €
6	Vortragssaal Londo	Word XP Grundku	2,0 Tage	10	250 €	10.06.2010	2,0 Tage	10	250 €
7	Besprechungszimm	Access 2010 Coachi	1,0 Tage	1	800 €	17.06.2010	1,0 Tage	1	800 €
8	Vortragssaal Paris	Word XP Grundku	5,0 Tage	12	299 €	15.06.2010	2,0 Tage	10	250 €
9	Vortragssaal Paris	Word XP Grundku	2,0 Tage	8	200 €	08.06.2010	2,0 Tage	10	250 €
10	Vortragssaal Paris	Word 2007 Grundl	3,0 Tage	5	375 €	16.06.2010	2,0 Tage	8	375 €
11	Vortragssaal Paris	Word 2007 Grundl	2,0 Tage	9	375 €	18.06.2010	2,0 Tage	8	375 €

Abbildung 9.70: Die Formularansicht mit den bedingten Formatierungen

9.5 Eigenes Design erstellen

8. Bei dieser Gelegenheit ist zu sehen, dass bereits in den ursprünglichen Daten eine Abweichung gegenüber den Seminarstandards vorhanden ist. Je nach Datenmenge können sich die Markierungen also über einen großen Bereich verteilen.

Daher soll zusätzlich noch das Feld *semID* immer dann rot gefärbt werden, wenn wenigstens eines der drei anderen Felder seine Warnbedingung erfüllt. Sie müssen dazu für das Feld *semID* eine komplette Bedingungskette schreiben wie in Abbildung 9.71.

Abbildung 9.71: Die bedingte Formatierung für *semID*

Bitte beachten Sie dabei, dass das erste Listenfeld auf *Ausdruck ist* gestellt werden muss, damit Sie diese Bedingungskette so angeben können.

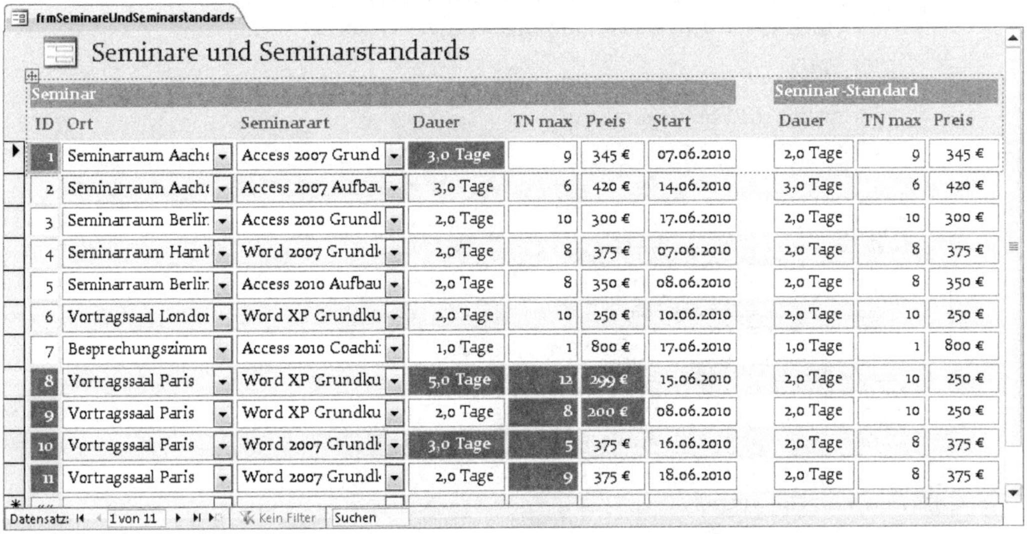

Abbildung 9.72: Die Warnhinweise erscheinen bei *semID* in allen irgendwie abweichenden Zeilen

Kapitel 9 Formulare

In Access 2010 sind nun auch Bedingte Formatierungen im Vergleich mit anderen Datensätzen möglich, was ich hier am Beispiel der maximalen Teilnehmerzahl zeigen möchte. Je mehr Teilnehmer zulässig sind, desto größer soll der zugehörige Balken sein.

9. Wählen Sie dazu im Regelmanager-Dialogfeld wieder das Feld *semTNmax* aus und erstellen eine *Neue Regel*. In deren Dialogfeld klicken Sie aber oben in der Liste auf *Mit anderen Datensätzen vergleichen*. Die übrigen Einstellungen können Sie wie in Abbildung 9.73 belassen und alles mit *OK* bestätigen.

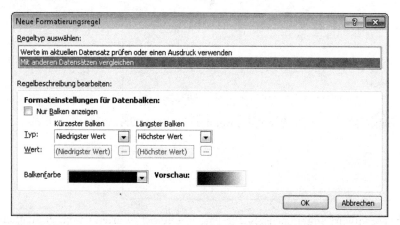

Abbildung 9.73: Die Regel zum Vergleichen mit anderen Datensätzen

Damit wird im Feld *semTNmax* je nach Anzahl der möglichen Teilnehmer ein unterschiedlich langer Balken sichtbar, der die Zahlen optisch anschaulicher darstellt. Wie Sie dabei sehen, können auf ein Feld auch mehrere Regeln gleichzeitig angewendet werden.

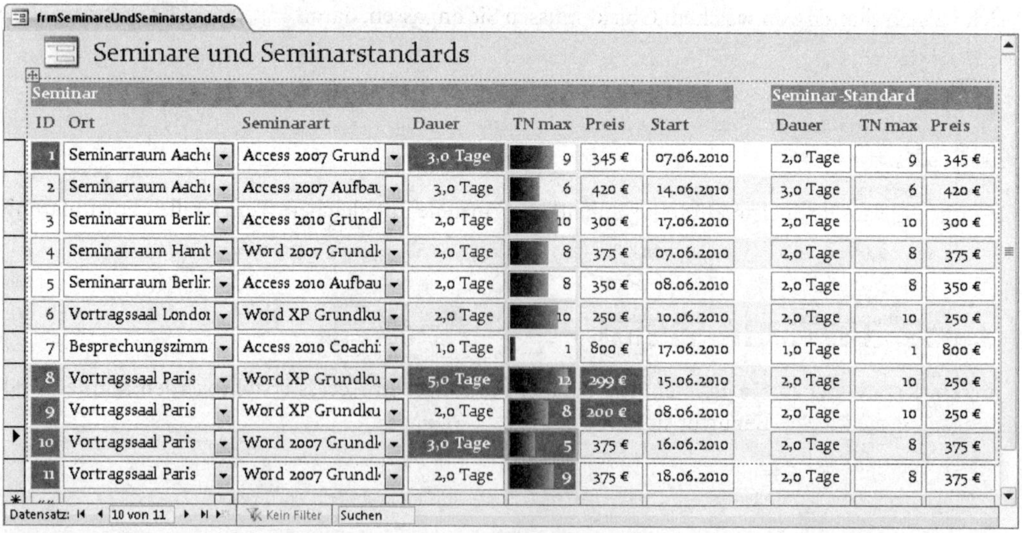

Abbildung 9.74: Die Balken verdeutlichen die mögliche Maximalzahl der Teilnehmer

9.6 Übungen zu diesem Kapitel

In diesem Abschnitt finden Sie einige Übungen zu diesem Kapitel. Die richtigen Antworten finden Sie wie immer auf der Website *www.richtig-einsteigen.de*.

Übung 9.1

Warum ist es riskant, als Hauptformular ein Formular mit der normalen Anzeige von Datensätzen zu nutzen?

Übung 9.2

Welche verschiedenen Möglichkeiten hat ein Benutzer, wenn er in einem Formular einen bestimmten Datensatz sucht?

Übung 9.3

Wie können Sie im Formularentwurf am einfachsten alle Farben und Schriftarten an ein einheitliches Design anpassen?

Übung 9.4

Welche Eigenschaften von welchem Objekt müssen Sie anpassen, damit Haupt- und Unterformular synchronisiert sind?

Übung 9.5

Wie sorgen Sie am flexibelsten für eine einheitliche Fußzeile mit gleichem Text in allen Formularen?

9.7 Zusammenfassung

In diesem Kapitel haben Sie gesehen, wie einfach Formulare in Access erstellt werden können und wie leistungsfähig sie für den Benutzer sind.

- Ein Assistent erstellt, basierend auf einer Tabelle oder Abfrage, Formulare automatisch mit einem attraktiven Standarddesign. Durch Zuweisen eines Designs lässt sich die Optik auch nachträglich leicht austauschen.
- Formulare bieten integrierte Suchfunktionen; vom Suchfeld am unteren Rand bis hin zu formularbasierten Filtern, die ein beliebiges benutzerdefiniertes Formular in den Suchmodus umschalten

Kapitel 9   Formulare

- Geteilte Formulare erlauben die übersichtliche Anzeige bei gleichzeitiger Detailanzeige für einen Datensatz. Dies funktioniert auch bei gefilterten Daten.

- Benutzer erhalten außerdem mit wenig Aufwand eine komfortable Unterstützung durch die integrierte Wertlistenbearbeitung. Dazu ist keine einzige Zeile Programmierung nötig.

- Um eine einheitliche Gestaltung aller Formulare zu erreichen, können Sie eigene Designs definieren. Durch verknüpfte Bilder oder noch besser durch Unterformulare mit Standardinhalten können Sie auch die Position oder Größe von Steuerelementen standardisieren, was mit Design nicht möglich ist.

- Felder können mittels bedingter Formatierung anhand benutzerdefinierter Kriterien farblich hervorgehoben werden

Kapitel 10

Berichte

In diesem Kapitel lernen Sie

- dass auch Berichte automatisch erstellt werden können
- welche erweiterten Fähigkeiten Berichte gegenüber Formularen besitzen
- wie Berichts-Steuerelemente flexibel ihre eigene Höhe ändern
- wie Sie leere Seiten im Ausdruck vermeiden
- wie Berichte gruppiert und sortiert werden
- wie Sie Berichte mehrspaltig ausdrucken
- warum nur Berichte laufende Summen errechnen können
- in welche Formate Berichte exportiert werden können

10.1 Grundlagen

Obwohl Sie in Access auch Formulare ausdrucken können, sind die *richtigen* Objekte dafür Berichte. Sie verfügen gegenüber Formularen über einige spezielle Fähigkeiten, die unter anderem darauf basieren, dass das Ergebnis auf Papier fixiert und damit unveränderlich wird. Ansonsten können Sie alles, was Sie über Formulare gelernt haben, auf Berichte anwenden. Die einzige Einschränkung ist, dass Berichte in der Seitenansicht nicht interaktiv sind. In der Berichtsansicht hingegen verhalten sie sich noch weitgehend wie ein Formular, sogar mit der Möglichkeit zur Datenänderung.

1. Als einfaches Beispiel für einen solchen Bericht können Sie die Tabelle *tblSeminare* markieren und auf der Registerkarte *Erstellen* in der Gruppe *Berichte* auf das Symbol *Bericht* klicken.

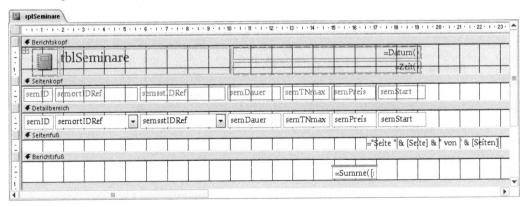

Abbildung 10.1: Ein aus der Tabelle *tblSeminare* automatisch erstellter Bericht

Kapitel 10 Berichte

Da sollten Ihnen nun eigentlich alle Elemente bekannt vorkommen, nur dass der bisherige *Formularkopf* und *-fuß* in diesem Fall *Berichtskopf* und *-fuß* heißt. Der *Berichtskopf* wird genau einmal am Anfang des Berichts und der *Berichtsfuß* einmal ganz am Ende ausgedruckt, die beiden eignen sich also für einen Titel und die Zusammenfassung.

2. Nach einigen Korrekturen an den Überschrifttexten, den Spaltenbreiten und der Eigenschaft *Spaltenbreiten* der Kombinationsfelder (die erste Spaltenbreite auf 0cm ändern) sieht dieser Bericht in der Berichtsansicht in etwa so aus:

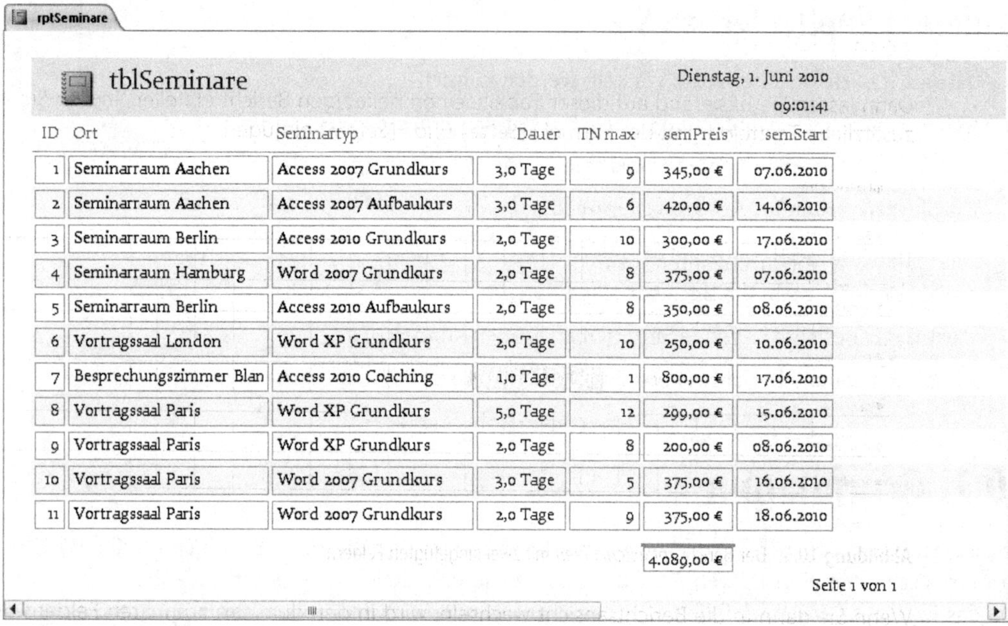

ID	Ort	Seminartyp	Dauer	TN max	semPreis	semStart
1	Seminarraum Aachen	Access 2007 Grundkurs	3,0 Tage	9	345,00 €	07.06.2010
2	Seminarraum Aachen	Access 2007 Aufbaukurs	3,0 Tage	6	420,00 €	14.06.2010
3	Seminarraum Berlin	Access 2010 Grundkurs	2,0 Tage	10	300,00 €	17.06.2010
4	Seminarraum Hamburg	Word 2007 Grundkurs	2,0 Tage	8	375,00 €	07.06.2010
5	Seminarraum Berlin	Access 2010 Aufbaukurs	2,0 Tage	8	350,00 €	08.06.2010
6	Vortragssaal London	Word XP Grundkurs	2,0 Tage	10	250,00 €	10.06.2010
7	Besprechungszimmer Blan	Access 2010 Coaching	1,0 Tage	1	800,00 €	17.06.2010
8	Vortragssaal Paris	Word XP Grundkurs	5,0 Tage	12	299,00 €	15.06.2010
9	Vortragssaal Paris	Word XP Grundkurs	2,0 Tage	8	200,00 €	08.06.2010
10	Vortragssaal Paris	Word 2007 Grundkurs	3,0 Tage	5	375,00 €	16.06.2010
11	Vortragssaal Paris	Word 2007 Grundkurs	2,0 Tage	9	375,00 €	18.06.2010

4.089,00 €

Dienstag, 1. Juni 2010
09:01:41

Seite 1 von 1

Abbildung 10.2: Die Berichtsansicht des Berichts *rptSeminare*

Wie Sie sehen, sind im Berichtsentwurf zwar Kombinationsfelder enthalten, weil sie aus dem Tabellenentwurf übernommen wurden. Der Pfeil zum Ausklappen der jeweiligen Liste wird aber auch auf dem Bildschirm nicht *ausgedruckt*. Kombinationsfelder sind trotzdem sinnvoll, denn damit können Sie bequem Informationen aus Nachschlagefeldern anzeigen.

3. Speichern Sie den Bericht als *rptSeminare* (*rpt* als Präfix für Berichte, engl.: *report*).

Hinweis: Seitenzahlen im Bericht

Wenn Sie darauf achten, wie die Seitenzahlen im Berichtsentwurf in Abbildung 10.3 angegeben werden, sehen Sie, dass sie wie Feldnamen behandelt werden:

="Seite " & [Seite] & " von " & [Seiten]

Abbildung 10.3: Die dynamische Ermittlung der Seitenzahl

10.1 Grundlagen

Das ist bedenklich, denn daraus folgt automatisch, dass ein Feld namens *Seite* im Bericht nicht benutzt werden kann. Sie können das testen, indem Sie eine Tabelle *tblSeitenzahlen* wie in Abbildung 10.4 mit den Feldnamen *Seite*, *Seiten*, *Page* und *Pages* erstellen.

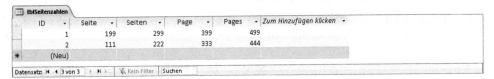

Abbildung 10.4: Die Beispieltabelle *tblSeitenzahlen*

Dann lassen Sie basierend auf dieser Tabelle einen beliebigen Bericht erstellen, in den Sie zwei zusätzliche Textfelder mit der Formel =[Seite] und =[Seiten] einfügen.

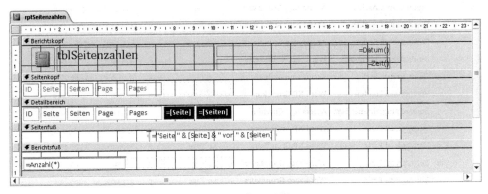

Abbildung 10.5: Der Bericht *rptSeitenzahlen* mit zwei eingefügten Feldern

Wenn Sie dann in die Berichtsansicht wechseln, wird in den dunkel hinterlegten Feldern nicht – wie es eigentlich sein müsste – der Inhalt des Tabellenfeldes *Seite* bzw. *Seiten* angezeigt, sondern die aktuelle Seite und die Gesamtseitenzahl (hier jeweils *1*).

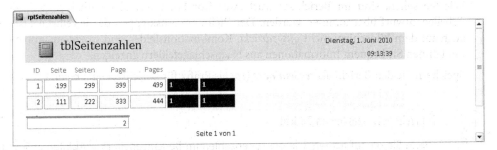

Abbildung 10.6: Die Berichtsansicht von *rptSeitenzahl*

Es kommt sogar noch schlimmer: Die beiden Feldnamen *Page* und *Pages* können Sie noch nicht einmal im Entwurf eingeben, denn Access *übersetzt* sie automatisch ins Deutsche zurück. Glücklicherweise betrifft uns dieses Problem nicht, denn dank unserer Namenskonventionen sind solche Feldnamen ohne Präfix undenkbar!

Kapitel 10 Berichte

Vergrößerbare Steuerelemente

Im letzten Abschnitt haben Sie gesehen, welche Ähnlichkeiten zwischen Formularen und Berichten bestehen. Im Folgenden werden wir uns nun vor allem mit den Unterschieden beschäftigen.

In dem soeben erstellten Beispielbericht müsste z.B. die Spalte mit den Seminarorten sehr breit sein, weil der Eintrag »Besprechungszimmer Blankenese« sehr lang ist. Während in einem Formular – wie auch in Tabellen und Abfragen – alle Zeilen/Datensätze nur gleich hoch dargestellt werden können, gibt es in Berichten die Eigenschaft *Vergrößerbar*. Zwar ist der Detailbereich selbst schon vergrößerbar, aber effektiv sehen können Sie das wie in Abbildung 10.7 erst, wenn auch für das Feld *semortIDRef* die Eigenschaft *Vergrößerbar* auf *Ja* gestellt ist.

ID	Ort	Seminartyp	Dauer	TN max	semPreis	semStart
1	Seminarraum Aachen	Access 2007 Grundkurs	3,0 Tage	9	345,00 €	07.06.2010
2	Seminarraum Aachen	Access 2007 Aufbaukurs	3,0 Tage	6	420,00 €	14.06.2010
3	Seminarraum Berlin	Access 2010 Grundkurs	2,0 Tage	10	300,00 €	17.06.2010
4	Seminarraum Hamburg	Word 2007 Grundkurs	2,0 Tage	8	375,00 €	07.06.2010
5	Seminarraum Berlin	Access 2010 Aufbaukurs	2,0 Tage	8	350,00 €	08.06.2010
6	Vortragssaal London	Word XP Grundkurs	2,0 Tage	10	250,00 €	10.06.2010
7	Besprechungszimmer Blankenese	Access 2010 Coaching	1,0 Tage	1	800,00 €	17.06.2010
8	Vortragssaal Paris	Word XP Grundkurs	5,0 Tage	12	700,00 €	15.06.2010

Abbildung 10.7: In dieser Version des Berichts ist das Feld *semortIDRef* vergrößerbar

Datenfelder mit langem Text haben dann entsprechend der vorgegebenen Spaltenbreite einen automatischen Zeilenumbruch und werden nicht mehr wie bisher einfach abgeschnitten.

Verkleinerbare Steuerelemente

Die Eigenschaft *Verkleinerbar* hingegen ist praktisch, wenn Sie Haupt- und Unterberichte erzeugen. Mit ihr können Sie vermeiden, dass leere Unterberichte unnötig Platz verbrauchen. Um diesen Effekt an einem Beispiel nachzuvollziehen, können Sie einen Bericht vorbereiten, der die Seminarräume gemeinsam mit den darin stattfindenden Seminaren anzeigt.

1. Beginnen Sie mit einem Bericht, den Sie basierend auf der Tabelle *tblOrte* automatisch erstellen lassen. Dieser sieht (nach einigen obligatorischen Korrekturen von Schriftgrößen und Textbreiten) so aus wie in Abbildung 10.8 und wird als *rptOrte (Haupt)* gespeichert.

10.1 Grundlagen

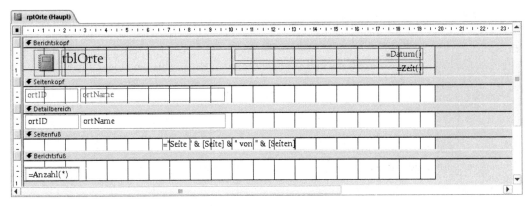

Abbildung 10.8: Der erste Entwurf des Hauptberichts *rptOrte (Haupt)*

2. Schließen Sie diesen Entwurf und kopieren Sie den vorherigen Bericht *rptSeminare* unter dem neuen Namen *rptOrte (Unter: Seminare)*.
3. In dessen Entwurfsansicht soll nun alles wegfallen, was nicht im Detailbereich steht. Dazu wählen Sie nach einem Rechtsklick auf den Berichtskopf den Menüeintrag *Berichtskopf/-fuß*. Nach einer Rückfrage werden diese Bereiche und die darin enthaltenen Steuerelemente gelöscht.
4. Entsprechend können Sie auch den Seitenkopf und -fuß entfernen. Jetzt ist nur noch der Detailbereich mit den Datenfeldern übrig und der Bericht sieht aus wie in Abbildung 10.9.

Abbildung 10.9: Der Entwurf des Unterberichts *rptOrte (Unter: Seminare)*

Eigentlich könnten Sie jetzt alle Steuerelemente gemeinsam markieren und deren Eigenschaft *Verkleinerbar* auf *Ja* stellen. Hier vergisst Access aber offenbar bei einer Mehrfachauswahl, dass beide Steuerelementtypen diese Eigenschaft kennen und blendet sie fälschlicherweise aus.

5. Sie müssen also entweder jedes Steuerelement einzeln ändern oder die Text- und Kombinationsfelder getrennt markieren, um die Eigenschaft *Verkleinerbar* auf *Ja* stellen zu können. Prüfen Sie bitte, dass diese Eigenschaft für den Detailbereich auch eingestellt ist, sonst funktioniert es nicht.
6. Dann schließen Sie den Unterbericht und ziehen seinen Namen aus dem Navigationsbereich in die Entwurfsansicht des Hauptberichts wie in Abbildung 10.10. Dabei sollten Sie darauf achten, dass möglichst keine Leeräume ober- oder unterhalb des Berichts vorhanden sind, denn diese bleiben trotz verkleinertem Unterbericht immer bestehen. Auch hier müssen Sie für das Unterbericht-Objekt die Eigenschaft *Verkleinerbar* auf *Ja* stellen, da sonst eine weiße Fläche stehen bleibt.

Wegen der Übersichtlichkeit entferne ich auch alle abweichenden Eigenschaften *Alternative Hintergrundfarbe* sowie die Rahmen und hinterlege die Felder *ortID* und *ortName* mit einer grauen Schattierung. Aus Platzgründen können auch die Schriften im Unterbericht verkleinert werden.

Kapitel 10 Berichte

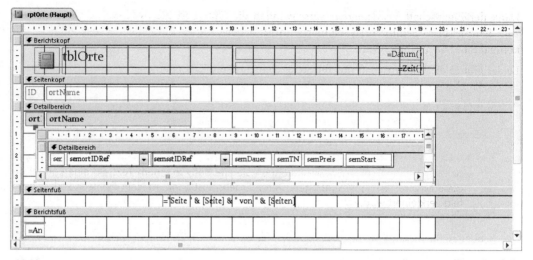

Abbildung 10.10: Der Unterbericht *rptOrte (Unter: Seminare)* ist in den Bericht *rptOrt (Haupt)* eingefügt

7. Da der Unterbericht standardmäßig einen schwarzen Rahmen besitzt, sollte dieser unsichtbar gemacht werden, denn andernfalls ist auch bei einem verkleinerten Unterbericht immer eine Linie zu sehen. Einen Rahmen entfernen Sie, indem Sie auf der Registerkarte *Entwurf* in der Gruppe *Steuerelemente* in der Palette *Linienfarbe* oder *Linienart* die Einstellung *Transparent* auswählen.

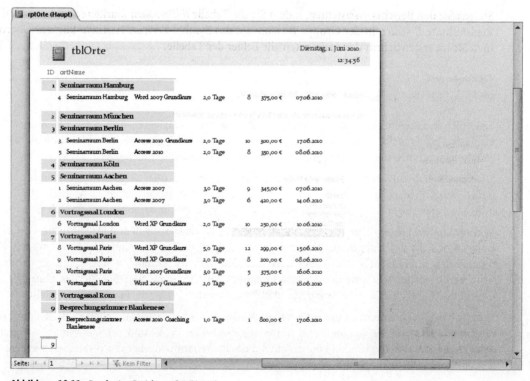

Abbildung 10.11: Der fertige Bericht *rptOrt (Haupt)*

Dank der Eigenschaft *Verkleinerbar* verschwinden die Unterberichte, sobald ihre Steuerelemente wie zum Beispiel beim Seminarort »Seminarraum München« keinen Textinhalt haben, sodass der Bericht kompakt und übersichtlich wird.

Leider gibt es diese Eigenschaft nur für Steuerelemente mit Textinhalt, aber nicht für Kontrollkästchen. Wenn Sie also die Personen und ihre Qualifikationen anzeigen lassen wollen, würde das Unterformular wegen der dort sichtbaren Kontrollkästchen nie verkleinert werden.

Tipp: So werden Ja/Nein-Felder doch verkleinerbar

Anstatt ein *Ja/Nein*-Feld in einem Kontrollkästchen-Steuerelement anzuzeigen, das in Access prinzipiell nicht verkleinerbar ist, können Sie alternativ in einem Textfeld eine Formel der Art `=Wenn(quaWord;"Word";"")` eintragen. Deren Ergebnis ist dann im Nein-Fall leer, sodass das Textfeld verkleinert wird.

10.2 Gruppieren

Eine wesentliche Fähigkeit von Berichten ist das Gruppieren, also das Zusammenfassen der Daten nach einem vorgegebenen Datenfeld. Dabei können die Inhalte – anders als bei Haupt- und Unterberichten – auch aus der gleichen Tabelle kommen. So lassen sich etwa alle Personen zusammenfassen, die die gleiche Adresse besitzen.

1. Starten Sie den Berichts-Assistenten, indem Sie die Tabelle *tblPersonen* markieren und dann auf der Registerkarte *Erstellen* in der Gruppe *Berichte* auf das Symbol *Berichts-Assistent* klicken. Übernehmen Sie im ersten Schritt des Assistenten alle Felder der Tabelle.

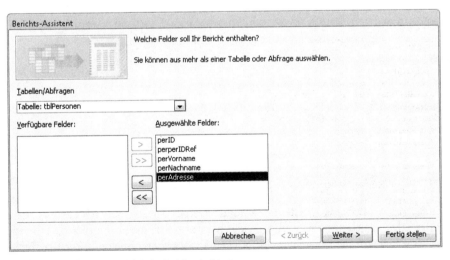

Abbildung 10.12: Der erste Schritt im Berichts-Assistenten

2. Im zweiten Schritt müssen Sie wie in Abbildung 10.13 das Feld *perAdresse* markieren und es mit der Schaltfläche > ausdrücklich als Gruppierungsebene hinzufügen.

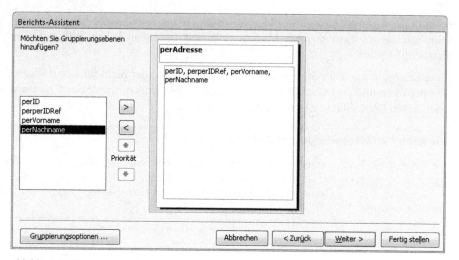

Abbildung 10.13: Der zweite Schritt im Berichts-Assistenten mit hinzugefügter Gruppierungsebene

3. Die im dritten Schritt anzugebende Sortierreihenfolge betrifft nur noch die Datensätze innerhalb der Gruppierung, hier also alle Personen unter einer gemeinsamen Adresse. Diese könnten beispielsweise wie in Abbildung 10.14 nach dem Feld *perNachname* sortiert werden.

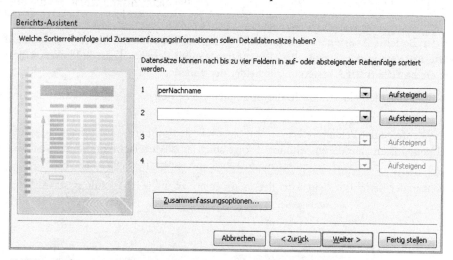

Abbildung 10.14: Der dritte Schritt im Berichts-Assistenten mit Sortierung der Detaildatensätze

4. Im nächsten Schritt des Berichts-Assistenten wählen Sie eines der angebotenen Layouts aus wie in Abbildung 10.15. Da es sich um sehr wenige Felder handelt, sollte die hochformatige Orientierung noch ausreichend Platz für die Darstellung bieten. Das Layout kann ohnehin in der Berichtslayout-Ansicht noch nachträglich geändert werden.

10.2 Gruppieren

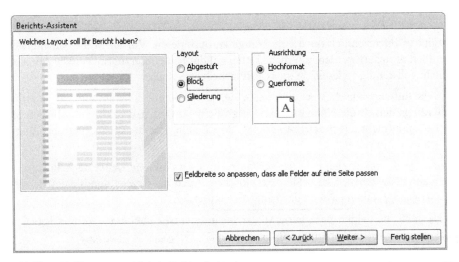

Abbildung 10.15: Der vierte Schritt im Berichts-Assistenten

5. Im letzten Schritt schließlich geben Sie den Namen an, unter dem der Bericht gespeichert werden soll. Entsprechend den in diesem Buch vereinbarten Namenskonventionen lautet er *rptPersonen*.

6. Der Name, unter dem der Bericht gespeichert wird, ist unnötigerweise auch identisch mit dem Titel, der im Berichtskopf angezeigt wird, aber das lässt sich ja manuell ändern. Damit ist dieser Bericht vorläufig fertig gestellt.

Reihenfolge der Felder ändern

Da der Berichts-Assistent die Felder nicht in der optimalen Reihenfolge anordnet, können Sie diese in der Entwurfsansicht direkt korrigieren (und das Feld *perVorgesetzter* löschen).

Sie können die Reihenfolge der Felder ändern, indem Sie am besten immer Bezeichnungsfeld und zugehöriges Textfeld gemeinsam markieren. Endlich erfolgt solch eine Mehrfachmarkierung auch bei gedrückter Strg-Taste (und nicht der Umschalttaste, wie es bisher notwendig war).

Das Formular sieht in der Berichtsansicht anschließend in etwa so aus wie in Abbildung 10.16.

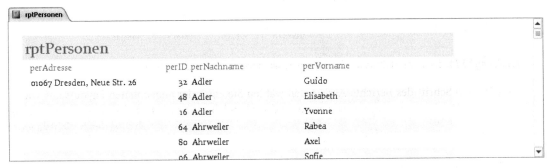

Abbildung 10.16: Der schon neu geordnete Bericht *rptPersonen*

Kapitel 10 Berichte

Weitere Verbesserungen

In dem Bericht gibt es offensichtlich noch eine Menge zu optimieren. Vor allem die Schriftgröße der Namen kann deutlich reduziert werden, um mehr Daten auf der Seite unterzubringen. Die Adresse hingegen ist noch nicht vollständig zu lesen, sie muss also mehr Platz erhalten.

1. Wenn Sie in die Entwurfsansicht wechseln, sehen Sie, dass es bereits einen *perAdresse – Kopfbereich* gibt, der allerdings derzeit die Höhe 0 cm hat. Vergrößern Sie diesen Bereich und schieben Sie das Textfeld *perAdresse* (nicht das Bezeichnungsfeld!) dort hinein. Zur besseren Unterscheidung ist es hier zusätzlich grau hinterlegt.

2. Dann können Sie die Steuerelemente *perNachname* und *perVorname* weiter nach links schieben und ihnen mehr Platz geben, indem Sie *perID* löschen. Auch die Bezeichnungsfelder im schwarz hinterlegen *Seitenkopf* sollten passend dazu angeordnet werden.

3. Nachdem Sie auch die beiden *perAdresse*-Steuerelemente entsprechend angeordnet haben, sollte der Entwurf aussehen wie in Abbildung 10.17.

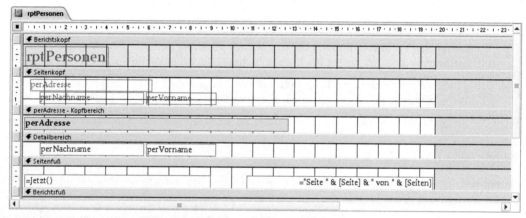

Abbildung 10.17: Der überarbeitete Bericht *rptPersonen* in der Entwurfsansicht

Jetzt wirkt der Bericht schon weitaus übersichtlicher, wie Abbildung 10.18 zeigt.

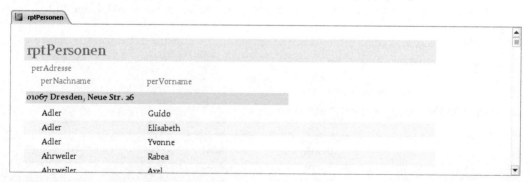

Abbildung 10.18: Die Berichtsansicht von *rptPersonen*

10.2 Gruppieren

Hinweis: Die Ausgabe der Gesamtseitenzahl verlangsamt das Anzeigen des Berichts

Sobald Sie in einem Bericht die Gesamtseitenzahl mit der Angabe =[Seiten] aufgenommen haben (der Assistent fügt sie automatisch ein!), muss Access bei der Darstellung eines Ergebnisses alle Seiten formatieren, denn sonst ließe sich die Gesamtseitenzahl nicht angeben.

Bei langen Berichten wie *rptPersonen* mit rund 10.000 Datensätzen kann dies schon sehr lästig sein, wenn Sie eigentlich nur die erste Seite benötigen, um das Layout zu prüfen. Sie können die Berichtserstellung dann mit Strg+Pause unterbrechen oder Sie ändern einfach vorübergehend den Eintrag [Seiten] in [Seite].

Die Berichtsansicht eignet sich zwar gut, um einen Bericht übersichtlich auf dem Bildschirm anzuzeigen, aber sie ist leider nicht vollständig. Sie ignoriert nämlich die Papiergröße. Wechseln Sie bitte einmal zur Seitenansicht, also der Simulation des Ausdrucks. Sie erhalten dann möglicherweise diese Fehlermeldung (sonst vergrößern Sie testweise die Bereichsbreite):

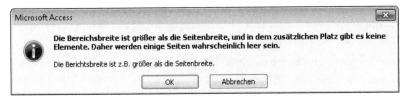

Abbildung 10.19: Fehlermeldung für zu breite Berichte

Wenn Sie die Meldung bestätigen und dann auf der Registerkarte *Seitenansicht* in der Gruppe *Zoom* auf das Symbol *Zwei Seiten* klicken, sehen Sie, dass tatsächlich auf jeder zweiten Seite leere Bereiche ausgedruckt werden.

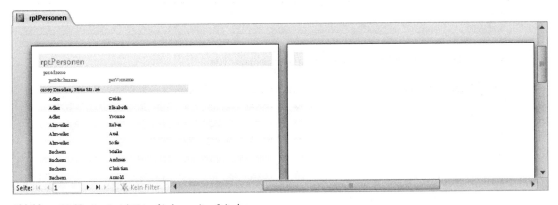

Abbildung 10.20: Der Bericht ist auf jeder zweiten Seite leer

Der Grund für die leeren Seiten ist in diesem Fall nur deshalb so gut zu erkennen, weil zufällig die Hintergrundfarbe einiger Bereiche nicht weiß ist. Wenn dort tatsächlich nichts Sichtbares ausgedruckt würde, wäre es kaum zu verstehen, warum jede zweite Seite leer bleibt. Daher warnt Access mit dieser Meldung.

Was müssen Sie nun tun? Schauen Sie bitte einmal in der Registerkarte *Seitenansicht* in der Gruppe *Seitenlayout* im Dialogfeld *Seite einrichten* nach. Dort können Sie die aktuellen Einstellungen für die Ränder zwischen dem eigentlichen Ausdruck und der Papierkante ablesen. Der Standardwert steht dort auf 6,35 mm für den Seitenrand.

> **Tipp: Standardwerte für Druckerränder**
>
> In den Access-Optionen können Sie in der Kategorie *Erweitert* unter der Überschrift *Drucken* die Standardwerte für die Ränder bei neuen Berichten vorgeben.

Jetzt müssen Sie ein bisschen rechnen: Eine DIN-A4-Seite ist 21 cm breit, davon werden links und rechts je 6,35 mm abgezogen, verbleiben also 19,73 cm. Prüfen Sie nun bitte, wie viel Platz Ihr Berichtsentwurf tatsächlich benutzt!

In der Entwurfsansicht können Sie am Lineal ablesen, dass die Bereiche breiter sind. Daher ist es keine Überraschung, dass die Bereiche nicht auf eine Seite passen. Sie können den rechten Rand mit der Maus beliebig weit nach links ziehen, die Bereichsgrenze schiebt keine Steuerelemente vor sich her. Wenn der Bereich schmaler als 19,73 cm ist, ist alles in Ordnung.

Sie können den gleichen Fehler jedoch auch erzeugen, ohne dass eine Meldung erfolgt. Das passiert, wenn im überschüssigen Bereich Steuerelemente angeordnet sind, auch wenn diese keinen Inhalt zeigen (was Access im Entwurf ja noch nicht *wissen* kann).

1. Um diesen Effekt zu zeigen, schieben Sie im Seitenfuß das rechte Textfeld mit den Seitenzahlen nach rechts.
2. Dann legen Sie für das Feld auf der Registerkarte *Format* in der Gruppe *Schriftart* eine linksbündige Ausrichtung fest.

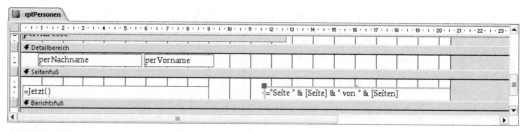

Abbildung 10.21: Das Textfeld für die Ausgabe der Seitenzahlen ist zu weit rechts angeordnet

In Abbildung 10.21 sehen Sie, dass die Bereiche nun 21 cm breit sind. Die Seitenansicht zeigt auch tatsächlich jede zweite Seite ohne Daten an, jedoch ohne dass vorher eine Warnung erscheint. Access geht davon aus, dass das Steuerelement mit Absicht so weit rechts angeordnet ist und kann zu diesem Zeitpunkt nicht erkennen, dass dort nie ein Inhalt stehen wird.

3. Denken Sie bitte daran, das Textfeld wieder nach links zu schieben und die Bereichsbreiten auf maximal 19,73 cm (oder eher etwas weniger wegen eventueller Rundungsfehler) zu reduzieren.

Mehrfach gruppieren

Wenn Sie noch einmal einen Blick auf die Abbildung 10.18 auf Seite 272 werfen, zeigt die Berichtsansicht mehrere gleiche Nachnamen unter derselben Adresse an. Das ist zwar in diesem Fall durch die Erzeugung der Beispieldaten aus einem Kreuzprodukt bedingt. Das könnte aber auch *im richtigen Leben* passieren, wenn zum Beispiel mehrere Familienmitglieder gespeichert sind.

Hier bietet sich eine Mehrfachgruppierung an, sodass sowohl nach Adressen als auch innerhalb einer Adressengruppe nach Nachnamen gruppiert wird.

1. Dazu müssen Sie in der Entwurfsansicht auf der Registerkarte *Entwurf* in der Gruppe *Gruppierung und Summen* auf das Symbol *Gruppieren und sortieren* klicken. Dadurch erscheint unterhalb des Berichtsentwurfs ein Gruppierungsbereich.

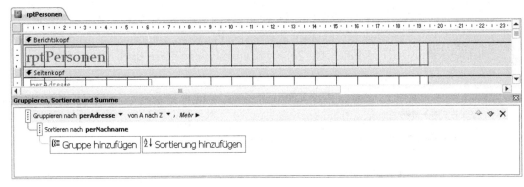

Abbildung 10.22: Der Gruppierungsbereich unter dem Berichtsentwurf

2. Durch einen Klick auf die Schaltfläche *Gruppe hinzufügen* und Auswahl des Feldes *perNachname* wird dieses als neue Gruppe eingefügt.

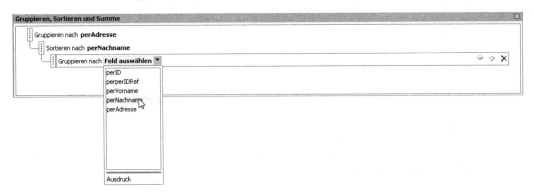

Abbildung 10.23: Ein neues Feld im Gruppierungsbereich hinzufügen

3. Da sich die neue Gruppe für *perNachname* noch an der falschen Position befindet, können Sie die GruppierenNach-Zeile mit gedrückter Maustaste am linken Rand fassen und an die richtige Position zwischen die Zeilen *Gruppieren nach perAdresse* und *Sortieren nach perNachname* schieben.

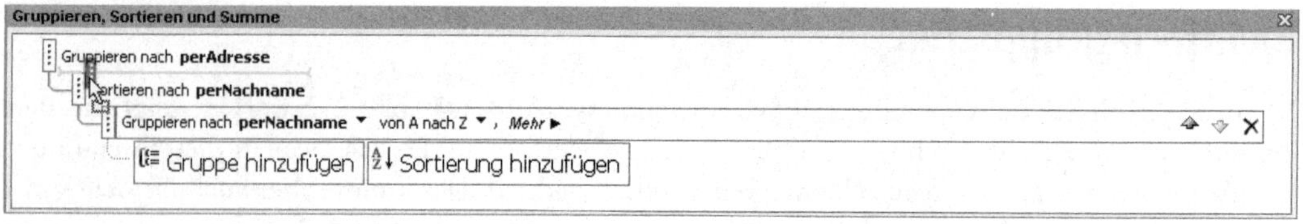

Kapitel 10 Berichte

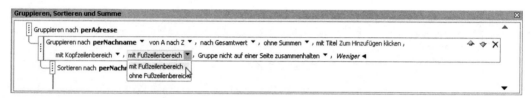

Abbildung 10.24: Das Feld im Gruppierungsbereich an die richtige Position schieben

4. Da eine Gruppe auch automatisch eine Sortierung enthält, können Sie die überflüssige Zeile *Sortieren nach perNachname* durch Anklicken des *X* am rechten Rand löschen. In diesem Fall hätten Sie übrigens auf das vorherige Verschieben verzichten und die Zeile direkt löschen können, da die neue Gruppe auch dann an der richtigen Position gewesen wäre.

5. Im Berichtsentwurf wird nun der neue Bereich *perNachname – Kopfbereich* angezeigt. Um den zugehörigen Fußbereich anzuzeigen, müssen Sie in der Gruppenzeile noch auf *Mehr* klicken.

6. In Abbildung 10.25 sehen Sie die dann angezeigten Optionen, bei denen Sie den Eintrag *mit Fußzeilenbereich* auswählen können. Die Zeile wird anschließend durch einen Klick auf *Weniger* wieder reduziert.

Abbildung 10.25: Den Fußzeilenbereich für eine Gruppe anzeigen

7. Um den Nachnamen nicht mehrfach anzuzeigen, schieben Sie bitte das Feld *perNachname* in den neu entstandenen *perNachname-Kopfbereich*. Der Bereich *perNachname-Fußbereich* wird in diesem Bericht nicht benötigt, daher können Sie seine Höhe wie in Abbildung 10.26 auf 0 cm reduzieren.

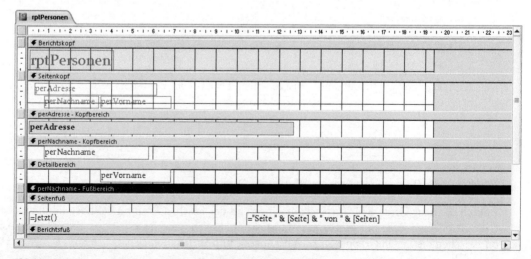

Abbildung 10.26: Der Berichtsentwurf für *rptPersonen* mit mehreren Gruppen

In der Berichtsansicht können Sie nun überprüfen, dass mehrfach vorkommende Nachnamen nicht in jeder Zeile wiederholt, sondern sozusagen *familienweise* als Gruppe zusammengefasst werden.

8. Da aber die zeilenweise wechselnde, alternative Hintergrundfarbe mit jeder Gruppe immer wieder neu beginnt, ist das bei so wenigen Gruppendatenzeilen wenig sinnvoll. Daher würde ich für so kurze Gruppen im Detailbereich die Eigenschaft *Alternative Hintergrundfarbe* auf die normale Hintergrundfarbe einstellen. Dafür kann der jeweilige Nachname ein wenig hervorgehoben werden, indem Sie dessen *perNachname-Kopfbereich* auf ein helles Grau ändern.

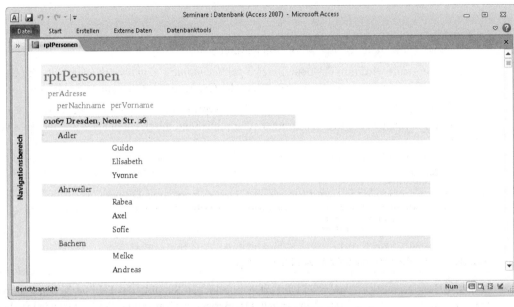

Abbildung 10.27: Die verbesserte Berichtsansicht für *rptPersonen* mit hervorgehobenen Nachnamen

Mehrspaltige Berichte

Angesichts der Tatsache, dass hier keine weiteren Informationen wie Alter, Telefonnummer oder ähnliches zu den Personen gespeichert sind, müssen solche Listen nicht besonders breit sein. Die Namensliste könnte sehr gut auch mehrspaltig ausgedruckt werden.

Ein mehrspaltiger Bericht erfordert an zwei Stellen eine Änderung:

- Der Detailbereich muss ausreichend schmal gestaltet werden
- Die entsprechende Spaltenanzahl wird bei *Seite einrichten* angegeben

Da hier für eine knapp über 6 cm breite Information rund 19,5 cm Platz vergeudet wird, wären stattdessen drei Spalten mit einem schmalen Zwischenraum möglich.

1. Klicken Sie bitte auf der Registerkarte *Seite einrichten* auf das gleichnamige Symbol, um das Dialogfeld aus Abbildung 10.28 anzuzeigen.

Kapitel 10   Berichte

Abbildung 10.28: Das Dialogfeld *Seite einrichten*

2. Dort geben Sie auf der Registerkarte *Spalten* im Textfeld *Spaltenanzahl* ein **3** ein und im Feld *Breite* den Wert **6,25 cm**. In der Gruppe Spaltenlayout wählen Sie die Option *Nach unten, dann quer*.

3. Dazu passend müssen Sie im *Detailbereich* und in allen Kopf- und Fußbereichen alle Felder so zusammenschieben, dass kein Feld mehr über die eben angegebenen *6,25 cm* hinausragt.

Achtung: Ein mehrspaltiger Bericht wird nur noch in der Seitenansicht wie in Abbildung 10.29 korrekt angezeigt, jedoch nicht mehr in der einfachen Berichtsansicht!

Spätestens jetzt fällt aber auf, dass es Gruppen gibt, bei denen der Nachname und die zugehörigen Vornamen getrennt wurden. Das ist nicht besonders lesefreundlich. Die Lösung ist nun ausdrücklich nicht, dass Sie den Seitenumbruch vorgeben, sondern dass Sie im Gegenteil angeben, wo der Seitenumbruch gerade nicht stattfinden soll.

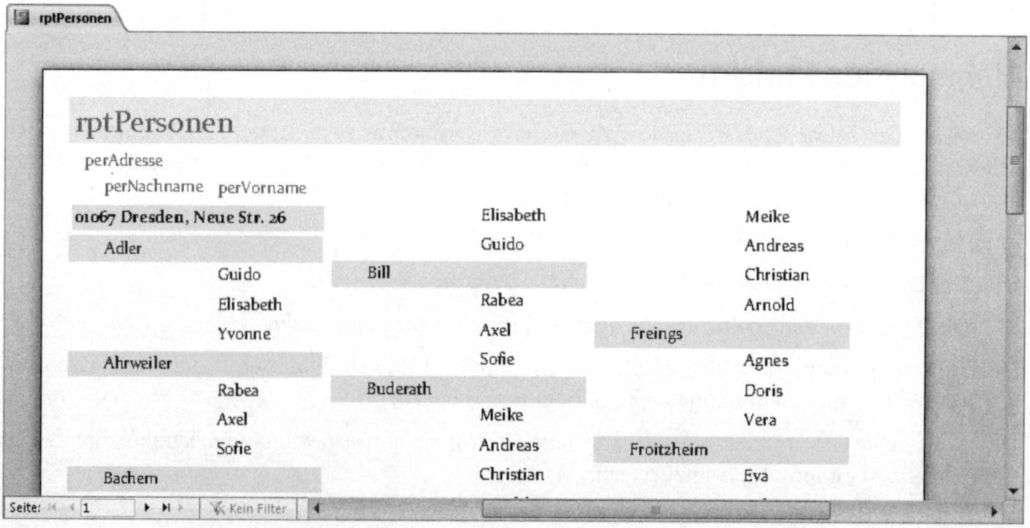

Abbildung 10.29: Der mehrspaltige Bericht *rptPersonen*

10.2 Gruppieren

4. Wechseln Sie dazu wieder in die Entwurfsansicht des Berichts und klicken Sie auf der Registerkarte *Entwurf* in der Gruppe *Gruppierung und Summen* auf das Symbol *Gruppieren und sortieren*. Jetzt erscheint wieder das geteilte Fenster am unteren Rand.

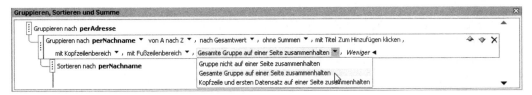

Abbildung 10.30: Im Gruppieren-Fenster können Sie die gesamte Gruppe zusammenhalten lassen

5. Klicken Sie in der Gruppenzeile *perNachname* auf *Mehr* und wählen Sie dort wie in Abbildung 10.30 die Optionen *Gesamte Gruppe auf einer Seite zusammenhalten*. Damit ist der Zusammenhalt innerhalb einer Spalte ebenso wie innerhalb einer tatsächlichen Seite gemeint.

Wenn eine Gruppe für sich alleine nicht schon länger als eine ganze Spalte ist, wird sie nun entweder vollständig an die aktuelle Spalte angefügt oder an den Anfang der nächsten Spalte gedruckt. Sie können das (wiederum nur in der Seitenansicht) am Beispiel der *Familie Betzgen* sehen.

Während oben in der Abbildung 10.29 noch der Nachname und die Vornamen getrennt waren, stehen diese nun in Abbildung 10.31 gemeinsam am Beginn der neuen Spalte. Dieses Zusammenhalten von Gruppen mit ihrem Gruppenkopf ist keineswegs auf die Mehrspaltigkeit beschränkt, sondern auch in einspaltigen Berichten sinnvoll anwendbar.

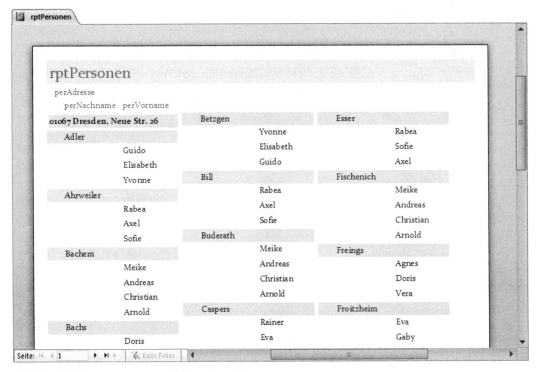

Abbildung 10.31: Die nun zusammengehaltene Gruppe *Betzgen*

Kapitel 10   Berichte

Etiketten-Assistent

Diese mehrspaltige Technik wird auch vom Etiketten-Assistenten angewandt, der Ihnen vor allem die Mühe des Rechnens abnimmt.

1. Markieren Sie eine geeignete Datenquelle wie etwa die Tabelle *tblPersonen* und klicken Sie auf der Registerkarte *Erstellen* in der Gruppe *Berichte* auf das Symbol *Etiketten*.
2. Wählen Sie im ersten Schritt des Etiketten-Assistenten eine geeignete Etikettengröße. Dabei ist die Anzeige im Listenfeld abhängig von der Auswahl im Kombinationsfeld *Nach Hersteller filtern*.

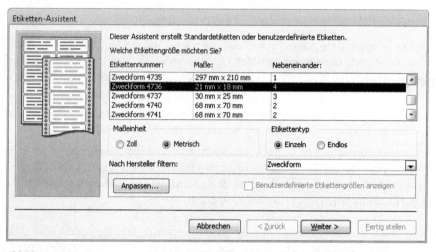

Abbildung 10.32: Der erste Schritt des Etiketten-Assistenten mit Auswahl vorgegebener Etiketten

3. Im zweiten Schritt geben Sie die Formateinstellungen für den Text vor. Nachdem der Assistent beendet ist, können Sie diese allerdings immer noch manuell für jedes Textfeld ändern.

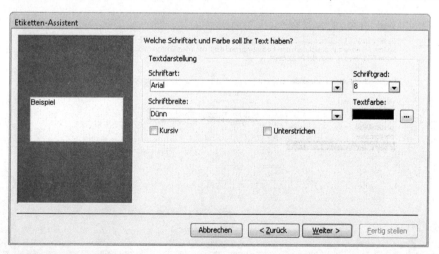

Abbildung 10.33: Der zweite Schritt des Etiketten-Assistenten zur Einstellung der Formate

10.2 Gruppieren

4. Sie sehen im dritten Schritt des Etiketten-Assistenten alle in der Datenquelle enthaltenen Felder, sowie ein Feld für den Etikettenentwurf. Wenn Sie in der Liste *Verfügbare Felder* auf einen Feldnamen doppelklicken, wird er im Etikettenentwurf an der Cursorposition eingefügt.
5. Sie können im Entwurfsfeld auch Tastatureingaben wie Text oder einen Zeilenumbruch mit der Eingabetaste eingeben.

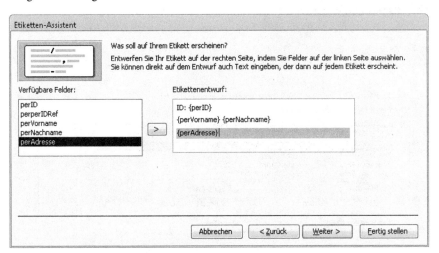

Abbildung 10.34: Der fertige Entwurf des Etiketts

Die Feldnamen werden im Feld *Etikettenentwurf* – etwas ungewöhnlich für Access – anstelle von eckigen, von geschweiften Klammern eingefasst. Eine differenzierte Formatierung einzelner Felder ist nur in der späteren Berichtsentwurfsansicht möglich.

6. Geben Sie im vierten Schritt des Assistenten die gewünschte Sortierreihenfolge vor. Auch diese Einstellung lässt sich bei Bedarf im Berichtsentwurf noch nachträglich ändern.

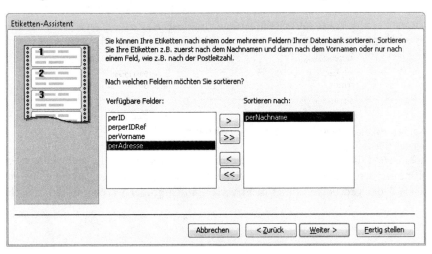

Abbildung 10.35: Der vierte Schritt des Etiketten-Assistenten mit der Sortierung

7. Im letzten Schritt geben Sie wie gewohnt den Namen an, unter dem der Etikettenentwurf gespeichert werden soll. Da es sich um einen Bericht handelt, beginnt der Name *rptPersonenEtiketten* mit dem Präfix *rpt* für *report* (engl. für Bericht).

In Abbildung 10.36 sehen Sie die Seitenansicht des Berichts direkt nach seiner Fertigstellung durch den Assistenten. Die vorgegebenen Maße der hier ausgewählten Zweckform-Etiketten und die zugehörige Spaltenanzahl sind bereits passend eingestellt.

Abbildung 10.36: Die mit dem Assistenten erstellten Etiketten in der Seitenansicht

In der zugehörigen Berichtsentwurfsansicht sehen Sie, dass im Detailbereich drei Felder eingesetzt wurden, die Sie jeweils nur als Ganzes formatieren können. Der Vor- und Nachname sind mit der Funktion *Glätten()* kombiniert, die Leerzeichen am Anfang und am Ende entfernt, damit bei einem fehlenden Vornamen kein führendes Leerzeichen stehen bleibt.

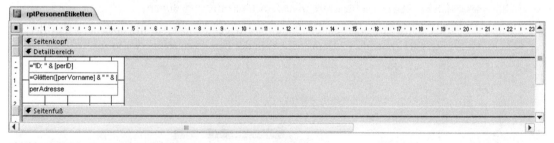

Abbildung 10.37: Die Berichtsentwurfsansicht des Berichts *tblPersonenEtiketten*

Für das Feld *perAdresse* steht die Eigenschaft *Vergrößerbar* schon auf *Ja*, damit die mehrzeiligen Adressen nicht abgeschnitten werden. Da für den Detailbereich selbst jedoch die Eigenschaft *Vergrößerbar* auf *Nein* eingestellt ist, kann das gedruckte Etikett nicht versehentlich größer werden als das tatsächliche Papieretikett.

Laufende Summe

Berichte können – anders als Abfragen oder Formulare – Bezug nehmen auf jeweils vorangegangene Daten, denn diese sind ja, sobald sie auf dem Papier gedruckt sind, unveränderlich. Daher lassen sich auch fortlaufende Summen anzeigen, wie sie beispielsweise auf Kontoauszügen hinter jeder Kontobewegung als aktueller Kontostand angezeigt sind.

Da die *Seminare.accdb*-Datenbank keine geeigneten Daten dafür enthält, verwenden Sie bitte für das folgende Beispiel die Datenbank *Verkauf.accdb*.

1. Wie in Abbildung 10.38 soll basierend auf der Abfrage *qryALLEVERKAEUFEDRIN* ein tabellarischer Bericht mit den Feldern *vrkDatum*, *vrkMenge*, *artName* und *GesamtPreis* erstellt werden.

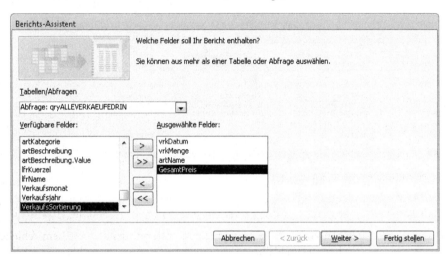

Abbildung 10.38: Der erste Schritt im Berichts-Assistenten zur Erstellung des Berichts *rptVerkaeufe*

2. In den folgenden Schritten lassen Sie *vrkDatum* aufsteigend sortieren und speichern den Bericht unter dem Namen *rptVerkaeufe* ab. Dann sieht er in der Berichtsansicht etwa so aus:

vrkDatum	vrkMenge	artName	GesamtPreis
12.03.2007	175	Mäusespeck	210,00 €
12.03.2008	250	Lakritz-Schnecken	270,00 €
01.08.2008	100	Dominosteine	65,00 €
12.11.2009	150	Lakritz-Schnecken	162,00 €
04.12.2009	400	Saure Fruchtgummis	568,00 €
18.12.2009	2000	Printen	7.880,00 €
19.12.2009	100	Printen	394,00 €

Abbildung 10.39: Die Seitenansicht des Berichts *rptVerkaeufe*

Kapitel 10 Berichte

3. Damit der Bericht zuerst ein wenig Platz gewinnt, können Sie die Spaltenbreiten so korrigieren, dass der *GesamtPreis* weiter links angeordnet wird.

4. Neben dem Gesamtpreis soll nun die jeweilige Gesamtsumme der Einnahmen angezeigt werden. Dazu benötigen Sie das Feld *GesamtPreis* ein zweites Mal. Sie können es zusammen mit seinem Bezeichnungsfeld kopieren und wieder einfügen. Nach der Korrektur der Überschrift in »GesamtSumme« sollte der Bericht aussehen wie in Abbildung 10.40.

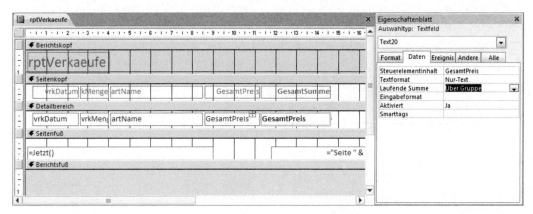

Abbildung 10.40: Die Berichtsentwurfsansicht des Berichts *rptVerkaeufe* mit dupliziertem *GesamtPreis*

5. Bis jetzt würden Sie im Ergebnis nur zweimal den gleichen Preis sehen, denn beide Versionen des Feldes *GesamtPreis* zeigen identische Werte an. Stellen Sie daher für das zweite *GesamtPreis*-Feld die Eigenschaft *Laufende Summe* auf den Wert *Über Gruppe* (wie es in Abbildung 10.40 schon zu sehen ist).

Abbildung 10.41 zeigt die Berichtsansicht mit der fortlaufenden Summe im rechten *GesamtPreis*-Feld. Die Summierung bisheriger Zeilen benötigt also keine Funktion oder Berechnung, sondern lediglich die Änderung einer Eigenschaft.

rptVerkaeufe

vrkDatum	kMenge	artName	GesamtPreis	GesamtSumme
12.03.2007	175	Mäusespeck	210,00 €	**210,00 €**
12.03.2008	250	Lakritz-Schnecken	270,00 €	**480,00 €**
01.08.2008	100	Dominosteine	65,00 €	**545,00 €**
12.11.2009	150	Lakritz-Schnecken	162,00 €	**707,00 €**
04.12.2009	400	Saure Fruchtgummis	568,00 €	**1.275,00 €**
18.12.2009	2000	Printen	7.880,00 €	**9.155,00 €**
19.12.2009	100	Printen	394,00 €	**9.549,00 €**

Abbildung 10.41: Die Berichtsansicht des Berichts *rptVerkaeufe* mit fortlaufender Summe

10.2 Gruppieren

Teilsummen berechnen

Die Einstellung *Über Gruppe* weist auch schon darauf hin, wie mächtig diese Eigenschaft ist: Sie können zum Beispiel auch Teilsummen bilden, sobald Gruppierungen im Bericht enthalten sind. Hier wäre es etwa sinnvoll, die laufende Summe für jedes Jahr neu beginnen zu lassen.

1. Dazu müssen Sie in der Entwurfsansicht auf der Registerkarte *Entwurf* in der Gruppe *Gruppierung und Summen* mit dem Symbol *Gruppieren und sortieren* die neue Gruppierungsebene *VerkaufsJahr* oberhalb des Feldes *vrkDatum* einfügen. Lassen Sie mit Alt+F8 die Feldliste anzeigen und ziehen Sie von dort in den Kopfbereich den Feldnamen *VerkaufsJahr* hinein.

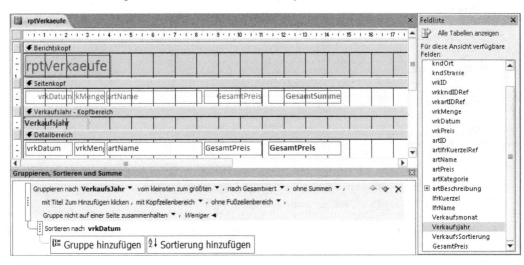

Abbildung 10.42: Der gruppierte Bericht *rptVerkaeufe*

2. Damit der Bericht besser zu lesen ist, wurde hier auch der Kopfbereich grau hinterlegt und die Eigenschaft *Alternative Hintergrundfarbe* für den Detailbereich auf *Keine Farbe* gestellt.

Jetzt sieht die Berichtsansicht so aus wie in Abbildung 10.43 und zeigt, dass die laufende Summe mit jedem Jahr neu bei *0* beginnt.

rptVerkaeufe				
vrkDatum	kMenge	artName	GesamtPreis	GesamtSumme
2007				
12.03.2007	175	Mäusespeck	210,00 €	210,00 €
2008				
12.03.2008	250	Lakritz-Schnecken	270,00 €	270,00 €
01.08.2008	100	Dominosteine	65,00 €	335,00 €
2009				
12.11.2009	150	Lakritz-Schnecken	162,00 €	162,00 €
04.12.2009	400	Saure Fruchtgummis	568,00 €	730,00 €
18.12.2009	2000	Printen	7.880,00 €	8.610,00 €

Abbildung 10.43: Die Berichtsansicht für den Bericht *rptVerkaeufe*

Kapitel 10 Berichte

Datensätze fortlaufend nummerieren

Sie können die Eigenschaft *Laufende Summe* auch dazu nutzen, Datensätze fortlaufend zu nummerieren. Das Feld *vrkID* (das als AutoWert grundsätzlich auch durchnummeriert ist) kann dazu nicht verwendet werden, denn die Nummerierung könnte ja durch gelöschte Datensätze unterbrochen sein.

1. Fügen Sie ein Textfeld ein und tragen Sie bei der Eigenschaft *Steuerelementinhalt* die Formel =1 ein, wie in Abbildung 10.44 für das markierte Feld am linken Rand zu sehen ist.
2. Stellen Sie die Eigenschaft *Laufende Summe* auf den Wert *Über Gruppe*.

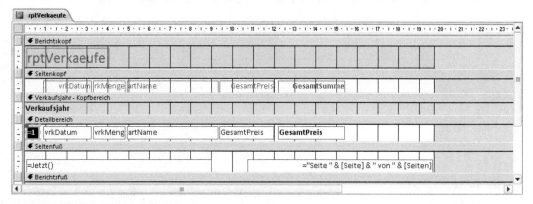

Abbildung 10.44: Das eingefügte Zählfeld im Bericht *rptVerkaeufe*

Die Berichtsansicht zeigt, dass jetzt alle Zeilen für jedes Jahr einzeln neu durchnummeriert werden.

	vrkDatum	rkMenge	artName	GesamtPreis	GesamtSumme
2007					
1	12.03.2007	175	Mäusespeck	210,00 €	**210,00 €**
2008					
1	12.03.2008	250	Lakritzschnecken	270,00 €	**270,00 €**
2	01.08.2008	100	Dominosteine	65,00 €	**335,00 €**
2009					
1	12.11.2009	150	Lakritzschnecken	162,00 €	**162,00 €**
2	04.12.2009	400	Saure Fruchtgummis	568,00 €	**730,00 €**
3	18.12.2009	2000	Printen	7.880,00 €	**8.610,00 €**
4	19.12.2009	100	Printen	394,00 €	

Abbildung 10.45: Das Zählfeld in der Seitenansicht des Berichts *rptVerkaeufe*

Sollen die Zeilen nicht jahrweise, sondern über alle Datensätze nummeriert werden, stellen Sie die Eigenschaft *Laufende Summe* auf den Wert *Über Alles*.

10.3 Berichte exportieren

Berichte werden typischerweise an andere Personen weitergereicht, etwa als Überblick der Firmenkennzahlen an den Vorstand oder an andere Abteilungen zum Datenvergleich. Daher soll der Bericht unserer fiktiven Firma »Mercurion« vor dem Export auch noch ein passendes Logo erhalten.

1. Öffnen Sie den Berichts *rptVerkaeufe* in der Entwurfsansicht.
2. Klicken Sie auf der Registerkarte *Entwurf* in der Gruppe *Steuerelemente* das Symbol *Bild einfügen* an. Es öffnet sich das Windows-übliche Dialogfeld, in dem Sie eine Datei auswählen können. Ziehen Sie anschließend ein kleines Rechteck im Berichtskopf auf. Das nun angezeigte Bild der importierten JPG-Datei ist allerdings noch nicht ideal für eine Anzeige, wie Abbildung 10.46 zeigt.

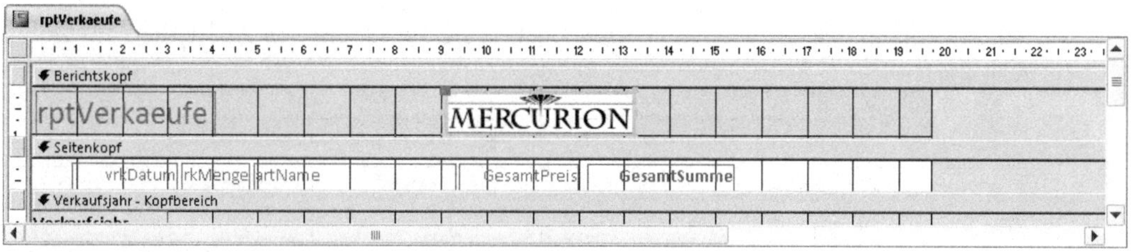

Abbildung 10.46: Das eingefügte Bild im Bericht *rptVerkaeufe*

3. Geben Sie dem Berichtskopf einen weißen Hintergrund. Schieben Sie außerdem das Bild-Steuerelement an den rechten Rand und ziehen das umgebende Rechteck deutlich breiter.
4. Ändern Sie nun noch die folgenden Eigenschaften:
   - *Hintergrundart* wechselt auf *Transparent*, damit das umgebende graue Rechteck unsichtbar wird
   - *Rahmenart* wird ebenfalls auf *Transparent* gestellt, um den umgebenden Kasten zu verbergen
   - *Bildausrichtung* wechselt auf *Rechts oben*, sodass das Logo im Ausdruck rechtsbündig erscheint
5. Nach ein paar weiteren Textkorrekturen ist der Bericht nun akzeptabel für den geplanten Export aufbereitet. Überprüfen Sie das Ergebnis, indem Sie in die Seitenansicht wechseln. Da das Logo im *Berichtskopf* enthalten ist, erscheint es nur einmal am Anfang des gesamten Berichts. Um es auf jeder Seite anzuzeigen, müssten Sie es in den Bereich *Seitenkopf* einbetten.

Abbildung 10.47: Der Bericht *rptVerkaeufe* mit eingefügtem Logo in der Seitenansicht

Kapitel 10   Berichte

Nach diesen Vorarbeiten wollen wir in den folgenden Abschnitten die verschiedenen Exportmöglichkeiten von Access vorstellen und die Qualität der verschiedenen Ergebnisse miteinander vergleichen. Die dazu notwendigen Schaltflächen finden Sie sowohl auf der Registerkarte *Seitenansicht* in der Gruppe *Daten* als auch auf der Registerkarte *Externe Daten* in der Gruppe *Entwurf*.

Export nach Word

Beginnen wir mit dem Export des Berichts nach Word, wobei jedoch keineswegs eine *docx*-Datei erzeugt wird, sondern ein *rtf*-Dokument, also eine Datei im Rich-Text-Format.

1. Öffnen Sie den Bericht *rptVerkaeufe* und wechseln Sie auf die Registerkarte *Externe Daten*.
2. Klicken Sie dort in der Gruppe *Exportieren* auf *Weitere/Word*, um den Assistenten aus Abbildung 10.48 zu starten.

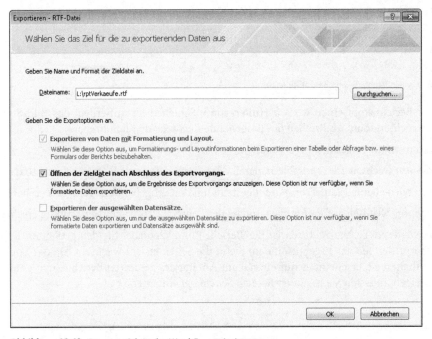

Abbildung 10.48: Der erste Schritt des Word-Export-Assistenten

3. Sie können dort im ersten Schritt direkt die Optionen *Öffnen der Zieldatei nach Abschluss des Exportvorgangs* auswählen, um die Qualität des Exports zu prüfen.
4. Im zweiten Schritt können Sie – wie bei allen Export-Assistenten – die bisherigen Schritte speichern. Die zugehörigen Angaben werden erst sichtbar, wenn Sie die Option *Exportschritte speichern* anklicken. Geben Sie dort einen Namen und eine Beschreibung für diesen Export an, damit Sie ihn später in der Liste der gespeicherten Exporte eindeutig identifizieren können.

10.3 Berichte exportieren

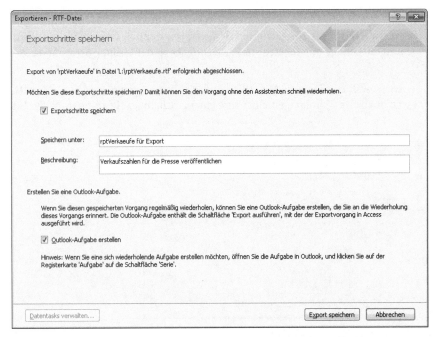

Abbildung 10.49: Der zweite Schritt des Word-Export-Assistenten mit Angaben zur Speicherung

5. Zusätzlich können Sie noch eine Outlook-Aufgabe erstellen lassen, damit Sie automatisch zum gewünschten Termin an den Export erinnert werden. Nach Bestätigung des Export-Assistenten erscheint automatisch das Outlook-Dialogfeld wie in Abbildung 10.50 mit den Standardangaben zu einer Aufgabe.

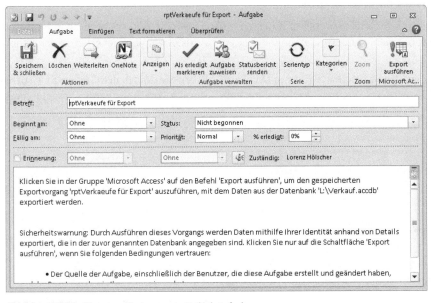

Abbildung 10.50: Die automatisch erzeugte Outlook-Aufgabe

Kapitel 10 Berichte

6. Da in diesem Fall eine regelmäßige Erinnerung zu jedem ersten Dienstag im Monat stattfinden soll, müssen Sie diese Aufgabe noch als so genannten *Serientyp* einrichten. Öffnen Sie dazu bitte die Outlook-Aufgabe und klicken Sie auf der Registerkarte *Aufgabe* in der Gruppe *Serie* auf das Symbol *Serientyp*.

7. Im Dialogfeld *Serientyp* wählen Sie dann *Monatlich* und *Am ersten Dienstag jedes 1. Monats* (also jeden Monats, es ist nicht der Januar gemeint) mit einem beliebigen Beginndatum (Abbildung 10.51).

Abbildung 10.51: Das Serientyp-Dialogfeld für Aufgaben

8. Bestätigen Sie dieses Dialogfeld mit *OK* und klicken Sie dann in der Aufgabe auf *Speichern & schließen*. Soweit Outlook mit dem Einschalten des Rechners automatisch gestartet wird, werden Sie ab jetzt an jedem ersten Dienstag eines Monats daran erinnert, diesen Bericht zu erstellen.

Aufrufen des gespeicherten Exports

Wenn Sie einen Bericht erneut exportieren möchten, müssen Sie die dazu notwendigen Einstellungen nicht nochmals vornehmen, sondern können auf den vom Assistenten gespeicherten Berichtexport zurückgreifen:

1. Wechseln Sie auf die Registerkarte *Externe Daten* und klicken Sie dort in der Gruppe *Exportieren* auf das Symbol *Gespeicherte Exporte*. Sie sehen dann eine Liste aller von Ihnen gespeicherten Exporte.

Abbildung 10.52: Das (verkürzte) Dialogfeld für gespeicherte Exporte

2. Markieren Sie den gewünschten Eintrag und klicken Sie auf *Ausführen*.

Die Qualität des Word-Exports

Nun wird es Zeit für einen Blick auf das Ergebnis, nämlich die exportierte RTF-Datei (Abbildung 10.53):

- Auf den ersten Blick sieht das Dokument korrekt aus. Die Daten sind sogar mit dem richtigen Zahlenformat angekommen.

- Beim genauerem Vergleich mit der Abbildung 10.47 auf Seite 287 fallen allerdings schon einige Unterschiede auf, denn das Logo ist ebenso wenig exportiert worden wie die farbigen (bzw. grauen und schwarzen) Hintergründe, obwohl Word als auch das RTF-Format dazu in der Lage gewesen wären. Auch Linien werden übrigens nicht exportiert – damit können Sie ein ordentliches Corporate Design leider vergessen.

- Die entstandene RTF-Datei ist 10 KByte klein, also sehr gut geeignet für den eventuell geplanten E-Mail-Versand

- Wenn der Empfänger kein Word (auch ältere Versionen können diese Datei öffnen) installiert haben sollte, kann er es wenigstens noch mit WordPad lesen, das zum Lieferumfang von Windows gehört. Dabei werden dann zwar manche Tabstopp-Positionen ignoriert, sodass die Lesbarkeit weiter leidet, aber die Daten werden einschließlich ihrer Fett/Kursiv-Auszeichnung korrekt angezeigt.

Abbildung 10.53: Die Anzeige des exportierten Berichts in Word 2010

Export in eine Textdatei

Die zweite Möglichkeit, Daten zu exportieren, führt zu einer Textdatei. Der Assistent ist praktisch identisch mit dem für den Word-Export, deswegen braucht er hier nicht im Detail vorgestellt zu werden.

1. Zeigen Sie den Bericht in der Seitenansicht an und klicken Sie auf der Registerkarte *Seitenansicht* in der Gruppe *Daten* auf das Symbol *Textdatei*.

2. Geben Sie das Ziel für die zu exportierende Datei an und wählen Sie die Exportoptionen aus.

3. Klicken Sie dann auf *OK*. Access zeigt das folgende Dialogfeld an:

Kapitel 10   Berichte

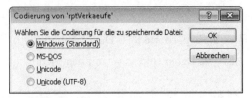

Abbildung 10.54: Die Auswahl der Textcodierung

4. Stellen Sie die gewünschte Textcodierung ein. Damit geben Sie vor allem vor, wie die Umlaute in der Zieldatei dargestellt werden.

Die erzeugte Datei sieht im Windows-eigenen Texteditor anschließend so aus wie in Abbildung 10.55. Die *Spalten* werden dabei durch Leerzeichen erzeugt, was nur bei der automatisch benutzten nichtproportionalen Schrift funktionieren kann. Für die dadurch zu breit gewordenen Einträge erfolgt ein Pseudo-Umbruch. Grafische Elemente sind selbstverständlich nicht mehr vorhanden, weil eine Textdatei diese ohnehin nicht enthalten könnte. Mit 5 KByte ist diese Datei noch kleiner als der RTF-Export und kann sicher auch auf jedem Zielsystem gelesen werden.

```
rptVerkaeufe.txt - Editor
Datei  Bearbeiten  Format  Ansicht  ?

Verkäufe

                 Datum         MengeArtikelname              GesamtPreis              GesamtSumme
2007
         1       12.03.2007    175 Mäusespeck                    210,00 €                 210,00 €
2008
         1       12.03.2008    250 Lakritzschnecken              270,00 €                 270,00 €
         2       01.08.2008    100 Dominosteine                   65,00 €                 335,00 €
2009
         1       12.11.2009    150 Lakritzschnecken              162,00 €                 162,00 €
         2       04.12.2009    400 Saure Fruchtgummis            568,00 €                 730,00 €
```

Abbildung 10.55: Die exportierte Textdatei im Windows-Texteditor

Hintergrund: ASCII- und ANSI-Zeichensätze

1963 wurde eine normierte Codierung von Schriftzeichen durch das *American National Standards Institute* (*ANSI*, entspricht dem deutschen DIN-Institut) entwickelt, der *American Standard Code for Information Interchange*, kurz *ASCII*. Er bestand aus 127 Zeichen, davon 33 nicht druckbare Steuerzeichen und 95 druckbare Zeichen. Entsprechend seiner amerikanischen Herkunft enthielt er keine Umlaute.

In MS DOS, dem Vorläufer-Betriebssystem zu Windows, wurde daher ein erweiterter ASCII-Zeichensatz mit 256 Zeichen eingesetzt, bei dem beispielsweise das »ü« an Position 129 und das »ä« an Position 132 einsortiert waren.

Da sich daraufhin nationale Varianten der ASCII-Zeichensatzerweiterung entwickelten, wurde eine modifizierte Tabelle namens *ANSI* mit ebenfalls 256 Zeichen zusammengestellt, die auch unter Windows für die Schriftdarstellung genutzt wird. Dort befinden sich die Umlaute allerdings an anderer Position (ü=252, ä=228) als in ASCII, daher werden bei deutschen Texten mit falscher Codierung vor allem Umlaute und *ß* fehlerhaft dargestellt. ▶

Inzwischen wird die so genannte *Unicode*-Tabelle eingesetzt, die mit rund 65.000 Zeichen auch Platz für chinesische, japanische, indische, arabische und andere nicht-europäische Schriften hat. Eine spezielle Umsetzung von Unicode ist das im Internet verwendete UTF-8 (Unicode Transformation Format).

Export in eine Access-Datenbank

Der Export in eine Access-Datenbank scheint zuerst sehr Erfolg versprechend, denn dann könnte der Empfänger – falls er Access besitzt – direkt mit diesem Bericht und dessen Daten weiterarbeiten. Sie finden das Symbol auf der Registerkarte *Externe Daten* in der Gruppe *Exportieren*.

Auch hier erwartet der Export-Assistent die Angabe einer Datei, nämlich einer Datenbank. Anders als bisher wird die Datei jedoch nicht erzeugt, sondern muss vorhanden sein. Sie können damit also nur in eine bereits gespeicherte Access-Datenbank hineinkopieren!

Abbildung 10.56: Die Angabe des Namens beim Export in eine Access-Datenbank

Wie in Abbildung 10.56 müssen Sie danach den Namen angeben, unter dem der Bericht in der Zieldatenbank gespeichert werden soll. Wenn Sie dann allerdings in der Zieldatenbank diesen Bericht öffnen wollen, erhalten Sie die Meldung aus Abbildung 10.57.

Abbildung 10.57: Die Fehlermeldung beim Versuch, den exportieren Bericht zu öffnen

Es wurde also nur der Bericht selbst exportiert, jedoch nicht seine Datenquellen. In diesem Fall müssten Sie – damit der Bericht wirklich funktioniert – zusätzlich noch die Abfrage *qryALLEVERKAEUFEDRIN* und deren zugehörige Tabellen exportieren.

Grundsätzlich ist diese Methode das Gegenstück zum Import, wenn Sie bereits in der Zieldatenbank arbeiten. Dort können Sie auf der Registerkarte *Externe Daten* in der Gruppe *Importieren und Verknüpfen* durch Anklicken des *Access*-Symbols alle Objekte einer anderen Datenbank importieren. Das ist viel vorteilhafter als dieser Export, denn dabei lassen sich direkt mehrere Objekte gleichzeitig angeben.

Die Größe der erzeugten Datenbank liegt ohne Daten bei 420 KByte bzw. bei 472 KByte inklusive der Abfrage und den Tabellen. Der Empfänger muss zu deren Nutzung Access 2007 oder 2010 installieren.

Export in eine XML-Datei

Heutzutage setzt sich als Quasi-Standard für den Datenaustausch XML (eXtensible Markup Language, erweiterbare Auszeichnungssprache) durch. Dabei handelt es sich um textbasierte Dateien, in denen sowohl die Inhalte als auch deren logischer Zusammenhang beschrieben werden. Sie ähneln der im Internet üblichen Sprache HTML (Hypertext Markup Language), da sie deren Erweiterung sind.

Auch hier funktioniert der Assistent wie bei den anderen Exporten, allerdings nur, solange der Bericht nicht in der Seitenansicht geöffnet ist!

1. Markieren Sie daher den Bericht im Navigationsbereich und klicken Sie dann auf der Registerkarte *Externe Daten* in der Gruppe *Exportieren* auf die Schaltfläche *XML-Datei*, um die Liste der Exportformate anzuzeigen.
2. Da XML sowohl die Daten selbst als auch deren Bedeutung und Gestaltung beschreiben kann, fragt der Assistent nach, welche Informationen in den Datenexport aufgenommen werden sollen.

Abbildung 10.58: Der Aufruf des Export-Assistenten für XML

In XML selber stehen die Daten, das Schema XSD (XML-Schema-Definition) beschreibt deren Zusammenhänge und in XSL (eXtensible Stylesheet Language) sind die aus dem Internet bekannten Stylesheets zur Darstellung enthalten.

Anzeigen der XML-Dateien

Die entstandene Datei können Sie per Doppelklick im Windows Internet Explorer öffnen.

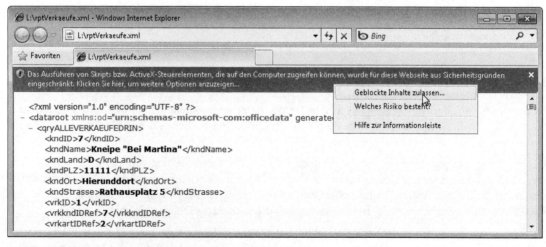

Abbildung 10.59: Warnung beim Öffnen der .xml-Datei im Internet Explorer

Falls Sie aus Sicherheitsgründen die Ausführung von Skripts oder ActiveX-Elementen im Internet Explorer blockiert haben, klicken Sie auf die entsprechende Sicherheitswarnung und wählen im dann erscheinenden Menü den Befehl *Geblockte Inhalte zulassen*.

Die Datei belegt rund 20 KByte Speicherplatz, sie ist aber weniger zum Anzeigen von Daten, sondern zu deren Import in XML-fähige Programme gedacht.

Export als PDF/XPS

Anstelle des bisherigen Exports in ein spezielles SnapshotViewer-Datenformat (das ab dieser Version nicht mehr als Exportformat unterstützt wird!) bietet Access 2010 den Export in die beiden Dateiformate PDF und XPS an. Nach dem Anklicken von *PDF oder XPS* in der Gruppe *Exportieren* der Registerkarte *Externe Daten* erscheint ein Dialogfeld für den Dateinamen und die passende Endung.

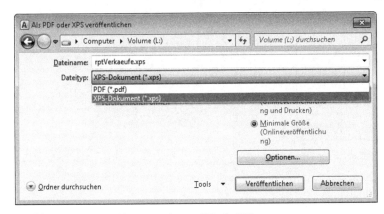

Abbildung 10.60: Auswahl des Exportformats XPS oder PDF

Die beiden Exportformate sind qualitativ gleichwertig und bieten als einzige von allen Exportformaten die komplette Umsetzung wirklich sämtlicher Details, wie Abbildung 10.61 zeigt.

Abbildung 10.61: Auswahl des Exportformats XPS oder PDF

Kapitel 10   Berichte

Die Dateien sind mit 200 bis 300 KByte ausreichend klein und eignen sich damit gut zum Versand per E-Mail. Sie erfordern beim Empfänger die Installation eines PDF-Readers oder des XPS-Viewers (der bei Windows 7 automatisch installiert ist); Access muss nicht vorhanden sein.

Export in eine HTML-Datei

Als letzte Möglichkeit bietet Access noch den Export in eine HTML-Datei an, das ist sozusagen die ältere Version zu XML. Der Vorteil eines HTML-Exports besteht darin, dass Sie wie in Abbildung 10.62 eine speziell für Access vorbereitete HTML-Datei nutzen können, in der alle übrigen HTML-Elemente und StyleSheets schon enthalten sind.

Wenn Sie auf die Angabe einer HTML-Vorlage verzichten, wird automatisch eine HTML-Datei mit Standardformatierungen erzeugt.

Abbildung 10.62: Die Auswahl einer HTML-Vorlage für den Export

Darstellung des HTML-Exports

Der Export erzeugt nur eine einzige HMTL-Datei ohne die Perfektion von XML-Strukturen. Doch dafür kann die Datei von wirklich jedem Browser gelesen werden und wird wie in Abbildung 10.63 dargestellt.

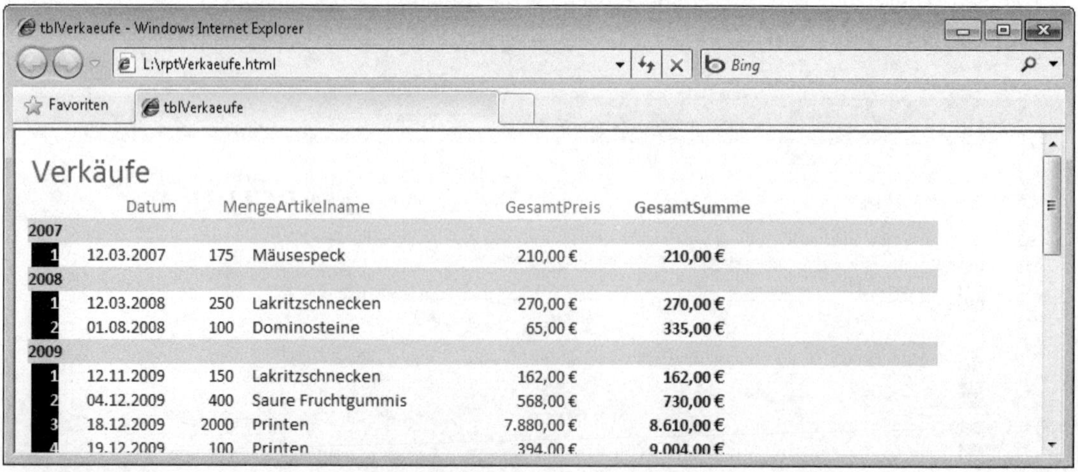

Abbildung 10.63: Die exportierte HTML-Datei im Internet Explorer

Die Datei enthält keine grafischen Elemente mehr und besitzt oft nur noch Teile der Formatierung (z.B. wären auch alternierend weiß/grau gefärbte Datenzeilen weiß). Die Datei ist lediglich 26 KByte groß und von jedem Empfänger sofort nutzbar.

> **Hintergrundinformationen zu Access-HTML-Vorlagen**
>
> Wenn Sie detailliertere Informationen zu Access-HTML-Vorlagen benötigen, finden Sie diese über den Softlink **db1001**. Bitte beachten Sie, dass es sich dabei um die englischsprachige Originalbeschreibung von Microsoft handelt.

Export in Word-Seriendruck

Je nachdem, welches Objekt gerade im Navigationsbereich markiert ist, sind im Ausklappmenü der Schaltfläche *Weitere* noch weitere Exportmöglichkeiten aktiv. Deren wichtigste ist sicherlich der Word-Seriendruck, denn auch Access 2010 beherrscht noch immer keinen Blocksatz und kann auch keine einzelnen Zeichen bzw. Wörter innerhalb eines fortlaufenden Textes formatieren. Für solche Fälle kann Word auf Access-Daten zugreifen.

Im Grunde genommen handelt es sich dabei übrigens nicht um einen Export im bisherigen Sinne. Dort wurden die Daten nämlich immer statisch in einer anderen Datei gespeichert. Hier ist es eine Verknüpfung, d.h. Word greift beim Ausdruck dynamisch auf den jeweils aktuellen Datenbankinhalt zu. Es hat also auch nichts mehr mit dem fertigen Bericht zu tun, weil Word die Daten direkt aus der Tabelle liest.

Im folgenden Beispiel soll nun an alle Kunden aus der Verkaufsdatenbank ein Schreiben mit einem kurzen Weihnachtsgruß geschickt werden.

1. Markieren Sie dazu die Tabelle *tblKunden* und klicken Sie auf der Registerkarte *Externe Daten* in der Gruppe *Exportieren* auf die Schaltfläche *Word-Seriendruck*.

2. Der Export-Assistent erfragt in diesem Fall lediglich, ob Sie bereits eine Word-Datei für den Seriendruck vorbereitet haben, die nun mit den Access-Daten verknüpft werden soll, oder ob Sie eine neue Datei anlegen möchten. Wählen Sie hier wie in Abbildung 10.64 die Option *Ein neues Dokument erstellen und die Daten mit diesem Dokument verknüpfen*.

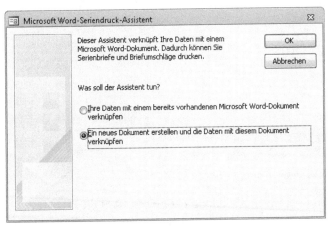

Abbildung 10.64: Die Auswahl der Word-Datei für Serienbriefe

Kapitel 10 Berichte

3. Nach einem Klick auf *OK* startet Word 2010 und zeigt den Aufgabenbereich *Seriendruck* an, in dem Sie nun die weiteren Schritte vornehmen.

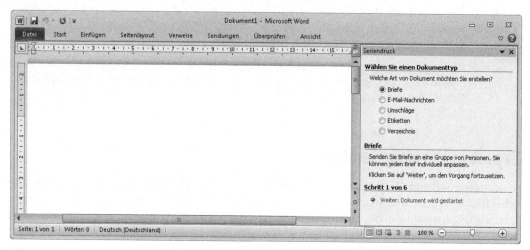

Abbildung 10.65: Der Seriendruck-Arbeitsbereich in Word 2010

4. Klicken Sie unten im Aufgabenbereich so oft auf *Weiter*, bis Sie Schritt 6 erreicht haben. Der Export-Assistent hat die korrekten Angaben schon für Sie eingestellt.

5. Auf der Registerkarte *Sendungen* befindet sich in der Gruppe *Felder schreiben und einfügen* die Liste *Seriendruckfeld einfügen*, mit der Sie die Feldnamen der Access-Tabelle auswählen und in das Word-Dokument einfügen können. Die Felder erscheinen jeweils an der aktuellen Cursorposition und werden als Word-typische Feldfunktionen gespeichert.

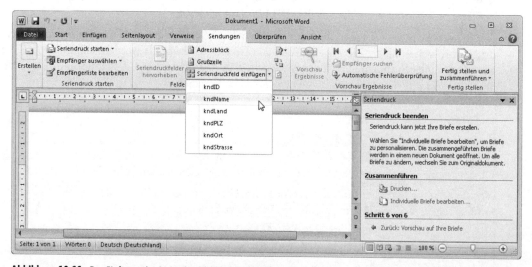

Abbildung 10.66: Das Einfügen der Seriendruckfelder in Word 2010

6. Erstellen Sie bitte einen beliebigen Brief wie in Abbildung 10.67, wobei dort die Felder mit den Datenbankinhalten schattiert hervorgehoben sind. Wie Sie sehen, können Felder (hier *kndOrt*) auch mehrfach genutzt werden.

10.3 Berichte exportieren

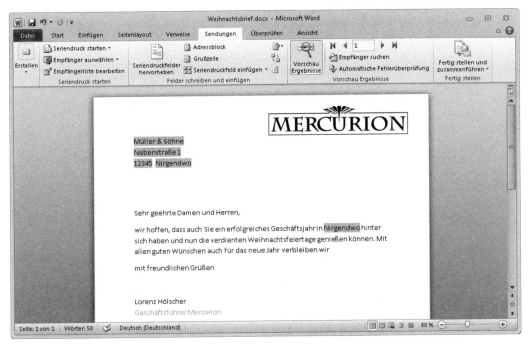

Abbildung 10.67: Der fertige Serienbrief in Word 2010

7. Um die verschiedenen Dateninhalte bereits vor dem Ausdruck zu sehen, können Sie unten im Aufgabenbereich von Word einen Schritt zurück zur *Vorschau auf Ihre Briefe* gehen. Wie Abbildung 10.67 zeigt, können Sie mit Hilfe der Schaltflächen << und >> zwischen den Datensätzen blättern.

Damit ist der Serienbrief fertig. Er speichert übrigens auch die Informationen, woher die Daten für den Seriendruck kommen, sodass Sie sowohl Word als auch Access komplett beenden können. Beim nächsten Öffnen des Word-Dokuments kann Word wieder auf die Access-Daten zugreifen, sogar ohne dass Access geöffnet ist.

Seriendruck mit Access

Da das im letzten Beispiel erstellte Word-Dokument mit Ausnahme des kursiv ausgegebenen Ortes und der Darstellung im Blocksatz keine Formatierungen enthält, die nicht auch in Access 2010 möglich wären, soll hier wenigstens als Alternative kurz gezeigt werden, wie dieser Brief ohne Word erstellt wird.

1. Wechseln Sie in Access auf die Registerkarte *Erstellen* und klicken Sie in der Gruppe *Berichte* auf das Symbol *Leerer Bericht*, um einen leeren Bericht zu erstellen.
2. Zeigen Sie den neuen Bericht in der Entwurfsansicht an.
3. Im Eigenschaftsblatt können Sie für den Bericht die *Raster X-* und *Raster Y-*Eigenschaften auf 5 stellen, um die Ausrichtung der Steuerelemente zu erleichtern.
4. Entfernen Sie per Rechtsklick auf den Seitenkopf und Klick auf *Seitenkopf/-fuß* die Kopf- und Fußzeilen, sodass nur der Detailbereich übrig bleibt.
5. Weisen Sie dem Bericht mit der Eigenschaft *Datensatzquelle* die Tabelle *tblKunden* zu.

6. Wenn Sie auf der Registerkarte *Entwurf* in der Gruppe *Tools* das Symbol *Vorhandene Felder hinzufügen* anklicken (oder Alt+F9 drücken), erscheint anstelle des *Eigenschaftenblatts* die *Feldliste*.

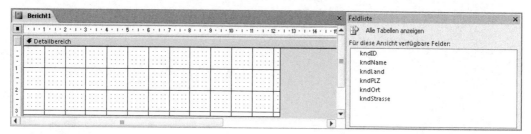

Abbildung 10.68: Der leere Bericht mit der Datenquelle *tblKunden*

7. Stellen Sie das Adressfeld zusammen, indem Sie die in der Feldliste angezeigten Feldnamen mit der Maus in den Entwurfsbereich hineinziehen.

Dabei müssen *kndLand* und *kndPLZ* getrennt bleiben, weil die Postleitzahl separat fett formatiert wird. Sonst hätten Sie auch ein neues Textfeld mit der Formel =[kndLand] & "-" & [kndPLZ] &" " & [kndOrt] erstellen können, das unterschiedlich lange Länderbezeichnungen oder Postleitzahlen ausgleicht, dafür jedoch nur eine einheitliche Formatierung haben kann.

> **Wichtig: Keine reflexiven Formeln erstellen**
>
> Achten Sie darauf, dass Sie nicht versehentlich ein Feld mit seinem eigenen Namen in einer Formel benutzen. Wenn Sie also beispielsweise das Feld *kndLand* in den Detailbereich gezogen haben und dann dessen Eigenschaft *Steuerelementinhalt* von *kndLand* auf = [kndLand] & " " & [kndPLZ] ändern, bezieht sich die Formel reflexiv auf den eigenen Namen.
>
> Access kann dann nicht erkennen, ob Sie das Textfeld *kndLand* oder das Tabellenfeld *kndLand* meinen und zeigt im Ergebnis »#Fehler« an. Ändern Sie in einem solchen Fall einfach die Eigenschaft *Name* auf *txtLandUndPLZ*, dann ist die Formel wieder eindeutig.

8. Speichern Sie den Berichtsentwurf als *rptWeihnachtsbrief* und ergänzen Sie die übrigen Felder wie in Abbildung 10.69.

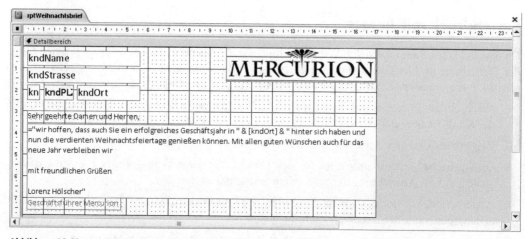

Abbildung 10.69: Der fertige Entwurf des Berichts *rptWeihnachtsbrief*

10.3 Berichte exportieren

Für den Haupttext müssen Sie auf jeden Fall ein *Text*-Feld verwenden, damit der darin enthaltene Ort als Feldname seinen Inhalt anzeigen kann. Die Anrede und die Unterschrift sind einfache Bezeichnungsfelder, da sich darin keine Inhalte ändern. Die Seitenansicht des Berichts zeigt nun zwar korrekt alle Daten, aber natürlich hintereinander auf einer Seite. Der gewünschte Seitenumbruch, den Word automatisch für jeden Datensatz erzeugt, muss hier noch eingestellt werden.

9. Ändern Sie dazu bitte für den Detailbereich die Eigenschaft *Neue Seite* von *Keine* auf *Nach Bereich*. Damit wird nach jedem Detailbereich eine neue Seite begonnen. Das wird allerdings nur in der Seitenansicht wie in Abbildung 10.70 angezeigt, die Berichtsansicht ignoriert die Papiergröße.

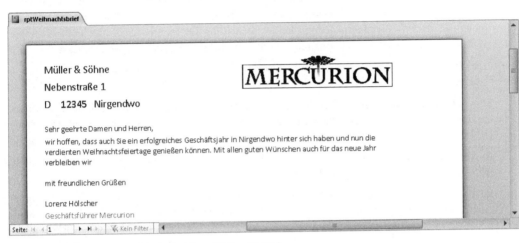

Abbildung 10.70: Die Seitenansicht des Berichts *rptWeihnachtsbrief*

10. Wenn Sie sich einen Überblick über die anderen Seiten des Berichts verschaffen möchten, klicken Sie auf der Registerkarte *Seitenansicht* in der Gruppe *Zoom* auf das Symbol *Weitere Seiten* und wählen dann im Ausklappmenü die gewünschte Seitenzahl aus.

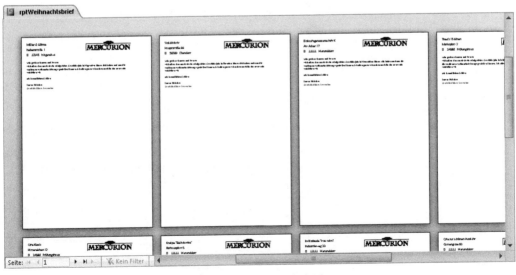

Abbildung 10.71: Die verkleinerte Seitenansicht des Berichts *rptWeihnachtsbrief*

Im Vergleich mit einem Word-Serienbrief steht Access dabei gar nicht so schlecht da. Abgesehen von der kursiven Formatierung mitten in einem Textblock und dem Blocksatz ließ sich alles auch in einem Bericht verwirklichen. Da Sie nur in einem einzigen Programm, nämlich Access, arbeiten, ist das sogar bedeutend einfacher.

Seitenkopf rechts/links

Sie werden sich möglicherweise schon gefragt haben, ob es in Access eine Möglichkeit gibt, für die geraden und ungeraden Seiten eines Berichts separate Kopf- und Fußzeilen zu definieren, wie Sie das von Word gewohnt sind. Access kennt jedoch keine Einstellung für rechte oder linke Kopf-/Fußzeilen, da müssen Sie also selbst etwas *programmieren*, was aber in diesem Fall nicht besonders schwierig ist.

Für dieses Beispiel benötigen Sie einen mehrseitigen Bericht in der Datenbank *Seminare*, beispielsweise eine Liste aller Personen.

1. Erstellen Sie also basierend auf der Tabelle *tblPersonen* einen automatischen Bericht und passen Sie die Spaltenbreiten so an, dass kein Bereich breiter als 19,7 cm ist (dies entspricht der Breite eines DIN-A4-Blattes (21 cm) abzüglich eines Seitenrandes von jeweils 6,35 mm).

2. In Abbildung 10.72 sehen Sie die Änderungen, die hauptsächlich die Breiten der Felder betreffen. Außerdem wurde im Berichtskopf schon ein Logo eingefügt.

   Jetzt soll auf jeder Seite im Seitenfuß außen die Seitenzahl stehen. Das funktioniert mit einer einfachen Formel und dem *mod*-Operator, den Sie bereits bei der Löschabfrage zur Erstellung der Beispieldaten kennen gelernt haben.

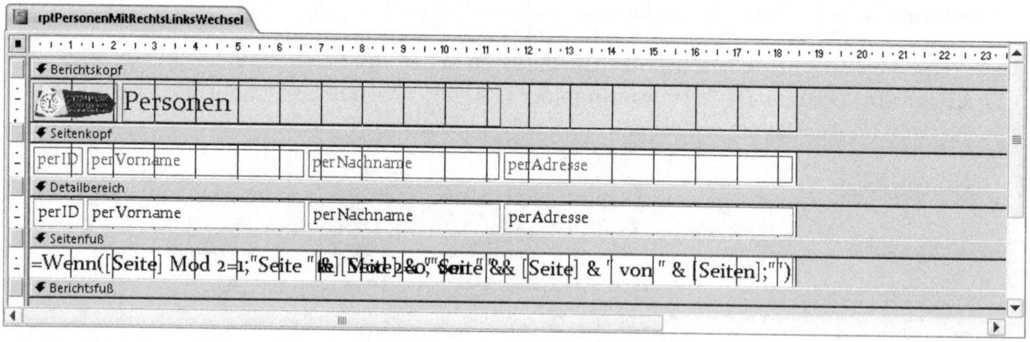

Abbildung 10.72: Die Entwurfsansicht des Berichts *rptPersonenMitRechtsLinksWechsel*

3. Ursprünglich enthielt die Fußzeile zur Ausgabe der Seitenzahl das rechtsbündige Textfeld
   ="Seite " & [Seite] & " von " & [Seiten]

   Da dieser Text nur auf den geraden Seiten sichtbar sein sollen, ändern Sie die Formel jetzt in
   =Wenn([Seite] mod 2 = 0;"Seite " & [Seite] & " von " & [Seiten];"")

Wenn die Seitenzahl mit dem Operator *mod* durch zwei geteilt wird, bleibt bei geraden Zahlen kein Rest übrig, das Ergebnis ist also 0. Genau dann erscheint der ursprüngliche Text, andernfalls wird wegen der beiden Anführungszeichen ein leerer Text *angezeigt*.

4. Kopieren Sie das geänderte Feld an den linken Rand der Fußzeile und geben Sie ihm eine linksbündige Ausrichtung. Da auf der linken Seite nur die ungeraden Zahlen berücksichtigt werden sollen, muss das Ergebnis des *mod*-Operators nun mit 1 verglichen werden:

   =Wenn([Seite] mod 2 = 1;"Seite " & [Seite] & " von " & [Seiten];"")

Durch diese einfache Berechnung können Sie beliebige Inhalte in Abhängigkeit von der Seitenzahl an einer bestimmten Position anzeigen lassen und damit die Rechts-/Links-Einstellung von Word simulieren. Bitte denken Sie daran, dass die einfache Berichtsansicht keine Papiergrößen berücksichtigt und daher auch keine Kopf- und Fußzeilen anzeigt. Sie müssen also wirklich in die Seitenansicht wechseln.

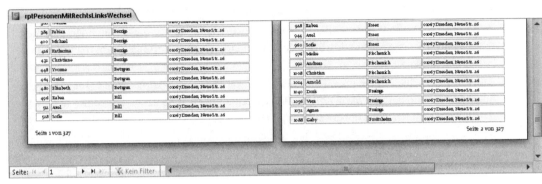

Abbildung 10.73: Die Seitenansicht des Berichts mit wechselnden Fußzeilen

10.4 Übungen zu diesem Kapitel

In diesem Abschnitt finden Sie einige Übungen zu diesem Kapitel. Die richtigen Antworten finden Sie wie immer auf der Website *www.richtig-einsteigen.de*.

Übung 10.1

Was können Berichte mehr als Formulare?

Übung 10.2

Welche Formatierungsmerkmale werden von Access in Berichten nicht unterstützt und wie können Sie stattdessen Word nutzen?

10.5 Zusammenfassung

In diesem Kapitel haben Sie gesehen, wie ähnlich sich Formulare und Berichte in der Erstellung sind. Berichte verfügen jedoch über folgende erweiterte Fähigkeiten:

- Berichte können – anders als Formulare – verschiedene Gruppierungsebenen enthalten, sodass zu einem beliebigen Datensatz dessen, meist 1:n-verknüpfte, Details angezeigt werden können

- Auch einzelne Steuerelemente können abhängig von ihrem Inhalt in jeder Zeile eine andere Höhe haben. So lassen sich lange und kurze Texte platzsparend ausdrucken.

- Bei Berichten müssen Sie vor allem auf die Breite des Detailbereichs achten, denn die Papierbreite abzüglich der beiden Seitenränder gibt vor, wie viel Platz letztendlich auf der Seite nutzbar ist. Wenn die Breite des Detailbereichs diese Vorgabe übersteigt, wird möglicherweise jede zweite Seite des Berichts leer sein.

- Berichte bieten die Möglichkeit, auf die Daten vorheriger Datensätze in einer laufenden Summe zuzugreifen. Dadurch lassen sich zum Beispiel fortlaufende Nummerierungen innerhalb der einzelnen Gruppen realisieren.

- Für den Ausdruck kleiner Detailbereiche lassen sich Berichte mehrspaltig formatieren. Der Etiketten-Assistent vereinfacht die dazu notwendigen Einstellungen und kennt die Maße der meisten Standardetiketten.

- Access bietet eine große Auswahl von Export-Formaten an. Beim Export von Berichten in ein Fremdformat gibt es allerdings eine Reihe von Besonderheiten zu beachten. Dazu gehören insbesondere die erzeugte Dateigröße, die zum Betrachten notwendigen Programme oder die Einschränkungen bei der Übernahme von grafischen Elementen.

Kapitel 11

Navigation

In diesem Kapitel lernen Sie

- wie Sie den Navigationsbereich sortieren können
- wie Sie eigene Navigationsgruppen und Elemente erstellen
- wie Sie mit dem Übersichts-Manager ein Startformular vorbereiten
- welche Optionen für die automatische Anzeige eines Formulars nötig sind
- wie Sie eigene Startformulare mit Zusatznutzen entwerfen
- wie sich Parameterabfragen mit PopUp-Formularen optimieren lassen
- welche Domain-Funktionen Ihnen zur Verfügung stehen
- wie Sie Auswahllisten mit Union-Abfragen optimieren
- wie die Sie eine Datenbank in ein Front-und ein Backend aufteilen

11.1 Optimieren der Benutzeroberfläche

Datenbanken enthalten so viele Tabellen, Abfragen, Formulare und Berichte, dass ein normaler Benutzer schnell den Überblick verliert. Er weiß nicht, welches Objekt wofür gedacht ist und welches er besser gar nicht erst öffnet. Daher soll es in diesem Kapitel darum gehen, wie Sie Ihre Datenbanken alltagstauglich machen können, indem Sie uninteressante oder gar *gefährliche* Objekte, wie z.B. Aktionsabfragen, ausblenden.

Der Navigationsbereich

Der Navigationsbereich befindet sich am linken Fensterrand und ist sowohl für den Benutzer als auch für Sie als Entwickler das zentrale Bedienungselement für Ihre Datenbank. Solange Sie nichts an seinen Einstellungen geändert haben, werden dort die in Ihrer Datenbank enthaltenen *Tabellen und damit verbundene Sichten* (Abfragen, Formulare, Berichte) angezeigt.

Eine mögliche Einstellung wäre zum Beispiel, auf den Anzeigemodus *Objekttyp* umzuschalten. Dazu klicken Sie in der Titelleiste des Navigationsbereichs auf den kleinen, nach unten zeigenden Pfeil und wählen im ausgeklappten Menü den Befehl *Objekttyp*. Dann werden alle Access-Objekte nicht nach der zugrunde liegenden Tabelle, sondern gemäß ihres eigenen Objekttyps in Gruppen zusammengefasst.

Kapitel 11 Navigation

Abbildung 11.1: Das Ausblenden ganzer Gruppen im Navigationsbereich

Wie in Abbildung 11.1 können Sie dann per Rechtsklick auf den Gruppentitel ganze Gruppen ausblenden, beispielsweise alle Tabellen und alle Abfragen. Dann bleiben als Bedienungselemente der Datenbank nur noch Formulare und Berichte übrig.

Anschließend könnten Sie zusätzlich innerhalb der Formulare und Berichte weitere Objekte einzeln ausblenden, z.B. alle Unterformulare und Unterberichte.

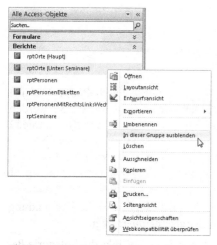

Abbildung 11.2: Das Ausblenden einzelner Objekte im Navigationsbereich

Ausgeblendete Objekte wieder sichtbar machen

Wenn Sie den Navigationsbereich auf diese Weise konfiguriert haben, werden Sie allerdings feststellen, dass auch Sie als Entwickler vom Ausblenden der Objekte betroffen sind. Daher ist diese Ansicht des Navigationsbereichs nicht sinnvoll.

1. Um ausgeblendete Gruppen wieder sichtbar zu machen, klicken Sie bitte mit der rechten Maustaste unterhalb der Objektnamen in den weißen Bereich des Navigationsbereichs und wählen im Kontextmenü den Befehl *Navigationsoptionen*.

2. Im dadurch angezeigten Dialogfeld *Navigationsoptionen* können Sie in der Kategorie *Objekttyp* die entsprechenden Gruppen wieder anzeigen lassen.

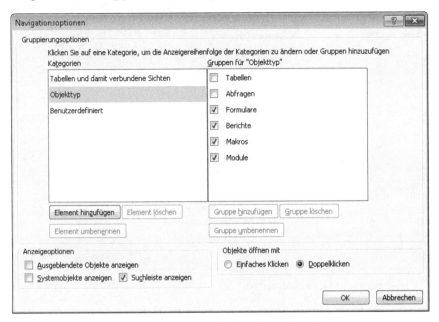

Abbildung 11.3: Das Dialogfeld zum Wiederherstellen des Navigationsbereichs

3. Außerdem sollten Sie das Kontrollkästchen *Ausgeblendete Objekte anzeigen* einschalten, damit sich auch die ausgeblendeten Unterformulare und Unterberichte wieder einblenden lassen. Sie werden dann im Navigationsbereich in heller Schrift dargestellt und lassen sich so über ihr Kontextmenü wieder einblenden.

Eigene Kategorien nutzen

Die bessere Lösung gegenüber der eben gezeigten Änderung einer Originalkategorie ist die Verwendung einer eigenen Kategorie, die hier noch den provisorischen Namen *Benutzerdefiniert* trägt.

1. Rufen Sie wieder das Dialogfeld *Navigationsoptionen* auf und markieren Sie links die Kategorie *Benutzerdefiniert*. Jetzt können Sie auf die Schaltfläche *Element umbenennen* klicken und der Kategorie den neuen Namen **Compasz** geben.
2. Anschließend markieren Sie im rechten Feld des Dialogfelds die Gruppe *Benutzerdefinierte Gruppe 1* und geben dieser mit *Gruppe umbenennen* den Namen **Compasz-Formulare**.
3. Nehmen Sie nun noch mit *Gruppe hinzufügen* eine neue Gruppe namens **Compasz-Berichte** auf und schieben Sie sie mit Hilfe des blauen Pfeils unter den Eintrag *Compasz-Formulare*.

Das Dialogfeld *Navigationsoptionen* sieht anschließend so aus wie Abbildung 11.4. Die Gruppe *Nicht zugewiesene Objekte* sollte vorerst sichtbar bleiben, damit Sie eine Möglichkeit haben, die vorhandenen Formulare und Berichte umzusortieren.

Kapitel 11 Navigation

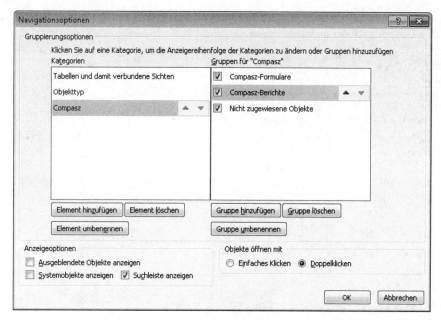

Abbildung 11.4: Die neue Kategorie für den Navigationsbereich

4. Nachdem Sie das Dialogfeld mit *OK* bestätigt haben, müssen Sie die Kategorie *Compasz* noch in der Titelleiste des Navigationsbereichs aus dem Menü auswählen (neben der Überschrift *Alle Access-Objekte*). Dann sehen Sie alle Datenbankobjekte erst einmal in der Gruppe *Nicht zugewiesene Objekte*.

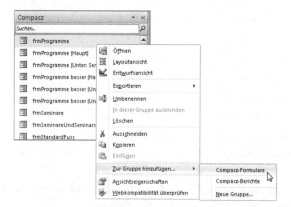

Abbildung 11.5: Das Formular *frmPersonen* wird in die Gruppe *Compasz-Formulare* aufgenommen

5. Jetzt können Sie alle wichtigen Formulare und Berichte wie in Abbildung 11.5 per Rechtsklick in die eben erstellten *Compasz*-Gruppen aufnehmen. Sie können auch mehrere Objekte gleichzeitig markieren (mit gedrückter Strg-Taste) und dann gemeinsam in eine Gruppe aufnehmen.

6. Wenn Sie dann auch noch die Gruppe *Nicht zugewiesene Objekte* ausblenden, präsentiert sich die Datenbank für einen normalen Benutzer wie in Abbildung 11.6.

11.1 Optimieren der Benutzeroberfläche

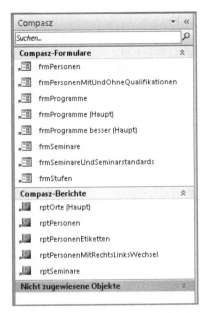

Abbildung 11.6: Der optimierte Navigationsbereich *Compasz* für die Seminardatenbank

Natürlich sind hier noch immer die etwas technischen Bezeichnungen der echten Datenbankobjekte zu sehen. Wie Sie aber vielleicht an dem kleinen Pfeil neben dem Symbol schon erkannt haben, handelt es sich dabei um Verknüpfungen.

7. Sie können alle Verknüpfungen umbenennen, indem Sie sie mit der rechten Maustaste anklicken und im Kontextmenü den Befehl *Verknüpfung umbenennen* aufrufen (alternativ mit der F2-Taste).

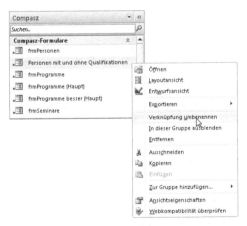

Abbildung 11.7: Eine umbenannte Verknüpfung im Navigationsbereich

8. Mit einem Rechtsklick auf den jeweiligen Gruppentitel können Sie die darin enthaltenen Objekte anschließend auch noch nach verschiedenen Kriterien sortieren.

Da sich dieser Navigationsbereich sehr leicht ein- und ausblenden lässt, haben Sie damit eine optimale Möglichkeit gefunden, die Datenbank mit minimalem Aufwand benutzerfreundlich vorzubereiten.

Kapitel 11   Navigation

Navigationsformular

Den in früheren Access-Versionen enthaltenen Übersichtsmanager mit seiner historisch gewachsenen Mischung aus Hilfstabellen, Makros und VBA gibt es nicht mehr. Dafür enthält Access 2010 ein neues Navigationssteuerelement, das sehr übersichtliche Formulare mit wechselnden Inhalten erlaubt.

1. Auf der Registerkarte *Erstellen* in der Gruppe *Formulare* finden Sie dazu das Symbol *Navigation* mit verschiedenen Menüeinträgen. Wählen Sie dort *Horizontale Registerkarten* aus.

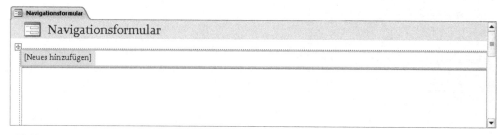

Abbildung 11.8: Das neu erstellte Navigationsformular

2. Ziehen Sie nun aus dem Navigationsbereich den Namen eines Formulars (hier *frmPersonen*) mit gedrückter Maustaste auf den Bereich *[Neues hinzufügen]*. Sobald Sie dort die Maustaste loslassen, erzeugt das Steuerelement ein neues Register mit der Bezeichnung *frmPersonen*.

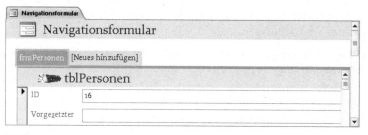

Abbildung 11.9: Das Formular *frmPersonen* ist bereits hinzugefügt

3. Nachdem Sie mehrere Formulare dort hinübergezogen haben, können Sie noch die Beschriftung der Registerkarten verbessern. Blenden Sie dazu mit Alt+Eingabe das Eigenschaftsblatt ein, sodass Sie zu jedem markiertem Register (das jeweils ein *Navigationsschaltfläche*-Steuerelement darstellt) dessen Eigenschaft *Beschriftung* wie in Abbildung 11.10 angepassen können.

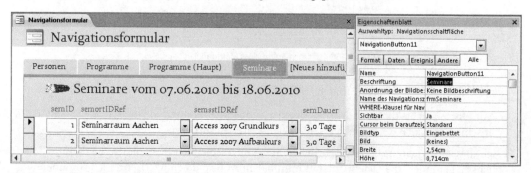

Abbildung 11.10: Die Registerbeschriftungen lassen sich im Eigenschaftsblatt verbessern

11.1 Optimieren der Benutzeroberfläche

4. In Abbildung 11.11 sehen Sie, dass ein Benutzer in der Formularansicht zwischen den verschiedenen Formularen durch einfaches Klicken auf die Register umschalten kann.

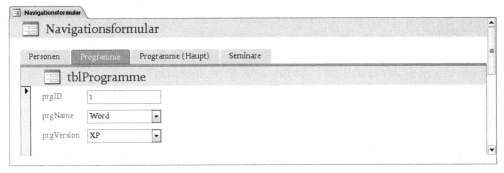

Abbildung 11.11: Auf dem Navigationsformular können Sie einfach zwischen den Formularen umschalten

Navigationsformular beim Öffnen der Datenbank anzeigen

Jetzt müssen Sie nur noch dafür sorgen, dass das Navigationsformular beim Öffnen der Datenbank auch tatsächlich automatisch angezeigt wird.

1. Öffnen Sie dazu bitte mit der Registerkarte *Datei* die Backstage-Ansicht und klicken auf *Optionen*.

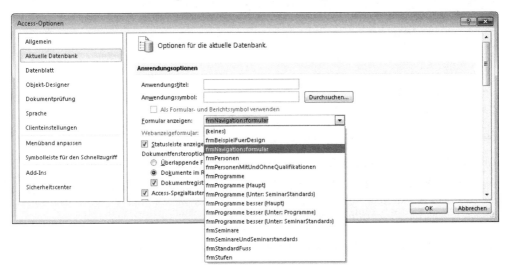

Abbildung 11.12: Die Optionen zum automatischen Aufruf eines Startformulars

2. Dort stellen Sie in der Kategorie *Aktuelle Datenbank* unter der Überschrift *Anwendungsoptionen* im Kombinationsfeld *Formular anzeigen* das eben erstellte Formular *frmNavigationsformular* ein.

3. Das Häkchen im Kontrollkästchen *Navigationsbereich anzeigen* können Sie entfernen.

   Jetzt sieht der Benutzer dieser Datenbank beim Öffnen direkt das Navigationsformular, der Navigationsbereich wird hingegen nicht mehr angezeigt. Beide Einstellungen sind an diese Datenbank gebunden, sodass andere Datenbanken weiterhin den Navigationsbereich anzeigen.

Kapitel 11   Navigation

PopUp-Formular

Das Navigationsformular eignet sich ideal zur Anzeige normaler Arbeitsdaten, aber weniger zur Auswahl etwa von Filtereinstellungen, die in der Datenbank gelten sollen. Das würde zu viel Platz benötigen und ist daher besser auf einem eigenen Formular untergebracht.

1. Klicken Sie auf der Registerkarte *Erstellen* in der Gruppe *Formulare* auf das Symbol *Leeres Formular* und zeigen Sie das so erstellte Formular in der Entwurfsansicht an.

2. Dann klicken Sie in der Registerkarte *Entwurf* in der Gruppe *Steuerelemente* auf *Bild einfügen*, wo das bereits einmal benutzte *Compasz*-Bild in der Bildergalerie angeboten wird. Fügen Sie es in den Detailbereich ein.

3. Zusätzlich erhält das Formular das Kombinationsfeld *cmbAnzeigen*, dessen Eigenschaft *Aktiviert* allerdings direkt auf *Nein* gestellt wird, da es noch nicht funktionsfähig ist. Oben rechts fügen Sie noch das Kombinationsfeld *cmbOrte* ein, das folgende Eigenschaften hat:

   - Die *Spaltenanzahl* steht auf 2
   - Die *Spaltenbreiten* sind auf 0cm;4cm eingestellt; die *Listenbreite* dazu passend auf 4cm
   - Als *Herkunftstyp* geben Sie *Tabelle/Abfrage* an und als *Datensatzherkunft* die Tabelle *tblOrte*
   - Die Eigenschaft *Nur Listeneinträge* stellen Sie auf *Ja* und die Eigenschaft *Wertlistenbearbeitung zulassen* auf *Nein*

   Mit diesen Einstellungen zeigt das ungebundene Kombinationsfeld *cmbOrte* alle in der Datenbank vorgesehenen Orte in der Liste an.

Abbildung 11.13: Die Entwurfsansicht für das Formular *frmStart*

4. Unterhalb des Kombinationsfeldes *cmbOrte* erhält das Formular noch ein Textfeld *edtInfo*, dessen Eigenschaften *Aktiviert* auf *Nein* und *Gesperrt* auf *Ja* stehen müssen. Für die Eigenschaft *Steuerelementinhalt* tragen Sie die Formel =DomAnzahl("*";"tblSeminare") ein. Dies ist eine so genannte *Domänenfunktion*, mit der wir uns gleich noch ausführlicher beschäftigen werden.

   Das Formular präsentiert sich derzeit wie in Abbildung 11.14 mit einer Auswahlliste für alle Orte und der Gesamtanzahl der Datensätze in der Tabelle *tblSeminare*, nämlich 11.

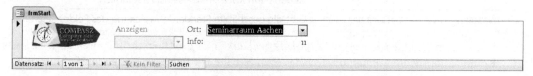

Abbildung 11.14: Die Formularansicht für das Formular *frmStart*

11.1 Optimieren der Benutzeroberfläche

Im Textfeld *edtInfo* wird bereits eine der Domänenfunktionen benutzt, deren Namen alle mit *Dom* beginnen. Wie hier geschehen, können Sie mit diesen Funktionen den Inhalt einer Tabellenspalte für eine bestimmte Gruppe von Datensätzen auswerten. Ihre allgemeine Syntax lautet:

=DomXYZ(Feldname, Domäne[, Kriterien])

Da in Domäne nur der Name einer Tabelle oder einer Auswahlabfrage (keine Parameterabfrage) stehen darf, jedoch keine *SELECT*-Anweisung, können Sie mit dem dritten, optionalen Argument Kriterien die untersuchten Datensätze einschränken. Tabelle 11.1 gibt Ihnen einen Überblick über die verschiedenen Domänenfunktionen, von denen die meisten die Funktionalität der Aggregatberechnungen in Gruppierungsabfragen widerspiegeln.

Tabelle 11.1: Überblick über die Domänenfunktionen (Alle Funktionen besitzen die oben beschriebene Syntax!)

Funktion	englischer Name	Beschreibung
=DomAnzahl()	=DCount()	Gibt die Anzahl der Datensätze aus der *Domäne* (Tabellen- oder Abfragename) zurück; falls vorhanden, unter Berücksichtigung der *Kriterien* (entspricht einer WHERE-Klausel). Nur bei *DomAnzahl* ist als *Feldname* ein Sternchen (»*«) zulässig, es ist sogar dringend zu empfehlen, weil sonst Felder mit Null-Werten nicht mitgezählt werden!
=DomSumme()	=DSum()	Gibt die Summe der Zahlenwerte aus *Feldname* zurück. Das Feld *Feldname* muss vom Datentyp *Zahl* sein.
=DomMittelwert()	=DAvg()	Gibt den Mittelwert der Zahlenwerte aus *Feldname* zurück. Das Feld *Feldname* muss vom Datentyp *Zahl* sein.
=DomMin()	=DMin()	Gibt den kleinsten der Werte aus *Feldname* zurück
=DomMax()	=DMax()	Gibt den größten der Werte aus *Feldname* zurück
=DomErsterWert()	=DFirst()	Soll den ersten Wert aus *Feldname* für die *Domäne* unter Berücksichtigung eventuell vorhandener *Kriterien* und der Sortierung oder (laut Hilfe) einen zufälligen Wert zurückgeben. Gibt aber immer den physikalisch ersten Tabelleneintrag zurück und ist daher wertlos.
=DomLetzterWert()	=DLast()	Soll den letzten Wert aus *Feldname* für die *Domäne* unter Berücksichtigung eventuell vorhandener *Kriterien* und der Sortierung oder (laut Hilfe) einen zufälligen Wert zurückgeben. Gibt aber immer den physikalisch letzten Tabelleneintrag zurück und ist daher wertlos.
=DomWert()	=DLookup()	Gibt einen konkreten Wert für *Feldname* für die *Domäne* unter Berücksichtigung eventuell vorhandener *Kriterien* zurück. Da hier typischerweise ein bestimmter Datensatz gesucht wird, ist die Angabe von *Kriterien* fast selbstverständlich.
=DomStAbw(), =DomStAbwn()	=DStDev() =DStDevP()	Gibt die geschätzte Standardabweichung des Feldes *Feldname* für die *Domäne* unter Berücksichtigung eventuell vorhandener *Kriterien* zurück. Die *DomStAbw*-Funktion wertet eine Stichprobe der Population aus, die *DomStAbwn*-Funktion die Population.
=DomVarianz() =DomVarianzen()	=DVar() =DVarP()	Gibt die geschätzte Varianz von Werten des Feldes *Feldname* für die *Domäne* unter Berücksichtigung eventuell vorhandener *Kriterien* zurück. Die *DomVarianz*-Funktion berechnet die Varianz für eine Stichprobe der Population, die *DomVarianzen*-Funktion die Population.

Kapitel 11   Navigation

Einsatz der Domänenfunktionen

Da auf dem Startformular nicht die Gesamtanzahl aller Seminare angezeigt werden soll, sondern nur die Seminare berücksichtigt werden sollen, die an dem im Kombinationsfeld *cmbOrte* ausgewählten Veranstaltungsort stattfinden, muss in den Kriterien auf diesen Ort Bezug genommen werden.

1. Ändern Sie die Formel in der Eigenschaft *Steuerelementinhalt* deshalb bitte wie folgt ab:

   =DomAnzahl("*"; "tblSeminare"; "[semortIDRef] = " & cmbOrte)

   Dadurch wird der aktuelle Wert der gebundenen Spalte von *cmbOrte*, also das Feld *ortID*, als Filter für die Domänenfunktion genutzt. Dieser Filter wird bei einer Änderung des Kombinationsfelds automatisch aktualisiert. Die Ähnlichkeit mit einer Parameterabfrage ist nicht ganz zufällig, Sie werden später sehen, was sich aus dieser Konstruktion machen lässt.

Abbildung 11.15: Die Formularansicht für das Formular *frmStart* mit Domänenfunktion im Info

Wenn die Ermittlung solcher Werte schon so einfach ist, darf es auch gerne noch ein wenig informativer sein. Zu der Anzahl der für diesen Ort gemeldeten Seminare soll jetzt auch noch deren spätestes Datum angezeigt werden.

2. Erweitern Sie dazu die Formel in *edtInfo* wie folgt:

   =DomAnzahl("*"; "tblSeminare"; "[semortIDRef] = " & cmbOrte) & " Seminare bis zum " & DomMax("semStart"; "tblSeminare"; "semortIDRef = " & cmbOrte)

   Jetzt wird der Infotext im Formular *frmStart* schon deutlich umfangreicher:

Abbildung 11.16: Die Formularansicht für das Formular *frmStart* mit erweiterter Domänenfunktion im Info

Auswahlliste mit einer Union-Abfrage erweitern

Zurzeit können Sie nur immer genau einen Veranstaltungsort auswählen. Was aber machen Sie, wenn Sie alle Orte auswählen möchten, also auf die Filterfunktion verzichten wollen? Kein Problem: Dank Union-Abfragen können Sie die Daten der Tabelle beliebig erweitern!

1. Rufen Sie für die Eigenschaft *Datensatzherkunft* des Kombinationsfeldes *cmbOrte* den Abfrage-Generator auf.

2. Wechseln Sie in die SQL-Ansicht und geben Sie folgende SQL-Anweisung ein, die nun auch eine Sortierung enthält:

   SELECT "*" AS ortID, "(alle)" AS ortName
   FROM tblOrte

11.1 Optimieren der Benutzeroberfläche

```
UNION
SELECT ortID, ortName
FROM tblOrte
ORDER BY ortName;
```

Durch die erste darin enthaltene Teilabfrage werden die zwei berechneten Felder der ersten Zeile erzeugt, sodass vor allen Orten mit einer echten *ortID*-Zahl noch ein Sternchen und der Eintrag *(alle)* angezeigt wird.

ortID	ortName
*	(alle)
9	Besprechungszimmer Blankenese
5	Seminarraum Aachen
3	Seminarraum Berlin
1	Seminarraum Hamburg
4	Seminarraum Köln
2	Seminarraum München
6	Vortragssaal London
7	Vortragssaal Paris
8	Vortragssaal Rom

Abbildung 11.17: Das Ergebnis der Union-Abfrage

Wie Sie sich sicherlich noch erinnern, können Sie in einer Union-Abfrage ohne Bedenken Datentypen mischen, wie es hier gerade geschieht. Sie müssen nur aufpassen, dass auch die Domänenfunktionen mit dem neuen Datentyp zurechtkommen. Die linksbündige Ausrichtung des Feldes *ortID* zeigt nämlich, dass es sich jetzt in diesem Kombinationsfeld (nicht in der zugrunde liegenden Tabelle!) um ein Textfeld handelt.

Also müssen Sie es auch in den Kriterien wie ein Feld des Datentyps *Text* behandeln. Textwerte müssen für Vergleiche in Anführungszeichen stehen, was hier wegen der ohnehin vorhandenen Anführungszeichen ein wenig lästig ist und daher durch – ebenfalls zulässige – Hochkommata ersetzt wird. Dafür erlauben Textfelder die Verwendung des *Wie*-Operators, der hier in englischer SQL-Syntax als *LIKE* geschrieben werden muss.

3. Ändern Sie die Formel für das Textfeld *edtInfo* daher folgendermaßen ab (auch hier sind die Änderungen gegenüber der vorherigen Version wieder fett markiert):

```
=DomAnzahl("*"; "tblSeminare"; "[semortIDRef] LIKE '" & cmbOrte & "'") & " Seminare bis zum " &
DomMax("semStart"; "tblSeminare"; "semortIDRef LIKE '" & cmbOrte & "'")
```

Jetzt können Sie auf dem Formular *frmStart* mit dem Kombinationsfeld *cmbOrte* sowohl einen einzelnen Ort als auch alle gemeinsam auswählen und das Ergebnis im Textfeld *edtInfo* direkt ablesen.

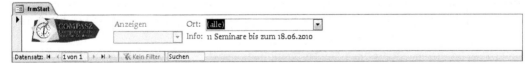

Abbildung 11.18: Das Formular *frmStart* mit komplettem Kombinationsfeld und passender Anzeige für alle Seminare

Kapitel 11   Navigation

Komfortable Parameterabfragen

Der Einsatz einer Union-Abfrage und der Zugriff auf ein Kombinationsfeld für ein Filterkriterium lassen sich auch noch in einem anderen Zusammenhang gewinnbringend kombinieren: in Parameterabfragen. Deren Benutzung war ja bisher eher mühsam, weil Sie jedes Mal das Parameter-Dialogfeld neu ausfüllen mussten.

Das wird nun viel besser, denn wir holen die Parameter einfach aus einem geöffneten Formular. Diese entscheidende Randbedingung dürfen Sie dabei nicht vergessen: Das Formular muss wirklich geöffnet sein. Die Entwurfs- oder Layoutansicht reicht nicht aus, aber das Formular darf auch minimiert sein.

Das soeben erstellte Formular hat zwar einen sehr kleinen Detailbereich, aber es blockiert trotzdem in der Vollbildansicht den ganzen Bildschirm. Sie sollten daher zuerst den Typ des Formulars ändern.

1. Ändern Sie bitte – wie schon einmal für die Wertlistenbearbeitung in *frmStufen* geschehen – die Eigenschaft *PopUp* des Formulars auf *Ja*.

2. Typischerweise werden solche PopUp-Formulare nie wirklich Datensätze anzeigen, daher können Sie die Eigenschaften *Datensatzmarkierer*, *Navigationsschaltflächen* und *Bildlaufleisten* auf *Nein* stellen. Die *Rahmenart* wird auf *Dünn* und die Eigenschaft *Verschiebbar* auf *Ja* gestellt.

3. Da die Formulargröße optimal ist, reicht für die Eigenschaft *MinMaxSchaltflächen* die Angabe *Min vorhanden*.

Mit diesen Änderungen hat das Formular in der Formularansicht folgendes Aussehen und lässt damit viel Platz für die anschließend zu erstellende Abfrage.

Abbildung 11.19: Das Formular *frmStart* als PopUp-Formular

4. Erstellen Sie nun bitte eine neue Abfrage namens *qrySeminareWieStartformular* die auf der Tabelle *tblSeminare* basiert. Die Abfrage soll alle Felder enthalten, verwenden Sie dazu das Sternchen.

5. Zusätzlich benötigt die Abfrage das Feld *semortIDRef*, welches aber nicht ein zweites Mal angezeigt werden soll, da es nur als Filter dient. Hier tragen Sie als Kriterium eigentlich etwas Ähnliches wie bei der für das Feld *edtInfo* verwendeten Domänenfunktion ein. Da sich Kriterium und Kombinationsfeld aber nicht im gleichen Objekt befinden, müssen Sie das Kombinationsfeld etwas genauer beschreiben. Drücken Sie daher zur Eingabe des Kriteriums in der Zelle Strg+F2, um den Ausdrucks-Generator anzuzeigen.

6. Mit einem Klick wie im Datei-Explorer können Sie in der linken Liste des Generators die Pluszeichen vor *Formulare* und *Geladene Formulare* ausklappen und dann das immer noch geöffnete Formular *frmStart* markieren.

In der mittleren Liste wählen Sie das Kombinationsfeld *cmbOrte* aus (dank unserer Namenskonventionen können Sie hier sogar den Typ gleich erkennen!) und fügen dessen Eigenschaft *Wert* per Doppelklick auf *<Wert>* in den oberen Bereich des Ausdruck-Generators ein.

Anschließend müssen Sie im oberen Textfeld noch den Operator Wie davor setzen und sind fertig.

11.1 Optimieren der Benutzeroberfläche

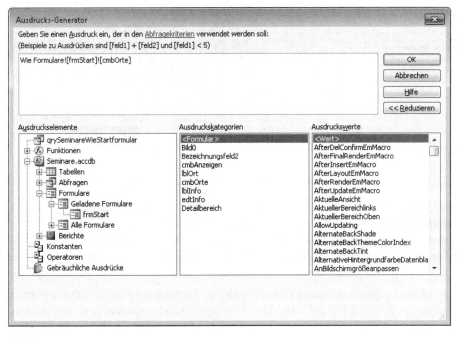

Abbildung 11.20: Der neue Ausdrucks-Generator

7. Mit *OK* übernehmen Sie den fertigen Ausdruck `Wie [Formulare]![frmStart]![cmbOrte]` in den Abfrageentwurf.

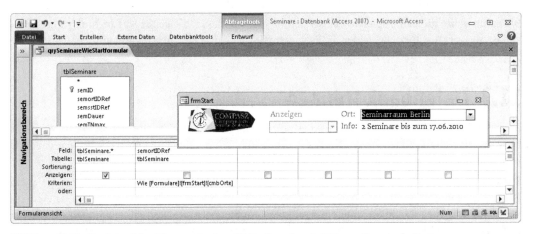

Abbildung 11.21: Der Entwurf der Abfrage *qrySeminareWieStartformular* mit sichtbarem Formular *frmStart*

In der Datenblattansicht ermittelt diese Parameterabfrage dann den Datensatz für den *Seminarraum Hamburg* ohne Rückfrage per Dialogfeld, da die *ortID* jetzt aus dem geöffneten Formular *frmStart* ausgelesen wird.

Kapitel 11 Navigation

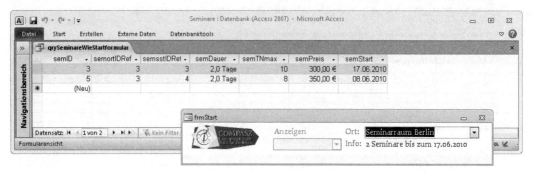

Abbildung 11.22: Die Datenblattansicht der Abfrage *qrySeminareWieStartformular* mit Formular *frmStart*

Sie probieren möglicherweise direkt aus, was eine neue Auswahl im Kombinationsfeld *cmbOrte* des Formulars *frmStart* auslöst? Nichts! Wenn Sie jetzt erwartet haben, dass die Abfrage *qrySeminareWieStartformular* automatisch aktualisiert wird, muss ich, beziehungsweise Access, Sie leider enttäuschen. Parameterabfragen kümmern sich nie darum, wenn sich nach ihrer Ausführung die Kriterien ändern.

Sie müssen die Abfrage explizit aktualisieren lassen, indem Sie beispielsweise in die Entwurfsansicht wechseln und sofort wieder zurück in die Datenblattansicht gehen. Sie können aber auch einfach auf der Registerkarte *Start* in der Gruppe *Datensätze* auf das Symbol *Alle aktualisieren* klicken. Dann passen die Ergebnisse der Abfrage wieder zur Auswahl des Kombinationsfeldes.

Eine automatische Aktualisierung erfordert den Einsatz von Makros oder VBA-Code, mit denen wir uns erst im nächsten Kapitel beschäftigen werden. Dann wird auch das Kombinationsfeld *cmbAnzeigen* funktionsfähig werden.

Bis dahin sollte dieses Beispiel vor allem demonstrieren, dass ein eigenes Startformular durchaus sinnvoll ist, da dort u.a. spezielle Felder für Parameterabfragen und zur Information enthalten sein können.

11.2 Datenbank trennen

Es bleibt noch eine Aufgabe übrig, die eher indirekt mit der Navigation zu tun hat. Wenn Sie die Datenbank zur Bedienung für mehrere Benutzer vorbereiten, können Sie fast selbstverständlich davon ausgehen, dass das nur sinnvoll ist, wenn die Access-Datei auch im Netzwerk verfügbar ist.

Sie können *Seminare.accdb* natürlich jederzeit auf einem Netzwerkpfad speichern und mit mehreren Benutzern darauf zugreifen. Dafür müssen Sie keine besondere Vorbereitung treffen, da Access netzwerkfähig ist. Aber sobald Sie einige Korrekturen am Startformular vornehmen wollen, müssen Sie die Datei blockieren, damit nicht gleichzeitig andere Benutzer versuchen, mit der Formularansicht zu arbeiten, während Sie in deren Entwurfsansicht sind.

Im sichersten Fall verschieben Sie die Datenbankdatei auf ein lokales Laufwerk, machen alle Änderungen und kopieren sie erst anschließend wieder in das Netzwerk zurück. Wenn andere Personen allerdings dringend auf die Daten oder die Arbeit mit der Datenbank angewiesen sind, ist diese Methode natürlich völlig undenkbar.

11.2 Datenbank trennen

Da das Hauptproblem darin besteht, dass die Daten und die Objekte zu deren Auswertung (also die Abfragen, Formulare und Berichte) in einer gemeinsamen Datei enthalten sind, muss die Lösung so aussehen: Alle Tabellen kommen in eine eigene Datenbankdatei (das so genannte Backend mit den Daten im Hintergrund). Die Datei *Seminare.accdb* erhält anstelle der Tabellen nur noch Verknüpfungen auf die ins Backend ausgelagerten Tabellen.

Alle Abfragen, Formulare, Berichte, Makros und Module bleiben weiterhin in *Seminare.accdb*. Diese Datei wird als *Frontend* bezeichnet, weil in ihr die Bedienung für den Benutzer enthalten ist.

1. Um den *Assistent zur Datenbankaufteilung* aufzurufen, der für Sie die Arbeit erledigen wird, klicken Sie auf der Registerkarte *Datenbanktools* in der Gruppe *Daten verschieben* auf das Symbol *Access-Datenbank*. Es erscheint das Dialogfeld aus Abbildung 11.23.

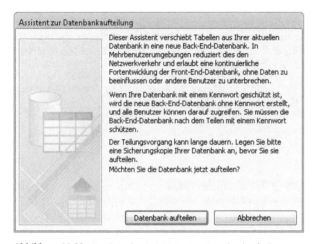

Abbildung 11.23: Der Start des Assistenten zur Datenbankaufteilung

2. Klicken Sie auf die Schaltfläche *Datenbank aufteilen* und geben Sie im nächsten Dialogfeld den Namen der Backend-Datenbank an. Als Namensvorschlag wird an den Dateinamen der geöffneten Datenbank die Endung *_be* angehängt.

3. Bestätigen Sie den Dateinamen mit der Schaltfläche *Aufteilen*. Kurze Zeit später erhalten Sie die Meldung wie in Abbildung 11.24, dass die Trennung der Datenbank abgeschlossen ist.

Abbildung 11.24: Die Datenbanktrennung ist fertig

Eine Datenbank mit verknüpften Tabellen erkennen Sie daran, dass im Navigationsbereich vor den Tabellensymbolen ein kleiner Pfeil angezeigt wird. Wenn Sie versuchen, eine solche Tabelle in der Entwurfsansicht zu öffnen, erhalten Sie folgende Fehlermeldung.

Kapitel 11 Navigation

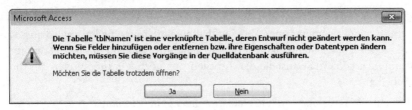

Abbildung 11.25: Die Meldung beim Versuch, eine verknüpfte Tabelle im Entwurf zu öffnen

Die Daten solcher Tabellen können Sie in vollem Umfang ändern. Sie können neue Zeilen hinzufügen oder bestehende löschen. Nur der Entwurfsmodus ist für diese Tabellen tabu. Auch für die übrige Datenbank hat sich nichts geändert, sie ist in vollem Umfang funktionsfähig.

Sie haben jetzt jedoch die Möglichkeit, eine Kopie der beiden Dateien (Frontend und Backend) an anderer Stelle zu bearbeiten, während die übrigen Benutzer im Netzwerk mit der bisherigen Version der Datenbank weiterarbeiten. Sobald Sie das Frontend korrigiert bzw. um neue Funktionen erweitert haben, kopieren Sie nur die Frontend-Datei wieder in das Netzwerk zurück.

Zwischenzeitlich geänderte Daten befinden sich ja in der Backend-Datei im Netzwerk und werden von der Kopieraktion nicht berührt. Sie haben die lokale Kopie der Backend-Datei nur angelegt, damit Sie Daten zum Testen haben.

Tabellenverknüpfungen anpassen

Im Frontend wird für jede Tabellenverknüpfung der komplette Pfad und Dateiname des Backends gespeichert, denn es können auch Verknüpfungen zu mehreren Datenbanken enthalten sein. Sobald Sie das Backend also in einen anderen Ordner schieben, findet das Frontend die Tabellen nicht mehr.

1. In diesem Fall können Sie auf der Registerkarte *Externe Daten* in der Gruppe *Importieren und Verknüpfen* auf das (sonst deaktivierte) Symbol *Tabellenverknüpfungs-Manager* klicken, um folgendes Dialogfeld anzuzeigen:

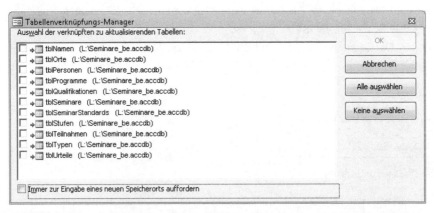

Abbildung 11.26: Der Tabellenverknüpfungs-Manager

2. Dieses Dialogfeld zeigt alle verknüpften Tabellen mit ihrem Herkunftspfad und -dateinamen. Da sich in diesem Fall alle Tabellen in der gleichen Backend-Datenbank befinden, können Sie mit der Schaltfläche *Alle auswählen* sämtliche Tabellen markieren.

3. Schalten Sie dann das Kontrollkästchen *Immer zur Eingabe eines neuen Speicherorts auffordern* ein. Das ist notwendig, damit der *Tabellenverknüpfungs-Manager* anschließend auch das Dialogfeld *Datei öffnen* zur Auswahl des geänderten Backend-Dateinamens anzeigt. Ansonsten prüft der Assistent nur, ob es die genannte Backend-Datei gibt und ist fertig. Da sich aber vermutlich in genau diesem Pfad noch die alte Backend-Datei befindet, wäre das sinnlos, denn der Pfad soll ja ausdrücklich geändert werden.

4. Klicken Sie auf *OK* und wählen Sie die neue Backend-Datei aus.

11.3 Übungen zu diesem Kapitel

In diesem Abschnitt finden Sie einige Übungen zu diesem Kapitel. Die richtigen Antworten finden Sie wie immer auf der Website *www.richtig-einsteigen.de*.

Übung 11.1

Mit welchen Möglichkeiten können Sie dem Benutzer die Bedienung der Datenbank erleichtern?

Übung 11.2

Wie legen Sie benutzerdefinierte Kategorien mit eigenen Gruppen für den Navigationsbereich an?

Übung 11.3

Mit welchem Befehl trennen Sie eine Datenbank in Backend und Frontend und warum ist diese Trennung sinnvoll?

11.4 Zusammenfassung

In diesem Kapitel haben Sie die verschiedenen Möglichkeiten kennen gelernt, die Access-Oberfläche noch bedienungsfreundlicher zu gestalten.

- Der Navigationsbereich ist geeignet, um alle Datenbankobjekte nach verschiedenen Kriterien zu gruppieren. Sie können dort auch benutzerdefinierte Kategorien mit eigenen Gruppen anlegen, um eine übersichtliche Struktur der Datenbank abzubilden.

- Ein Assistent erstellt ein eigenes Übersichtsformular, auf dem sich frei definierbare Schaltflächen für die wichtigsten Objekte oder Objektgruppen anordnen lassen. Dieses Formular kann in den Access-Optionen als automatisch angezeigtes Startformular eingetragen werden.

- Sie können auch ein beliebiges eigenes Formular im PopUp-Modus als Startformular vereinbaren und darin die wichtigsten Aufrufe als Schaltflächen oder (aus Platzgründen) in einem Kombinationsfeld hinterlegen.

Kapitel 11   Navigation

- Während das neue Navigationssteuerelement eine praktische Möglichkeit ist, mehrere Formulare auf einem Formular zu präsentieren, müssen Sie bei der Verwendung eines eigenen Startformulars alles selber erstellen. Dafür können Sie aber weitere Steuerelemente einsetzen, die zum Beispiel als Filter für Parameterabfragen dienen oder Informationen über den aktuellen Status der Datenbank bereitstellen.

- Mit einer Union-Abfrage kann zu den Daten einer solchen Filterliste ein Wert wie »alle« mit der fiktiven Nummer »*« hinzugefügt werden, um den Filter damit vorübergehend aufzuheben

- Domänenfunktionen eignen sich auf solchen Formularen dazu, Zusammenfassungen aus Daten zu errechnen, die auch in Textboxen angezeigt werden können. Sie bieten alle wesentlichen Fähigkeiten der Aggregatfunktionen, die in Gruppierungsabfragen verwendet werden.

- Auch wenn es ein nicht sichtbarer Teil der Navigation ist, gehört die Trennung der Datenbank in ein Backend mit den Tabellen und ein Frontend mit allen übrigen Elementen zur Navigation. Nur diese Aufteilung bietet die Chance, bei Mehrbenutzerdatenbanken nachträgliche Änderungen bzw. Erweiterungen an der Oberfläche und damit der Navigation vorzunehmen.

Kapitel 12

Makros

In diesem Kapitel lernen Sie

- wie sich *normale* und eingebettete Makros unterscheiden
- was Makros können und was Sie besser mit VBA lösen
- wie typische Makro-Aktionen aussehen
- wie Sie die fehlenden Funktionen im Startformular ergänzen
- wie Sie ein automatisches Makro erstellen
- wie Sie Makros übersichtlich strukturieren
- wie Sie per Makro auf Tastaturkürzel reagieren
- wie Datenmakros Tabellendaten automatisch verändern können
- wie Sie Makros in VBA-Code konvertieren lassen

12.1 Einfache Programmierung

In den beiden letzten Kapiteln dieses Buches möchte ich Ihnen die beiden Programmiersprachen von Access vorstellen: Makros und VBA (*Visual Basic for Applications*, etwa: grafisches BASIC für Anwendungen).

Makros gibt es in drei Varianten:

- *normale* Makros, die im Navigationsbereich angezeigt werden und die bereits in vorherigen Versionen von Access enthalten waren
- die mit Access 2007 eingeführten *eingebetteten* Makros, die Teil eines Formulars oder Berichts werden
- die in Access 2010 neu hinzugekommenen Datenmakros, die innerhalb von Tabellen(-zugriffen) gespeichert und ausgeführt werden

VBA-Code kann in den beiden ersten Varianten gespeichert werden:

- in einem (Standard-)Modul; damit ist er im Navigationsbereich sichtbar
- in einem Formular- oder Berichtsmodul, dessen Code Teil des Formulars bzw. Berichts ist

Allgemeine Aufgaben gehören in die *normalen* Makros oder Module, spezielle Aktionen für ein Formular oder einen Bericht sollten auch in diesen gespeichert werden. Das hat nicht nur den Vorteil, dass Sie sich bei der Programmierung einfacher auf das zugehörige Objekt beziehen können, sondern vor allem, dass die Makros oder VBA-Prozeduren automatisch mit dem Formular oder Bericht kopiert werden, wenn diese in einer anderen Datenbank eingesetzt werden.

Vorteile von Makros und VBA

Auf den bisherigen Seiten haben Sie sicherlich erfreut registriert, welche vielfältigen Fähigkeiten Access bietet, ohne dass Sie etwas programmieren müssen. Jetzt stellt sich natürlich zunächst die Frage, welche neuen Aufgaben mit Makros oder VBA gelöst werden können und welche Einsatzmöglichkeiten und Vorteile die Programmierung eigentlich bietet:

- **Befehlsfolgen** Sie können Makros und VBA benutzen, um Befehlsfolgen zu automatisieren und erreichen damit eine einfachere Bedienbarkeit. Beispielsweise öffnen Sie ein neues Formular, suchen dort einen bestimmten Datensatz und klicken dann mit der Maus in das dritte Eingabefeld. Diese Sequenz ließe sich mit einem einzigen Klick aufrufen.

- **Eingabeprüfungen und Berechnungen** Wenn eine Prüfung zu kompliziert ist, um sie mit der Eigenschaft *Gültigkeitsprüfung* vorzunehmen, wenn Sie Werte aus anderen Tabellen vergleichen müssen oder wenn Steuerelemente in Abhängigkeit der Prüfungen aktiviert bzw. deaktiviert werden sollen, helfen Makros und VBA

- **Datensicherheit** Mit Datenmakros können Sie endlich Daten in (anderen) Tabellen ändern, wenn auf einen Wert zugegriffen wird, egal ob manuell oder per Programmierung. Dadurch lassen sich komplexe Abhängigkeiten von Daten untereinander vernünftig abbilden.

- **Bedienungsfreundlichkeit** Durch die Programmierung von Schaltflächen und Kombinationsfeldern (wie z.B. auf dem im letzten Kapitel begonnenen Startformular) lassen sich komplizierte Datenbanken einfach bedienbar machen

Eines allerdings, was Sie vielleicht aus den anderen Microsoft Office-Programmen kennen, können Sie in Access nicht: Makros oder VBA-Code lassen sich in Access nicht aufzeichnen. Das ist nicht wirklich tragisch, weil sich ohnehin nur ein Bruchteil aller Programmierfähigkeiten aufzeichnen ließe, aber für den Anfang doch etwas überraschend. Sie werden allerdings gleich feststellen, dass zumindest die Erstellung von Makros gar nicht so schwierig ist.

Makros vs. VBA

Warum gibt es überhaupt zwei Programmiersprachen in Access? Und welche davon ist für welchen Anlass besser geeignet? Dazu betrachten wir am besten deren jeweilige Vor- und Nachteile:

- **Einfachheit in der Programmierung**
  - Makros werden aus einer Liste von 90 Aktionen (70 ungefährlichen plus 20 potentiell bedenklichen) ausgewählt. Andere Aktionen sind nicht möglich und können auch nicht hinzugefügt werden. Die Aktionen sind in der deutschsprachigen Version von Access deutsch benannt.
  - VBA hat schon im Kern mehrere hundert Prozeduren oder Funktionen und kann durch Verweise auf weitere Bibliotheken und durch eigene Programmierung beliebig erweitert werden. Alle Benennungen sind englisch, eigene Prozedur- und Funktionsnamen können jedoch frei benannt werden.

- **Übersichtlichkeit des Codes**
  - Makros werden in einem neuen grafischen Editor bearbeitet, der die Befehle in blau hinterlegten Blöcken zusammenfasst. Teile des Codes lassen sich ein- und ausklappen, eine abweichende Strukturierung ist nicht möglich.

- VBA wird in einem Texteditor bearbeitet, der Syntax-Highlighting (farbige Markierung verschiedener Programmierelemente), Zeilenumbruch, Blockstrukturen, Einrückungen und viele andere Hilfsmittel für ein übersichtliches, strukturiertes Programmieren unterstützt.

- **Leistungsfähigkeit**
  - Beim Erstellen von Makros sind Sie auf den Funktionsumfang der vorgefertigten Aktionen beschränkt. Was dort nicht enthalten ist, lässt sich nicht programmieren. Alle Aktionen beziehen sich auf die Datenbank und deren Objekte; es gibt beispielsweise keine Zugriffsmöglichkeit auf das Betriebssystem.
  - Mit VBA besitzen Sie den Umfang einer *richtigen* Programmiersprache. Obwohl VBA auf einer Sprache namens BASIC aus den Sechziger Jahren basiert, hat es deren begrenzte Möglichkeiten längst hinter sich gelassen. Sie können – bei Bedarf auch durch Einbindung so genannter *APIs* (*Application Programming Interfaces*, etwa: Schnittstellen zur Anwendungsprogrammierung) – alles programmieren, was Ihnen in den Sinn kommt und auf jede beliebige Stelle des Betriebssystems zugreifen.

- **Sicherheit**
  - Die Ausführung von Programmcode wird in Datenbanken automatisch blockiert, damit Viren keinen Schaden anrichten können. Dann verbleiben von den ursprünglich 90 noch 70 Aktionen, die trotzdem ausgeführt werden, weil sie als vertrauenswürdig eingestuft sind. Datenmakros werden unabhängig davon immer ausgeführt.
  - Bei der standardmäßig aktiven Blockierung von Programmcode wird in einer Access 2010-Datenbank keine einzige Zeile VBA ausgeführt. Solcher Code ist prinzipiell nicht vertrauenswürdig, da er zu viele Möglichkeiten bietet, Viren oder gefährliche Programmteile zu verstecken.

Fazit

Sie haben bei dieser Aufzählung wohl sehr deutlich gesehen, wo die Stärken und Schwächen von Makros und VBA liegen. Zusammengefasst lässt sich sagen:

- **Makros**
  - eignen sich für einfache, alltägliche Aktionen wie das Öffnen eines Formulars oder Berichts, die Navigation zu anderen Datensätzen oder den regelmäßigen Import/Export von Daten
  - enthalten meist nur wenige Aktionen, da sie sonst zu unübersichtlich werden
  - sind (zumindest teilweise) sogar in einer deaktivierten Datenbank aktiv

- **VBA**
  - ist erheblich leistungsfähiger und eignet sich auch für komplexe Aktionen
  - lässt sich auch bei mehreren hundert Zeilen Programmcode übersichtlich strukturieren
  - kann Verweise auf andere Programmbibliotheken enthalten
  - wird zum Schutz vor Viren möglicherweise automatisch deaktiviert

Wenn Sie erst beim Schreiben eines Makros feststellen, dass Sie das Problem doch besser in VBA lösen sollten, können Sie das Makro übrigens einfach in VBA konvertieren lassen. Aber bevor ich auf diese Möglichkeit näher eingehe, sollten wir erst einmal ein Makro schreiben!

Kapitel 12   Makros

Makros erstellen

Es ist gute Tradition, dass das erste Programm, das man in einer neuen Programmiersprache erstellt, einfach nur den Text »Hello World!« auf dem Bildschirm ausgibt. Ich möchte mich dieser Tradition anschließen, da der zugehörige Quellcode sehr übersichtlich ist und Sie – wenn alles klappt – die wesentlichen Elemente der Makroprogrammierung im Griff haben.

1. Klicken Sie in der Datenbank *Seminare.accdb* auf der Registerkarte *Erstellen* in der Gruppe *Makros und Code* auf das Symbol *Makro*, um den Entwurf eines neuen Makros zu beginnen. Das neue Makro wird im Navigationsbereich zu sehen sein, es ist also ein *normales* und kein eingebettetes Makro.

2. Damit der Text »Hello World!« auf dem Bildschirm erscheint, wählen Sie die Aktion *Meldung* aus. Sie können dies wie in Abbildung 12.1 machen, indem Sie die Anfangsbuchstaben **me** eingeben und dann das durch die so genannte *AutoErgänzung* angezeigte Schlüsselwort *Meldungsfeld* mit der Eingabetaste bestätigen.

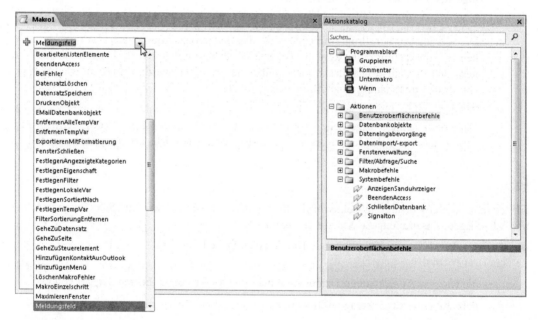

Abbildung 12.1: Der Entwurfsbereich für ein neues Makro

Nachdem Sie eine Aktion ausgewählt haben, werden im blauen Block automatisch die zugehörigen Argumente eingeblendet. Einige, wie z.B. *Typ,* haben bereits einen Standardwert, andere wie *Meldung* sind leer.

3. Geben Sie bitte für die Eigenschaft *Meldung* den Text **Hello World!** ein, aber ohne Anführungszeichen. Den *Typ* können Sie auf *Information* ändern, sodass im späteren Meldungs-Dialogfeld ein Infosymbol erscheint. Als *Titel* tragen Sie beispielsweise **Mein erstes Makro** ein.

12.1 Einfache Programmierung

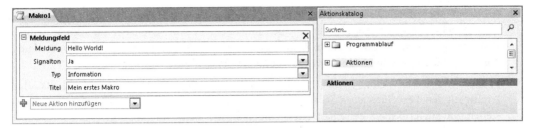

Abbildung 12.2: Die Argumente für die Aktion *Meldung*

4. Da ein Makro immer gespeichert werden muss, bevor es aufgerufen werden kann, geben Sie ihm jetzt den Namen **macHelloWorld**. (Das Präfix *mac* steht dabei für macro.)

5. Jetzt können Sie das Makro auf der Registerkarte *Entwurf* in der Gruppe *Tools* mit einem Klick auf das Symbol *Ausführen* starten und sehen dann das Dialogfeld aus Abbildung 12.3.

Abbildung 12.3: Das per Makro erzeugte Dialogfeld

Eine solche Meldung ist modal, das heißt, Access wartet mit jeder weiteren Aktion darauf, dass der Benutzer dieses Dialogfeld mit *OK* bestätigt. Sie können daher, solange das Dialogfeld angezeigt wird, nichts anderes mehr (in Access) anklicken.

Formulare per Makro bedienen

Das war nun natürlich noch ein eher sinnfreies Makro zum Üben. Das nächste Makro soll nun eine in der täglichen Praxis häufig vorkommende Datenbankaufgabe lösen: das Anlegen eines neuen Datensatzes in einem Formular.

Am besten überlegen Sie sich zunächst, welche Schritte das Makro im Einzelnen ausführen soll:

- Das Formular *frmPersonen* soll geöffnet werden
- im Formular soll zum neuen Datensatz gesprungen und
- das Ende des Makros mit einer Meldung angezeigt werden.

Das neue Makro wird dementsprechend drei Aktionen enthalten, deren Namen Sie noch finden müssen. Diese Aktionen sind in der Liste zwar alphabetisch, aber auch hierarchisch geordnet. Sie finden das Öffnen eines Formulars zum Beispiel nicht unter dem Buchstaben F wie *Formular...*, sondern unter dem Anfangsbuchstaben des Verbs. Das hat den Vorteil, dass alle *Öffnen*-Aktionen gemeinsam unter Ö stehen und leicht gefunden werden können.

1. Schließen Sie also bitte den aktuellen Makroentwurf und erstellen Sie ein neues Makro.
2. Wählen Sie als erste Aktion *ÖffnenFormular*. Für diese Aktion ist als einziges noch anzugebendes Argument der *Formularname* erforderlich. Sie können das gewünschte Formular *frmPersonen* aus der DropDown-Liste auswählen. Die übrigen Argumente lassen Sie unverändert.

Kapitel 12 Makros

3. Im zweiten Schritt soll das Makro einen neuen Datensatz anlegen, also wechseln Sie zur Liste unter dem aktuellen blauen Block mit dem grünen Pluszeichen davor. Die passende Aktion heißt *GeheZuDatensatz*, wobei Sie das Argument *Datensatz* von *Nächster* auf *Neuer* ändern müssen. Auch hier können Sie die Einstellung der anderen Argumente übernehmen.

4. Schließlich soll eine *Meldungsfeld*-Aktion das Ende des Makros ankündigen. Sie erhält als *Meldung*-Argument den Text *Bitte geben Sie eine neue Person ein*. Der *Typ* bleibt dieses Mal auf *Ohne Symbol* stehen und auch für die Eigenschaft *Titel* nehmen Sie hier keine Eingabe vor.

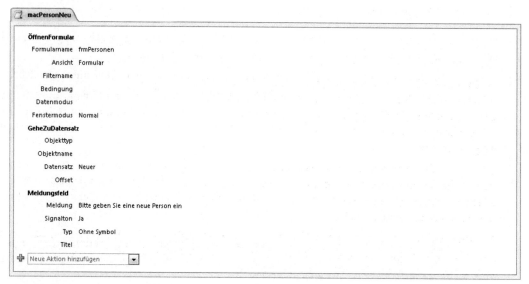

Abbildung 12.4: Das Makro *macPersonNeu* in der Entwurfsansicht

5. Speichern Sie das Makro unter dem Namen **macPersonNeu**, damit es ausgeführt werden kann.

6. Anschließend können Sie es mit dem Symbol *Ausführen* starten, sodass die drei Aktionen durch einen einzigen Klick ausgelöst werden.

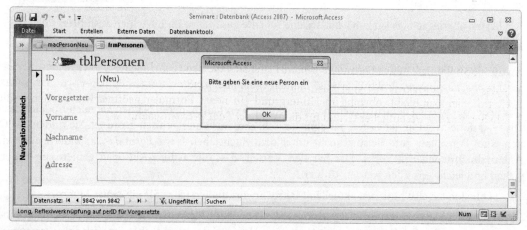

Abbildung 12.5: Das Makro *macPersonNeu* hat einen neuen Datensatz in *frmPersonen* vorbereitet

Makro per Schaltfläche aufrufen

Das Makro selber mag für eine Datenbank sinnvoll sein, sein Aufruf hingegen ist noch nicht optimal. Sie wollen Ihren Benutzern schließlich nicht zumuten, vom Makroentwurf aus das *Ausführen*-Symbol anzuklicken! Alternativ können Sie ein Makro auch durch einen Doppelklick auf seinen Namen im Navigationsbereich ausführen, aber eine echte Alternative ist auch das nicht.

In der Praxis werden die meisten Makros von einem Formular aus gestartet, indem dort eine Schaltfläche angeklickt wird, die dann das Makro aufruft. Damit ist das Makro für den Benutzer ausreichend gekapselt, sodass er weder den Namen noch gar die Entwurfsansicht des Makros zu sehen bekommt.

1. Öffnen Sie in der Datenbank *Seminare.accdb* das im letzten Kapitel angelegte Formular *frmStart* in der Entwurfsansicht und fügen Sie eine Schaltfläche wie in Abbildung 12.6 ein.

2. Auch wenn es für die Makroprogrammierung eher unerheblich ist, sollten Sie sich trotzdem angewöhnen, solche Steuerelemente direkt richtig zu benennen, nach unserer Namenskonvention also **btnPersonNeu**. Für die Eigenschaft *Beschriftung* tragen Sie bitte **Neue Person...** ein. Die drei Punkte signalisieren – wie unter Windows-Oberflächen üblich – dass von der Schaltfläche ein Dialogfeld aufgerufen wird.

3. Jetzt muss die Schaltfläche noch wissen, bei welchem Ereignis sie welches Makro aufrufen soll, denn Schaltflächen reagieren nicht nur auf einen Klick. Wenn Sie hier einmal ausnahmsweise im Eigenschaftenblatt auf die Registerkarte *Ereignis* umschalten, sehen Sie alle Ereignisse dieses Steuerelementtyps auf einen Blick.

4. Sie können für das Ereignis *Beim Klicken* aus einer Auswahlliste den Eintrag *[Ereignisprozedur]* (das wäre aber eingebetteter VBA-Code) oder eines der gespeicherten Makros auswählen. Markieren Sie hier bitte den Listeneintrag *macPersonNeu*.

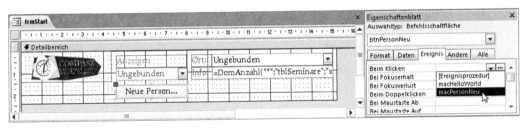

Abbildung 12.6: Für das Ereignis *Beim Klicken* wird ein Makro ausgesucht

In der Formularansicht des Formulars *frmStart* lässt sich die neue Schaltfläche anklicken und startet das Makro *macPersonNeu*. Praktischerweise handelt es sich bei *frmStart* um ein PopUp-Formular, sodass es weiterhin sichtbar bleibt, obwohl im Hintergrund ein neues Formular geöffnet wurde. Genau dieses Verhalten war ein wesentlicher Grund für die Wahl der *PopUp*-Eigenschaft.

Kombinationsfelder in Makros ansprechen

Natürlich ist es nicht sehr praktisch, für jedes Formular eine eigene Schaltfläche anzulegen, da wäre das Startformular bald überfüllt. Daher kommt jetzt das bisher deaktivierte Kombinationsfeld *cmbAnzeigen* zum Einsatz, das wir bereits im letzten Kapitel mit einem Hinweis auf die noch fehlende Programmierung angelegt haben.

1. Zuerst müssen im Kombinationsfeld einige Werte angezeigt werden, also ändern Sie für das Steuerelement *cmbAnzeigen* bitte folgende Eigenschaften:

   - Bei *Datensatzherkunft* tragen Sie **frmProgramme;frmPersonen;frmSeminare;frmStufen** ein
   - Ändern Sie den *Herkunftstyp* auf *Wertliste* und die Eigenschaft *Nur Listeneinträge* auf Ja. Die Eigenschaft *Wertlistenbearbeitung zulassen* belassen Sie auf *Nein*.
   - Damit das Kombinationsfeld überhaupt angeklickt werden kann, müssen Sie seine Eigenschaft *Aktiviert* wieder auf *Ja* stellen

   Das Kombinationsfeld zeigt nun eine Liste der gespeicherten Namen einiger Formulare an:

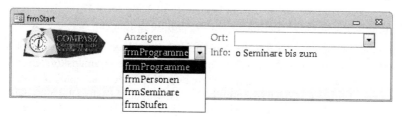

Abbildung 12.7: Die Anzeige der Formularnamen im Kombinationsfeld *cmbAnzeigen*

Um wieder in die Entwurfsansicht zu wechseln, machen Sie am besten einen Rechtsklick auf den Formularhintergrund und wählen im Kontextmenü den Befehl *Entwurfsansicht*.

2. Jetzt markieren Sie bitte das Steuerelement *cmbAnzeigen* und klicken bei seiner Eigenschaft *Beim Klicken* auf die Schaltfläche mit den drei Punkten. Da Sie vorher keinen Eintrag der Liste gewählt haben, erscheint automatisch das folgende Dialogfeld:

Abbildung 12.8: Die Auswahl der Programmierung oder Berechnung

3. Wählen Sie dort den Eintrag *Makro-Generator*, um ein eingebettetes Makro anzulegen. Sein Code wird Bezug auf dieses Formular nehmen und sollte daher sinnvollerweise *im* Formular gespeichert werden. Als einzige Aktion benötigen Sie *ÖffnenFormular* mit einem Argument für *Formularname*.

4. Nach Eingabe eines Gleichheitszeichens und dem Beginn des Namens bietet Access 2010 dank neuer IntelliSense-Technik direkt passende Objekte aus dem Formular an. Sie müssen also nur die ersten Zeichen von **=cmbAnzeigen** eintippen, um auf den Wert des Kombinationsfeldes zu verweisen. Die notwendigen eckigen Klammern um den Namen ergänzt Access automatisch, sobald Sie die Auswahl mit der Tabulatortaste oder einem Doppelklick auf den Namen bestätigen.

12.1 Einfache Programmierung

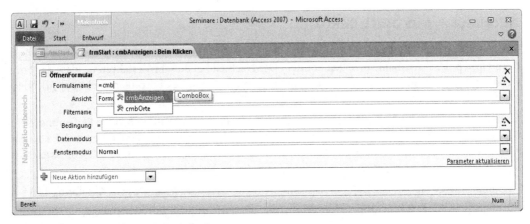

Abbildung 12.9: Das eingebettete Makro in *frmStart*

Falls Sie gerade versuchen sollten, das Makro schon mal mit dem Symbol *Ausführen* zu testen, erhalten Sie eine Fehlermeldung wie in Abbildung 12.10. Das hängt damit zusammen, dass Ihr Makro Bezug auf ein Steuerelement eines Formulars nimmt. Damit das funktioniert, muss das betreffende Formular jedoch geöffnet sein. Während der Bearbeitung eines eingebetteten Makros ist es jedoch zwangsläufig nur in der Entwurfsansicht offen, also nicht im eigentlichen Sinne geöffnet.

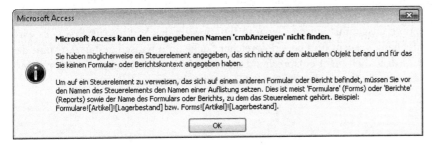

Abbildung 12.10: Die Fehlermeldung beim Start dieses eingebetteten Makros

Nach der Bestätigung dieser Meldung erscheint noch eine detaillierte Angabe zu der genauen Aktion im Makro, deren Aktion den Fehler ausgelöst hat. Dieser Hinweis ist aber meistens nicht allzu informativ (jedenfalls nicht verglichen mit dem, was Sie im Fehlerfall für VBA sehen!), daher können Sie dort auf *Alle Makros anhalten* klicken.

Wenn Sie jedoch wie geplant den Makroentwurf schließen und das Formular *frmStart* ganz normal in der Formularansicht anzeigen, können Sie dort im Kombinationsfeld einen beliebigen Formularnamen auswählen. Das betreffende Formular wird dann direkt im Hauptfenster geöffnet.

Wie Sie sehen, können Sie auch bereits geöffnete Formulare ohne Fehlermeldung erneut öffnen, sie werden dann eventuell nur noch aktiviert (das Formular *frmProgramme* verhält sich etwas abweichend, weil es ein modales Formular ist).

AutoExec – das Startmakro

In Kapitel 11 haben Sie bereits gelernt, wie Sie ein Formular mit Hilfe der Access-Optionen automatisch beim Öffnen der Datenbank anzeigen können. Der Nachteil bei diesem Verfahren ist, dass das Formular entweder nur zentriert (die Eigenschaft *Automatisch zentrieren* des Formulars steht auf *Ja*) oder links oben auf dem Bildschirm erscheint (wenn es als PopUp-Formular eingerichtet ist).

Oftmals stehen auf Formularen gerade oben die wichtigen Informationen oder Bedienungselemente; deswegen wäre es praktisch, so ein PopUp-Formular direkt in der rechten unteren Ecke zu positionieren. Diese Aufgabe lässt sich gut mit einem Makro erledigen, das sich mit Hilfe von zwei Aktionen um das Öffnen und anschließende Positionieren des Formulars kümmert.

1. Erstellen Sie bitte in der Datenbank *Seminare.accdb* ein neues Makro wie in Abbildung 12.11.
2. Fügen Sie eine Aktion *ÖffneFormular* ein, die das Startformular *frmStart* anzeigt.
3. In der zweiten Zeile stellen Sie die Aktion *VerschiebenUndGrößeÄndernFenster* ein. (Sie hieß früher *Positionieren*.) Diese Aktion bezieht sich immer auf das aktive Formular und ist daher nur sinnvoll, wenn das betreffende Formular als PopUp angezeigt wird. Da aber in der ersten Aktion gerade ein Formular geöffnet wurde, können Sie sicher sein, dass das richtige Formular positioniert wird. Die *Rechts*- und *Abwärts*-Werte der Aktion, die Sie in Abbildung 12.11. sehen können, sind durch Ausprobieren ermittelt.
4. Das Wichtigste bei diesem Makro ist sein Name: *AutoExec*. Einige von Ihnen erinnern sich möglicherweise noch an eine Datei aus uralten MS DOS-Zeiten namens *AUTOEXEC.BAT*, die beim Rechnerstart automatisch ausgeführt wurde. Genauso funktioniert das Makro *AutoExec* – es wird beim Öffnen der Datenbank gesucht und bei erfolgreicher Suche automatisch gestartet. Damit das funktioniert, darf es ausdrücklich nicht entsprechend unseren Namenskonventionen benannt werden, sondern muss genau so heißen, wobei die Groß-/Kleinschreibung unerheblich ist.

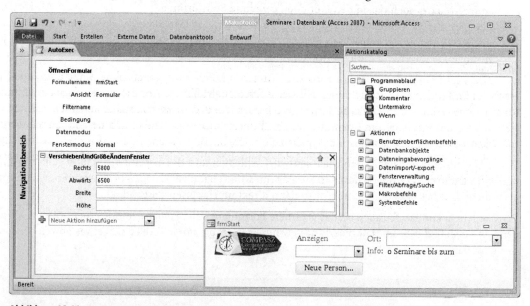

Abbildung 12.11: Die Aktionen im Makro *AutoExec* und das dadurch rechts unten positionierte Formular

12.2 Makro zum Aufräumen

Hinweis: Maßeinheiten sind falsch

Obwohl die Hilfe behauptet, die »Maße werden in Abhängigkeit von den regionalen Einstellungen in der Systemsteuerung in Zoll oder Zentimeter gemessen«, ist das neuerdings falsch. Offensichtlich werden inzwischen Twips erwartet, eine schon lange intern benutzte Access-Größeneinheit (1 Zoll = 72 Punkt = 1440 Twips bzw. 1 cm entspricht ca. 567 Twips, **softlink db1201**).

5. Sie können das Makro speichern und sofort mit dem Symbol *Ausführen* starten. Dann erscheint das Startformular irgendwo unten rechts.

6. Jetzt können Sie die Werte für die Aktion *VerschiebenUndGrößeÄndernFenster* ein wenig ändern, das Makro speichern und direkt wieder ausführen, ohne das Startformular zu schließen. So lässt sich die beste Position schnell ermitteln.

7. Zum Schluss sollten Sie natürlich noch prüfen, ob das Makro auch wie versprochen beim Start der Datenbank automatisch ausgeführt wird. Schließen Sie dazu die Datenbank und öffnen Sie sie direkt wieder.

Tatsächlich wird nun mit dem Öffnen der Datenbank direkt das Formular *frmStart* an der gewünschten Position unten rechts auf dem Bildschirm sichtbar. Sie sollten jedoch bedenken, dass das Navigationsformular durch eine andere Methode angezeigt wird, was zu Verwirrung führen könnte.

Einschränkungen des AutoExec-Makros

Leider hat dieses Konzept zwei Einschränkungen, auf die ich wenigstens hinweisen möchte, auch wenn sie bewusst so in Access eingerichtet wurden:

- Wenn Sie beim Öffnen der Datenbank die Umschalttaste gedrückt halten, werden weder ein *AutoExec*-Makro noch das in den Optionen genannte Startformular ausgeführt. Das ist Absicht, denn ein fehlerhaftes *AutoExec*-Makro könnte Sie sonst aus der Datenbank aussperren. Damit haben Sie als Entwickler eine Chance, den Fehler zu reparieren, aber diesen Zugang hat natürlich auch jeder normale Benutzer, der diesen *Trick* kennt.

- Die *VerschiebenUndGrößeÄndernFenster*-Angaben können nur als absolute Maße angegeben werden und nicht als prozentuale Anteile der Bildschirmgröße. Wenn Sie als Entwickler einen großzügig bemessenen Bildschirm besitzen und der Benutzer die Datenbank später auf einem kleinen Laptop verwendet, liegt das Formular im schlimmsten Fall sogar außerhalb des sichtbaren Bereichs und ist dann mit der Maus nicht mehr zu erreichen. Dieses Manko ließe sich nur mit umfangreicherem VBA-Code lösen, der anhand der ermittelten Bildschirmauflösung und -größe die passenden Werte errechnet.

12.2 Makro zum Aufräumen

Früher oder später – nämlich bei der Arbeit mit VBA – werden Sie bei längeren Aktionen einige Teile des Bildschirms deaktivieren, damit Ihr Code schneller abläuft oder das Umschalten zwischen Elementen unsichtbar bleibt. Wenn Ihr Code dann allerdings wegen eines Fehlers anhält und Sie die weitere Ausführung abbrechen, bleiben diese Teile deaktiviert.

Kapitel 12   Makros

Die *Klassiker* sind dabei das Ausschalten der Bildschirmaktualisierung (das Öffnen und Schließen von Fenstern wird dann nicht mehr angezeigt) und die Änderung des Mauszeigers in eine Sanduhr. Dabei heißt dieser Mauszeiger weiterhin programmiertechnisch *AnzeigenSanduhrzeiger*, auch wenn unter Windows 7 ein drehender Ring angezeigt wird.

Wenn dieser Fall eintritt, können Sie nicht mehr weiterarbeiten. Daher sollten Sie mit einem passenden Makro zum Wiederherstellen eines brauchbaren Zustands vorbereitet sein.

1. Erstellen Sie bitte ein neues Makro *macAufraeumen* mit der ersten Aktion *AnzeigenSanduhrzeiger*, deren einziges Argument Sie auf *Nein* stellen.
2. Um jetzt allerdings auch die Bildschirmaktualisierung wieder aktivieren zu können, müssen Sie zuerst auf der Registerkarte *Entwurf* in der Gruppe *Einblenden/Ausblenden* mit dem Symbol *Alle Aktionen anzeigen* die nicht vertrauenswürdigen Aktionen einblenden.
3. Jetzt können Sie die Aktion *Echo* auswählen, deren *Echo*-Argument schon auf *Ja* steht.
4. Fügen Sie ruhig noch eine Meldung hinzu wie in Abbildung 12.12, damit Sie sehen, ob das Makro vollständig abgearbeitet wurde.

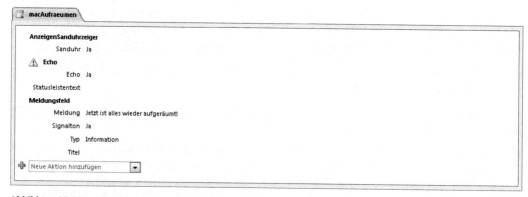

Abbildung 12.12: Die Aktionen im Makro *macAufraeumen*

Sie können dieses Makro nach dem Speichern gerne ausführen, einen großen Erfolg sehen Sie noch nicht. Selbst wenn Sie ein anderes Makro schreiben, das die Sanduhr ein- und das Echo ausschaltet, wird diese Einstellung nach dem Ablaufen des Makros von Access wieder zurückgesetzt. Bis zur Erstellung einer VBA-Prozedur, die diesen Schaden anrichten kann, müssen Sie sich also damit begnügen, dass Sie zwar eine Lösung, aber noch kein Problem haben.

> **Hinweis: Bildschirmaktualisierung ausschalten**
>
> Eine VBA-Prozedur, die ein solches Problem mit ausgeschalteter Bildschirmaktualisierung erzeugt, finden Sie übrigens in Abbildung 13.1 unter dem Namen *BlindeKuh*. Dort ist auch das VBA-Gegenstück *AllesAufraeumen* zu dem hier vorgestellten Makro *macAufraeumen* zu sehen.

Mehrere Makros gemeinsam speichern

Das führt uns direkt zur nächsten Aufgabe, denn wenn der Bildschirm keine Änderungen mehr anzeigt und die Maus nichts mehr anklicken kann, wie starten Sie dann das Makro? Nur noch per Tastatur, denn die funktioniert weiterhin.

Bevor Sie die Tastaturbelegung für diese Datenbank ändern, ist noch ein kurzer Exkurs notwendig, der sich mit Namen beschäftigt. Diesmal handelt es sich jedoch nicht um den (äußeren) Namen des ganzen Makros, sondern um die internen Namen der Untermakros.

In diesem Beispiel sollen alle Aktionen, die Formulare öffnen, in einem gemeinsamen Makro gesammelt werden.

1. Erstellen Sie bitte wiederum ein neues Makro unter dem Namen *macFormularAktionen*.
2. Klicken Sie auf der Registerkarte *Entwurf* in der Gruppe *Einblenden/Ausblenden* auf das Symbol *Aktionskatalog*. Der Katalog bietet in der Kategorie *Programmablauf* mit *Untermakro* die Zusammenfassung mehrerer Aktion unter einem Namen (früher als Makrogruppe bezeichnet) an. Sie können diese – wie übrigens alle Aktionen – per Doppelklick aus dem Aktionskatalog übernehmen.
3. Geben Sie dazu bitte die Makronamen und Aktionen wie in Abbildung 12.13 ein (die drei Aktionen des Untermakros *PersonNeu* sind übrigens identisch mit dem bisherigen Makro *macPersonNeu*). Aus Gründen der Übersichtlichkeit sind in der Abbildung einige Makroaktionen durch Klick auf deren Minus-Schaltfläche einzeilig dargestellt, sodass die Argumente in Klammern dahinter erscheinen.

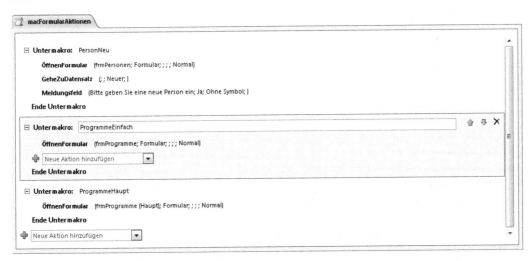

Abbildung 12.13: Die Aktionen im Makro *macFormularAktionen*

Der direkte Start einer solchen Makrogruppe *macFormularAktionen* löst nur das zufällig erste Untermakro aus und ist daher wenig sinnvoll. Stattdessen muss das gewünschte Untermakro unter Angabe beider Namen aufgerufen werden, die dazu mit einem Punkt verbunden werden (hier *macFormularAktionen.PersonenNeu*).

Kapitel 12   Makros

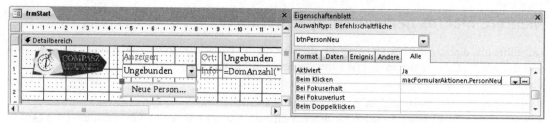

Abbildung 12.14: Die Zuweisung eines Untermakros an das Schaltflächenereignis *Beim Klicken* im Formular *frmStart*

Diese Technik sorgt zum einen für mehr Überblick durch die Zusammenfassung ähnlicher Makros und zum anderen vor allem für die notwendigen Kenntnisse, um anschließend die Tastaturbelegung von Access ändern zu können.

Tastaturbelegung ändern

Die im letzten Abschnitt genutzten Untermakros sind notwendig, damit Sie die Bezeichnungen der Tasten angeben können, deren Aufruf Ihr Makro auslösen soll. Erstellen Sie dazu ein neues Makro unter dem reservierten Namen *AutoKeys* mit einigen Meldungsaktionen wie in Abbildung 12.15.

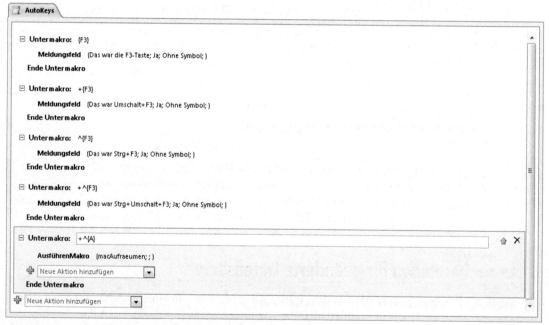

Abbildung 12.15: Einige Meldungen für verschiedene Tastenkürzel im Makro *AutoKeys*

Die Tastenkürzel selber sind hier eher beliebig ausgewählt, es geht vor allem um die Varianten. Eine Funktionstaste muss in geschweiften Klammern stehen, wie es für die F3-Taste zu sehen ist. Soll diese zusätzlich mit gedrückter Umschalt- und/oder Strg-Taste aufzurufen sein, wird das durch ein +-Zeichen bzw. ein Caret-Zeichen (^) angegeben.

Um das Caret-Zeichen einzugeben, drücken Sie erst die ^-Taste und direkt danach die Leertaste. Eine Kombination mit gedrückter Alt-Taste ist nicht zulässig. Normale Buchstaben können natürlich nicht einzeln, sondern nur in Kombination mit der Umschalt- und/oder der Strg-Taste eingesetzt werden, sonst wäre ja die Texteingabe in Datenfeldern unmöglich.

Beim Speichern weist Access direkt auf unerlaubte Kombinationen hin. Die Hilfe dazu ist leider praktisch nicht vorhanden und in der Erläuterung zur *SendKeys*-Anweisung stehen zwar mögliche Tastenbezeichnungen, viele davon sind aber nicht erlaubt – da hilft nur Ausprobieren.

In der obigen Abbildung sehen Sie in der letzten Makrozeile (Umschalt+Strg+A), wie das zuvor erstellte Makro *macAufraeumen* eingebunden werden kann. Diese Tastenkombinationen lassen sich nun immer und überall aufrufen, während diese Datenbank geöffnet ist, sie müssen nicht für einzelne Formulare vereinbart werden.

Sie sind jedoch auf diese Datenbank beschränkt und lassen sich am einfachsten deaktivieren, indem Sie das Makro *AutoKeys* umbenennen und die Datenbank dann schließen und wieder neu öffnen.

12.3 Datenmakros

Eine wirkliche Neuerung in Access 2010 sind die lange erwarteten Datenmakros, die manchmal auch als Trigger bezeichnet werden. Obwohl sie mit dem gleichen Editor bedient werden wie die *normalen* Makros, unterscheiden sie sich deutlich:

- Sie bieten andere und weniger Aktionen an
- Sie können nur als Teil eines Tabellenentwurfs gespeichert werden
- Sie sind immer aktiv, unabhängig von Freigabeeinstellungen
- Sie erlauben keine Benutzerinteraktion (also keine Meldungen oder Rückfragen)

Was hier ein wenig nach Einschränkungen klingt, birgt in Wirklichkeit große Vorteile, denn dadurch gelten Datenmakros immer als vertrauenswürdig, werden garantiert ausgeführt und zwar auch beim Zugriff per VBA, Serienbrief oder verknüpfter Tabelle. Damit lässt sich endlich das Problem lösen, dass die Seminarstandards beim Anlegen einer neuen Tabelle als Standardwert vorbesetzt werden können.

Daten nachschlagen für geänderte Datensätze

Der typische Fall für ein Datenmakro besteht in der Aufgabe, Werte in einer anderen Tabelle nachzuschlagen, um sie dann in einem geänderten Datensatz einzutragen. Der Auslöser ist das Ereignis *Vor Änderung* der Tabelle *tblSeminare*, die die Daten aus *tblSeminarStandards* holen muss.

1. Wechseln Sie in die Entwurfsansicht der Tabelle *tblSeminare* und klicken Sie in der Registerkarte *Entwurf* in der Gruppe *Feld-, Datensatz- und Tabellenereignisse* auf das Symbol *Datenmakros erstellen*. Wählen Sie im angezeigten Menü *Vor Änderung* aus wie in Abbildung 12.16.

Kapitel 12   Makros

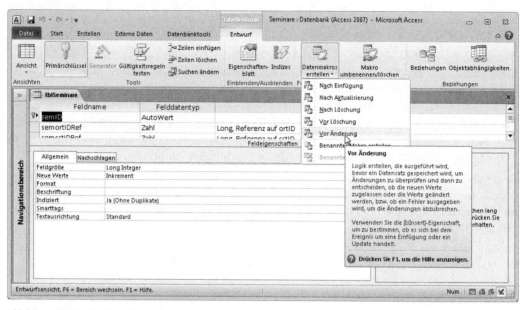

Abbildung 12.16: Hier finden Sie die Datenmakros

2. Damit beim Nachschlagen die richtige *sstID* gesucht wird, müssen Sie diese zuerst in einer lokalen Variablen speichern. Fügen Sie daher (beispielsweise per Doppelklick auf diese Aktion in den *Datenaktionen* des Aktionskatalogs) die Aktion *FestlegenLokaleVar* hinzu.

3. Als Namen für die Variable tragen Sie beispielsweise **var_sstID** ein und als Ausdruck den Feldnamen *semsstIDRef*. Wie in Abbildung 12.17 bietet die IntelliSense-Funktion dabei direkt die passenden Felder an, sodass Sie Schreibfehler vermeiden können. Der Feldname wird beim Verlassen automatisch in eckige Klammern gefasst.

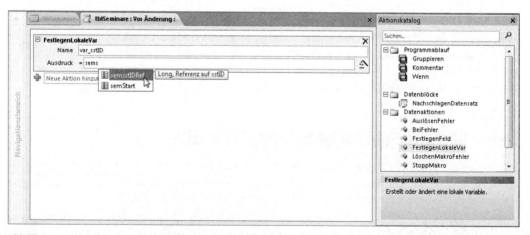

Abbildung 12.17: IntelliSense bietet direkt die passenden Felder an

4. Als nächste Aktion benötigen Sie eine *NachschlagenDatensatz*-Aktion, die Sie auch aus dem Aktionskatalog in die Liste *Neue Aktion hinzufügen* ziehen können. Wählen Sie als Argument für *Da-*

12.3 Datenmakros

tensatz nachschlagen in die Tabelle *tblSeminarStandards* mit der *Bedingung sstID = var_sstID*. Leider erkennt IntelliSense keine Variablennamen, daher müssen Sie sie komplett eintippen.

5. Um diese Tabelle anschließend besser und vor allem kürzer referenzieren zu können, vergeben Sie *SST* als *Alias*. Die folgenden Aktionen zum Zuweisen der drei nachgeschlagenen Feldwerte an je eine Variable müssen innerhalb des hellblauen Blocks stattfinden, damit das Datenmakro noch auf die Nachschlagetabelle zugreifen kann.

6. Fügen Sie darin erneut eine *FestlegenLokaleVar*-Aktion hinzu mit dem Namen *var_Preis* und dem Ausdruck *SST.[sstPreis]* wie in Abbildung 12.18.

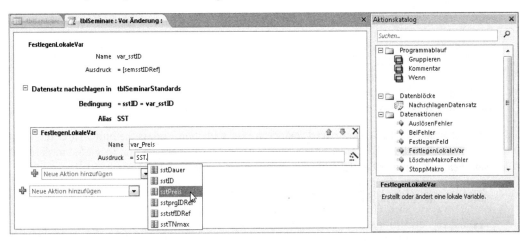

Abbildung 12.18: Die Feldwerte werden ebenfalls in Variablen gespeichert

7. Innerhalb des hellblauen Blocks müssen Sie noch zwei weitere *FestlegenLokaleVar*-Aktionen zum Zwischenspeichern der Feldwerte anlegen, wie in Abbildung 12.19 zu sehen ist. Aus Platzgründen wurden dort einige Aktionen bereits eingeklappt.

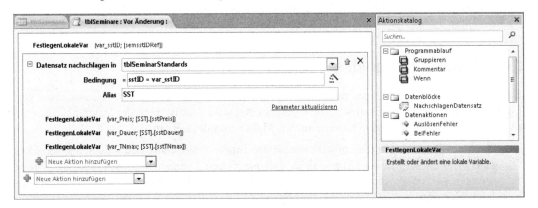

Abbildung 12.19: Drei Aktionen stehen innerhalb der *NachschlagenDatensatz*-Aktion

8. Anschließend müssen diese Variablenwerte – aber außerhalb der *NachschlagenDatensatz*-Aktion – dem aktuellen Datensatz der Tabelle *tblSeminare* wieder hinzugefügt werden. Sie sehen dies in Abbildung 12.20, wobei dort die *NachschlagenDatensatz*-Aktion eingeklappt ist.

Kapitel 12 Makros

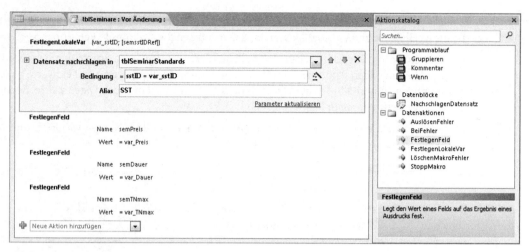

Abbildung 12.20: Drei Aktionen folgen auf die *NachschlagenDatensatz*-Aktion

9. Damit können Sie das Datenmakro speichern und schließen, sodass Sie nun wieder die Entwurfsansicht der Tabelle *tblSeminare* sehen. Speichern Sie diese ebenfalls und fügen Sie in deren Datenblattansicht ein neues Seminar hinzu. Sie sehen in Abbildung 12.21, dass mit dem Speichern des neuen Datensatzes (mit der *semID 12*) automatisch die drei Standardwerte aus der Tabelle *tblSeminarStandards* eingetragen wurden.

Abbildung 12.21: Der (markierte) neue Datensatz erhält beim Speichern automatisch die Standardwerte

Neue Datensätze melden

Da mehrere Personen Zugriff auf die Datenbank haben, möchte der Projektleiter von *Compasz* gerne informiert werden, sobald ein neues Seminar eingerichtet wird. Das ist dank der Datenmakros sehr leicht zu organisieren, denn mit ihnen können auch E-Mails versendet werden.

1. Wechseln Sie wieder in die Entwurfsansicht der Tabelle *tblSeminare* und wählen Sie dort in der Registerkarte *Entwurf* in der Gruppe *Feld-, Datensatz- und Tabellenereignisse* erneut das Symbol *Datenmakros erstellen*. Klicken Sie auf das Datenmakro *Nach Einfügung*, das nur für neue Datensätze aufgerufen wird.

> **Tipp: Neue und veränderte Datensätze unterscheiden**
>
> Während das *Nach Einfügung*-Datenmakro ohnehin nur für neue Datensätze aufgerufen wird, gilt das bei dem vorher benutzten *Vor Änderung*-Datenmakro nicht. Sie können das dort aber mit der Eigenschaft *IstEingefügt* wie in der folgenden Abbildung abfragen: ▶

340

12.3 Datenmakros

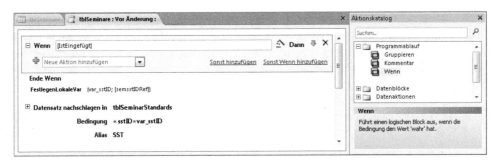

Abbildung 12.22: Die Eigenschaft *IstEingefügt* verrät, ob es sich um einen neuen Datensatz handelt

2. Für den automatischen Versand einer E-Mail benötigen Sie lediglich die Aktion *SendenEMail* mit den passenden Argumenten wie in Abbildung 12.23.

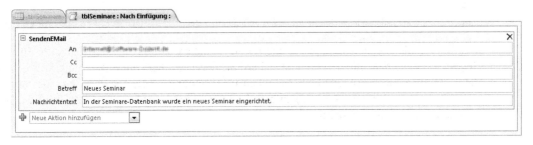

Abbildung 12.23: So versenden Sie eine E-Mail mit beliebigem Inhalt

3. Mit lokalen Variablen lässt sich der Inhalt der E-Mail auch etwas informativer gestalten, indem Sie die Daten des neuen Datensatzes nennen. Fügen Sie vor der *SendenEMail*-Aktion zwei Aktionen vom Typ *FestlegenLokaleVar* ein, die die benötigten Daten zwischenspeichern.

4. Auf deren Inhalte können Sie mit einer Formel wie =*"Daten: "* & var_sstID (oder ausführlicher, wie in Abbildung 12.24 zu sehen ist) Bezug nehmen, sodass im Ergebnis die Inhalte übermittelt werden.

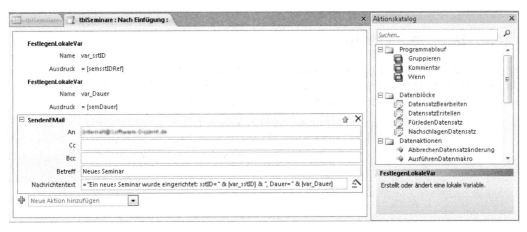

Abbildung 12.24: Die E-Mail enthält nun variable Texte

Kapitel 12   Makros

5. Beim Versenden der E-Mail durch das Speichern des neuen Datensatzes meldet sich automatisch Outlook mit der Meldung wie in Abbildung 12.25, dass möglicherweise unbefugt eine E-Mail versendet werden soll. Nachdem der grüne Balken vollständig durchgelaufen ist, müssen Sie ausdrücklich die Erlaubnis zum Versand der E-Mail erteilen.

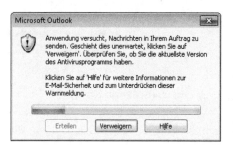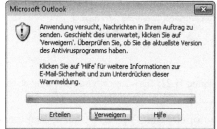

Abbildung 12.25: Outlook warnt vor der potentiellen Gefahr, dass ein Virus diese E-Mail ausgelöst hat

6. Der Empfänger findet anschließend eine E-Mail wie in Abbildung 12.26 vor, in der die Variablen durch die Werte des jeweils eingefügten Datensatzes ersetzt wurden.

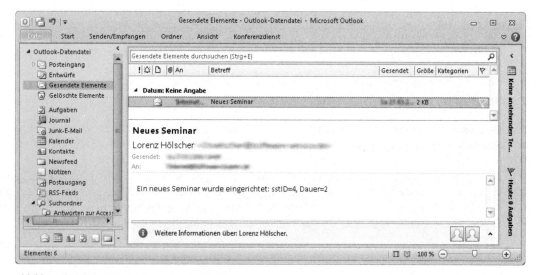

Abbildung 12.26: So sieht der Empfänger die E-Mail

Fehler in Datenmakros finden

Sie erinnern sich, dass eine der Besonderheiten von Datenmakros die fehlende Benutzerinteraktion war? Das ist mehr als lästig, wenn Fehler auftreten, denn dann gibt es nicht den üblichen Fehlerhinweis, sondern überhaupt keine sichtbare Rückmeldung.

Das ist durchaus gewollt, denn beim Datenzugriff via VBA wäre ein Meldungsfenster eine Katastrophe, die den Programmablauf komplett stoppen könnte. Damit solche Probleme trotzdem bemerkt werden, erzeugt Access eine Tabelle *USysApplicationLog*, die als Systemtabelle normalerweise unsichtbar ist. Sie müssen in den Navigationsoptionen *Systemobjekte anzeigen* anklicken, damit sie angezeigt werden kann.

12.4 Makros in VBA umwandeln

Abbildung 12.27: Die Meldungen der Datenmakros werden in der Tabelle *USysApplicationLog* gesammelt

Sie finden darin sowohl die Bezeichnung des Ereignisses *(AfterInsert* entspricht *Nach Einfügung)* als auch der Aktion *(SendenEMail* im *Context*-Feld). In der dritten Zeile wurde das Versenden der E-Mail durch den Benutzer abgelehnt, was ebenfalls protokolliert wird.

12.4 Makros in VBA umwandeln

Damit haben Sie eigentlich schon alle wesentlichen Makros gesehen. Bevor wir uns anschließend im nächsten Kapitel mit VBA beschäftigen, möchte ich Ihnen noch zeigen, wie Sie Makros in VBA-Code umwandeln lassen können, wenn Sie ein Makro um zusätzliche Funktionen erweitern wollen.

1. Wechseln Sie dazu in die Entwurfsansicht des Makros *macAufraeumen* und klicken Sie in der Registerkarte *Entwurf* in der Gruppe *Tools* auf *Makros zu Visual Basic konvertieren*.

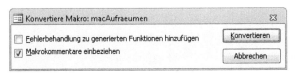

Abbildung 12.28: Die Optionen zur Konvertierung in VBA-Code

2. Sie können das Kontrollkästchen *Fehlerbehandlung zu generierten Funktionen hinzufügen* getrost deaktivieren, der dadurch erzeugte Code vergrößert die Prozedur erheblich und ist völlig unnötig. Anschließend sehen Sie nach einer letzten Bestätigungsmeldung das konvertierte Makro im VBA-Editor wie in Abbildung 12.29. Mit ihm werden wir uns im nächsten Kapitel beschäftigen.

Abbildung 12.29: Das konvertierte Makro *macAufraeumen* im VBA-Editor

12.5 Übungen zu diesem Kapitel

In diesem Abschnitt finden Sie einige Übungen zu diesem Kapitel. Die richtigen Antworten finden Sie wie immer auf der Website *www.richtig-einsteigen.de*.

Übung 12.1

Was wird in einer nicht vertrauenswürdigen Datenbank ausgeführt und was gesperrt?

Übung 12.2

Kann man in Makros Schleifen oder Bedingungen programmieren?

Übung 12.3

Wie heißt das Makro, das beim Öffnen einer Datenbank automatisch ausgeführt wird? Wie lässt sich dessen Ausführung verhindern?

12.6 Zusammenfassung

In diesem Kapitel haben Sie Makros kennen gelernt, mit denen Sie die wesentlichen Aufgaben in einer Datenbank meist gut lösen können.

- Makroaktionen können sowohl in Formularen oder Berichten eingebettet als auch in herkömmlichen Makros gespeichert sein
- Etwa ein Drittel der Makroaktionen gilt als nicht vertrauenswürdig. Makros, in denen diese Aktionen verwendet werden, lassen sich bei einer gesperrten Datenbank nicht ausführen. Die restlichen zwei Drittel stellen jedoch ausreichende Möglichkeiten zur Verfügung.
- Beim Start einer Datenbank wird nur ein Makro namens *AutoExec* automatisch ausgeführt. Das Drücken der Umschalttaste beim Öffnen der Datenbank unterbindet diesen Mechanismus. Auf diese Weise können zum Beispiel fehlerhafte *AutoExec*-Makros wieder repariert werden.

Kapitel 13

Visual Basic for Applications

In diesem Kapitel lernen Sie

- wie Sie VBA-Code bearbeiten und speichern
- wie Prozeduren sich von Funktionen unterscheiden
- wie Sie Argumente an benutzerdefinierte Prozeduren übergeben
- wie Konstanten eingesetzt werden
- wie Sie die Hilfe zu den integrierten Prozeduren nutzen können
- wie Sie mit VBA Daten ändern können
- wie synchronisierte Formulare die passenden Daten anzeigen
- wie Kombinationsfelder voneinander abhängig gefüllte Listen präsentieren
- welche Ereignisse wann auftreten
- wie Sie Benutzeraktionen in Abhängigkeit von Daten einschränken
- wie Sie den Code mit Pseudoumbrüchen lesbarer machen
- wie Sie ähnliche Datensätze schon während der Eingabe anzeigen können
- mit welchen Möglichkeiten Sie Benutzereingaben protokollieren

13.1 Komfortable Programmierung

Nachdem Sie bereits die *kleine Schwester* in der Programmierung, die Makroerstellung, kennen gelernt haben, wird sich dieses Kapitel mit der ausgewachsenen Programmiersprache VBA (Visual Basic for Applications) beschäftigen. Wegen des großen Funktionsumfangs – und damit die Programmierumgebung bei allen Office-Programmen weitgehend identisch ist – gibt es für VBA ein eigenes Hilfsprogramm, den VBA-Editor.

Sie können den VBA-Editor von Access auf verschiedene Arten aufrufen:

- mit dem Tastenkürzel Alt+F11, das auch wieder vom VBA-Editor zu Access zurückführt
- durch Erzeugung eines neuen Moduls per Klick auf das Symbol *Modul*, das sich auf der Registerkarte *Erstellen* in der Gruppe *Makros und Code* befindet
- indem Sie auf der Registerkarte *Datenbanktools* in der Gruppe *Makro* auf das Symbol *Visual Basic* klicken

Kapitel 13 Visual Basic for Applications

Das Fenster des VBA-Editors

Sie sehen anschließend ein fast eigenständiges Programm (das allerdings beim Beenden von Access automatisch geschlossen wird) zur Bearbeitung des VBA-Codes. Der Code selber ist trotzdem immer in der *.accdb-Datei enthalten und kann auch nur aus dieser heraus ausgeführt werden.

Der VBA-Editor besteht aus mehreren angedockten Fenstern und enthält auch noch die früher üblichen Symbolleisten. In Abbildung 13.1 sehen Sie eine typische Anordnung der Fenster, wobei dort auch schon etwas Beispielcode im *Modul1* enthalten ist.

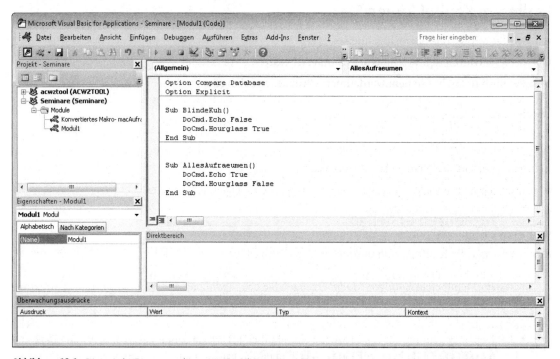

Abbildung 13.1: Die typische Fensteranordnung im VBA-Editor

Links oben sehen Sie den so genannten *Projekt-Explorer* (Aufruf mit Strg+R oder über das Menü *Ansicht),* der alle geöffneten Dateien und die darin enthaltenen Objekte anzeigt. Wie Sie sehen, ist tatsächlich nicht nur die Datenbank *Seminare.accdb* geöffnet, sondern auch noch der Assistent (*acwztool.accde*, Access Wizard-Tool). Viele der in Access angezeigten (scheinbaren) Dialogfelder sind nämlich in Wirklichkeit PopUp-Formulare, die von solchen Hintergrunddatenbanken erzeugt werden.

Innerhalb einer Datei, deren Dateiname in den Klammern ohne Endung steht, sind die enthaltenen Elemente in Gruppen zusammengefasst. Demnächst sehen Sie hier noch die Gruppe *Microsoft Office Access Klassenobjekte*, damit sind VBA-Module in Formularen und Berichten gemeint.

Alle *echten* Module, deren Name dann auch im Navigationsbereich in Access erscheint, sind in der Gruppe *Module* aufgeführt, die durch einen Klick auf das Pluszeichen ausgeklappt werden kann. Das im letzten Kapitel in ein Modul konvertierte Makro ist hier ebenso zu sehen wie das mit dem Menübefehl *Einfügen/Modul* neu angelegte *Modul1*.

Wenn Sie den Namen eines Moduls anklicken, zeigt das Eigenschaften-Fenster unten links dessen Eigenschaften, die bei Access jedoch ziemlich spärlich ausfallen. Das Eigenschaftenfenster wird vor allem in den anderen Microsoft Office-Programmen benötigt, bei denen nur der VBA-Editor einen Formulardesigner enthält, der hier schon in Access selbst integriert ist.

Ein Doppelklick auf einen Modulnamen öffnet den zugehörigen Code im oben rechts stehenden Modulfenster. Sie können immer in der obersten Titelleiste des VBA-Editors lesen, welchen Code Sie gerade sehen.

Das Modulfenster erlaubt neben der Eingabe der Befehle auch die sofortige Überprüfung auf syntaktische Richtigkeit. Sie können diese Überprüfung im Menü *Extras/Optionen/Editor* mit dem Kontrollkästchen *Automatische Syntaxüberprüfung* ein- oder ausschalten. Anders als die Bezeichnung vermuten lässt, wird dabei keineswegs die Syntaxüberprüfung abgeschaltet, sondern bloß die lästige Meldungsbox unterdrückt. Die Zeilen mit Syntaxfehlern werden weiterhin rot gefärbt.

Wie Sie im Bild sehen können, werden verschiedene Prozeduren durch einen Trennstrich voneinander abgesetzt. Sie könnten das auf die Anzeige einer einzigen Prozedur je Bildschirm einschränken, wenn Sie die kleinen Schaltflächen direkt über dem Fenster *Direktbereich* nutzen.

Die Fenster *Direktbereich*- und *Überwachungsausdrücke* (beide im *Ansicht*-Menü aktivierbar) werden Sie in der Regel ausblenden, da sie zu viel Platz für den eigentlichen Code wegnehmen. Sie können die Fenster mit dem *X* am rechten Rand schließen.

Neue Prozeduren erstellen

Auch hier soll entsprechend den Gepflogenheiten beim Erlernen einer Programmiersprache das klassische »Hello world!« als erste Prozedur geschrieben werden, am besten in einem neuen Modul.

1. Mit dem Menübefehl *Einfügen/Modul* erzeugen Sie das *Modul2* und der Textcursor blinkt direkt im Codefenster.
2. Geben Sie dort bitte das Schlüsselwort Sub, gefolgt von einem Leerzeichen und einer (fast) beliebigen Bezeichnung für die Prozedur ein, nämlich HelloWorld (ohne Leerzeichen!). Die Bezeichnung darf im Wesentlichen keine Sonderzeichen enthalten und kein VBA-Schlüsselwort sein.
3. Wenn Sie jetzt am Ende der Zeile mit der Eingabetaste in die Folgezeile wechseln, ergänzt der VBA-Editor direkt die fehlenden Teile dieses Prozedurrumpfs wie in Abbildung 13.2.

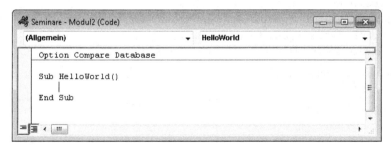

Abbildung 13.2: Der Prozedurrumpf für die Prozedur *HelloWorld*

Die eigentlichen VBA-Befehle stehen zwischen Sub und End Sub, und werden wegen der besseren Übersichtlichkeit durch Drücken der Tabulatortaste eingerückt.

Kapitel 13 Visual Basic for Applications

4. Die Makroaktion *Meldung* heißt in VBA MsgBox, was Sie ruhig klein schreiben dürfen wie in Abbildung 13.3. Sobald Sie das Leerzeichen hinter MsgBox eingeben, erscheint ein gelbes QuickInfo mit allen Argumenten, die die Prozedur MsgBox kennt. Das aktuell anzugebende Argument *Prompt* wird in fetter Schrift dargestellt. Sobald Sie nach dessen Eingabe mit einem Komma zum nächsten Argument wechseln, wird dessen Name fett.

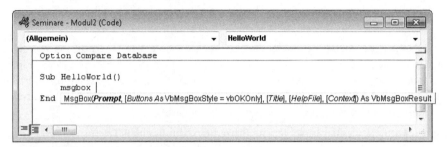

Abbildung 13.3: Der Anfang des Befehls MsgBox

Optionale Argumente werden in eckigen Klammern angezeigt. Bei manchen optionalen Argumenten wie *Buttons* finden Sie außer dem Datentyp *VbMsgBoxStyle* auch eine Angabe, welcher Standardwert beim Fehlen des Arguments eingesetzt würde (hier *vbOKOnly*).

5. Das einzig notwendige Argument für MsgBox ist der *Prompt*, also der Meldungstext, der wie jede Zeichenkette in VBA in Anführungszeichen eingefasst werden muss. Ergänzen Sie den Code bitte wie im folgenden Listing um den Text:

```
Sub HelloWorld()
    MsgBox "Hello world!"
End Sub
```

6. Sicherheitshalber sollten Sie immer speichern, bevor Sie ein Makro oder VBA-Code laufen lassen. Sie können dazu den üblichen Menübefehl *Datei/Speichern*, das Diskettensymbol oder die Tastenkombination Strg+S wählen. Dabei wird das gesamte Modul *Modul2* gespeichert.

7. Stellen Sie nun bitte den Textcursor irgendwo in den Code zwischen Sub und End Sub, damit dieses Makro markiert ist. Jetzt lässt sich die Prozedur mit F5 oder dem Symbol *Sub/Userform ausführen* (ein kleines grünes Dreieck) starten und erzeugt dann das folgende Dialogfeld.

Abbildung 13.4: Das Ergebnis des Befehls *MsgBox*

8. Auch dieses Dialogfeld müssen Sie mit *OK* bestätigen, damit die Prozedur weiterläuft und Sie in Access weiterarbeiten können. Damit haben Sie eine eigene Prozedur geschrieben und ausgeführt – und alles hat reibungslos funktioniert.

13.1 Komfortable Programmierung

Einfache Meldungsfenster programmieren

Wenn Sie sich an die *Meldung*-Aktion in Makros erinnern, gab es dort die Möglichkeit, verschiedene Symbole im Dialogfeld anzeigen zu lassen. Das entspricht dem etwas unvollständig benannten Argument *Buttons*, das sowohl für das Symbol als auch für die Schaltflächen (engl. Buttons) zuständig ist.

1. Wenn Sie hinter dem Text "Hello world!" ein Komma als Trennzeichen zwischen den Argumenten eingeben, erscheint eine Auswahlliste für das Argument *Buttons*. Darin sind vordefinierte Konstanten enthalten, also Bezeichnungen, hinter denen sich ein Zahlenwert verbirgt. Sie fangen alle mit vb an, weil es sich dabei um allgemeine Visual Basic-Konstanten handelt (im Gegensatz etwa zu speziellen Access-Konstanten, die mit ac beginnen).

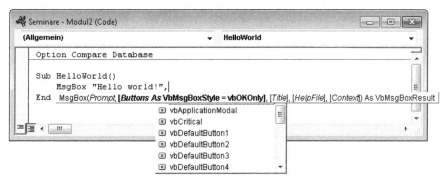

Abbildung 13.5: Die Auswahlliste für das Argument *Buttons*

2. Um jetzt ein »i«-Symbol (für Information) im Dialogfeld anzuzeigen, tippen Sie die drei Buchstaben vbi ein, sodass in der Liste *vbInformation* markiert wird.

3. Um den Eintrag zu übernehmen, drücken Sie die Tabulatortaste. (Ja, mit der Tabulatortaste, nicht mit der Eingabetaste, sonst entsteht eine überflüssige Leerzeile!)

4. Mit F5 gestartet, sieht das Dialogfeld nun so aus wie in Abbildung 13.6.

Abbildung 13.6: Das Ergebnis des *MsgBox*-Befehls mit *vbInformation*-Konstante

Schaltflächen ergänzen

Das Argument *Buttons* ist ja eigentlich für die Schaltflächen zuständig, daher können Sie das Dialogfeld mit seiner Hilfe mit den beiden Schaltflächen *Ja* und *Nein* versehen.

1. Fügen Sie hinter vbInformation bitte ein +-Zeichen ein, sodass automatisch wieder die Auswahlliste für die passenden Konstanten erscheint.

2. Mit der Eingabe von vby springt die Auswahl auf den Eintrag vbYesNo, den Sie wiederum mit der Tabulatortaste bestätigen.

3. Sobald Sie die Zeile mit den Pfeiltasten verlassen, werden um das +-Zeichen herum die Leerzeichen eingefügt und der Code sieht wie folgt aus:

```
Sub HelloWorld()
    MsgBox "Hello world!", vbInformation + vbYesNo
End Sub
```

4. Das Dialogfeld präsentiert sich nach Start mit der F5-Taste wie in Abbildung 13.7 mit den beiden Schaltflächen *Ja* und *Nein*. Diese werden übrigens wie das ganze Dialogfeld vom Betriebssystem erzeugt, d.h. sie sind nur auf einem deutschen Windows deutschsprachig. Der gleiche Code erzeugt in einem englischsprachigen Windows die Schaltflächen *Yes* und *No*.

Abbildung 13.7: Das Dialogfeld mit zwei Schaltflächen

Aktion des Benutzers ermitteln

Das Dialogfeld mag zwar hübsch aussehen, es hat aber einen entscheidenden Nachteil: Was immer der Benutzer anklickt – Sie erfahren es nicht. Die bisher als Prozedur (also ohne Rückgabewert) benutzte MsgBox existiert aber ausnahmsweise auch in einer Version als Funktion, die einen Rückgabewert liefert.

Eine Funktion erkennen Sie daran, dass ihre Argumente in runde Klammern eingeschlossen sind. Außerdem muss am Anfang der Zeile eine Variable mit Gleichheitszeichen stehen, der das Ergebnis der Funktion zugewiesen werden kann. Der Code ändert sich also wie folgt:

```
Sub HelloWorld()
    x = MsgBox("Hello world!", vbInformation + vbYesNo)
End Sub
```

Das Ergebnis sieht anschließend zwar genau gleich aus, aber wir sind trotzdem einen entscheidenden Schritt weiter: Die Variable *x* enthält nun die Angabe, welche Schaltfläche der Benutzer angeklickt hat.

Leider ist das erst die halbe Miete. Die Variable x kennt zwar nun die Benutzerreaktion, wir jedoch noch nicht; wir müssen die Variable also *fragen*. Am besten lassen Sie sich deren Wert mit einer MsgBox-Prozedur anzeigen wie im folgenden Code. Dabei sorgt das Kaufmanns-Und (»&«) dafür, dass der Text und der Inhalt der Variablen zu einem gemeinsamen Text verkettet werden.

```
Sub HelloWorld()
    x = MsgBox("Hello world!", vbInformation + vbYesNo)
    MsgBox "x hat den Wert: " & x
End Sub
```

Je nachdem, welche Schaltfläche der Benutzer auswählt, erscheint anschließend eine zweite Meldung, die für x die Werte 6 oder 7 anzeigt.

Auf Benutzeraktionen reagieren

Damit ist die Programmierung von der ursprünglich reinen Meldung zu einer Entscheidung geworden, die im weiteren Programmablauf berücksichtigt werden soll. Hier soll zu Demonstrationszwecken erst einmal nur eine weitere Meldung ausgegeben werden.

Damit Ihr Code auf eine Entscheidung reagieren kann, benötigt er den so genannten *bedingten Sprung*. In VBA ist das eine If ... Then / Else / End If-Konstruktion wie in diesem Beispiel:

```
Sub Entscheidung()
    x = MsgBox("Ist das schön?", vbQuestion + vbYesNo)
    If x = 6 Then
        MsgBox "Sie haben sich für 'Ja' entschieden!"
    Else
        Msgbox "Schade, dass es Ihnen nicht gefällt..."
    End If
End Sub
```

Die Zeilen innerhalb der If/End If-Anweisung sollten Sie mit der Tabulatortaste einrücken, damit der VBA-Code übersichtlich bleibt. Da es nur zwei Möglichkeiten für den Wert von x gibt, ist es hier ausreichend, lediglich auf Gleichheit mit 6 zu prüfen (If-Zweig). Bei Ungleichheit kann ohne weitere Prüfung der Else-Zweig ausgeführt werden.

Verwenden der vordefinierten Konstanten

Auch für das Ergebnis der Funktion MsgBox() gibt es Konstanten (genau wie bei dem Argument *Buttons*), deren Verwendung den Code lesefreundlicher gestaltet. Um nähere Informationen zu diesen Konstanten zu erhalten, klicken Sie irgendwo im Code auf MsgBox und drücken die F1-Taste. Sie sehen dann automatisch die Hilfedatei mit dem Eintrag für die Funktion MsgBox() (siehe Abbildung 13.8). Neben der Erläuterung der verschiedenen Argumente findet sich dort auch der Hinweis, dass der Rückgabewert der Funktion den Datentyp *Integer* hat.

Die Tabelle für das Argument *Buttons* am unteren Rand der Abbildung zeigt die Zahlenwerte, die hinter den Konstanten verborgen sind, und welche Schaltflächen oder Symbole damit erzeugt werden.

Ganz am Ende dieser Hilfeseite findet sich eine weitere Tabelle, in der Sie nachlesen können, dass die Rückgabewerte 6 und 7 den Konstanten vbYes und vbNo entsprechen. Also sollte der Code so verbessert werden, dass statt der Zahl deren beschreibende Konstante genutzt wird:

```
Sub Entscheidung()
    x = MsgBox("Ist das schön?", vbQuestion + vbYesNo)
    If x = vbYes Then
        MsgBox "Sie haben sich für 'Ja' entschieden!"
    Else
        Msgbox "Schade, dass es Ihnen nicht gefällt..."
    End If
End Sub
```

Kapitel 13 Visual Basic for Applications

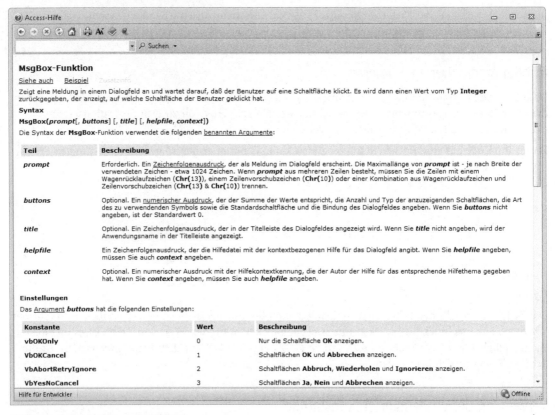

Abbildung 13.8: Die Hilfe zum Befehl *MsgBox*

Tipp: Anführungszeichen in Zeichenketten

Da Anführungszeichen als Begrenzungszeichen für Zeichenketten fungieren, können sie innerhalb einer Zeichenkette nicht ohne weiteres verwendet werden. Um sie trotzdem anzeigen zu können, müssen sie innerhalb der Zeichenkette verdoppelt werden:

MsgBox "Sie haben sich für ""Ja"" entschieden!"

Das führt manchmal zu merkwürdigen Ansammlungen von Anführungszeichen, wenn diese noch mit einer Variablen verkettet werden müssen:

MsgBox "Die Datei heißt """ & strDateiname & """"

Tipp: Mehr Infos zu VBA

Wenn Sie sich intensiver mit dem spannenden Thema VBA befassen möchten, sollten Sie sich das Microsoft Press-Buch »Richtig Einsteigen: Access 2010 VBA-Programmierung« von Lorenz Hölscher ansehen *(softlink db1301)*.

Damit haben Sie die grundlegenden Techniken der Programmierung in VBA kennen gelernt, sodass wir uns nun den speziellen Anforderungen für die bereits vorhandenen Datenbanken zuwenden können. Da

13.1 Komfortable Programmierung

VBA eine sehr umfangreiche Sprache ist und – wie bereits erwähnt – beliebig erweitert werden kann, werden die in den folgenden Abschnitten vorgestellten VBA-Prozeduren oder -Funktionen nur einige wenige, aber hilfreiche Beispiele darstellen.

VBA-Code für Formulare

Dank der Datenmakros ist inzwischen das Problem gelöst, dass die Standardwerte beim Neuanlegen eines Seminars automatisch übernommen werden. Es gibt derzeit jedoch noch keine Prüfung, ob die maximal vorgesehenen Teilnehmer überhaupt in den Raum hineinpassen.

Damit ein Benutzer entscheiden kann, ob er mehr Teilnehmer akzeptieren will, als Computerarbeitsplätze im geplanten Raum vorhanden sind, ist eine Rückmeldung erforderlich. Damit sind Datenmakros nicht möglich, das Problem muss per Programmierung gelöst werden, nämlich in einem Formular.

1. Zuerst muss die Tabelle *tblOrte* noch um ein Feld *ortTNmax* mit dem Datentyp *Zahl/Byte* erweitert werden, damit zu jedem Raum die maximal mögliche Belegung gespeichert ist. In Abbildung 13.9 finden Sie die Beispieldaten.

ortID	ortName	ortTNmax	Zum Hinzufügen klicken
1	Seminarraum Hamburg	12	
2	Seminarraum München	8	
3	Seminarraum Berlin	6	
4	Seminarraum Köln	8	
5	Seminarraum Aachen	8	
6	Vortragssaal London	20	
7	Vortragssaal Paris	20	
8	Vortragssaal Rom	50	
9	Besprechungszimmer Blankenese	4	
(Neu)			

Abbildung 13.9: Das Feld *ortTNmax* enthält die maximale Belegung der Räume

2. Nachdem Sie diese Tabelle geschlossen haben, wird eine Abfrage wie in Abbildung 13.10 benötigt, die die Daten aus den Tabellen *tblOrte* und *tblSeminare* zusammenfasst und prüft, ob die maximale Kursteilnehmerzahl diejenige des Raums überschreitet. Speichern Sie die Abfrage bitte unter dem Namen *qrySeminareMitOrten*.

Abbildung 13.10: Die Abfrage fasst Seminare und Orte zusammen

3. Um kein neues Formular erstellen zu müssen, nutzen wir wieder das Formular *frmSeminare*. Ändern Sie in der Entwurfsansicht dessen Eigenschaft *Datensatzquelle* von *tblSeminare* auf *qrySeminareMitOrten*. Da so keine Felder entfallen, ist das problemlos möglich.

4. Für eine zusätzliche Anzeige der beiden neuen Felder müssen Sie ein bisschen Platz schaffen. Dann fügen Sie ein Kontrollkästchen-Steuerelement in die nächste Spalte. Benennen Sie es *chkZuviel* und setzen dessen Eigenschaft *Steuerelementinhalt* auf *zuviel*. Zu Vergleichszwecken können Sie daneben noch das Feld *ortTNmax* anzeigen lassen (in Abbildung 13.11 kursiv gekennzeichnet).

Abbildung 13.11: Die beiden neuen Felder sind kursiv formatiert

5. Der Benutzer soll durch einen einfachen Klick auf ein Kontrollkästchen die Anzahl der maximalen Seminarteilnehmer (*semTNmax*) korrigieren können. Das geeignete Ereignis wäre also *Beim Klicken* des Kontrollkästchens. Allerdings wird dies von Access blockiert, weil es zwar ein datengebundenes, aber ein berechnetes Feld ist.

6. Daher ziehen Sie ein Befehlsschaltflächen-Steuerelement auf, das das Kontrollkästchen großzügig abdeckt. Nennen Sie es *btnZuviel* und setzen Sie vor allem seine Eigenschaft *Transparent* auf *Ja*, sodass es zwar unsichtbar wird, aber funktionsfähig bleibt.

> **Wichtig: Objekte rechtzeitig korrekt benennen**
>
> Wenn Sie ein Objekt umbenennen, nachdem eine automatisch benannte Prozedur erzeugt worden ist, wird der Prozedurname nicht angepasst! Daher sollten Objektnamen immer sofort entsprechend den Namenskonventionen benannt werden.

7. Mit einem Doppelklick in dessen Eigenschaft *Beim Klicken* erscheint dort die Einstellung *[Ereignisprozedur]* und nach einem Klick auf die danebenliegende Schaltfläche mit den drei Punkten wechselt Access in den VBA-Editor zur passenden Prozedur. Ergänzen Sie diese um den Code aus Abbildung 13.12.

13.1 Komfortable Programmierung

```
Option Compare Database

Private Sub btnZuviel_Click()
    If Me.semTNmax.Value > Me.ortTNmax.Value Then
        If MsgBox("Zu viele Teilnehmer für diesen Ort." & vbCrLf & _
                  "Reduzieren?", vbExclamation + vbYesNo + vbDefaultButton1, _
                  "Seminar-Datenbank") = vbYes Then

            Me.semTNmax.Value = Me.ortTNmax.Value
        End If
    Else
        If MsgBox("Teilnehmeranzahl ist okay." & vbCrLf & _
                  "Erhöhen?", vbInformation + vbYesNo + vbDefaultButton2, _
                  "Seminar-Datenbank") = vbYes Then

            Me.semTNmax.Value = Me.ortTNmax.Value
        End If
    End If
End Sub
```

Abbildung 13.12: Der VBA-Code für die versteckte Schaltfläche

Hinweis: Pseudo- und Ergebniszeilenumbruch

Wenn Zeilen im VBA-Code zu lang werden, können Sie diese durch einen Pseudozeilenumbruch lesbarer machen. Dazu geben Sie am Zeilenende ein Leerzeichen und einen Unterstrich ein. Die Folgezeile wird dann vom Compiler als direkt anhängend betrachtet. Wegen der besseren Übersichtlichkeit sollte die Folgezeile eingerückt werden. Es können auch mehrere Zeilen mit solchen Pseudoumbrüchen aufeinander folgen, wie es im obigen Code schon zu sehen ist.

Das Gegenteil dazu, nämlich einen Umbruch im Ergebnistext, erzeugt die Konstante vbCrLf. Deren Bezeichnung stammt noch aus den Tagen der mechanischen Schreibmaschine, die einen Wagenrücklauf (*carriage return*) und einen Zeilenvorschub (*line feed*) benötigte, um eine neue Zeile zu beginnen.

Der Code prüft zuerst, ob mehr Teilnehmer aus dem Seminarstandard übernommen wurden, als für den Ort zulässig sind. In diesem Fall fragt die *MsgBox*-Funktion den Benutzer, wie reagiert werden soll und passt bei entsprechender Bestätigung den Seminar-Maximalwert an den Ort-Maximalwert an.

Bei einem ersten Test werden Sie feststellen, dass das erst einmal wie geplant funktioniert. Die Kontrollkästchen (in Wirklichkeit ja die unsichtbaren Befehlsschaltflächen!) lassen sich anklicken, die Meldung erscheint und je nach Bestätigung wird der Wert *semTNmax* angepasst oder nicht. Alles ist gut – bis Sie den Datensatz verlassen. Dann aber greift das Datenmakro der Tabelle ein und überschreibt den geänderten Wert wieder.

Um dieses Problem zu lösen, müssen Sie das Datenmakro *Vor Änderung* in der Tabelle *tblSeminare* verändern.

1. Schließen Sie das Formular und wechseln Sie in die Entwurfsansicht der Tabelle *tblSeminare*. Öffnen Sie dort das Datenmakro *Vor Änderung* und fügen Sie am Anfang eine *Wenn*-Aktion ein. In Kapitel 12 hatte ich bereits darauf hingewiesen, dass es eine Eigenschaft *IstEingefügt* gibt, mit der sich neue von geänderten Datensätzen unterscheiden lassen. Diese Eigenschaft benötigten wir jetzt.

Kapitel 13 Visual Basic for Applications

2. Dann klicken Sie in der eingefügten *Wenn*-Aktion auf den Link *Sonst hinzufügen* und ergänzen nur dessen *Neue Aktion hinzufügen*-Liste um die Auswahl *StoppMakro* wie in Abbildung 13.13.

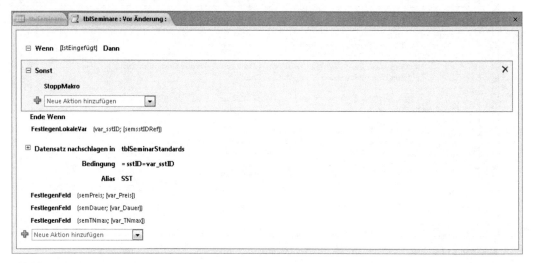

Abbildung 13.13: Das Makro berücksichtigt jetzt nur noch neue Datensätze

3. Damit ist alles bereinigt, denn das Datenmakro berücksichtigt jetzt nur noch neue Datensätze und überschreibt damit keine nachträglichen VBA-Änderungen.

13.2 Startwerte für Listenfelder

Beim Start der Datenbank wird zwar schon automatisch das Formular *frmStart* angezeigt, dessen Kombinationsfelder beginnen allerdings ohne brauchbare Einstellung. Solange deren Inhalte vorhersehbar sind, können Sie das mit einer Entwurfsänderung verbessern; für beliebige Inhalte funktioniert das aber nur mit VBA zuverlässig.

1. Wechseln Sie in die Entwurfsansicht des Formulars *frmStart* und markieren dort das Kombinationsfeld *cmbOrte*.

2. Da dort eine Union-Abfrage die Daten liefert, deren erstes Element immer den Wert * hat, können Sie in der *Standardwert*-Eigenschaft "*" eintragen. Dann wird beim nächsten Öffnen des Formulars direkt der zugehörige Eintrag *(alle)* ausgewählt sein.

3. Das würde für das Kombinationsfeld *cmbAnzeigen* fast noch besser funktionieren, denn es erhält seine Werte nicht aus einer Abfrage, sondern wird aus einer fixen Wertliste generiert. Damit diese Liste aber gelegentlich für neue Formulare erweitert werden kann, soll hier flexibel immer deren erster Eintrag markiert sein.

4. Das Ereignis, das den Wert einträgt, hat keineswegs etwas mit dem Kombinationsfeld zu tun. Es muss ohne (fühlbares) Zutun des Benutzers stattfinden, nämlich bereits beim Öffnen des Formulars. Markieren Sie das Formular durch einen Klick auf den hellblauen Hintergrund und stellen Sie dessen Eigenschaft *Beim Öffnen* per Doppelklick auf *[Ereignisprozedur]*.

5. Durch Anklicken der Schaltfläche mit den drei Punkten gelangen Sie in den zugehörigen Prozedurrumpf der Ereignisprozedur *Form_Open* (die unabhängig vom Formularnamen immer so heißt).
6. Hier tragen Sie als einzige neue Zeile ein, dass das Kombinationsfeld *cmbAnzeigen* den Wert erhalten soll, der seiner ersten Spalte in der ersten Zeile entspricht. Da diese mit 0 beginnend nummeriert sind, liest sich der Code so wie in Abbildung 13.14.

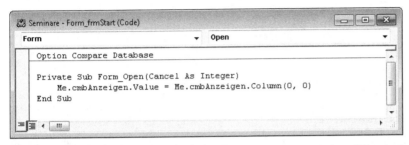

Abbildung 13.14: Die Vorbelegung des Kombinationsfeldes *cmbAnzeigen* erfolgt beim Öffnen des Startformulars

7. Damit ist die Programmierung fertig. Sie können das Formular nun speichern und schließen und werden beim nächsten Öffnen feststellen, dass auch dieses Kombinationsfeld nun immer einen Startwert hat. Trotzdem lässt sich dessen Wertliste nach Belieben verändern.

13.3 Synchronisiertes Formular anzeigen

Zu einem hier sichtbaren Seminar sollen jederzeit auch nachträglich noch die Standardwerte aus *tblSeminarStandards* angezeigt werden können.

1. Erstellen Sie, basierend auf der Tabelle *tblSeminarStandards* ein einfaches Formular wie in Abbildung 13.15. Darin löschen Sie die platzraubende Untertabelle, optimieren die Spaltenbreiten der Kombinationsfelder und stellen die Eigenschaft *PopUp* auf *Ja*.

Abbildung 13.15: Das PopUp-Formular *frmSeminarStandards*

2. Wechseln Sie bitte in die Entwurfsansicht des Formulars *frmSeminare* und fügen Sie wie in Abbildung 13.16 neben dem Kombinationsfeld *semsstIDRef* eine Schaltfläche namens *btnSeminarStandards* mit drei Punkten als Beschriftung ein. Um Platz zu gewinnen, können Sie nach einem Rechtsklick auf das Textfeld *semDauer* den Menüeintrag *Einfügen/Links einfügen* anklicken.

Kapitel 13   Visual Basic for Applications

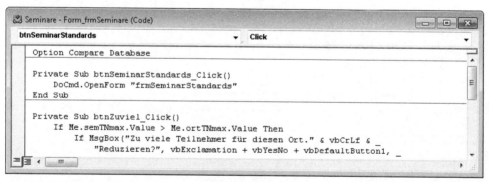

Abbildung 13.16: Das Formular *frmSeminare* mit der Schaltfläche *btnSeminarStandards*

Tipp: Optik verbessern

Wenn Sie die Befehlsschaltfläche etwas Windows-typischer aussehen lassen wollen, ändern Sie deren Eigenschaft *Design verwenden* auf *Nein*. Außerdem können Sie über die Eigenschaft *SteuerelementTip-Text* das in Abbildung 13.16 schon sichtbare QuickInfo vorgeben.

3. Erzeugen Sie bitte für die Schaltfläche *btnSeminarStandards* den zugehörigen Prozedurrumpf, indem Sie bei der Eigenschaft *Beim Klicken* auf die Schaltfläche mit den drei Punkten klicken und dann den Eintrag *[Ereignisprozedur]* auswählen.

Beim Anklicken der Schaltfläche *btnSeminarStandards* soll ein anderes Formular angezeigt werden. Diese Funktionalität haben Sie im letzten Kapitel bereits mit der Makroaktion *ÖffnenFormular* realisiert. Fast alle Makroaktionen haben ihre Entsprechung in VBA durch das DoCmd-Objekt (Do Command), nach dessen Punkt die deutschen Aktionen als englische Namen erscheinen.

4. Ergänzen Sie den Code daher bitte wie folgt, um das Formular anzuzeigen:

```
Private Sub btnSeminarStandards_Click()
    DoCmd.OpenForm "frmSeminarStandards"
End Sub
```

Abbildung 13.17: Der Prozedurrumpf steht im gleichen Modul wie der vorherige

5. Sie können nun in der Formularansicht von *frmSeminare* durch Anklicken der Schaltfläche *btnSeminarStandards* das Formular *frmSeminarStandards* anzeigen. Dessen Eigenschaft *PopUp* resultiert aus der Entwurfsansicht und muss daher nicht programmiert werden.

13.3 Synchronisiertes Formular anzeigen

Hintergrund: Sub und Private Sub

Im Unterschied zu selbst erstellten Prozeduren finden Sie bei Formular- und Berichtsmodulen in den automatisch erzeugten Prozeduren immer den Zusatz `Private`. Dieses Schlüsselwort macht die Prozedur nur innerhalb des eigenen Formulars oder Berichts aufrufbar.

Da es in vielen Formularen beispielsweise gleichnamige `Form_Open`-Prozeduren gibt, vermeidet VBA damit Verwechslungen, weil jede dieser Prozeduren nur innerhalb ihres eigenen Moduls sichtbar und somit eindeutig ist.

6. Das geöffnete Formular ist allerdings noch nicht mit dem Inhalt des aufrufenden Formulars synchronisiert, sondern zeigt immer den ersten Seminarstandard-Datensatz an. Fügen Sie daher bitte im VBA-Code ein Komma an, sodass die Liste des Arguments *View* angezeigt wird.

7. Der Standardwert für die Ansicht `acNormal` ist korrekt, deswegen können Sie das Argument leer lassen und direkt ein zweites Komma setzen. Auch das nächste Argument *Filtername* bleibt leer und wird mit einem weiteren Komma (dem dritten) übersprungen.

8. Erst das Argument *WhereCondition* erhält die Angabe, auf welchen Datensatz die Anzeige in *frmSeminarStandards* beschränkt sein soll. Diese Angabe erfolgt aus Sicht des PopUp-Formulars, also müssen dessen Felder genannt werden. Die Filterbedingung muss als Zeichenkette eingegeben werden und sieht folgendermaßen aus:

`"[sstID] = " & Me.semsstIDRef.Value`

Beachten Sie, dass hinter dem Gleichheitszeichen kein statischer Wert für eine Zahl folgt, sondern die Referenz auf den aktuellen *semsstIDRef*-Wert dieses Datensatzes. Da der Code noch im Formular *frmSeminare* ausgeführt wird, können Sie sich mit `Me.semsstIDRef.Value` auf den sichtbaren Datensatz beziehen. Die komplette Anweisung lautet so:

`DoCmd.OpenForm "frmSeminarStandards", , , "[sstID] = " & Me.semsstIDRef.Value`

Nachdem die Filter-Zeichenkette zusammengesetzt ist, wird sie an das neue Formular übergeben und zeigt genau den passenden Datensatz wie in Abbildung 13.18.

Abbildung 13.18: Das zu diesem Datensatz synchronisierte Formular *frmSeminarStandards*

Formulare schließen

Natürlich kann ein Benutzer im PopUp-Formular *frmSeminarStandards* die Filterbedingung einfach per Klick auf die Schaltfläche *Gefiltert* wieder aufheben. Deswegen sollen diese Bedienungselemente entfernt und das Formulardesign mehr einem Dialogfeld angepasst werden.

1. Ändern Sie bitte die folgenden Formulareigenschaften von *frmSeminarStandards*:
   - *Rahmenart* wird zu *Dialog*
   - *Datensatzmarkierer*, *Navigationsschaltflächen* und *Bildlaufleisten* werden mit *Nein* ausgeschaltet
   - Auch die Schließen-Schaltfläche in der rechten oberen Ecke wird mit *Nein* deaktiviert, sodass dieses Dialogfeld wie jedes andere auch eine echte Befehlsschaltfläche zum Schließen benötigt
   - Erst wenn Sie auch die Eigenschaft *Mit Systemmenüfeld* auf *Nein* stellen, wird das Schließen-*X* an der oberen Kante unsichtbar

2. Fügen Sie anschließend eine Befehlsschaltfläche namens *btnSchliessen* (Achtung: Verwenden Sie sicherheitshalber in Namen kein »ß«!) und der Beschriftung »Schließen« ein, sodass das Formular *frmSeminarStandards* anschließend in der Formularansicht so aussieht:

Abbildung 13.19: Das PopUp-Formular *frmSeminarStandards* im Dialogfelddesign

3. Jetzt fehlt noch ein kleines Stückchen VBA-Code, damit dieses Dialogfeld überhaupt noch zu schließen ist. Stellen Sie für die Schaltfläche *btnSchliessen* die Eigenschaft *Beim Klicken* auf *[Ereignisprozedur]* und ergänzen Sie den Code wie folgt:

```
Private Sub btnSchliessen_Click
    DoCmd.Close
End Sub
```

Dabei greift VBA wieder auf eine Makroaktion zurück (nämlich *Schließen*), die hier DoCmd.Close heißt und ohne weiteres Argument eingesetzt wird. Damit wird das aktive Fenster geschlossen, das immer automatisch dasjenige ist, in dem der Benutzer gerade die Schaltfläche angeklickt hat.

> **Tipp: Eigene Dialogfelder ohne Schließen-Schaltfläche schließen**
>
> Wenn Sie das Formular *frmSeminarStandards* ohne systemeigene Schließen-Schaltfläche und außerdem ohne funktionierende benutzerdefinierte Schließen-Befehlsschaltfläche aufrufen, können Sie es nicht mehr schließen. Sie können aber per Rechtsklick auf den Formularbereich (nicht auf einem Steuerelement) in die Entwurfsansicht zurückwechseln und dort normal weiterarbeiten.

13.3 Synchronisiertes Formular anzeigen

Kombinationsfelder dynamisch filtern

Die bisherigen VBA-Beispiele hätten Sie überwiegend auch mit Makros lösen können. Jetzt wird es ein wenig komplexer, obwohl es sich aus Benutzersicht um eine schiere Selbstverständlichkeit handelt (und die Newsgroups voll sind von Fragen, wie dieses Problem gelöst werden kann): Wenn ich in einem Endlosformular basierend auf *tblTeilnahmen* im Feld *tlntypIDRef* den Typ *Dozent* oder *Teilnehmer* auswähle, dann soll das Kombinationsfeld *tlnperIDRef* für die Personenauswahl nur noch die Personen anzeigen, auf die dieser Typ zutrifft.

Damit die Personen bequemer angezeigt werden können, bereiten Sie am besten zuerst eine Abfrage *qryPersonenSortiert* wie in Abbildung 13.20 vor, die die Personenangaben sortiert und in einem Feld zusammenfasst.

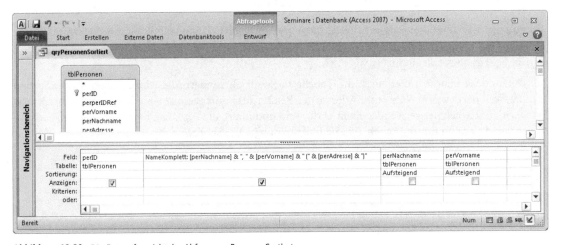

Abbildung 13.20: Die Entwurfsansicht der Abfrage *qryPersonenSortiert*

Dadurch sind die Namen später auch in einem eingeklappten Kombinationsfeld gut zu erkennen, wie die Datenblattansicht in Abbildung 13.21 zeigt.

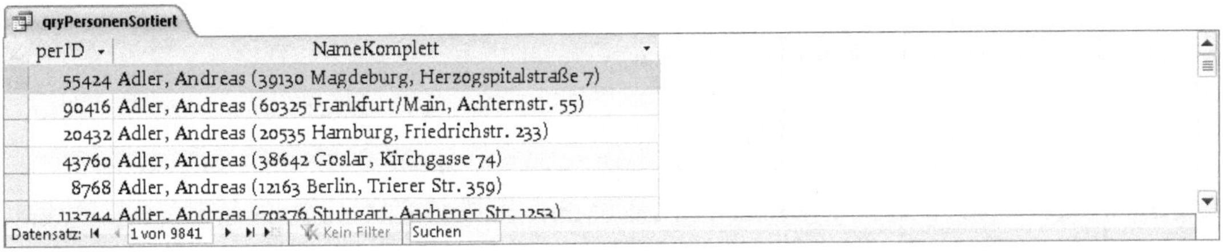

Abbildung 13.21: Die Datenblattansicht der Abfrage *qryPersonenSortiert*

Um die Aufgabe der Dozenten- und Nicht-Dozenten-Liste zu lösen, benötigen Sie zwei Abfragen, die die Personen danach filtern, ob sie eine Qualifikation eingetragen haben oder nicht. Personen mit Qualifikation sind hiernach automatisch als Dozent auswählbar.

Kapitel 13   Visual Basic for Applications

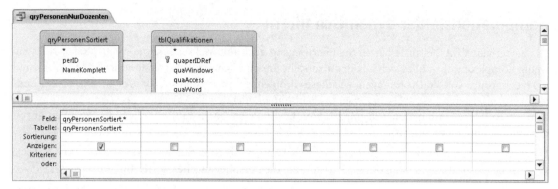

Abbildung 13.22: Die Entwurfsansicht der Abfrage *qryPersonenNurDozenten*

Abbildung 13.22 zeigt den Entwurf der Abfrage *qryPersonenNurDozenten*, die durch die symmetrische Verknüpfung zwischen Personen und Qualifikationen nur diejenigen Personen anzeigt, die einen Eintrag im Feld *quaperIDRef* besitzen.

Als Datenquelle habe ich hier nicht die Tabelle *tblPersonen*, sondern die Abfrage *qryPersonenSortiert* benutzt, weil darin schon Name und Adresse der Person zusammengesetzt sind. Die zweite Abfrage *qryPersonenNurTeilnehmer* verwendet einen Outer Join und filtert alle Personen heraus, die in *tblQualifikationen* gerade keinen Eintrag haben, wie Sie in Abbildung 13.23 sehen.

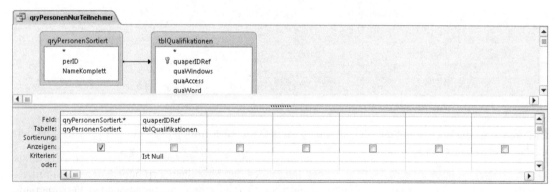

Abbildung 13.23: Die Entwurfsansicht der Abfrage *qryPersonenNurTeilnehmer*

Damit sind die beiden möglichen Datenquellen für die Auswahl von Personen vorbereitet.

Sie können nun ein Endlosformular (im Menüband als *Mehrere Elemente* bezeichnet) basierend auf der Tabelle *tblTeilnahmen* erstellen. Die Felder für das nachträgliche Urteil zum Seminar können hier entfallen, weil es nur um die vorherige Anmeldung geht.

Wenn Sie die Felder noch ein wenig umsortieren, sodass das Feld *tlntypIDRef* links vom Kombinationsfeld *tlnperIDRef* steht, sollte das Formular so aussehen wie in Abbildung 13.24. Mit einem Rechtsklick auf *tlnsemIDRef* beziehungsweise *tlntypIDRef* können Sie das jeweilige Textfeld mit *Ändern zu/Kombinationsfeld* umwandeln und die Eigenschaften wie bei den übrigen Kombinationsfeldern anpassen.

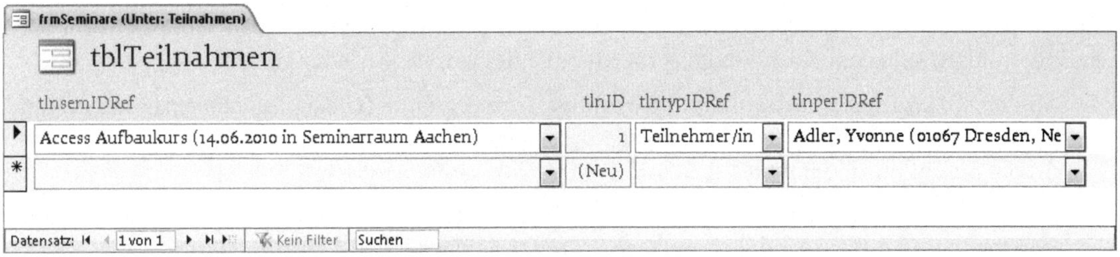

13.3 Synchronisiertes Formular anzeigen

Abbildung 13.24: Die Formularansicht von *frmSeminare (Unter: Teilnahmen)*

Speichern Sie es bitte auch schon als *frmSeminare (Unter: Teilnahmen)*, weil es später ein Unterformular zum bereits erstellten Hauptformular *frmSeminare* werden wird. Tragen Sie ruhig für ein Seminar schon ein paar Teilnehmer und Dozenten ein, auch wenn die geplante Filterung noch nicht aktiv ist.

Die SELECT-Anweisung für das Kombinationsfeld *tlnsemIDRef* ist ein wenig umfangreicher, weil Datum, Programmname und Stufe aus verschiedenen Tabellen zusammengesucht werden müssen. Geben Sie in der SQL-Ansicht der Eigenschaft *Datensatzherkunft* folgenden Code ein (der nur hier wegen der besseren Übersicht eingerückt ist):

```
SELECT semID, [prgName] & " " & [stfName] & " (" & [semStart] & " in " & [ortName] & ")" AS Seminar
FROM (tblStufen
    INNER JOIN (tblProgramme
        INNER JOIN tblSeminarStandards
        ON tblProgramme.prgID = tblSeminarStandards.sstprgIDRef)
    ON tblStufen.stfID = tblSeminarStandards.sststfIDRef)
    INNER JOIN (tblOrte
        INNER JOIN tblSeminare
        ON tblOrte.ortID = tblSeminare.semortIDRef)
    ON tblSeminarStandards.sstID = tblSeminare.semsstIDRef
ORDER BY semStart;
```

Nur Personen des gewählten Typs anzeigen

Bis dahin sieht alles gut aus: Sie können Personen auswählen und diese werden angezeigt. Allerdings wissen Sie nicht, ob die ausgewählten Personen tatsächlich den jeweiligen Typ haben, daher soll mit etwas VBA-Programmierung das Kombinationsfeld *tlnperIDRef* immer nur die passenden Personen anzeigen.

Die erste Frage, die dabei zu klären ist, gilt gar nicht dem Wie, sondern vor allem dem Wann. Wann kann etwas passieren, damit die *tlnperIDRef*-Liste anders gefiltert werden müsste?

- Der Benutzer klickt in *tlntypIDRef* und wählt einen Typ aus. Das liegt auf der Hand und ist sicherlich auch das typische Vorgehen.

- Der Benutzer wechselt den Datensatz. Das wird gerne übersehen, denn er könnte ja zu einem bereits bestehenden Datensatz gehen und dort die Liste noch einmal ausklappen.

Das bedeutet, dass die zu programmierende Prozedur von zwei Ereignissen ausgelöst werden kann:

- dem Benutzerklick auf *tlntypIDRef*: tlntypIDRef_Click
- dem Datensatzwechsel: Form_Current

Kapitel 13 Visual Basic for Applications

Daraus folgt aber auch, dass der Code in den genannten Ereignisprozeduren nicht doppelt vorhanden sein soll, sondern jede der beiden Ereignisprozeduren eine zentrale Prozedur aufruft.

1. Wählen Sie in der Entwurfsansicht des Formulars *frmSeminare (Unter: Teilnahmen)* für das Kombinationsfeld *tlntypIDRef* in seiner Eigenschaft *Beim Klicken* den Eintrag *[Ereignisprozedur]* und klicken Sie auf die drei Punkte.

2. Dort sehen Sie den noch leeren Prozedurrumpf für `tlntypIDRef_Click`. Unterhalb der letzten Zeile schreiben Sie in diesem Modul eine eigene Prozedur namens *FiltereKombinationsfeld*:

```
Sub FiltereKombinationsfeld()
    If Me.tlntypIDRef.Value = 1 Then        'also Dozent (dies ist ein Kommentar)
        Me.tlnperIDRef.RowSource = "qryPersonenNurDozenten"
    Else
        Me.tlnperIDRef.RowSource = "qryPersonenNurTeilnehmer"
    End If
End Sub
```

Diese Prozedur prüft, ob die im Kombinationsfeld *tlntypIDRef* enthaltene ID der *perID 1* für *Dozent* entspricht. Sie können in der Tabelle *tblTypen* nachsehen, dass die IDs für *Teilnehmer* und *Ersatzteilnehmer* die Werte *2* bzw. *3* haben. Wenn also der Typ auf *Dozent* steht, wird die Datenquelle (engl. `RowSource`) für das Kombinationsfeld *tlnperIDRef* zur Auswahl der Personen jeweils passend umgestellt.

3. Damit auch der Wechsel zwischen den Datensätzen berücksichtigt wird, stellen Sie die Formulareigenschaft *Beim Anzeigen* ebenfalls auf *[Ereignisprozedur]* und erhalten auch dort einen Prozedurrumpf für `Form_Current`.

4. In beiden Prozedurrümpfen rücken Sie mit der Tabulatortaste wie üblich ein und beginnen dann den Namen Ihrer neuen Prozedur **FiltereK** einzutippen. Dann drücken Sie Strg+Leertaste und der VBA-Editor komplettiert den nunmehr eindeutigen Namen. Der gesamte Code sieht aus wie in Abbildung 13.25.

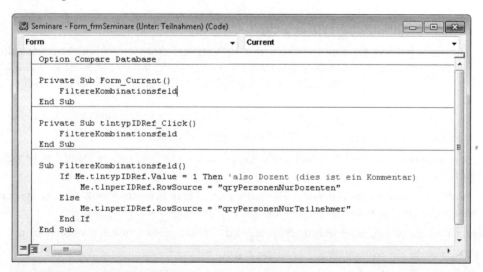

Abbildung 13.25: So sieht der komplette Code aus

13.3 Synchronisiertes Formular anzeigen

Damit ist die Programmierung fertig und Sie können das Formular *frmSeminare (Unter: Teilnehmer)* speichern und testen. Wie Abbildung 13.26 zeigt, ist das Ergebnis leider noch etwas enttäuschend, sobald Sie unterschiedliche Typen auswählen.

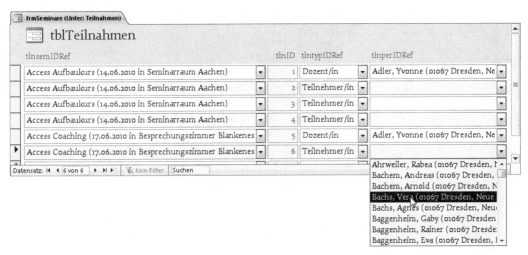

Abbildung 13.26: Die Formularansicht mit Berücksichtigung des Typs

Jetzt werden nur noch in einigen Datensätzen die Namen für das Kombinationsfeld *tlnperIDRef* angezeigt! Access behandelt nämlich alle Datensätze eines Endlosformulars gleich: Wenn beispielsweise ein Eingabefeld rot gefärbt wird, ist es in allen Zeilen rot, nicht nur in der aktuellen. Und wenn für ein Kombinationsfeld die Datenquelle geändert wird, ändert sie sich in allen Zeilen!

In Abbildung 13.26 ist zum Beispiel im ersten Datensatz der Typ *Dozent* ausgewählt. Beim Wechsel in die Formularansicht wurde für diesen Datensatz das Ereignis *Beim Anzeigen* ausgelöst und dadurch dem Kombinationsfeld *tlnperIDRef* als Datenquelle die Abfrage *qryPersonenNurDozenten* zugewiesen. Da das Ereignis *Beim Anzeigen* anschließend für die anderen Datensätze nicht mehr auftritt, kann sich die Datenquelle auch nicht mehr an den jeweiligen Typ der Datensätze anpassen. Das trifft hier auf die Zeilen mit den *tlnID*-Werten *2, 3, 4* und *6* zu. Wenn Sie jedoch einen dieser Datensätze auswählen, tritt das Ereignis *Beim Anzeigen* erneut auf. Es stellt dann die für diesen Datensatz korrekte Datenquelle ein und Sie können den korrekten Namen in der Liste nachschlagen. Brauchbar ist das natürlich nicht.

Sie können es drehen und wenden, wie Sie wollen – auf diesem Weg ist das Problem nicht lösbar. Entweder sehen Sie eine gefilterte Liste mit Lücken oder Sie sehen keine Lücken, können dann aber auch die Auswahl nicht filtern.

Die Lösung

Sobald Sie aber die Anzeige der Namen und die Auswahl voneinander trennen, ist das Problem gelöst. Sie müssen die Formulardatenquelle *tblTeilnahmen* dazu so erweitern, dass der Personenname bereits darin enthalten ist.

1. Klicken Sie dazu in der Formulareigenschaft *Datensatzquelle* auf die Schaltfläche mit den drei Pünktchen neben *tblTeilnahmen*, bestätigen die Nutzung des Abfrage-Generators und erstellen eine Abfrage wie in Abbildung 13.27.

Kapitel 13 Visual Basic for Applications

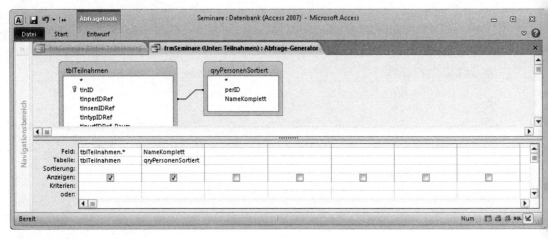

Abbildung 13.27: Die Entwurfsansicht der neuen Datensatzquelle für *frmSeminare (Unter: Teilnahmen)*

In dieser Abfrage sind wie bisher alle Felder der Tabelle *tblTeilnahmen* enthalten. Ergänzend kommt noch das Feld der Abfrage *qryPersonenSortiert* hinzu, in dem Name und Adresse der Person im Klartext kombiniert sind.

2. Schließen Sie den Entwurf und schieben Sie das neue Feld *NameKomplett* wie in Abbildung 13.28 auf das Formular. Seine Eigenschaft *Aktiviert* stellen Sie auf *Nein*. Wie Sie sehen, wird der Name in diesem Feld in jeder Zeile korrekt angezeigt, auch wenn das daneben stehende Kombinationsfeld weiterhin seine gefilterte Datenquelle verwendet und daher die unerwünschten Lücken auftreten.

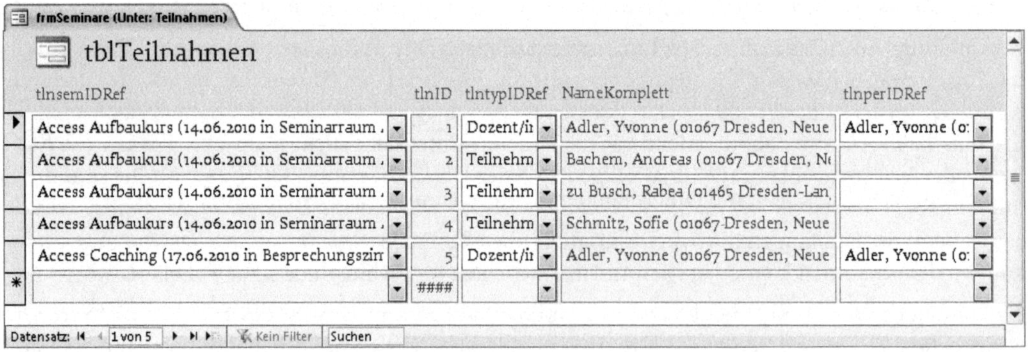

Abbildung 13.28: Die Formularansicht für das verbesserte Formular *frmSeminare (Unter: Teilnahmen)*

3. Im nächsten Schritt müssen Sie jetzt nur noch die Überschrift für das Feld *tlnperIDRef* löschen und das Kombinationsfeld *tlnperIDRef* so schmal machen, dass lediglich die Schaltfläche mit dem Pfeil sichtbar bleibt.

Jetzt haben Sie das gewünschte Ziel erreicht: Es lassen sich nur die zum Typ passenden Personen auswählen und trotzdem können Sie in allen Datensätzen die Namen lesen.

13.4 Prüfung auf maximale Teilnehmerzahl

Abbildung 13.29: Die typgerechte Auswahl im Formular *frmSeminare (Unter: Teilnahmen)*

13.4 Prüfung auf maximale Teilnehmerzahl

Nun ist das zukünftige Unterformular soweit perfektioniert, dass Sie ein Hauptformular dazu ergänzen können.

1. Erstellen Sie auf Basis der Tabelle *tblSeminare* ein neues Standardformular (weil das andere als PopUp-Formular spezialisiert ist) und speichern Sie es als *frmSeminare (Haupt)*.
2. Dann öffnen Sie dessen Entwurfsansicht und ziehen aus dem Navigationsbereich den Namen des Unterformulars *frmSeminare (Unter: Teilnahmen)* hinein.
3. Da die Bilder und Beschriftungen im Kopfbereich des Unterformulars viel Platz belegen, können Sie diese hier löschen und außerdem dem Unterformular mehr Höhe einräumen.
4. Jetzt müssen Sie noch die Synchronisation über die Eigenschaften *Verknüpfen von* und *Verknüpfen nach* vornehmen, denn das Hauptformular basiert nicht direkt auf einer Tabelle, sondern auf einer Abfrage. Klicken Sie in einer der beiden Eigenschaften auf die Schaltfläche mit den drei Punkten, sodass der Feldverknüpfungs-Assistent für Unterformulare angezeigt wird.

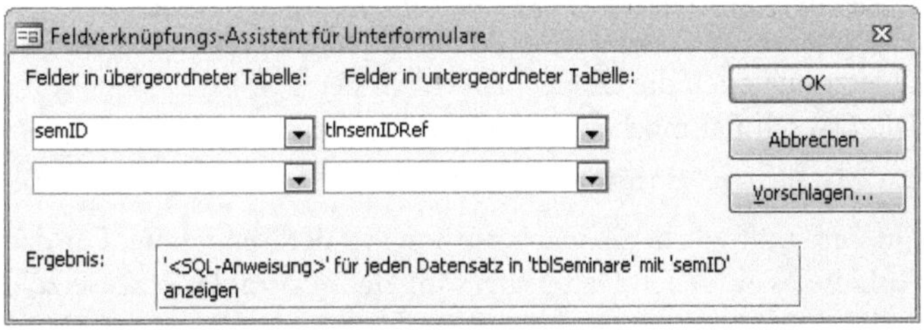

Abbildung 13.30: Der Feldverknüpfungs-Assistent

Kapitel 13 Visual Basic for Applications

5. Sie können dessen Vorschlag einfach übernehmen, da aufgrund der zentralen Verknüpfung mit referentieller Integrität zwischen den Tabellen *tblSeminare* und *tblTeilnahmen* die passenden Felder ermittelt wurden. Jetzt sieht das Formular so aus wie in Abbildung 13.31.

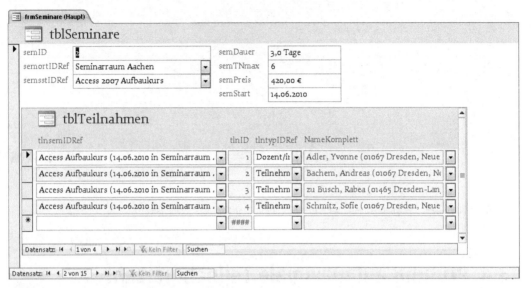

Abbildung 13.31: Das Hauptformular *frmSeminare* mit Unterformular

Wie Sie in Abbildung 13.31 sehen, werden im Unterformular jetzt nur die Teilnehmer des ausgewählten Seminars angezeigt. Deshalb ist das Feld *tlnsemIDRef* im Unterformular überflüssig und verführt einen Benutzer nur dazu, andere Werte einzugeben. Der Standardwert für *tlnsemIDRef* wird wegen der Verknüpfung sowieso immer passend zum verknüpften Feld *semID* geändert. Daher kann dieses Feld wegen der besseren Übersicht anschließend wegfallen.

Anzahl der Dozenten und Teilnehmer anzeigen

Weil es eine maximale Teilnehmerzahl gibt, soll diese nun per VBA überwacht werden. Die Anzeige, wie viele Dozenten oder Teilnehmer überhaupt im Seminar angemeldet sind, lässt sich ohne Programmierung mit den bereits vorgestellten Domänenfunktionen bewerkstelligen.

1. Fügen Sie im Formularentwurf zu *frmSeminare* drei neue Textfelder für die Anzahl der Dozenten und (Ersatz-)Teilnehmer hinzu. Deren Eigenschaft *Steuerelementinhalt* erhält jeweils:

   - *edtDozenten:* =DomAnzahl("*"; "tblTeilnahmen"; "tlnsemIDRef = " & [semID] & " AND tlntypIDRef = 1")
   - *edtTeilnehmer:* =DomAnzahl("*"; "tblTeilnahmen"; "tlnsemIDRef = " & [semID] & " AND tlntypIDRef = 2")
   - *edtErsatz:* =DomAnzahl("*"; "tblTeilnahmen"; "tlnsemIDRef = " & [semID] & " AND tlntypIDRef = 3")

   Die Dozenten und (Ersatz-)Teilnehmer unterscheiden sich nur im Typ der Teilnahme. Für das Feld *[semID]* wird automatisch der Inhalt des aktuellen Datensatzes im Hauptformular eingesetzt, damit nur die passenden Teilnahmen dieses Seminars ermittelt werden.

13.4 Prüfung auf maximale Teilnehmerzahl

Wichtig: Leerzeichen beachten

Bitte beachten Sie insbesondere das Leerzeichen vor dem *AND* innerhalb der Anführungszeichen, da es ansonsten zu einem SQL-Syntaxfehler kommt.

2. Wenn Sie das Ergebnis prüfen, sollten Sie zu Testzwecken bereits Personen an anderen Seminaren teilnehmen lassen, damit nicht zufällig die Gesamtanzahl aller Teilnahmen mit derjenigen des aktuellen Seminars identisch ist.
3. Blättern Sie zum nächsten Seminar und prüfen Sie, ob dort ebenfalls die korrekte Anzahl der Dozenten und Teilnehmer angezeigt wird.

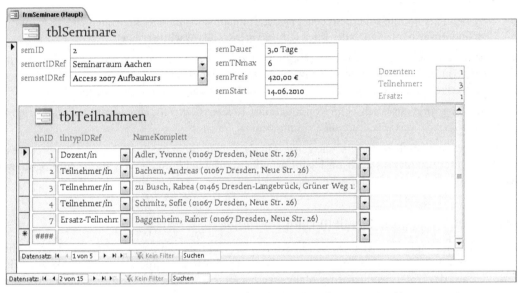

Abbildung 13.32: Das Formular *frmSeminare* mit Anzeige der jeweils teilnehmenden Personenanzahl

Überschreiten der maximalen Teilnehmeranzahl verhindern

Bis hierhin kommen Sie noch ohne VBA-Programmierung, aber das Ganze wird vor allem dann sinnvoll, wenn Sie verhindern können, dass ein Seminar mehr Teilnehmer erhält als die Zahl im Feld *semTNmax* vorgibt. Für eine solche Überwachung der maximalen Anzahl gibt es mehrere Ansätze:

- Wenn ein Datensatz als Teilnehmer gespeichert werden soll, obwohl die maximal zulässige Anzahl bereits überschritten wurde, lässt sich per VBA das Speichern verhindern. Es ist aber ein wenig unfreundlich, den Benutzer erst alles ausfüllen zu lassen und ihm hinterher – ätsch! – mitzuteilen, dass das gar nicht erlaubt war.
- Die Eigenschaft *Anfügen zulassen* des Formulars *frmSeminare (Unter: Teilnahmen)*, das hier ja als Unterformular eingesetzt wird, kann ab dem Überschreiten der maximalen Teilnehmerzahl auf *Nein* gestellt werden. Dann könnte ein Benutzer jedoch auch keine Dozenten mehr hinzufügen. Diese Einschränkung ist also zu restriktiv.

Kapitel 13 Visual Basic for Applications

- Sobald die maximale Teilnehmeranzahl überschritten ist, muss die Auswahl im Kombinationsfeld *tlntypIDRef* reduziert werden. Dort lassen sich zwar noch Dozenten (und auch Ersatzteilnehmer!) auswählen, nur eben keine Teilnehmer mehr.

Der letzte Lösungsansatz ähnelt der bereits realisierten Filterung für die Personen; d.h. er wechselt die Datenquelle für das Kombinationsfeld *tlntypIDRef* in Abhängigkeit von einer Bedingung. Neu sind hier die auslösenden Ereignisse undx vor allem der Ort, an dem die Prozedur gespeichert wird. Betrachten wir zuerst einmal die möglichen Auslöser:

- Sobald der Benutzer im Unterformular zu einem anderen (Teilnahme-)Datensatz wechselt, will er entweder einen neuen Teilnehmer anlegen oder hat soeben einen anderen gelöscht. Beide Ereignisse legen es nahe, die Anzahl der Teilnehmer erneut zu prüfen.

- Der Benutzer könnte außerdem den Typ der Teilnahme in einem bestehenden Datensatz nachträglich ändern; also muss auch der Klick auf *tlntypIDRef* überwacht werden

- Nicht vergessen sollten Sie bei der Programmierung, dass auch nach einem Wechsel zu einem anderen Seminar im Hauptformular sowohl die Anzahl der dort teilnehmenden Personen als auch der zugehörige Maximalwert für die Teilnehmeranzahl neu ermittelt werden müssen

- Auch hier sorgt ein Wechsel im Kombinationsfeld *semsstIDRef* für einen eventuell geänderten Wert in *semTNmax*, was wiederum die Prüfung bedingt

Noch ein wenig komplizierter wird die ganze Angelegenheit durch die Tatsache, dass die Ereignisse sowohl im Unterformular als auch im Hauptformular stattfinden können. Wo also wird programmiert? Jedenfalls auf gar keinen Fall doppelt!

Aufruf der Prüfroutine aus dem Hauptformular

Da ein Hauptformular immer mehrere Unterformulare besitzen kann, gibt es nur eine klare Richtung. Denn während für jedes Unterformular sein *Eltern*-Formular eindeutig ist, müssten Sie vom Hauptformular aus das Unterformular jedes Mal genau benennen. Aus diesem Grund steht die Prozedur am besten im Hauptformular und wird vom Unterformular aus gefunden.

1. Im Modul des Hauptformulars benötigen Sie den folgenden Code, der die Prozedur `BegrenzeTeilnehmer` für zwei Ereignisse aufruft:

```
Private Sub Form_Current()
    BegrenzeTeilnehmer
End Sub
Private Sub semsstIDRef_Click()
    BegrenzeTeilnehmer
End Sub
Sub BegrenzeTeilnehmer
    Msgbox "Prüfen!"
End Sub
```

Wie Sie sehen, beschränkt sich die neue Prozedur `BegrenzeTeilnehmer` bisher nur darauf, eine Meldung anzuzeigen. Das dient vor allem dazu festzustellen, ob sie zu allen notwendigen Gelegenheiten ausgelöst wird.

2. Wechseln Sie zu Testzwecken im Hauptformular zwischen verschiedenen Seminaren hin und her oder ändern Sie das Kombinationsfeld *semsstIDRef*. Dabei muss jedes Mal die Meldung erscheinen.

Aufruf der Prüfroutine aus dem Unterformular

Nun folgt der zweite Teil, nämlich der Aufruf dieser Prozedur aus dem Unterformular heraus. Dort existieren im Modul bereits die beiden Prozeduren Form_Current (der Wechsel zwischen Datensätzen des Unterformulars) und tlntypIDRef_Click (der Wechsel zu einem anderen Teilnahmetyp). Beide rufen außerdem die Prozedur FiltereKombinationsfeld auf, sodass es hier am bequemsten ist, den Aufruf von BegrenzeTeilnehmer an deren Anfang vorzunehmen.

1. Ergänzen Sie die Prozedur FiltereKombinationsfeld wie folgt:

```
Sub FiltereKombinationsfeld()
    Me.Parent.BegrenzeTeilnehmer
    If Me.tlntypIDRef.Value = 1 Then        'also Dozent (dies ist ein Kommentar)
        Me.tlnperIDRef.RowSource = "qryPersonenNurDozenten"
    Else
        Me.tlnperIDRef.RowSource = "qryPersonenNurTeilnehmer"
    End If
End Sub
```

Sie werden dabei feststellen, dass der VBA-Editor Ihnen zwar nach der Eingabe von Me. noch das Parent-Objekt in einer Auswahlliste anbietet, nach der Eingabe von Me.Parent. aber keine Auswahl mehr erscheint. Das liegt daran, dass das Parent-Objekt erst zur Laufzeit bekannt ist. Sie müssen hier den Namen der Prozedur also selber eintippen.

Die Verwendung des Parent-(Eltern-)Objekts hat folgenden Vorteil: Zur Laufzeit kann ein Unterformular nur genau ein Hauptformular als Parent-Objekt haben, daher ist es eindeutig identifiziert. Diese Schreibweise ist neutraler, denn dadurch, dass Sie den tatsächlichen Namen des Hauptformulars nicht verwenden, können Sie das Hauptformular beliebig umbenennen, ohne anschließend auch den Code anpassen zu müssen.

2. Geben Sie nun wiederum zu Testzwecken neue Dozenten oder Teilnehmer ein, verändern Sie deren Typ und löschen diese wieder. Auch bei diesen drei Aktionen muss die Meldung erscheinen.

Haben Sie es bemerkt? Erstens kommt die Prüfmeldung furchtbar oft, was zwar ziemlich nervend sein mag, aber einmal zu viel ist besser als einmal zu wenig. Zweitens ist die Meldung trotzdem nicht oft genug erschienen:

- Die Prüfung findet *vor* dem Löschen statt und nicht danach, aber zu diesem Zeitpunkt ermittelt die Prüfung noch die alte Anzahl an Datensätzen
- Wenn ein Datensatz durch einen Klick auf seinen Datensatzmarkierer und nicht durch Verlassen des Datensatzes gespeichert wird, findet noch keine Prüfung statt. Das ist datenbanktechnisch unbedenklich, denn der nächste Teilnehmer könnte erst nach einem Wechsel in einen anderen Datensatz (wodurch die Ereignisprozedur Form_Current aufgerufen würde) bearbeitet werden; aber bis dahin ist die Anzeige eventuell noch nicht aktuell.

Sie müssen also zwei neue Ereignisse ergänzen, die erst im Test aufgefallen sind:

- Im Formular *frmSeminare (Unter: Teilnahmen)* muss das Ereignis *Nach Löschbestätigung* (Form_AfterDelConfirm) berücksichtigt werden. Es tritt erst ein, wenn der Benutzer mit dem Löschdialogfeld bestätigt hat, dass der Datensatz wirklich gelöscht werden soll
- Mit *Nach Aktualisierung* (Form_AfterUpdate) wird das Ereignis *nach* der Speicherung eines Datensatzes aufgerufen. Dieses Ereignis tritt auch dann auf, wenn der Benutzer den Speichervorgang entweder durch Anklicken des Datensatzmarkierers, mit dem Symbol *Speichern* auf der Registerkarte *Start* oder durch Drücken von Umschalt+Eingabetaste auslöst.

Kapitel 13 Visual Basic for Applications

3. Der Code erhält nun auch im Unterformular zwei neue Ereignisse:
```
Private Sub Form_AfterDelConfirm()
    Me.Parent.BegrenzeTeilnehmer
End Sub

Private Sub Form_AfterUpdate()
    Me.Parent.BegrenzeTeilnehmer
End Sub
```

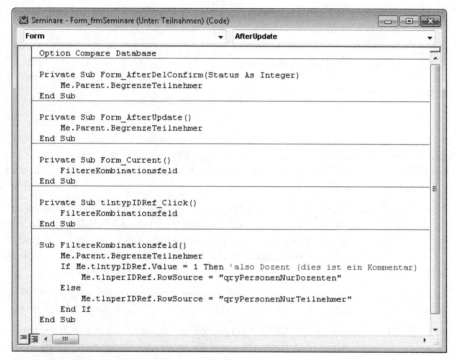

Abbildung 13.33: Der komplette Code im Unterformular

Die Prüfroutine

Jetzt sollten alle notwendigen Ereignisse die Prozedur BegrenzeTeilnehmer aufrufen, sodass wir uns mit deren sinnvollem Inhalt beschäftigen können. Sobald die Anzahl der echten Teilnehmer ohne Dozenten oder Ersatzteilnehmer die vom Seminar vorgegebene Maximalteilnehmerzahl erreicht hat, darf es nicht mehr die Möglichkeit geben, Teilnehmer einzugeben.

Sie können diese Anzahl dabei auf zwei Wegen herausfinden:

- Mit einer Domänenfunktion wie *DomAnzahl* können Sie im Code die gewünschten Informationen ebenso ermitteln wie in Abfragen
- Im Feld *edtTeilnehmer* steht diese Information auf dem Hauptformular bereits zur Verfügung. Sie müssen nur sicher sein, dass der angezeigte Wert aktuell ist.

13.4 Prüfung auf maximale Teilnehmerzahl

Für große Datenmengen – und die Tabelle *tblTeilnahmen* wird mit Abstand die umfangreichste Tabelle in der gesamten Datenbank sein! – sollten Sie auf unnötige Aufrufe von Domänenfunktionen verzichten, denn diese lösen jedes Mal ein vergleichsweise langsames Öffnen und Schließen einer Tabelle oder Abfrage aus.

Damit der Name des Unterformulars kürzer ist, sollten Sie es jetzt im Entwurf des Hauptformulars in *sfmTeilnahmen* umbenennen. Vergleichen Sie dann im Hauptformular *frmSeminare* die beiden Werte von *edtTeilnehmer* und *semTNmax* wie im folgenden Code:

```
Sub BegrenzeTeilnehmer()
    ' die MsgBox entfällt hier...
    If Me.edtTeilnehmer.Value >= Me.semTNmax.Value Then
        Me.sfmTeilnahmen.Form.tlntypIDRef.RowSource = "SELECT * FROM tblTypen WHERE typID <> 2"
    Else
        Me.sfmTeilnahmen.Form.tlntypIDRef.RowSource = "tblTypen"
    End If
End Sub
```

Wenn die Zahl der Anmeldungen unter der maximal erlaubten liegt, wird im Kombinationsfeld *tlntypIDRef* die vollständige Typenauswahl angezeigt, andernfalls wird der Eintrag *Teilnehmer* unterdrückt. Das funktioniert zwar, führt aber zu dem schon für die Namen gezeigten Effekt, dass bereits vorhandene Zeilen mit Teilnehmern diesen Wert im Kombinationsfeld nicht mehr anzeigen können und deswegen leer bleiben.

Abbildung 13.34: Ein Datensatz mit ungünstig gefiltertem Teilnahmetyp (durch das Erreichen der maximalen Teilnehmerzahl)

Hintergrund: Fehler vermeiden oder Fehler erläutern?

Bei der Programmierung von Benutzeroberflächen gibt es eine lange und nicht endgültig entschiedene Diskussion um die Frage: »Sollen unzulässige Aktionen bereits im Vorfeld verhindert werden oder soll der Benutzer erst im Nachhinein auf die Unzulässigkeit hingewiesen werden?« ▶

In Windows-Oberflächen wird sehr deutlich die Vorher-deaktivieren-Variante favorisiert: Menüs oder Symbole, die im aktuellen Zusammenhang nicht erlaubt sind, werden grau und deaktiviert dargestellt. Wenn der Benutzer aber herausfinden will, aus welchem Grund eine bestimmte Funktion deaktiviert wurde und was er tun kann, damit sich das ändert, erhält er keine Unterstützung.

Als Alternative bleiben alle Schaltflächen, Menüs und Symbole immer aktiv und der Benutzer erfährt bei einem unzulässigen Klick, warum das nicht geht und wie das Problem zu beheben ist. Browser (genau genommen sind es die Internetserver) demonstrieren diese Variante, indem sie eine Fehlerseite mit Erläuterung anzeigen, wenn ein Link ungültig war. Auf Dauer ist es aber frustrierend, immer erst hinterher zu erfahren, dass eine Aktion nicht zulässig war.

Reaktion auf ungültige Eingaben

Alternativ können Sie auch auf die aktive Filterung des *tlntypIDRef*-Kombinationsfelds verzichten. Stattdessen können Sie sowohl die Textbox mit einem roten oder grünen Hintergrund anzeigen als auch den ungültigen Versuch, einen überzähligen Teilnehmer aufzunehmen, mit einer Fehlermeldung quittieren.

In der Prozedur BegrenzeTeilnehmer beschränkt sich die Programmierung also auf die Änderung der Hintergrundfarbe wie im folgenden Code:

```
Sub BegrenzeTeilnehmer()
    If Me.edtTeilnehmer.Value >= Me.semTNmax.Value Then
        Me.edtTeilnehmer.BackColor = vbRed
    Else
        Me.edtTeilnehmer.BackColor = vbGreen
    End If
End Sub
```

Damit das überhaupt sichtbar wird, müssen Sie (wenn die Eigenschaft *Aktiviert* auf *Nein* steht) die Eigenschaft *Gesperrt* des Textfeldes auf *Ja* stellen. Ansonsten wird die Hintergrundfarbe ignoriert.

Nach dieser Änderung wechselt jetzt zwar die Hintergrundfarbe des Textfeldes, aber da die Zahl in *edtTeilnehmer* nicht aktualisiert worden ist, werden gelöschte, geänderte oder hinzugefügte Teilnehmer noch nicht rechtzeitig ermittelt. Falls Sie nun allerdings versuchen, die Aktualisierung des Hauptformulars oder wenigstens der Textbox *edtTeilnehmer* (etwa mit Me.Recalc) auszulösen, werden Sie Probleme haben, weil die sich endlos gegenseitig aufrufen und damit Ihren Rechner lahm legen.

Viel einfacher ist es, die Teilnehmeranzahl nicht mit einer Formel innerhalb der Textbox zu berechnen, sondern direkt im Code zu ermitteln. Dann ist sie immer aktuell, löst keine anderen Prozeduren aus und wird nur als Ergebnis per VBA hineingeschrieben.

Da Sie jedoch in eine Textbox keine Ergebnisse schreiben dürfen, müssen Sie etwas tricksen, indem Sie das Ergebnis als Formel formulieren. Statt *2* steht dort in der *ControlSource*-Eigenschaft also =*2*, wenn es per VBA geschrieben wird. Die bisherige Formel mit *DomAnzahl* geht dabei vorübergehend verloren, aber das ist kein Problem.

Dann ändert sich der Code wie folgt, wobei Sie die Formel mit *DomAnzahl* im Formularentwurf aus der Eigenschaft *Steuerelementinhalt* des Textfeldes *edtTeilnehmer* herauskopieren können. Allerdings muss dann die deutschsprachige Version von *DomAnzahl* in ihr englisches Gegenstück DCount geändert und anstelle des Semikolons ein Komma als Trennzeichen verwendet werden:

13.4 Prüfung auf maximale Teilnehmerzahl

```
Sub BegrenzeTeilnehmer()
    Dim lngAnzahl As Long      'definiert die Long-Variable lngAnzahl

    lngAnzahl = DCount("*", "tblTeilnahmen", "tlnsemIDRef = " & Me.semID.Value & " AND tlntypIDRef = 2")
    Me.edtTeilnehmer.ControlSource = "=" & lngAnzahl
    If lngAnzahl > Me.semTNmax.Value Then
        Me.edtTeilnehmer.BackColor = vbRed
    Else
        Me.edtTeilnehmer.BackColor = vbGreen
    End If
End Sub
```

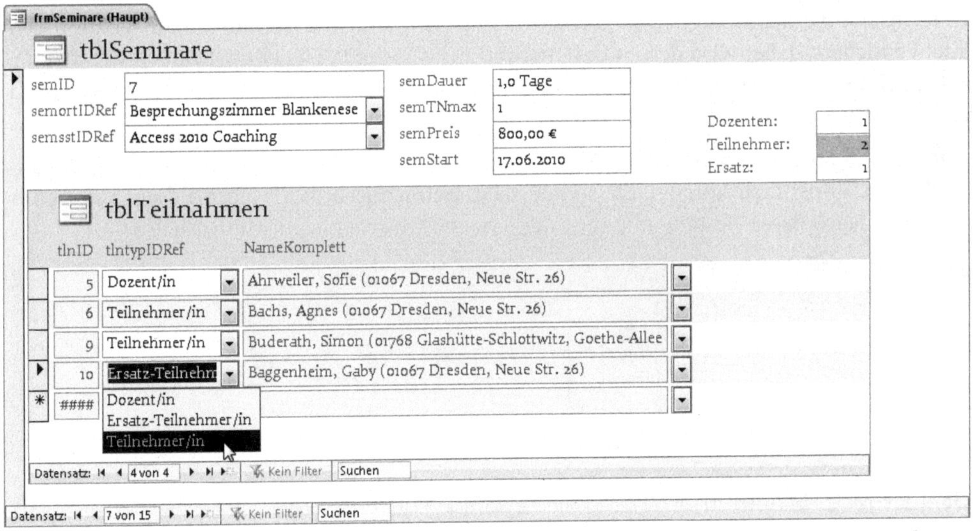

Abbildung 13.35: Das Formular *frmSeminare* mit nicht gefiltertem Typ und farbiger Markierung

Nun müssen Sie nur noch verhindern, dass bei einem ausgebuchten Seminar noch weitere Teilnehmer angemeldet werden können. Der Fall kann eintreten,

- wenn ein neuer Datensatz angelegt wird und für diesen der *Teilnehmer*-Typ ausgewählt ist oder
- wenn ein bestehender Datensatz in einen *Teilnehmer*-Typ umgewandelt wird

Letzten Endes hängt es einfach nur an der Auswahl des Typs. Sobald der Benutzer hier den Eintrag *Teilnehmer* auswählt, können Sie per VBA prüfen, wie viele Teilnehmer bereits angemeldet sind und entsprechend reagieren. Die Prüfung findet also in der bereits vorhandenen Prozedur tlntypIDRef_Click im Unterformular statt, die dazu wie folgt geändert wird:

```
Private Sub tlntypIDRef_Click()
    Dim lngAnzahl As Long      'definiert eine andere Long-Variable lngAnzahl

    FiltereKombinationsfeld
    If tlntypIDRef = 2 Then   'also Teilnehmer ausgewählt
        lngAnzahl = DCount("*", "tblTeilnahmen", "tlnsemIDRef = " & Me.tlnsemIDRef.Value & " AND tlntypIDRef = 2")
        If lngAnzahl >= Me.Parent.Form.semTNmax Then            'es werden zu viele
            Msgbox "Seminar ist voll, keine neuen Teilnehmer mehr möglich!", vbCritical, "Seminardatenbank"
            tlntypIDRef.Value = 3      'stattdessen auf Ersatzteilnehmer stellen
        End If
    End If
End Sub
```

Kapitel 13   Visual Basic for Applications

Sobald im Kombinationsfeld ein Teilnehmer als Typ ausgewählt wird, prüft der Code mit der DCount-Funktion ähnlich wie in der Prozedur BegrenzeTeilnehmer, ob im Seminar noch Plätze frei sind. Da sich die Programmierung allerdings im Unterformular befindet, muss die Bezeichnung des Feldes dessen Datenquelle angepasst werden. Statt Me.semID.Value heißt es hier Me.tlnsemIDRef.Value.

Ebenso kann beim Ermitteln der maximalen Teilnehmeranzahl nicht auf ein Steuerelement dieses (nämlich des Unter-)Formulars verwiesen werden, da die benötigten Daten im Hauptformular stehen. Hier wird der Ausdruck Me.Parent.Form.semTNmax eingesetzt, da sich das Steuerelement im Formular des Elternobjekts befindet.

Beim Ermitteln der Anzahl der bereits angemeldeten Teilnehmer werden übrigens immer nur die gespeicherten Datensätze berücksichtigt. Der gerade veränderte Datensatz ist mit seinem zukünftigen Wert noch nicht gesichert, daher wird dessen Originalwert mitgerechnet. Die Formel zählt also nicht die zukünftigen Teilnehmer, sondern die bereits vorhandenen. Aus diesem Grund verwendet der Vergleich auch statt des Gleichheitszeichens den >=-Operator.

Jetzt ist alles fertig und Sie können prüfen, ob Sie in einem Seminar mehr als die zugelassene Maximalzahl an Teilnehmern aufnehmen können. Sie sollten dann automatisch die Fehlermeldung aus Abbildung 13.36 erhalten. Nach deren Bestätigung muss der Typ auf *Ersatzteilnehmer* umgestellt sein.

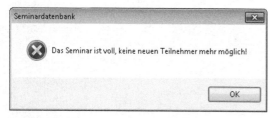

Abbildung 13.36: Der Versuch, einen überzähligen Teilnehmer anzumelden, führt zu dieser Meldung

Daher ist es auch nicht notwendig, vor dem Speichern des Datensatzes zu überprüfen, ob der Typ immer noch korrekt ist. Es ist schließlich nicht mehr möglich, einen falschen Typ auszuwählen.

Es gibt allerdings immer noch eine Möglichkeit, Fehler zu machen: *Nach* dem Eintragen aller Teilnehmer ließe sich der Wert in *semTNmax* ändern. Natürlich lässt sich in der Eigenschaft *Nach Aktualisierung* des Feldes (Prozedurname semTNmax_AfterUpdate) eine Meldung auslösen, die nach dem bekannten Muster die Anzahl der Teilnehmer überprüft.

Nur, was macht Ihr Code, wenn dann schon zu viele Teilnehmer eingetragen sind? Bei welchen Datensätzen soll dann der Typ auf *Ersatzteilnehmer* umgestellt werden? Bei einem beliebigen oder dem alphabetisch letzten oder bei dem mit der höchsten *tlnID*? Diese Entscheidung muss natürlich der Benutzer treffen, aber es sollte wenigstens die rote Markierung bei der Teilnehmeranzahl erscheinen.

Das ist dank unserer Vorarbeiten sehr einfach, wie Sie im folgenden Code des Hauptformulars sehen:

```
Private Sub semTNmax_AfterUpdate()
    BegrenzeTeilnehmer
End Sub
```

Speichert der Benutzer den Datensatz oder verlässt er das Feld, wird es aktualisiert und es folgt die Prüfung.

Wann kann sich dessen Wert sonst noch ändern? Genau, beim Wechsel zwischen den Seminar-Datensätzen. Wie Sie im Code auf Seite 370 nachsehen können, enthält die Prozedur Form_Current, die bei dieser Gelegenheit ausgelöst wird, bereits den Aufruf von BegrenzeTeilnehmer. Auch das funktioniert also bereits, wie Sie sich überzeugen können.

13.5 Ähnliche Einträge live finden

Bei den vielen Personen, die in der Seminardatenbank enthalten sind, kann es leicht passieren, dass Sie jemanden mehrfach eintragen. Natürlich könnten Sie nachträglich eine Duplikatsuche mit Hilfe einer Gruppierungsabfrage durchführen, aber dann ist es eigentlich schon zu spät, da die doppelten Daten bereits gespeichert sind. Es ist wesentlich besser, mögliche Duplikate bereits während der Eingabe anzuzeigen, bevor der Datensatz gespeichert wird.

Tipp: Duplikate finden

Das Hauptproblem bei der Duplikatsuche ist die Definition, was genau ein Duplikat ist. Im Falle der Tabelle *tblPersonen* sollen alle Datensätze, deren Vor- und Nachname identisch ist, als Duplikat gelten. Diese Duplikate können Sie mit einer Gruppierungsabfrage finden, die für beide Felder jeweils eine Gruppierung bildet und dann alle Datensätze anzeigt, deren Anzahl größer als 1 ist:

```
SELECT perVorname, perNachname, Count(perID) AS AnzahlVonPerID
FROM tblPersonen
GROUP BY perVorname, perNachname
HAVING (Count(perID) > 1);
```

Having prüft die Bedingung **nach** der durchgeführten Aggregatfunktion, während ein Where die Datensätze schon **vor** der Aufnahme in die Gruppe filtert. Diese Unterscheidung ist wichtig, da die Anzahl der gefundenen Duplikate erst nach der Zählung in der Gruppe bekannt ist.

1. Dazu erstellen Sie basierend auf der Tabelle *tblPersonen* ein neues Einzelformular wie in Bild 13.37.
2. Fügen Sie ein Listenfeld-Steuerelement namens *lstGleiche* ein und nennen Sie dessen zugehöriges Bezeichnungsfeld *lblGleiche*. In diesem Listenfeld sollen für die vom Benutzer auszufüllenden Felder *perVorname*, *perNachname* oder *perAdresse* alle Namen beziehungsweise Adressen angezeigt werden, die wenigstens teilweise den Inhalt des gerade bearbeiteten Datenfeldes enthalten.
3. Außerdem soll im Bezeichnungsfeld *lblGleiche* zu Kontrollzwecken nicht nur der Name des verglichenen Feldes, sondern auch die Anzahl der gefundenen, ähnlichen Datensätze erscheinen. Dazu wird beispielsweise für *perVorname* im Ereignis *Bei Änderung* (Achtung, nicht mit *Bei Geändert* verwechseln!) eine Ereignisprozedur angelegt.

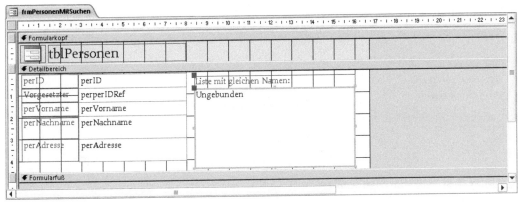

Abbildung 13.37: Der Entwurf für das Formular *frmPersonenMitSuchen*

Kapitel 13   Visual Basic for Applications

Diese Prozedur *perVorname_Change* wird bei jeder Änderung ausgeführt, also nicht erst am Ende, wenn das Wort geschrieben ist, sondern bei jedem Tastenanschlag! Daher sollte die in ihr enthaltene Programmierung möglichst schnell sein und nicht etwa zeitkritische Aktionen wie das Öffnen von Dateien oder Anzeigen von Bildern durchführen.

> **Wichtig: Text und Value unterscheiden sich**
>
> Nur in diesem Ereignis müssen Sie ausdrücklich die *Text*-Eigenschaft von *perVorname* untersuchen, die den aktuell bearbeiteten Text des Feldes enthält. Wenn Sie die sonst übliche Eigenschaft *Value* prüfen, greifen Sie auf den Inhalt des Feldes ohne seine aktuelle Änderung zu. Bei den anderen Ereignissen hingegen ist *Text* nicht zulässig, dort muss es *Value* sein.

In der Prozedur prüft der folgende Code zuerst, ob überhaupt ein Inhalt in *perVorname* vorhanden ist. Wenn nicht, wird das Listenfeld versteckt. Ansonsten werden in der Liste alle Namen angezeigt, deren Vorname den bereits in *perVorname* eingegebenen Text enthält.

Allerdings darf die dafür notwendige SQL-Anweisung SELECT [perNachname] &", " & [perVorname] AS Name FROM tblPersonen WHERE [perVorname] LIKE "*xxx*" so nicht direkt als Zeichenkette für die Datensatzherkunft des Listenfeldes übergeben werden, da darin Anführungszeichen enthalten sind. Diese können Sie wahlweise verdoppeln oder – wie hier – durch Hochkommata ersetzen.

4. Geben Sie in der Prozedur perVorname_Change bitte folgenden Code ein:

```
Private Sub perVorname_Change()
    If Len(Me.perVorname.Text & "") = 0 Then
        Me.lstGleiche.Visible = False
    Else
        With Me.lstGleiche
            .Visible = True
            .RowSource = "SELECT NameKomplett FROM qryPersonenSortiert " & _
                "WHERE NameKomplett LIKE '*,*" & Me.perVorname.Text & "*'"
            Me.lblGleiche.Caption = .ListCount & " ähnliche Vornamen:"
        End With
    End If
End Sub
```

Die darin enthaltene Konstruktion [perNachname] &", " & [perVorname] AS Name verkettet Nachnamen und Vornamen zur besseren Anzeige in einer Spalte.

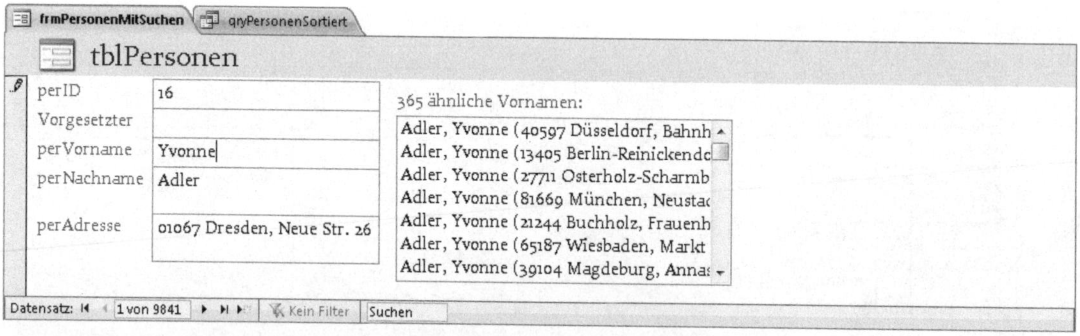

Abbildung 13.38: Die Anzeige für *perVorname* im Formular *frmPersonenMitSuchen*

Die Anzahl der im Listenfeld gefundenen ähnlichen Vornamen ermitteln Sie am einfachsten, indem Sie die Listen-Eigenschaft *ListCount*, also deren Zeilenanzahl, abfragen. Das Ergebnis schreibt der Code dann in die Beschriftung (Caption) des Bezeichnungsfeldes *lblGleiche*. Abbildung 13.38 zeigt, wie dies während der Eingabe von *perVorname* geschieht.

Das ist selbst bei den derzeit rund 10.000 Datensätzen der Tabelle *tblPersonen* so schnell, dass beim Schreiben keine Verzögerung auftritt. Daher lässt sich dieser Komfort für den Nachnamen und die Adresse auch noch schnell integrieren, indem Sie ebenfalls deren Ereignis *Bei Änderung* programmieren wie im folgenden Code:

```
Private Sub perNachname_Change()
    If Len(Me.perNachname.Text & "") = 0 Then
        Me.lstGleiche.Visible = False
    Else
        With Me.lstGleiche
            .Visible = True
            .RowSource = "SELECT NameKomplett FROM qryPersonenSortiert " & _
                "WHERE NameKomplett LIKE '*" & Me.perNachname.Text & "*,*'"
            Me.lblGleiche.Caption = .ListCount & " ähnliche Nachnamen:"
        End With
    End If
End Sub
```

Wie Sie sehen, gibt es gegenüber der Prozedur *perVorname_Change* nur wenige Änderungen, die hier fett markiert sind. Achten Sie dabei vor allem auf die Änderungen am Sternchen, weil der Nachname vor dem Komma steht. Sie können damit platzsparend immer das gleiche Listenfeld für die unterschiedlichen Ergebnisse nutzen, da der Benutzer ja jeweils nur in einem einzigen Textfeld eine Änderung vornehmen kann.

So lässt sich ein Benutzer mit wenig Aufwand warnen, bevor er versehentliche Duplikate eingibt.

13.6 Benutzeränderungen protokollieren

Wenn mehrere Benutzer mit einer Datenbank arbeiten, ist es oftmals sinnvoll, nachvollziehen zu können, wer die letzte Änderung gemacht hat und eventuell auch wann. Es gibt verschiedene Stufen der Überwachung:

- Zwei Felder in der jeweiligen Tabelle speichern bei jeder Änderung den Namen des Benutzers und den Zeitpunkt der Änderung. Dazu werden in jeder Tabelle zwei neue Felder benötigt. Trotzdem haben Sie anschließend immer noch keine Information darüber, was eigentlich geändert wurde. Diese Variante ist daher die Minimalversion.

- Bei geänderten Datensätzen wird eine Kopie in einer Archivtabelle mit Informationen über den Benutzer und den Zeitpunkt gespeichert. Diese Maximalversion lässt die Datenbank fast explosionsartig anwachsen, weil beispielsweise bei drei Änderungen an einem Datensatz alle Felder vierfach gespeichert würden (plus der Informationen zu Benutzer und Zeitpunkt).

- Als Kompromiss gibt es eine eigene Protokolltabelle, in der die Änderungen möglichst knapp gespeichert werden. Dadurch muss nicht jede Tabelle nachträglich um Felder erweitert werden und alte Änderungen können leicht zentral gelöscht werden. Auch ist es technisch möglich, diese verknüpfte Tabelle in einer physikalisch getrennten Datenbank zu speichern, damit die aktuelle Datenbank klein bleibt.

Ich möchte Ihnen die Minimalversion und den Kompromiss vorstellen, weil beide Lösungen mit geringem Aufwand viele wichtige Details für die VBA-Programmierung zeigen. Die Maximalversion belegt nicht nur enormen Speicherplatz, sondern erfordert auch überproportional aufwändige Programmierung, die in keinem Verhältnis zum Lerneffekt steht.

> **Wichtig: Datenmakros vorrangig bedenken**
>
> Auch wenn es gerade um die VBA-Programmierung geht, sollte Ihr erster Gedanke immer den Datenmakros gelten. Sie sind sozusagen dichter an den Daten, denn eine Datenänderung per VBA oder außerhalb des gleich benutzten Formulars würde dessen Protokollierungscode gar nicht aufrufen. Datenmakros haben jedoch keine Möglichkeit, den aktuellen Benutzer zu ermitteln, und scheiden daher aus.

Die Minimalversion

Beginnen wir für die Minimalversion am besten direkt im Formular *frmPersonenMitSuchen*, wo jede Änderung an den Daten zu einer Speicherung des Benutzernamens und der aktuellen Zeit/des aktuellen Datums führen soll. Dazu müssen noch zwei wesentliche Details geklärt werden:

- Wie ermitteln Sie eigentlich den Namen des Benutzers?
- Wo sollen die neuen Informationen gespeichert werden?

Um den Namens des Benutzers zu ermitteln, werden Sie sehr schnell eine integrierte Funktion namens *CurrentUser* entdecken, die erwartungsgemäß den aktuellen Benutzer zurückliefert. Nur – der heißt immer »Admin«! Das ist ein Relikt aus der seit Access 2007 nicht mehr vorhandenen Benutzerrechte-Verwaltung und hat sich damit erledigt.

Natürlich können Sie auf einem Anmeldedialogfeld – für diesen Zweck eignet sich ideal das Formular *frmStart* – eine Auswahlliste für den Benutzer anlegen, aber wer garantiert Ihnen, dass jeder wirklich nur seinen eigenen Namen auswählt? Dann müssten Sie noch ein Passwort hinterlegen und die Tabelle, in der das Passwort dann zwangsläufig gespeichert ist, vor dem unberechtigten Zugriff schützen und so weiter. Das ist also auch kein praktikabler Weg.

Dabei hat sich Ihr Benutzer längst identifiziert! Um den Computer benutzen zu können, muss er sich nämlich in Windows anmelden und diese Anmeldung können Sie als eindeutige Kennung nutzen. Damit ist die mühsame Passwort-Verwaltung an Windows delegiert; Sie müssen nur noch herausfinden, wie der Benutzer heißt.

Praktischerweise steht in VBA mit der Funktion *Environ* eine Möglichkeit bereit, sowohl den Benutzernamen als auch (wenn das mal notwendig ist) den Computernamen zu ermitteln. Mit `Environ("UserName")` beziehungsweise `Environ("ComputerName")` erhalten Sie die gewünschten Anmeldeinformationen.

Die Funktion `Environ("UserName")` können Sie nun überall einsetzen, wo der Benutzername benötigt wird, ohne dass dazu eine eigene Anmeldefunktionalität erstellt werden muss. Damit ist das erste Problem gelöst und Sie können per VBA immer zweifelsfrei angeben, wer der aktuelle Benutzer ist.

Benutzername und Zeitstempel speichern

Bleibt noch das zweite Problem, wo diese Information gespeichert werden kann. In der Minimalversion sollte das innerhalb der jeweils betroffenen Tabelle sein.

13.6 Benutzeränderungen protokollieren

1. Jede Tabelle muss also zwei neue Felder erhalten. Falls Sie die Tabellen bereits als Verknüpfung zu einer Backend-Datenbank eingerichtet haben, müssen Sie die Entwurfsänderungen dort vornehmen. In Abbildung 13.39 sehen Sie die beiden neuen Felder *perWer* und *perWann* für die Tabelle *tblPersonen*.

Feldname	Felddatentyp	Beschreibung
perID	AutoWert	
perperIDRef	Zahl	Long, Reflexivverknüpfung auf perID für Vorgesetzte
perVorname	Text	50 Zeichen
perNachname	Text	100 Zeichen
perAdresse	Text	255 Zeichen
perWer	Text	50 Zeichen
perWann	Datum/Uhrzeit	

Abbildung 13.39: Der Entwurf der Tabelle *tblPersonen* zeigt die beiden neuen Felder

Die Felder enthalten keine Standardwerte oder sonstigen Einstellungen, denn ihr Inhalt wird ja per VBA gefüllt. Ohnehin würden Tabellenstandardwerte nur beim Neuerstellen eines Datensatzes geschrieben, aber eben nicht bei nachträglichen Änderungen. Deswegen helfen sie uns hier nicht weiter.

2. Jetzt können Sie wieder zum Formularentwurf von *frmPersonenMitSuchen* zurückkehren und dort auf der Registerkarte *Entwurf* in der Gruppe *Tools* das Symbol *Vorhandene Felder hinzufügen* anklicken.

3. Ziehen Sie dann aus der Feldliste die beiden neuen Felder mit gedrückter Maustaste an eine freie Stelle im Formularentwurf.

4. Als Nächstes müssen Sie per VBA sicherstellen, dass die Inhalte immer geschrieben werden, wenn dieser Datensatz gespeichert wird. Dazu gibt es die Formulareigenschaft *Vor Aktualisierung*, womit der Zeitpunkt unmittelbar vor der Speicherung des Datensatzes gemeint ist. Das Ereignis wird also direkt vor dem Speichern ausgelöst.

5. Ergänzen Sie den automatisch erzeugten Prozedurrumpf wie im folgenden Code:

```
Private Sub Form_BeforeUpdate(Cancel As Integer)
    Me.perWer.Value = Environ("UserName")
    Me.perWann.Value = Now()
End Sub
```

Sobald Sie anschließend an einem Datensatz eine Änderung vornehmen, stehen Ihr Windows-Login-Name und das aktuelle Datum samt Uhrzeit im Datensatz. Dabei ist es unerheblich, wie der Datensatz gespeichert wird. Sie können den Speichervorgang bewusst mit Umschalt+Eingabe auslösen, auf den Datensatzmarkierer klicken oder einfach das Fenster schließen.

Immer, wenn ein Datensatz gespeichert wird, ändern sich diese Angaben sowohl für bestehende als auch für neue Datensätze. Bei Datensätzen, die Sie noch nicht wieder bearbeitet haben, bleiben diese Felder natürlich leer.

Zurzeit sind die beiden Felder zwar noch aktiviert und nicht gesperrt, aber das ist im Grunde unerheblich. Egal, was ein Benutzer dort hineinschreibt: es wird vor dem Speichern sowieso durch den VBA-Code der Prozedur *Form_BeforeUpdate* überschrieben.

Damit ist die Minimalversion realisiert. Dazu war zwar relativ wenig Programmieraufwand erforderlich, aber dadurch, dass jede Tabelle eigene Felder benötigt, ist die Lösung doch wieder recht aufwändig.

Protokoll schreiben

Der Kompromiss zwischen wenig Information und viel Aufwand bestand ja darin, dass alle Änderungen gemeinsam in einer einzigen Tabelle protokolliert werden.

1. Erstellen Sie daher (eventuell wieder in der Backend-Datenbank!) eine neue Tabelle *tblProtokolle* wie in Abbildung 13.40. Im Falle der Backend-Datenbank muss diese Tabelle dann in der Frontend-Datenbank *Seminare.accdb* verknüpft werden.

	Feldname	Felddatentyp	Beschreibung
🔑	prtID	AutoWert	
	prtWer	Text	50 Zeichen
	prtWann	Datum/Uhrzeit	
	prtWas	Memo	

Abbildung 13.40: Die Felder im Tabellenentwurf von *tblProtokolle*

2. Bei jeder Änderung an einem beliebigen Datensatz soll nur eine Prozedur aufgerufen werden, die zentral die per Argument übergebenen Daten in das Protokoll schreibt. Erstellen Sie also in einem neuen Modul die Prozedur *SchreibeProtokoll* mit einem Argument *strInhalt* wie folgt:

```
Sub SchreibeProtokoll(strInhalt As String)

End Sub
```

3. Damit Sie diese Prozedur testen können, benötigen Sie noch eine zweite Prozedur, da sich nur Prozeduren ohne Argumente mit F5 starten lassen. Schreiben Sie also darunter:

```
Sub TesteProtokoll()
    SchreibeProtokoll "Das ist ein Test!"
End Sub
```

Das ist zwar noch keine allzu spannende Information, sie ist aber ausreichend, um die Funktion der Prozedur *SchreibeProtokoll* zu überprüfen. Für das tatsächliche Anfügen von Daten gibt es in VBA zwei Möglichkeiten:

- Der Code öffnet einen so genannten *Recordset*, in dem dann ein neuer Datensatz angelegt, mit Inhalten gefüllt und gespeichert werden kann. Das sind ca. 10 bis 12 Zeilen Programmierung, die sich nur für viele oder komplizierte Änderungen lohnen.

- Die bessere Alternative ist eine Anfügeabfrage beziehungsweise deren SQL-Schreibweise. Die SQL-Anweisung wird dann mit einer einzigen Zeile Code ausgeführt, was viel kompakter ist.

Um die SQL-Syntax für diese Anfügeabfrage zu ermitteln, hilft ein grafischer Abfrageentwurf leider nicht viel weiter, denn dort werden die Daten aus Tabellen gelesen. Hier aber müssen neue Werte eingefügt werden, die nicht aus einer Tabelle stammen. Die Syntax für die Anfügeabfrage lautet:

```
INSERT INTO tblProtokolle (prtWer, prtWann, prtWas)
VALUES ("meinName", Now(), "der neue Text");
```

Sowohl der aktuelle Benutzer als auch der aktuelle Zeitpunkt werden zentral in *SchreibeProtokoll* ermittelt, daher muss nur noch der Inhalt für das Feld *prtWas* übergeben werden. Natürlich soll es nicht immer »der neue Text« heißen, hier wird später das Argument *strInhalt* eingesetzt.

13.6 Benutzeränderungen protokollieren

4. Die Ausführung der SQL-Abfrage geschieht mittels des Befehls `CurrentDB.Execute` (beachten Sie vor allem die Anzahl der Anführungszeichen!):

```
Sub SchreibeProtokoll(strInhalt As String)
    CurrentDB.Execute "INSERT INTO tblProtokolle (prtWer, prtWann, prtWas) " & _
        "VALUES (""" & Environ("UserName") & """, Now(), """ & strInhalt & """)"
End Sub
```

5. Jetzt stellen Sie den Cursor in die Testprozedur `TesteProtokoll` und drücken F5. Falls Sie das Gefühl haben, es sei nichts passiert, sehen Sie in der Tabelle *tblProtokolle* nach. Dort steht jetzt ein neuer Datensatz mit dem `prtWas`-Inhalt »Das ist ein Test!«.

Damit ist die grundsätzliche Funktionalität bereitgestellt: Mit dem Aufruf von *SchreibeProtokoll* und dem passenden Parameter wird wie gewünscht ein neuer Datensatz angelegt. Der Datensatz soll natürlich etwas Spannenderes als die Testmeldung enthalten, deswegen müssen wir uns nun mit dem Modul des Formulars *frmSeminare* beschäftigen.

6. Wenn die Prozedur aufgerufen wird, muss der jeweilige Inhalt mit den Änderungen als Argument übergeben werden. Tragen Sie im Formular *frmSeminare (Haupt)* für den Code zur Formulareigenschaft *Vor Aktualisierung* erst einmal provisorisch ein, in welchem Formular und/oder in welcher Datenquelle die Änderungen vorgenommen wurden. Ändern Sie den Code dazu in:

```
Private Sub Form_BeforeUpdate(Cancel As Integer)
    SchreibeProtokoll "Formular: " & Me.Name & ", Datenquelle: " & Me.RecordSource
End Sub
```

Die Eigenschaft *Name* des *Me*-Objekts enthält den Speichernamen des Formulars, die Eigenschaft *RecordSource* den Namen der *Datensatzquelle*. Alternativ zum Speichernamen können Sie auch die Beschriftung des Formulars ermitteln, die Sie über den Ausdruck `Me.Caption` erhalten.

7. Öffnen Sie nun das Formular *frmSeminare (Haupt)*, ändern Sie einen Wert im Hauptformular und speichern den Datensatz. Prüfen Sie, ob in der Tabelle *tblProtokolle* automatisch ein neuer Datensatz wie in der folgenden Abbildung angelegt wurde.

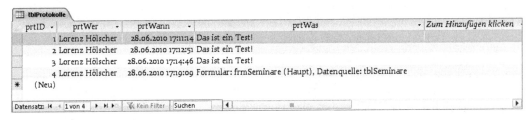

Abbildung 13.41: Der Protokolleintrag wurde erzeugt

> **Tipp: Datenfenster schließen**
>
> Bereits geöffnete Fenster in Access werden nicht notwendig aktualisiert. Wenn also die Tabelle *tblProtokolle* bereits in einer zweiten Registerkarte geöffnet war, ist der neue Datensatz noch nicht sichtbar, aber ein Klick auf das Symbol *Alle aktualisieren* (Registerkarte *Start*, Gruppe *Datensätze*) hilft.

Kapitel 13   Visual Basic for Applications

Namen und Inhalte aller Tabellenfelder ermitteln

VBA kann natürlich noch sehr viel mehr. Damit Sie einen Eindruck von dessen Leistungsfähigkeit bekommen, möchte ich Ihnen noch zeigen, wie Sie automatisch Namen und alte und neue Werte in den Protokolltext übernehmen können. Die Funktion sollte im gleichen Modul stehen, in dem bereits die Prozedur *SchreibeProtokoll* enthalten ist:

```
Function FindeAenderungen(frmMe As Form)
    Dim strText As String
    Dim intNr As Integer
    strText = "Formular: " & frmMe.Name & ", Datenquelle: " & frmMe.RecordSource
    strText = strText & ", Änderungen: "
    On Error Resume Next                      ' alle Fehler ignorieren
    For intNr = 0 To frmMe.Controls.Count - 1 ' alle Steuerelemente untersuchen
        With frmMe.Controls(intNr)
            If .OldValue <> .Value Then       ' wenn geändert
                strText = strText & .Name & " " & .OldValue & " » " & .Value & ", "
            End If
        End With
    Next
    FindeAenderungen = strText
End Function
```

Tipp: Sonderzeichen eingeben

Die im Code als Text benutzten Chevrons (umgekehrte französische Anführungszeichen, wie sie auch hier im Buch benutzt werden) können Sie über die Tastatur eingeben. Dazu halten Sie die Alt-Taste gedrückt, tippen auf dem numerischen Ziffernblock die Ziffern 0187 beziehungsweise 0171 ein und lassen erst dann die Alt-Taste wieder los. Dann müssen Sie nur noch hoffen, dass diese Zeichen in der von Ihnen benutzten Schriftart (Registerkarte *Start*, Gruppe *Textformatierung*) enthalten sind, sonst sehen Sie an der Textstelle nur ein Kästchen.

Dieser Funktion wird nicht nur ein einfacher Text, sondern direkt ein Verweis auf das jeweilige Formular übergeben. Daher kann sie am Anfang dessen Namen oder Datensatzquelle zentral ermitteln.

Danach wird mit einer For/Next-Schleife über alle Steuerelemente für jedes Feld untersucht, ob sich der von Access gespeicherte alte Wert vom aktuellen unterscheidet, denn dann wurde dieses Steuerelement geändert. Da einige Steuerelemente wie Bezeichnungsfelder oder Linien mangels Editierbarkeit gar keine OldValue-Eigenschaft haben, würde das einen Laufzeitfehler auslösen, der durch die Anweisung On Error Resume Next einfach ignoriert wird.

Am Ende gibt die Funktion den ermittelten Text an die aufrufende Prozedur zurück, daher müssen Sie im Modul zu *frmSeminare* den Code noch wie folgt ändern:

```
Private Sub Form_BeforeUpdate(Cancel As Integer)
    SchreibeProtokoll FindeAenderungen(Me)
End Sub
```

Die nächste Änderung in diesem Formular an den Feldern *semTNmax*, *semPreis* und *semStart* führt damit im Protokoll zum Beispiel zu dem Eintrag, wie er in Abbildung 13.42 zu sehen ist.

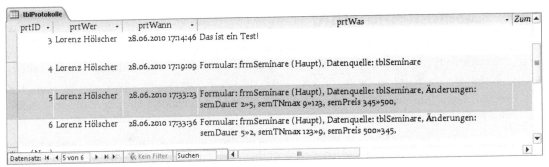

Abbildung 13.42: Der markierte Protokolleintrag zeigt mehrere gleichzeitige Änderungen, der folgende Eintrag deren Rücknahme

Mit ein wenig mehr Programmierung ließe sich auch das letzte überflüssige Komma noch entfernen, aber hier ging es ja vor allem darum, die Änderungen mit minimalem Aufwand und maximaler Aussagekraft zu protokollieren.

Damit haben Sie hoffentlich einen Eindruck von der enormen Leistungsfähigkeit und Vielseitigkeit der VBA-Programmierung in Access 2010 erhalten.

13.7 Übungen zu diesem Kapitel

In diesem Abschnitt finden Sie einige Übungen zu diesem Kapitel. Die richtigen Antworten finden Sie wie immer auf der Website *www.richtig-einsteigen.de*.

Übung 13.1

Erstellen Sie in *frmSeminare* eine Schaltfläche, mit der sich ein synchronisiertes Formular zu *semortIDRef* für den Ort anzeigen lässt.

Übung 13.2

Prüfen Sie in der Prozedur *tlntypIDRef_Click* (im Unterformular) des Formulars *frmSeminare*, ob mehr als zwei Dozenten eingetragen sind und geben Sie in dem Fall lediglich eine Warnung aus.

Übung 13.3

Erweitern Sie im Formular *frmPersonenMitSuchen* die Anzeige der Duplikate so, dass für *perAdresse* nur die Adresse selber, aber dafür keine doppelten Adressen angezeigt werden.

13.8 Zusammenfassung

In diesem Kapitel haben Sie einen ersten Einblick in die Programmierung mit VBA (Visual Basic for Applications) erhalten. VBA ist enorm leistungsfähig und bietet Ihnen alle erdenklichen Möglichkeiten.

- Ein eigener VBA-Editor stellt die Programmierumgebung zum Erstellen des Codes mit verschiedenen Hilfsfenstern und Features wie Syntax-Highlighting, interaktive DropDown-Listen, Quick-Infos und Ähnliches zur Verfügung

- In VBA wird zwischen (Sub-)Prozeduren und Funktionen unterschieden. Nur Funktionen können Ergebnisse an die aufrufende Prozedur zurückgeben. Bei der Nutzung einer Prozedur folgt deren Name ein Leerzeichen sowie eventuelle Argumente; beim Aufruf einer Funktion stehen die Argumente in runden Klammern. Bei Funktionen, die keine Argumente erwarten, steht ein leeres Klammerpaar hinter ihrem Namen.

- Vordefinierte Konstanten machen den Code besser lesbar, indem sie die integrierten Kennzahlen selbsterklärend dokumentieren

- Mit geeigneten Ereignissen können Daten wie die Seminarstandardwerte oder auch der Name des aktuellen Benutzers beziehungsweise Datum und Uhrzeit im aktuellen Datensatz gespeichert werden. Durch das Ändern der Daten direkt vor dem Speichern ist eine Manipulation durch den Benutzer ausgeschlossen.

- Durch die automatische Änderung ihrer Datensatzquelle können Sie Kombinationsfelder erstellen, die in Abhängigkeit vom aktuellen Wert eines anderen Kombinationsfeldes nur bestimmte Daten anbieten. Da dies bei Endlosformularen zu Problemen mit der Anzeige führt, muss in diesen Fällen die Auswahl der Daten und deren Anzeige voneinander getrennt werden.

- Abhängig von den Daten lässt sich auch das Hinzufügen bestimmter Datensätze verhindern, wenn von einem bestimmten Typ bereits die maximal gewünschte Anzahl erreicht wurde

- In Haupt- und Unterformularen lassen sich auch die Prozeduren des jeweils anderen Formulars aus dem Code heraus ansprechen. Dadurch lässt sich eine möglichst zentrale Programmierung mit wenigen doppelten Zeilen verwirklichen.

- Auch wenn der Benutzer vermeintlich keine Aktion auslöst – etwa während des Eintrags in einem Datenfeld – werden Ereignisse ausgelöst. Dadurch lassen sich zum Beispiel die Ergebnisse einer Suche bereits während der Eingabe des Suchbegriffs anzeigen. Voraussetzung dabei ist, dass der dazu notwendige Datenzugriff schnell genug ist.

- Zur Überwachung, welche Änderungen an einem Datensatz vorgenommen wurden, gibt es verschiedene Möglichkeiten, die sich in Programmieraufwand und Informationsgehalt unterscheiden:
    - Als minimale Information können Sie in jedem Datensatz für die jeweils letzte Änderung den Namen des Benutzers sowie das Datum/die Uhrzeit festhalten. Dabei gehen allerdings die vorherigen Werte verloren.
    - Alternativ können Sie den gesamten Datensatz in eine Archivtabelle kopieren, was jedoch die Größe der Datenbank enorm anwachsen lässt
    - Als Kompromiss, der mit dem geringsten Aufwand am aussagekräftigsten ist, empfiehlt sich das Anlegen einer eigenen Protokolltabelle. In ihr werden der Benutzername, das Datum/die Uhrzeit und die jeweils erfolgten Änderungen festgehalten. Dadurch müssen nicht in jeder Tabelle neue Felder angelegt werden und die Änderungen lassen sich gut nachvollziehen.

Stichwortverzeichnis

#Fehler 300
& 217
[Ereignisprozedur] 329, 364
1:n-Beziehung 57, 63

A

Abfrageentwurf 41, 70
Abfrage-Generator 106, 196, 314, 365
Abfragen 18, 41
    Aktionsabfrage 41, 52, 124, 305
    Aktualisierungsabfrage 124, 138
    Anfügeabfrage 124, 136, 382
    Auswahlabfrage 41, 123
    Gruppierungsabfrage 43, 123, 148, 162, 173, 206
    Kreuztabellenabfrage 170
    Löschabfrage 124, 143, 193
    organisieren 151
    Parameterabfrage 123, 177
    Tabellenerstellungsabfrage 124, 141
    Union-Abfrage 74, 124, 315
    Warnmeldung 143
Abschneiden 253
Abwärts 332
accent aigue 179
Access 19, 26
Access-Optionen 153, 214, 274, 311, 332
ActiveX 295
Addition 88
Aggregatfunktionen 158, 162, 245
    Anzahl 148, 160
    ErsterWert 161
    LetzterWert 161
    Mittelwert 148, 160
    Summe 148
Aktion, vertrauenswürdige 334
Aktionsabfrage 41, 52, 124, 305
    Warnmeldung 131
Aktiviert 215, 232, 247, 312, 330, 366, 374, 381
Aktualisieren 121, 153
Aktualisierung 334
Aktualisierungsabfrage 124, 138
Aktualisierungsweitergabe 57, 67, 102

Alt+F4 233
Alt+F11 345
Alt+V 216
Alternative Hintergrundfarbe 285
Alt-Taste 216
Anfügeabfrage 124, 136, 382
Anfügen zulassen 369
Anhängigkeiten 152
ANSI 292
Ansicht 18
    Datenblattansicht 33, 38, 44, 48, 59, 102, 118
    Entwurfsansicht 33, 47, 53, 212, 204
    Formularlayout 212, 248
    SQL-Ansicht 74, 167, 314
Anzahl
    Anzahl, Aggregatfunktion 148, 160
    der Zeichen in einer Zeichenkette 89
    der zurückgegebenen Datensätze 79
    Domänen-Funktion 247
Anzeigen 47, 243
API 325
Archivtabelle 379
Argument, optional 348
Asc 75
ASCII 292
Atomisierung 30, 98
Aufgabe 289
Ausblenden 228
Ausdruck 135, 211
Ausdruck ist, Bedingte Formatierung 259
Ausdrucks-Generator 113, 200, 316
Ausführen 328, 331
Ausgeblendete Objekte anzeigen 307
Ausrichtung, rechtsbündig 87
Ausrufezeichen 30
Auswahlabfrage 41, 43, 123
Auswahltyp 134
AutoErgänzung 206
AutoExec 332
AutoKeys 336
Automatisch zentrieren 332
Automatische Syntaxüberprüfung 347
AutoVerknüpfung 54, 70
AutoWert 38, 52, 117, 136

Stichwortverzeichnis

B

BackColor 374
Backend-Datenbank 319, 381
Basic 114, 325
Baumstruktur 120
Bearbeitungsformular für Listenelemente 229
Bedingte Formatierung 255
Bei Änderung, Ereignis 377, 379
Bei Geändert, Ereignis 377
Beim Anzeigen, Ereignis 364
Beim Klicken, Ereignis 329, 358, 360, 364
Benutzerdefinierte Funktionen 200
benutzerdefiniertes Format 73, 86
Benutzername 380
Berechnen 18
Berechnetes Feld 82, 139
Berechnung 324
Bericht 18, 263
    Gruppieren 269
Berichts-Assistent 270
Berichtskopf/-fuß 264
Beschriftung 187, 213, 249, 329, 360, 383
Bezeichnungsfeld 384
Beziehungen 17, 51, 66, 115, 188
    1:1 188, 241
    1:n 97, 117, 124, 157, 165, 199, 235
    m:n 32, 97, 109, 182, 193
Bild 253
Bildausrichtung 287
Bildlaufleisten 254, 316, 360
Bildschirmaktualisierung 334
Bildschirmauflösung 333
Bildtyp 253
Bindestrich 30
Bit 36
Brainstorming 26
Brutto 133
Buttons 348, 349
Byte, Felddatentyp 36
Byte-Datentyp 51, 63, 108

C

Cancel 381
Cancel, Member von DialogResult 29
Caption 375, 379, 383
Chevrons 384
Codd, Frank Edgar 28
Corporate Design 250
Count, Eigenschaft (VBA) 384

CurrentDB.Execute 383
CurrentUser, Funktion 380
Cursor, Süd-Pfeil 136

D

DatAdd(), Funktion 113
DatDiff(), Funktion 113
Date(), Funktion 113
DateAdd(), Funktion 113
DateDiff(), Funktion 113
Datei öffnen 147
Dateigröße 146, 185
Dateitypen
    *.bmp 253
    *.exe 19
    *.gif 253
    *.jpeg 253
    *.jpg 253, 287
    *.png 253
    *.rtf 288
    *.wmf 253
Datenbank
    aufteilen 319
    Design 25
    komprimieren 145
    relational 17, 25, 51
    trennen 319
    vertrauenswürdig 325
Datenbankentwicklung 73
Datenbank-Management-System 17
Datenbanktools, Registerkarte 56, 102, 115, 152, 188
Datenblattansicht 33, 38, 44, 48, 59, 103, 118
Datenintegrität 43
Datenmakro 337
Datenmodell 98, 100, 119
Datenquelle 41, 71, 235
Daten, Registerkarte 215
Datensatz 18, 328
    Größe 183
    löschen 371
    speichern 371, 376
Datensatzgruppe 149
Datensatzherkunft 59, 103-109, 196, 235, 312, 330
Datensatzmarkierer 316, 360
Datensatzquelle 365, 383
Datentypen 55, 58, 113, 315
    Byte 51, 63, 108
    Datum/Zeit 80, 200, 221
    ganzzahlig 36
    Integer 115, 351

Datentypen *(Fortsetzung)*
   Ja/Nein 184, 187, 269
   Long 64, 112-117, 120, 194, 228
   Text 35, 37, 48, 51, 101, 112, 127, 169, 315
   Währung 130
   Zahl 53, 88, 221
Datum 35, 113
   serielles 84
Datum(), Funktion 113
Datum/Uhrzeit, Datentyp 200
Datum/Zeit
   Datentyp 80, 221
   Felddatentyp 36
Datumsformat 75, 82, 86
DAvg(), Domänenfunktion 313
Day(), Funktion 83
DCount(), Domänenfunktion 313, 374
Dehnen 253
DESC, SQL-Schlüsselwort 75
Design 212
Design verwenden 358
Designfehler 55
Detailbereich 213, 254
Dezimalkomma 75
Dezimalpunkt 75
Dezimalstellenanzeige 73
DFirst(), Domänenfunktion 313
Dialogfeld, Tabelle anzeigen 69
Direktbereich 347
Divis 30
DLast(), Domänenfunktion 313
DLookup(), Domänenfunktion 313
DMax(), Domänenfunktion 313
DMin(), Domänenfunktion 313
DoCmd 358
   Close 360
Dollarzeichen 114
Domäne 313
Domänenfunktionen 312, 316, 372
DomAnzahl(), Domänenfunktion 312, 368, 372, 374
DomErsterWert(), Domänenfunktion 313
DomLetzterWert(), Domänenfunktion 313
DomMax(), Domänenfunktion 313
DomMin(), Domänenfunktion 313
DomMittelwert(), Domänenfunktion 313
DomStAbw(), Domänenfunktion 313
DomStAbwn(), Domänenfunktion 313
DomSumme(), Domänenfunktion 313
DomVarianzen(), Domänenfunktion 313
DomVarianz(), Domänenfunktion 313
DomWert(), Domänenfunktion 313

Doppelklick 141
Dozent 182
Dreieck, grünes 348
Drucker 211
Druckvorschau 19
DStDev(), Domänenfunktion 313
DStDevP(), Domänenfunktion 313
DSum(), Domänenfunktion 313
Duplikat 66
   suchen 377
DVar(), Domänenfunktion 313
DVarP(), Domänenfunktion 313

E

Echo 334
Ecke, grüne 217, 250
Eigenschaft 28
Eigenschaftenblatt 78, 134, 215
Eindeutig 65, 203, 205
Einfg-Taste 118
Einfügen Modul, Menübefehl 346
Eingabe erforderlich 113
Eingabeformat 215
Eingabeprüfung 324
Eingabetaste 84
Eingebettetes Makro 323
End Sub 347
Endlosformular 217, 246, 254, 365
Entf-Taste 34, 47, 54, 71, 112, 136
Entwurf
   Abfrage 41, 70
   Tabellen- 37, 52
Entwurf, Registerkarte 42, 65, 70, 118, 126, 139, 202, 215, 240
Entwurfsansicht 33, 47, 53, 204, 212
Environ 380
Equi Join 165
Ereignis, Registerkarte 329
Erstellen, Registerkarte 43, 52, 211, 223, 234, 243
ErsterWert(), Aggregatfunktionen 161
Esc-Taste 40, 43, 53, 58
Etiketten-Assistent 280
Euro 130, 134
Excel 18, 42, 51, 89, 176, 206, 247
Execute 383
Exklusivzugriff 147
Explorer 128, 145
Export 325
   Access 293
   HTML 296

Stichwortverzeichnis

Export *(Fortsetzung)*
  Text 291
  Word 288
  XML 294
Expr1001 47
Externe Daten, Registerkarte 111

F

F2 309
F3 336
F5 348, 382
F9 207
F11 235
Falsch 130
Fehlerbehandlung 342
Feld 35
  berechnetes 82, 139
  Datentyp 34, 36, 38, 53
  gleichnamiges 54
  Inhalt formatieren 133
  Inhalt löschen 144
  mehrwertig 32, 115
Feldeigenschaft 38, 103
Feldgröße 34, 38, 53, 101, 112, 120, 183, 198
Feldliste 285
Feldname 30, 84
Feldverknüpfungs-Assistent 367
Fernglas 219
Fett 291
Filter 18, 27, 69, 72, 157
  ein/aus 220
  formularbasierter 221
  Filterformular 220
  Name 359
Folgezeile 355
For/Next 384
Form 384
Form_AfterDelConfirm 371
Form_AfterUpdate 371
Form_BeforeUpdate 381
Form_Current 363, 370, 376
Form_Open 359
Format 238
  benutzerdefiniert 73, 86
  Datum 82, 86
  Zeit 86
Format(), Funktion 83, 86, 133, 155
Formatierung, bedingte 255
Format, Registerkarte 215
Formel 133

Formular 18
  Filterformular 220
  Formularfuß 246
  geteiltes 241
  Name 327, 330
  PopUp 179
  Unterformular 20
Formularbasierter Filter 221
Formularlayout 212, 248
Fragezeichen 77
Fremdschlüssel 56, 98, 102, 109, 166, 194
Frontend-Datenbank 319
Funktionen 35, 89, 148
  Aggregatfunktionen 158, 162
  benutzerdefinierte 200
  CurrentUser 380
  DatAdd() 113
  DatDiff() 113
  Datum() 113
  Domänenfunktionen 312, 316, 372
  DomAnzahl() 312, 368, 372, 374
  DomErsterWert() 313
  DomLetzterWert() 313
  DomMax() 313
  DomMin() 313
  DomMittelwert() 313
  DomStAbw() 313
  DomStAbwn() 313
  DomSumme() 313
  DomVarianz() 313
  DomVarianzen() 313
  DomWert() 313
  ErsterWert() 161
  Format() 83, 86, 155
  Glätten() 90, 282
  InStr() 90, 92
  integrierte 113, 200
  Jahr() 83, 155
  Jetzt() 113
  Länge() 90, 93
  LetzterWert() 161
  Links() 90, 91
  Max() 249
  Monat() 83, 155
  Rechts() 90, 93
  Tag() 83
  Teil() 90, 93
  Teil() 138
  Wenn() 269
  Zeit() 113
Fußzeile 248, 254

G

Gänsefüßchen 88, 352
    doppelte 378
Gebunden 231
Gebundene Spalte 228
Geburtstag 82
Geburtstagsliste 85
Gefiltert 222, 360
Gesamtsumme 284
Gesperrt 215, 232, 247, 312, 374, 381
Geteiltes Formular 241
Glätten(), Funktion 90, 282
Grafik einfügen, Dialog 253
Groß-/Kleinschreibung 48
Großbuchstaben 30
GROUP BY, SQL-Schlüsselwort 75, 377
Grundregeln 28
Grüne Ecke 217, 250
Grünes Dreieck 348
Gruppieren, im Bericht 269
Gruppierung 19, 149, 159, 275
Gruppierungsabfrage 43, 123, 148, 162, 173, 206, 245, 313
Gültigkeit 56
Gültigkeitsprüfung 324
Gummibärchen 113, 137

H

Haupt- und Unterbericht 266
Haupt- und Unterformular 223, 233
Hauptformular 225, 233, 239
HAVING, SQL-Schlüsselwort 377
Herkunftstyp 59, 103, 108, 312, 330
Hintergrundart 247, 253, 287
Hintergrundfarbe 214, 216, 277, 374
Hintergrundformular 216
Historienproblem 98, 100, 200
Hochkomma 378
HTML 294, 296

I

Icons, Bedeutung der 15
If/Else/Then 351, 364
Import 26, 89, 325
Inch 61
Index 65, 202, 204, 229
    Mehrfach 202, 205
    Name 65

Indizes, *siehe* Index 202
Indiziert 38, 53, 187, 202
Inner Join 164, 241
INSERT INTO, SQL-Schlüsselwort 382
InStr(), Funktion 90, 92
Integer 37, 384
    Datentyp 115, 351
    Felddatentyp 36
Integrierte Funktionen 113
Integrität
    Datenintegrität 43
    Referentielle 56, 66, 70, 99, 157, 165, 188, 198, 228, 368
Internet 233, 293
Internet Explorer 295
Ist Null 243

J

Ja/Nein
    Datentyp 184, 187, 269
    Felddatentyp 36
Jahr(), Funktion 83, 155
Jetzt(), Funktion 113
Join
    Equi 165
    Inner 164, 241
    Outer 164, 166, 241
    Right 165
Joker-Zeichen 77

K

Kalendertag 86
Kalenderwoche 86
Kamel-Schreibweise 30
Kartesisches Produkt 72
Kategorie 307
Kaufmanns-Und (&) 217, 350
Klammer, eckige 30
Kombinationsfeld 59, 103, 108, 115, 120, 196, 365
Komprimieren, der Datenbank 145, 193
Konstanten 349
Konventionen 15
Konvertiertes Makro 343
Kopieren, der Datenbank 127
Kreuzprodukt 71, 192, 275
Kreuztabellenabfrage 170
Kriterien 313
Kriterium 136
Kursiv 291

Stichwortverzeichnis

L

Ländereinstellung 85
Länge(), Funktion 89, 90, 93
Laufende Summe 19, 284
Leerstring 132
Leerzeichen 30, 88, 92, 94, 282
Left(), Funktion 90
Len(), Funktion 89
Leszynski, Stan 31
LetzterWert(), Aggregatfunktionen 161
LIKE, SQL-Schlüsselwort 315, 378
Lineal 232
Linie 384
    Linienart 268
    Linienfarbe 268
Links(), Funktion 90
Liste, rekursive 207, 230
Listenbreite 59, 61, 105, 108, 312
Listeneinträge 60
Listenfeld 235
Logo 253, 302
Lokale Vorlagen 19
Long
    Datentyp 52, 64, 112, 115, 117, 120, 194, 228
    Felddatentyp 36
Löschabfrage 124, 143, 193
Löschen 371
    Feldinhalt 144
Löschweitergabe 57, 67, 188

M

m:n-Beziehung 63
Makro 19, 125, 200
    aufrufen 329
    aufzeichnen 324
    ausführen 328
    AutoExec 332
    eingebettet 323
    konvertieren 325, 343
Makrogruppe 335
many-to-many 63
Mauszeiger 213, 215, 216, 334
    Süd-Pfeil 136
Max(), Funktion 249
Me 371, 376, 383
Me.Parent 371, 376
Mehrere Werte zulassen 109
Mehrfach-Index 202
Mehrfelder-Index 65, 205

Mehrspaltig 277
Mehrwertige Felder 32, 115
Meldung 326, 328, 348
Microsoft Office Access Klassenobjekte 346
Mid(), Funktion 90
MinMaxSchaltflächen, Eigenschaft 231, 316
Minuszeichen 30
Minute 86
Mit Systemmenüfeld, Eigenschaft 360
Mittelwert, Aggregatfunktion 148, 161, 245
Mod, Operator 193
modal 230, 327
Modul 323
Modulo 193, 303
Monat(), Funktion 83, 155
Month(), Funktion 83
MS-DOS 77, 292, 332
MsgBox 348, 350
MSys-Tabellen 112

N

Nach Aktualisierung, Ereignis 376
Nachkommastellen 73
Nachkommazahl 80, 82
Nachschlagefeld 51
Nachschlagen 59, 103-109, 118, 194, 206
Nachschlagetabelle 29, 55, 63, 66, 183, 200, 206
Name, Eigenschaft (VBA) 383
Namen 30
Namenskonvention 31, 55, 329
Navigation 310
Navigationsbereich 21, 53, 103, 211, 246, 254, 305
Navigationsleiste 219
Navigationsoptionen 112, 306
Navigationsschaltflächen 254, 316, 360
Netzwerk 54, 146
Neue Seite, Eigenschaft 301
Newsgroup 120
Nordwind, Beispieldatenbank 19, 33
Normalform 55, 63, 98
    Dritte 98, 99
    Erste 29, 30, 98, 124
    Zweite 28, 117, 119, 200, 201
Norming 26, 28
Notation, Ungarische 31
Now(), Funktion 113
Null 132, 145, 166, 243
Nur Listeneinträge, Eigenschaft 104, 198, 206, 229, 312, 330
Nur Struktur, Einfügeoption 204

O

Objektabhängigkeiten 153
Objektnamen-AutoKorrektur 153
Oder 48, 77, 222
Öffnen, Datenbank 33
ÖffnenFormular 327, 330, 358
OK, Member von DialogResult 29
OK, Member von MessageBoxButtons 29
OldValue, Eigenschaft (VBA) 384
On Error 384
Operatoren 76, 88, 178, 376
  mod 193
Optimierung 185
Optionen 54, 274
Or, Operator 77
Oracle 26, 200
ORDER BY, SQL-Schlüsselwort 75, 168, 227, 235
Orientierung des geteilten Formulars 243
Outer Join 164, 166, 241, 362
Outlook 289

P

Page(s), Feld 265
Papierausrichtung 135
Papiergröße 273
Parameterabfrage 123, 177, 314
Parent, Eigenschaft (VBA) 371
Passwort 380
Performance 29, 228
Performing 26
Pivot-Tabellen 176
PopUp, Eigenschaft 231, 233, 316
PopUp-Formular 179, 312
Positionieren 332
Präfix 31, 84, 103, 110, 155, 213, 236, 265, 327
Preiserhöhung 130
Primärschlüssel 34, 37, 53-57, 63, 98, 102, 118, 194
PrimaryKey 202
Printen 161
Priorität 27
Private 359
Programmbibliothek 325
Projekt-Explorer 346
Prompt 348
Protokoll 379, 382
Prozedur 125, 200
Prozent 79
Prozentzeichen 77
Punkt 30

Q

QBE (query by example) 41
qryALLEVERKAEUFEDRIN 152
Qualifikation 184, 188, 241
Quartal 86
Querformat 135
Query by example (QBE) 41
QuickInfo 214, 234

R

Rahmenart 231, 287, 316, 360
Ränder 274
RasterX/Y 234
Rechnungsadresse 119
Rechts, Aktionswert 332
Rechts(), Funktion 90, 93
Rechte/linke Kopfzeile 303
Rechter/linker Seitenkopf 302
Rechtsbündig 87
Recordset 382
RecordSource 383
Reddick, Gregory 31
Redundanz 18, 201
Referentielle Integrität 56, 66, 70, 99, 157, 165, 188, 198, 228, 368
Referenz 97
Reflexiv-Verknüpfung 120, 186
Registerkarten 21, 38
  Daten 215
  Datenbanktools 56, 102, 115, 152, 188
  Entwurf 39, 42, 65, 66, 70, 118, 126, 139, 202, 215, 240
  Ereignis 329
  Erstellen 43, 52, 211, 223, 234, 243
  Externe Daten 111
  Format 215
  Seitenansicht 135, 273
  Start 125, 173, 204
Registersteuerelement 239
Rekursive Liste 207, 230
Relationen 17
Replikations-ID 38
  Felddatentyp 36
Rich Text Format (RTF) 288
Right Join 165
Right(), Funktion 90
RowSource, Eigenschaft (VBA) 364, 373
RTF (Rich Text Format) 288
Rückgängig 128

Stichwortverzeichnis

S

Sanduhr 334
Schaltfläche 358
Schaltjahr 80
Schema 155
Schließen, der Datenbank 33
Schließen-Schaltfläche 233, 360
Schreibfehler 51
Seite 18
Seite(n), Feld 265
Seitenansicht 135
   Registerkarte 135, 273
Seitenkopf 302
Seitenlayout 135
Seitenumbruch 278
Seitenzahl 302
Sekunde 86
SELECT, SQL-Befehl 74, 167, 227, 235, 313, 377, 378
SELECT TOP, SQL-Befehl 80
Seminarzentrum 181
SendKeys 337
SEQUEL 76
Serielles Datum 84
Seriendruck 297
   Seriendruckfeld einfügen 298
Serientyp 290
Sigma 148
Simonyi, Charles 31
Skripts 295
SmartTag 217, 250
Softlinks 16
Sortieren 18, 43, 69, 73, 228
Sortierung 44, 46, 86, 155, 270
Spalten ausblenden 228
Spaltenanzahl 60, 104, 108, 235, 282, 312
Spaltenbreiten 61, 105, 108, 228, 235, 246, 264, 312
Spaltenkopf 46, 136
Spaltenüberschrift 173, 176
Speichern 33, 36, 40-43
Speichern unter 47
Spezialfilter/-sortierung 222
Spitzenwerte 78
SQL 74, 222
   ANSI- 77
   Ansicht 74, 167, 314
   MS-Access- 77
SQL-Befehle
   INSERT INTO 382
   ORDER BY 168
   SELECT 167

SQL-Syntax 382
Standardansicht 217, 255
Standardöffnungsmodus 147
Standardwert 113, 132, 200, 238
Start, Registerkarte 125, 173, 204
Startformular 312
Status 183
Statuszeile 187, 214
Sternchen 77, 142, 151
Steuerelement 108, 368
Steuerelementinhalt 236, 247, 286, 300, 312
Storming 26, 28
Strg-Taste 127, 271
   Strg+F2 107, 113, 196, 316
   Strg+F9 121
   Strg+Leertaste 364
   Strg+Pause 273
   Strg+R 346
   Strg+S 36, 348
   Strg+V 117, 204, 240
   Strg+X 240
String 384
Stunde 86
Sub 347
Suchen 40, 125, 219
   nach Duplikaten 377
Suchen und Ersetzen 126
Summe 43, 88, 148, 151, 158, 176, 245
   laufende 19, 285, 286
Symbole, Bedeutung der 15
Synchronisation 226, 235, 237, 239
Syntax-Highlighting 325
Syntaxüberprüfung, automatische 347

T

Tabelle einfügen als, Dialog 204
Tabellen 18, 41
   anzeigen 115, 158
   entfernen 71
Tabellenentwurf 34, 37, 52, 204
Tabellenerstellungsabfrage 124, 141
Tabellenkonzept 25
Tabellen-Unterobjekt 213
Tabulatortaste 39, 216, 349, 351, 364
Tag(), Funktion 83
Tastaturbelegung 336
Tasten
   Alt 216
   Alt+F4 233
   Alt+F8 285

Stichwortverzeichnis

Tasten *(Fortsetzung)*
   Alt+F11 345
   Alt+V 216
   Bewegen in Datensätzen 218
   Einfg 118
   Eingabe 39, 48, 84, 233, 347, 349
   Entf 34, 47, 54, 71, 112, 136
   Esc 40, 43, 53, 58
   F11 235
   F2 309
   F5 348, 382
   F9 207
   Return, *siehe* Eingabe
   Strg 127, 271
   Strg+F2 107, 113, 196, 316
   Strg+F9 121
   Strg+Leertaste 364
   Strg+Pause 273
   Strg+R 346
   Strg+S 36, 348
   Strg+V 117, 204, 240
   Strg+X 44, 240
   Tab 39, 216, 349, 351, 364
   Umschalt 69, 271, 333
   Umschalt+Eingabe 371, 381
   Umschalt+F2 84
Tausenderpunkt 75
Teil(), Funktion 90, 93, 138
Teilnehmer 183
Text
   Datentyp 35, 37, 48, 51, 101, 112, 127, 169, 315
   Eigenschaft 378
   Felddatentyp 34
   verketten 350
Textdatei 89, 292
Textformat 215
Time(), Funktion 113
Titelzeile 141
Treeview 121
Trennen, einer Datenbank 319
Trigger 337
Trim(), Funktion 90
Typ 326

U

Überblick 154, 305
Übersichtsmanager 310
Überwachung 369
Überwachungsausdrücke 347
Umbenennen 112, 154

Umschalt+Eingabe 371, 381
Umschalt+Strg+A 337
Umschalttaste 69, 271, 333
Und 48, 221
Ungarische Notation 31
Ungebunden 247
Union-Abfrage 74, 124, 166, 315
Unterbericht 267
Unterdatenblattname 62
Unterformular 20, 225, 233, 237, 254, 367
Unterobjekt 213
Unterstrich 30
USysApplicationLog, Systemtabelle 342

V

Value 364, 378, 384
Variable 350
VBA 19
VBA-Editor 345, 364
VBA-Programmierung 67
vbInformation, Konstante (VBA) 349
Vergleichsoperator 76
Vergrößerbar, Eigenschaft 266, 282
Verkleinerbar, Eigenschaft 266, 267
Verknüpfen nach, Eigenschaft 235, 237, 239, 367
Verknüpfen von, Eigenschaft 235, 239, 367
Verknüpfung 57
   1:1 185
   1:n 185
   Eigenschaft 165
   Reflexiv 120, 186
Verschiebbar, Eigenschaft 231, 316
VerschiebenUndGrößeÄndernFenster, Aktion 332
Vertrauenswürdige Aktion 334
Vertrauenswürdige Datenbank 325
Verwalten 145
View 18, 43, 359
Virenschutz 325
Visio 26, 151, 194, 207
Visual Basic for Applications (VBA) 19
Vor Aktualisierung, Ereignis 383
Vorgänger 120
Vorschau 128

W

Wahr 130
Währung
   Datentyp 130
   Felddatentyp 36

Stichwortverzeichnis

Warnmeldung 143
Wenn(), Funktion 269
Wert 173
Wertliste 108, 109
Wertlistenbearbeitung 229
   zulassen 110, 229, 312, 330
WHERE, SQL Schlüsselwort 75
WhereCondition 359
Wie, Operator 178, 315
Wildcard 77
With/End With 378, 384
Wochentag 86
Word 19, 288
   Seriendruck 297

X

XML 294
XSD 294
XSL 294

Y

Year(), Funktion 83

Z

Zahl, Datentyp 53, 88, 221
Zeichen, gültige für Namen 30
Zeichenkette 35, 78
Zeilen einfügen 118
Zeilenkopf 149
Zeilenüberschrift 173, 176
Zeit(), Funktion 113
Zeitformat 86
Zoll 61
Zoomen 253
Zoom-Fenster 84
Zusammenfassen 18
Zusammenhalten 279
Zweckform-Etiketten 282
ZWISCHEN, SQL-Schlüsselwort 82

Wissen aus erster Hand

Wenn Sie fortgeschrittene Datenbanken entwickeln wollen, benötigen Sie oft mehr Funktionalität, als Access Ihnen standardmäßig bietet. Die Lösung des Problems ist die Programmierung mit VBA. Lorenz Hölscher zeigt Ihnen hier, wie Sie mit Hilfe von VBA Ihre Datenbanken erheblich verbessern können. Er führt Sie von Grundlagen wie dem Verständnis von Datentypen und Datenzugriffsarten bis hin zu fortgeschrittenen Themen wie der Klassenprogrammierung. Dabei hält er immer anschauliche Beispiele bereit, wie und warum Ihnen die jeweils vorgestellte Methodik hilft.

Autor	Lorenz Hölscher
Umfang	380 Seiten
Reihe	Richtig einsteigen
Preis	24,90 Euro [D]
ISBN	978-3-86645-216-9

http://www.microsoft-press.de

Microsoft Press-Titel erhalten Sie im Buchhandel.

Wissen aus erster Hand

In diesem umfassenden Nachschlagewerk finden Sie alles, was Sie für die Arbeit mit Microsoft Access 2010 benötigen: vom Schnelleinstieg über die Grundlagen des Datenbankdesigns bis hin zur Erstellung kompletter Anwendungen. Der erfahrene Softwaredozent und Datenbankexperte Lorenz Hölscher zeigt anschaulich anhand von Beispieldatenbanken, worauf es bei der Erstellung von Tabellen, Abfragen, Formularen und Berichten ankommt und wie Sie die Leistungsfähigkeit von Access für Ihre Datenbank nutzen können. Selbstverständlich liegen sowohl die Beispieldatenbanken als auch eine E-Book-Version des Handbuchs auf der Begleit-CD bei.

Autor	Lorenz Hölscher
Umfang	900 Seiten, 1 CD
Reihe	Das Handbuch
Preis	39,90 Euro [D]
ISBN	978-3-86645-145-2

http://www.microsoft-press.de

Microsoft Press

Microsoft Press-Titel erhalten Sie im Buchhandel.

Wissen aus erster Hand

Dieses Buch bietet Ihnen nicht nur den idealen Einstieg in die Datenbankprogrammierung, sondern eignet sich auch bestens als Nachschlagewerk für Fortgeschrittene, wobei auch LINQ und ADO.NET Entity Framework ausgiebig besprochen werden. Traditionsgemäß steht bei dieser komplett für .NET Framework 4.0 überarbeiteten und durch neue Kapitel und Beiträge ergänzten Neuauflage der praktische Nutzen im Vordergrund. Während der Einsteiger nach dem bewährten Prinzip »so viel wie nötig« schnell zu ersten Erfolgserlebnissen geführt wird, kann sich der Profi zahlreiche Anregungen aus den vielfältigen Konzepten der Datenbankprogrammierung holen.

Autor	Doberenz, Gewinnus
Umfang	1120 Seiten, 1 CD
Reihe	Fachbibliothek
Preis	49,90 Euro [D]
ISBN	978-3-86645-445-3

http://www.microsoft-press.de

Microsoft Press

Microsoft Press-Titel erhalten Sie im Buchhandel.

Wissen aus erster Hand

Das vorliegende Buch bietet nicht nur den idealen Einstieg in die Datenbankprogrammierung, sondern eignet sich auch bestens als Nachschlagewerk für Fortgeschrittene, wobei auch LINQ und ADO.NET Entity Framework ausgiebig besprochen werden. Traditionsgemäß steht bei dieser gründlich überarbeiteten und erweiterten Neuauflage der praktische Nutzen im Vordergrund.

Autor	Doberenz, Gewinnus
Umfang	1100 Seiten, 1 CD
Reihe	Fachbibliothek
Preis	49,90 Euro [D]
ISBN	978-3-86645-446-0

http://www.microsoft-press.de

Microsoft Press-Titel erhalten Sie im Buchhandel.